Volsunga- Und Ragnars-Saga: Nebst Der Geschichte Von Nornagest

Friedrich Heinrich Von Der Hagen

Altdeutsche und Altnordische

Helden-Sagen.

Uebersetzt von Friedrich Heinrich von der Hagen.

Dritter Band.

Völlig umgearbeitet

von

Dr. Anton Edzardi,

Docenten an der Universität Leipzig.

Stuttgart.

Verlag von Albert Heitz.

1880.

Volsunga- und Ragnars-Sag

nebst der

Geschichte von Nornagest.

Uebersetzt von Friedrich Heinrich von der Hagen.

Zweite Auflage.

Völlig umgearbeitet

von

Dr. Anton Edzardi,

Docenten an der Universität Leipzig.

Stuttgart.

Verlag von Albert Heitz.

1880.

Vorwort.

Seitdem v. d. Hagen's Ueberſetzungen der Bolſungaſaga und der Nornageſtsſaga, die einzigen
deutſchen Ueberſetzungen und doch ſchon ganz ver-
altet, vergriffen waren, machte ſich das Bedürfniß
nach einer zeitgemäßen Erneuerung derſelben fühlbar.
Dieſe Arbeit übertrug mir der Herr Verleger.

Wir waren darüber einig, daß zunächſt *) nicht
eine freie Uebertragung in elegantem Stil, zu flüch-
tigem Durchleſen beſtimmt, herzuſtellen ſei — was
ja leicht geweſen wäre —, ſondern ein Werk von
wiſſenſchaftlichem Werth. Daher war es mein Be-
ſtreben, nicht ſo ſehr elegant als vielmehr möglichſt
getreu zu überſetzen, ohne doch dadurch meine Ueberſetzung geradezu umbeholfen werden zu laſſen. Wo
ich, um dies zu vermeiden, freier überſetzte, habe
ich die wörtliche Ueberſetzung (zuweilen auch den

*) Eine Separat-Ueberſetzung der Bolſungaſaga in
freierer Uebertragung und ohne den Apparat der Anmerkungen behalte ich mir vor für den Fall, daß eine ſolche
wünſchenswerth erſcheinen ſollte.

Originaltext) in Sternnoten angemerkt. So glaube ich einen zuverlässigen *) deutschen Text geschaffen zu haben, der allen denen das Original zu ersetzen im Stande ist, die sich mit der Nibelungensage beschäftigen wollen, den altnordischen Text aber nicht oder doch nur mit Schwierigkeiten lesen können.

Die Ragnarssaga (die übrigens seit 1829 überhaupt nicht mehr übersetzt ist) konnte wegen ihrer Zusammengehörigkeit mit der Volsungasaga nicht von dieser getrennt werden. Auch hier ist meine Uebersetzung eine wortgetreue, wenn ich auch hier eher einmal eine freie Uebersetzung meines Vorgängers stehn ließ.

Im Allgemeinen bemerke ich noch, daß Ergänzungen in [—] gesetzt sind, in (—) hingegen Worte, welche dem Texte entsprechen, in der Uebersetzung aber besser fortfallen. Letztere Klammern sind auch bei dem einer Rede eingeschobenen „sagte er" u. dgl. angewandt. Bei den Citaten ist zu beachten, daß hinter den Seitenzahlen die obenstehnden kleinen Ziffern sich allemal auf die Ziffernoten, die nach einem Komma in der Zeile folgenden Ziffern aber sich auf die Zeilen der Seite beziehn.

---

*) Aus diesem Grunde sind auch die meist unbedeutenden Aenderungen und Ergänzungen, die sich aus der Nachvergleichung mit dem Originaltext ergaben, gewissenhaft in den Nachträgen zusammengestellt. Besonders bitte ich die Nachträge zu 24, 13; 40, 1; 42, 3; 55, 10; 78, 6; 97, 1 in den Text einzutragen.

Bei der Verdeutschung der Namensformen ist die Nominativ-Endung r überall fortgelassen, bei den schwachen Maskulinen das ältere e statt i eingeführt; statt des spätern Umlauts ö (früher o) steht das ursprüngliche a, älterer Umlaut ist durch o (nicht ö) wiedergegeben.

Die Strophen der Eddalieder in der Volsungasaga und der Geschichte von Nornagest habe ich ebenfalls weniger geschmackvoll als vielmehr getreu übersetzen wollen, sofern sich nicht beides vereinigen ließ. Auch sind die Lesarten unserer Sagahandschriften zu Grunde gelegt, wo sie nicht sicher verderbt erschienen; wo eine Lesart der Lieder-Edda zu Grunde liegt, ist dies wohl immer angegeben. Bei einer Uebersetzung der Eddalieder als solcher würde ich selbstverständlich anders verfahren.

Bei den Strophen der Ragnarssaga war eine wortgetreue Uebersetzung durch die im Deutschen nicht gut wiederzugebende skaldische Ausdrucksweise ausgeschlossen. Ich habe hier sinngetreu zu übersetzen mich bemüht. Freilich ist bei der schlechten Ueberlieferung, obwohl ich gerade auf die Strophen unverhältnißmäßig viel Zeit und Mühe verwendet habe, selbst der Sinn nicht immer sicher festzustellen gewesen, und zweimal habe ich gar keine Uebersetzung gewagt. In dieser Hinsicht verweise ich auf die umfänglichen Bemerkungen in den Nachträgen. Daß Herr Prof. Möbius mich bei mehreren Strophen freundlichst unterstützt hat, indem seine Mittheilungen theils meine Ansichten in willkommener Weise bestätigten, theils neue Auffassungen an die Hand gaben *), sei hier noch mit Dank erwähnt.

Da ich nicht eine ganz neue Uebersetzung zu liefern, sondern die v. d. Hagen's umzuarbeiten hatte, so habe ich, wo es irgend anging, seine Worte beibehalten, obwohl auf manchen Seiten kaum eine Zeile unverändert geblieben ist, und eine Neubearbeitung fast leichtere Mühe gewesen wäre als die Umarbeitung. Dadurch mögen kleine Ungleichmäßigkeiten des Stils und auch wohl der Orthographie (für die übrigens nicht ich verantwortlich bin) entstanden sein. Auch das hat die Gleichmäßigkeit der Uebersetzung vielleicht hier und da gestört, daß eine schwere Erkrankung meine Arbeit unterbrach und aufhielt, so daß die Volsungasaga nun schon fast ein Jahr lang fertig gedruckt liegt. Auch manche Nachträge sind aus diesem Grunde nöthig geworden.

Für die Volsungasaga und die Geschichte von Nornagest konnte ich die durchaus zuverlässige Ausgabe von Bugge zu Grunde legen, für die Ragnarssaga war ich auf den gewiß verbesserungsbedürftigen Text Rafn's angewiesen. Denn, da es sich nicht um eine Ausgabe, sondern nur um eine Uebersetzung handelte, würde die Zeit, welche ich auf die vollständige Vergleichung der z. Th. recht schwierig zu lesenden Hdschr. hätte verwenden müssen, in gar keinem Verhältniß gestanden haben zu dem Ge-

---

*) Letzteres ist namentlich der Fall bei Str. 3, 1—4; 23, 6; 24, 2; 28, 3 f.

winne, den die Uebersetzung daraus etwa hätte ziehen können.

Die Sternnoten sind im Allgemeinen für solche Leser bestimmt, die ohne fachwissenschaftliche Vorkenntnisse die Sagas doch gründlich und mit Verständniß lesen wollen. Doch dürften einige derselben auch für meine Fachgenossen Interesse haben.

Während die Sternnoten der Erklärung dienen*) sollen, sollen die Ziffernoten das zusammenstellen, was die Kritik des Textes betrifft, soweit es sich um das Verhältniß zu anderen Quellen handelt. Doch glaubte ich bei der Scheidung zwischen beiderlei Anmerkungen kleine, aus praktischen Gründen wünschenswerthe Inconsequenzen nicht allzu peinlich vermeiden zu sollen, weil beide doch untereinander stehn und mit Einem Blick übersehen werden können.

Die Ziffernoten geben nun für die Volsunga- und die Nornagests-Saga ein fortlaufendes Verzeichniß der Quellen und wichtigen Parallelstellen. Dies Verzeichniß soll einerseits das Verhältniß beider Saga's zu ihren Quellen übersichtlich darstellen und die selbständigen Zusätze der Verfasser zur Anschauung bringen; andrerseits wird es hoffentlich für die Geschichte der nordischen Nibelungensage ein brauchbares Hülfsmittel werden, freilich hauptsächlich nur für den, welcher die citirten Stellen im Original

---

*) Doch sind auch die Parallelstellen innerhalb der Sagas dort zusammengestellt.

vergleichen kann. Die in ‖—) meiner Uebersetzung eingefügten Seitenzahlen der zu Grunde gelegten Texte (s. S. IV. VII) werden die Vergleichung dieser Originaltexte erleichtern. — Die jüngeren Volkslieder sind in der Regel nur da angeführt, wo keine älteren und echteren Quellen vorliegen, neben denselben aber — um die Uebersichtlichkeit nicht zu stören — nur ausnahmsweise.*) Die Volsungsrímur sind, weil keine ältere Ueberlieferung zur Seite stand und aus dem S. XXV angeführten Grunde, fortlaufend verglichen.

Für die Ragnarssaga lag Vollständigkeit der verzeichneten Parallelstellen ursprünglich nicht in meiner Absicht. Da es mir aber später wünschenswerth erschien, die wichtigen Paralleldarstellungen vollständig zur Vergleichung heranzuziehn, ist Manches nachzutragen gewesen. Namentlich bitte ich die Vergleichung der Herraudssaga zu S. 233—236 und Saxo's zu S. 322—31 (auf S. 438) sowie des Nth. zu S. 300 bis 301 einzutragen.

Das Personenregister wird für die nordische Nibelungensage, wie ich hoffe, eine nützliche Materialsammlung darbieten, zumal zu jeder citirten Stelle in den Ziffernoten die Quellen und Parallelstellen zusammengestellt sind. Vielleicht hätte hier und da noch ein Zug aufgenommen werden können, aber Wesentliches wird nicht fehlen. Ich darf dies Ver-

---

*) Man wolle übrigens die Nachträge zu S. 58, 11 ff; 67[1]; 74; 377[1] (auf S. 438) beachten.

zeichniß als zuverlässig bezeichnen, da die Citate wiederholt nachverglichen sind.

Die Einleitung sollte in knapper Form über die wichtigen Fragen orientiren, welche sich an die übersetzten Sagas knüpfen. Dies war aber nur da möglich, wo ich auf meine eigenen Schriften oder die Anderer Bezug nehmen konnte. Wo ich dagegen die grundlegenden Untersuchungen selbst erst anzustellen hatte, mußten diese in die Einleitung aufgenommen werden; doch habe ich mich bemüht, den gelehrten Apparat, soweit thunlich, in die Anmerkungen zu verweisen. Der längere Abschnitt über die Einheit der Volsunga-Ragnarssaga nebst den einschlägigen Einzeluntersuchungen sowie die Bemerkungen über das Verhältniß der Ragnarssaga zu den verwandten Darstellungen des Stoffs und zu den Strophen seien der Beachtung der Fachgenossen empfohlen. — Die kurze sagengeschichtliche Skizze soll lediglich dem in der Geschichte der Nibelungensage nicht bewanderten zur Orientirung dienen und rechnet auf nachsichtige Beurtheilung der Mitforscher, insofern sie hier in knappester Form und ohne Begründung erscheinen muß. Ueber einzelne Punkte hoffe ich mich bald einmal ausführlicher aussprechen zu können.

Leipzig,
im September 1880.

A. Edzardi.

Inhalt.

Einleitung.

Die Volsunga- und Ragnars-Saga ist uns nur in Einer vollständigen alten **Handschrift** der Kgl. Bibliothek zu Kopenhagen (Cod. reg. 1824 B. 4°) überliefert, die gegen Ende des 14. Jahrhunderts geschrieben zu sein scheint. Wegen der Beschaffenheit des Pergaments ist sie theilweise schwierig zu lesen. Für die Volsungasaga ist sie von Bugge für seine Ausgabe sorgfältig verglichen, die Ragnarssaga bedarf noch einer sorgfältigen Vergleichung. Außer den beiden unmittelbar zusammenhängenden*) Saga's enthält die Handschrift noch die Krákumál (s. unten S. LI).

Alle anderen Handschriften sind junge Papierabschriften eben dieser Handschrift, also ohne selbständigen Werth.

Ganz neuerdings ist nun aber in dem Cod.

---

*) **Ragn. s.** schließt sich mitten auf der Seite an **Vols. s.**

a

AM. 147. 4° der Universitätsbibliothek zu Kopenhagen ein leider fast ganz ausradirter und dann überschriebener Text der Ragnarssaga entdeckt worden. *) Herr Professor Bugge **) theilt mir darüber Folgendes mit: „Cod. 147. 4° enthält jetzt Werke juristischen Inhalts (Jónsbók etc.), die von verschiedenen Händen wahrscheinlich im 15. Jahrhundert geschrieben sind. Arni Magnusson erhielt ihn von Bjarni Sigurdarson zu Heynes. Ein großer Theil war früher beschrieben, die Schrift ist aber ausradirt. Auf den 19 letzten Blättern sind am Rande, oben und unten Reste lesbar von einer Handschrift der Ragnars saga Lodhbrókar, was Gudbrand Vigfusson zuerst entdeckte. Die Hand scheint von der zweiten Hälfte des 14. Jahrhunderts. Es stehn meist 24 oder 25 Zeilen auf der Seite, durchschnittlich fast $1\frac{1}{2}$ Seiten des Drucks in Fas. entsprechend. — Auch die Krakumal finden sich, und zwar mit anderer Strophenfolge als in Fas. Unmittelbar auf Krakumal folgt: „. . . . . medh hreysti mikilli (= Fas. 1, 352, Z. 23 [Rsth.], vgl.

_____

*) Eine kurze Notiz darüber gab schon G. Storm, Ragn. Lodbr. S. 107 [1].

**) Derselbe hat mir auf das Liebenswürdigste die wesentlichsten seiner Notizen zur Verfügung gestellt und gütigst erlaubt, dieselben zu veröffentlichen, wofür ich ihm hiermit auch öffentlich meinen herzlichen Dank ausspreche.

Fas. 1, 283, Z. 1). Die übrigen Blätter, deren In=
halt annähernd bestimmt werden kann, scheinen Alles
umfaßt zu haben, was zwischen Fas. 1, 240 und
292*) liegt. Doch hat Professor Bugge einzelne Stücke
bisher nicht gefunden. Den Inhalt der verschiedenen
Blätter zu bestimmen ist deshalb schwierig, weil der
Text im Cod. 147 zuweilen anders geordnet ist
als in Fas. Die Redaction im Cod. 147 hat an
mehreren Stellen dem Rsth. näher gestanden als
dem Texte der Saga in Fas. und zeigt sich öfter
kürzer als dieser letztere. Die Strophen sind im
Ganzen im Cod. 147 in besserer Form aufgezeichnet
als in der bekannten Haupthandschrift der Ragnars=
saga. Voran gehn in der Handschrift noch eine
Menge Blätter, auf denen früher etwas geschrieben
war. Aber hier ist die ursprüngliche Schrift so
sorgfältig ausradirt, daß Professor Bugge bisher
auf keinem einzigen dieser Blätter auch nur ein ein=
ziges Wort mit Sicherheit hat lesen können. Es ist
demnach noch nicht zu bestimmen, ob und in wie weit
die Volsungasaga auf Blättern des Cod. 147 ge=
schrieben gewesen ist oder nicht."**)

---

*) Die letzte Seite (s. S. **XLV**) ist nicht überschrieben.
**) Diese Angaben sind alle Herrn Professor Bugge's
Notizen entnommen, aber von mir selbständig — jedoch unter
möglichstem Anschluß an seine Worte — redigirt.

Herausgegeben sind beide Saga's mehrfach*), und zwar jede für sich, aber unmittelbar nach einander von

    Björner, Nordiska Kämpadater, Stockholm 1737, XI und XII.

    v. d. Hagen, Altnordische Sagen und Lieder, welche zum Fabelkreis des Heldenbuchs und der Nibelungen gehören (S. 17—186), II und III. Breslau 1814.

        [Beruht auf Björner's Ausgabe.]

Rafn, Fornaldar sögur Nordhrlanda, Band I, S. 113—299. Kopenhagen 1829.

        [Nach neuer Vergleichung der Handschrift.] **)

Die Volsungasaga allein ist dann noch herausgegeben von

    Bugge, Norrœne Skrifter af sagnhistorisk Indhold (Heft 2), S. 81—199. Christiania 1865.

        [Dazu Nachträge und Berichtigungen auf dem Umschlage des Heftes. Eine neue, sorgfältige Collation der Handschrift liegt zu Grunde.] ***)

    Wilken, die prosaische Edda im Auszuge nebst Volsunga-Saga und Nornagests-tháttr, S. 147 bis 234. Paderborn 1877.

        [Im Wesentlichen genauer Abdruck des Bugge'schen Textes.]

---

    *) Abdrücke einzelner Abschnitte (in Lesebüchern 2c.) sind hier nicht berücksichtigt.

    **) Dieser Text liegt meiner Uebersetzung der Ragnarssaga zu Grunde, und beziehn sich die in ||—) eingefügten Seitenzahlen auf ihn.

    ***) Auf diesem Text beruht meine Uebersetzung der Volsungasaga, und beziehn sich die in ||—) eingefügten Seitenzahlen auf ihn.

Die Ragnarssaga ist seit 1829 nicht wieder herausgegeben und bedarf dringend einer neuen Ausgabe nach neuer Vergleichung der Handschrift.

Uebersetzungen giebt es, namentlich in dänischer Sprache, zahlreiche von der Volsungasaga, nämlich von

[Dänisch:] Rafn, Nordiske Kämpe-Historier, I, B: Volsunga-Saga eller Historien om Sigurd Fafnersbane. Kopenhagen 1822.
[Nach Björner's Text.]

Rafn, Nordiske Fortids Sagaer, Band I, S. 106—217. Kopenhagen 1829.
[Dieser zweiten Uebersetzung Rafn's liegt sein Text in Fas. zu Grunde.]

Ullmann, Sagaen om Völsungerne. Kopenhagen 1873.

Winkel Horn, Nordiske Heltesagaer, S. 1 bis 91. Kopenhagen 1876.

[Schwedisch:] Arwidsson, Historia Volsungorum svetice reddita. Aboæ 1820.

[Englisch:] Eirikr Magnusson und Morris, Völsunga Saga. The Story of the Völsungs and Niblungs etc. London 1870.

[Deutsch:] v. d. Hagen, Nordische Heldenromane, Band IV: Volsunga-Saga oder Sigurd der Fafnirstödter und die Niflungen. Breslau 1815.
[Beruht auf Björner's Text. Als vollständig umgearbeitete zweite Auflage dieser Uebersetzung erscheint vorliegendes Buch.]

Raßmann in seinem Buche „Die deutsche Heldensage und ihre Heimath'', Band I (Hannover 1857) hat die Volsungasaga übersetzt, aber

nicht vollständig und zusammenhängend, sondern
in einzelne Stücke zerrissen und theilweise in
die Uebersetzung der Eddalieder eingeschoben.*)

Von der Ragnarssaga giebt es nur die fol=
genden Uebersetzungen von

[Dänisch:] Rafn, Nord. Kämpehist. I, C: **Ragnar
Lodbroks Saga, Krakemaal, Fortælling om
Norna Gest etc.** S. 1—81. Kopenhagen 1822.

Rafn, Nord. Fort. Sagaer, Band I, 219—276.
[S. oben S. V.]

|Deutsch:] v. d. Hagen, Nordische Heldenromane,
Band V: Ragnar=Lodbroks=Saga und Norna=
Gests=Saga, S. 1—112. Breslau 1828.
*[Hiervon ist meine Uebersetzung eine vollständig umgearbeitete
zweite Auflage.]*

Die Nornagestssaga (tháttr af Nornagesti,
mit Nth. bezeichnet) ist als Episode der ausführ=
lichsten Redaction der Olafs saga Tryggvasonar in
zwei alten Handschriften überliefert, die nicht uner=
heblich von einander abweichen, nämlich in

S, d. i. Cod. AM. 62 Fol., nach Bugge, der diese
Hdschr. seiner Ausgabe mit Recht zu Grunde
gelegt hat, bald nach der Mitte des 14. Jahr=
hunderts geschrieben.

---

*) Daß Raßmann auch das „Uebergangskapitel" (I,
S. 289 ff.) sowie einzelne Theile der eigentlichen Ragnars=
saga und des Nth. übersetzt hat, sei hier erwähnt.

F, d. i. Flateyjarbók*) jener bekannten, umfäng=
lichen Hdschr., die um 1380 geschrieben ist.

Andere Handschriften haben keinen selbständigen
Werth.

Folgende Ausgaben des tháttr sind zu ver=
zeichnen:

Björner, Nord. Kämpadater XIV.
v. d. Hagen, Altn. Sagen u. Lieder IV.
Rafn, Fornaldar Sögur I, 311—342.
} ſ. oben
S. IV f.

[Nach einer von *F* abhängigen Handschrift.]

Bugge, Norrœne Skrifter af sagnhistorisk Ind-
hold (Heft 1), S. 45—80. Christiania 1863.

[Nach der Handschrift *S.*]**)

Wilken, die prof. Edda ꝛc.; S. 235—261.
Paderborn 1877.

[Wilken legt mit Unrecht***) die Hdschr. *F* zu Grunde.]

Außerdem ist der Nth. als Theil der ganzen
Olafsſaga (abgesehen von einer alten Ausgabe von
1690) gedruckt in der Ausgabe der Flateyjarbok,
Bd. I, S. 346—359. (Genauer Abdruck der Handſchr.)

Ueberſetzt ist die Geschichte von Nornageſt von
[Däniſch:] Rafn, Nord. Kämpehistorier, I. C (ſ. oben
S. VI), S. 97—132. Kopenhagen 1822.

---

*) Herausgegeben in drei ſtarken Bänden, Chriſtiania
1860—68.

**) Dieſer Text liegt meiner Ueberſetzung zu Grunde,
und beziehn ſich die in ‖—) eingefügten Seitenzahlen auf ihn.

***) S. Wilken S. LXXXVI ff. und dagegen Germ.
24, 353 f. und Zſchr. f. d. Phil. 12, 87—92.

Rafn, Nord. Fort. Sagaer, Band I, S. 289 bis
316. Kopenhagen 1829.
[Nach dem Text in Fas.]
[Deutsch:] v. d. Hagen, Nordische Heldenromane,
Bd. V, S. 113—171 (f. o. S. VI). Breslau 1828.

Die **Literatur***) über die Volsunga=Ragnars=
saga und den Nth. ist nicht eben bedeutend, wenn
wir die Schriften über die Sage**) ausschließen.
Ueber Volsungasaga und Nornagestssaga handelt
P. E. Müller in seiner Sagabibliothek, Bd. II,
S. 36—145 [in der Uebersetzung von Lange***)
S. 1—107]; S. Bugge in der Einleitung zu seiner
Edda=Ausgabe S. XXXIV—XLIV und in den An=
merkungen hinter seiner Ausgabe der Volsungasaga
S. 193—199; besonders aber B. Sijmons in
seinen gründlichen und gehaltvollen „Untersuchungen

o

*) Gelegentliche Bemerkungen und kürzere Be=
sprechungen werden hier nicht berücksichtigt. Nur das Wich=
tigste ist, besonders mit Rücksicht auf meine Citate, hier zu=
sammengestellt.

**) Weil die Nibelungensage für sich allein schon eine
umfängliche Literatur hat.

***) „Untersuchungen über die Geschichte und das Ver=
hältniß der nordischen und deutschen Heldensage, aus P.
E. Müller's Sagabibliothek II. Band . . . übersetzt und
kritisch bearbeitet von Georg Lange." Frankfurt a. M. 1832.

über die sogenannte Völsungasaga" (Beitr. 3, 199—303). Gegen diese Abhandlung wendet sich die Einleitung zu Wilken's Schrift „Die prosaische Edda im Auszuge nebst Volsungasaga und Nornagests-tháttr", Paderborn 1877. Hier ist S. VI—LXXXV über die Volsungasaga, S. LXXXV—CIII über den Nth. gehandelt. Wilken's Widerspruch ist aber im Wesentlichen ungerechtfertigt und sein Standpunkt ein so eigenartiger, daß seine Auffassung in der Hauptsache und in den meisten Einzelheiten als verfehlt gelten muß.*) Dies Urtheil habe ich Germ. 24, 353—363 ausführlich motivirt, womit Sijmons' noch eingehendere Recension in der Zschr. f. d. Phil. 12, 83—113 im Wesentlichen übereinstimmt. In beiden Anzeigen, namentlich in der letzteren, findet sich beachtenswerthes Material für die Beurtheilung der Volsunga- und der Nornagests-Saga. Den Eingang der Volsungasaga (Kap. 1—12) behandelt Müllenhof unter dem Titel „Die alte Dichtung von den Nibelungen. I: Von Sigfrid's Ahnen", H. Zschr. 23, 113—173.

Ueber die Ragnarssaga handelt in Sijmons' Untersuchungen gelegentlich der erste Abschnitt (S. 200—215). Hierher gehören ferner Rafn's

---

*) Das Buch ist deshalb nur selten von mir angeführt.

Anmerkungen in Kämpehistorier I. C, S. 155—165,
sowie seine Bemerkungen zu den Strophen ebenda
S. 177—247. Auch G. Storm's mehrfach von
mir citirte Schrift „Ragnar Lodbrok og Lodbrokssönnerne“, Christiania 1877*), obwohl zunächst die
Sage behandelnd, nimmt mehrfach auf die isländischen
Bearbeitungen des Stoffes Bezug. Desgleichen kommt
die schwedische Uebersetzung des Ragnars sona tháttr
von Söderström**) für die entsprechenden Partien
der Saga und namentlich für die Strophen in Betracht.

Endlich ist auf die betreffenden Abschnitte in
R. Keyser's Literaturgeschichte (Efterladte Skrifter
I, 346—65. 391—99), Sagabibl. 2, 264—82, sowie in
Munch's Det norske Folks Historie I, 1 zu verweisen.

———

Die Volsungasaga beruht zumeist auf alten nordischen Heldenliedern, die uns zum großen Theil
noch in jener alten Liedersammlung erhalten sind,
welche wir die Lieder-Edda (Sämund's Edda) zu

———

*) Aus (Norsk) Historisk Tidskrift, 2. Folge I,
371—491.

**) Tháttr af Ragnars sonum. Sagostycke om Rag-
nars Söner, från Isländskan öfversatt och belyst. Akad.
Afhandling ... Örebro 1872.

nennen pflegen, obwohl der Name „Edda" eigentlich
nur der profaïſchen (Snorre's) Edda zukommt. Dieſe
Lieder=Edda iſt eine Sammlung von Liedern gleichen
oder doch ähnlichen Charakters, aber ſehr verſchiedenen
Alters und Werthes. Die Eddalieder ſind nicht
eigentlich Volkslieder, aber ſie ſind die Ausläufer
einer älteren Volksdichtung, der einzelne Lieder ganz,
andere wenigſtens theilweiſe noch ziemlich nahe ſtehn.
Ja es ſcheint, als ob in den beſſern Eddaliedern
Umdichtungen (Bearbeitungen, wenn man ſo ſagen
darf) älterer Volkslieder vorliegen, von denen oft
einzelne Strophen und Strophengruppen ziemlich un=
verändert beibehalten ſein mögen. Unter dieſen Um=
ſtänden iſt eine genaue Altersbeſtimmung dieſer Lieder
ſehr ſchwierig; doch wird man nicht weit fehl greifen
mit der Annahme, daß in der vorliegenden
Geſtalt keines derſelben vor dem 9. Jahrhundert[*]
und keins (zwei oder drei Lieder etwa ausgenommen)
nach dem 11. Jahrhundert entſtanden iſt, die meiſten
aber ihre jetzige Geſtalt im 10. Jahrhundert erhalten
haben und zwar auf Island[**] — wo ſie auch

---

[*] Daß Theile einzelner Lieder älter ſein können, iſt
nach dem eben Geſagten damit natürlich nicht ausgeſchloſſen,
vielmehr iſt es ſehr wahrſcheinlich.

[**] Die neueſte Theorie Gudbrand Vigfuſſon's (in ſeiner
Ausgabe der Sturlunga, Proleg. CLXXXVI ff.), daß die

gesammelt wurden — und in dessen Nebenländern. Einzelne Lieder mögen immerhin in Norwegen entstanden oder in älterer Gestalt von Norwegen nach Island mitgebracht und dort umgedichtet sein.

Kann man die Eddalieder nun auch nicht schlechtweg Volkslieder nennen, so darf man diese ganze Dichtung doch gegenüber der überkünstlichen Skaldendichtung getrost als volksthümlich bezeichnen, insofern sie auf alten Volksliedern beruht und anscheinend, im Gegensatz zur Skaldendichtung der höfischen Kreise, vorzugsweise in den Kreisen des Volkes gepflegt worden ist, wie denn auch alle diese Lieder „verfasserlos" sind. Der Unterschied beider Dichtungsarten in der Form ist neueren Theorien gegenüber *) durchaus festzuhalten, wenn man auch

---

Eddalieder auf den nordbritischen Inseln und Küsten (Orknöen, Hebriden, Nordküsten Schottlands und Irlands) von nordischen Dichtern verfaßt seien, ist eine geistreiche, aber nicht stichhaltige Vermuthung, wie ich nächstens andern Ortes ausführlich zu zeigen gedenke.

*) Sehr entschieden haben sich Wilken (Gött. gel. Anz. 1878, S. 77—89) und Sievers (Beitr. 6., 298) dagegen ausgesprochen, daß „in formeller ... Beziehung irgendwie eine feste Grenze zwischen „eddischer" und „skaldischer" Dichtung sich ziehen läßt". Gegen Sievers' Theorie habe ich mich im Literaturblatt f. germ. und rom. Phil. 1, Sp. 166—69, ausführlich ausgesprochen.

unleugbar in späterer Zeit denselben zu verwischen trachtete.

Von diesen volksthümlichen Götter= und Helden= liedern ward nun etwa um 1240*) eine größere Zahl in einer **Sammlung** vereinigt, indem der Sammler erläuternde prosaische Bemerkungen, namentlich Ein= leitungen, hinzufügte und innerhalb der Lieder ver= gessene Strophen durch prosaische Zwischensätze ersetzte. Dabei hat er oft genug, wie der noch erhaltene Stab= reim und die poetische Ausdrucksweise zeigt, die in ihrer metrischen Form ihm nicht mehr erinner= lichen Strophen inhaltlich getreu in Prosa=Auflösung wiedergegeben. Für die Heldenlieder sollten wir eigentlich richtiger von prosaischen Erzählungen mit eingeschobenen Liedern und Liedfragmenten — von

---

*) Dies hat Bugge in der Einleitung zu seiner Edda= Ausgabe (S. LXVI ff.) festgestellt. Die Sammlung scheint nämlich nach Snorre's (+ 1241) Thätigkeit an der nach ihm benannten Snorra Edda entstanden zu sein, da sie dort weder in der Gylfaginning noch im Skaldskaparmal benutzt, Snorre also unbekannt gewesen ist, während andrerseits die Snorra Edda ziemlich sicher in der Sammlung benutzt ist (vgl. Bugge a. a. O. XXX f.; Germ. 24, 357; Zschr. f. d. Phil. 12, 104). Da nun die Snorra Edda als Ganzes etwa um 1230 ver= faßt ist, andrerseits aber im Prolog der Thidrekssaga höchst wahrscheinlich auf unsere Sammlung angespielt wird (Bugge a. a. O. LXVIII), so muß die Sammlung zwischen 1230 und 1250, also etwa um 1240 entstanden sein.

kleinen Saga's also — als von einer Liedersammlung reden. Wenigstens ist das sogenannte „Lied" von Helge Hiorvardsson, wie man schon richtig erkannt hat, nichts anderes als eine kleine Saga, die größere und kleinere Fragmente von 4 Liedern zusammenfaßt, welche einen Liedercyklus von Helge Hiorvardsson bildeten. Nicht anders steht es mit dem sogenannten „zweiten Liede" von Helge dem Hundingstödter (Helg. Hund. II): auch dies ist eigentlich eine kleine Helga saga Hundingsbana, in welche Fragmente von mindestens 3, eher wohl von 4—5*) Liedern aus einem Liedercyklus von Helge dem Hundingstödter eingeschoben sind. Ebenso wird der Abschnitt von Sigurd's Geburt bis zu Brynhild's Tode schon als „Sigurdssaga" für sich bestanden haben und als Ganzes der Sammlung einverleibt sein, wie ich weiter unten ausführen werde. Leider fehlt gerade hier in der Hdschr. der Sammlung, welche diesen Theil allein

---

*) 1 (Káruljódh? vgl. Beitr. 4, 194 ff.): vom Anfange bis S. 163, Prosa, Z. 2 (Hild.). — Dahin gehört 2: Str. 38 nebst vorhergehnder Prosa (Fragment eines Scheltgesprächs mit Hunding, vgl. Beitr. 4, 171 f.). Dann folgt 3 (oder vielleicht gehörte 2 dazu?): S. 163, Prosa, Z. 2 bis Str. 12 Ende. — 4 (Volsungakvidha in forna): bis Str. 27 Ende. — 5: Prosa nach Str. 27—37 incl. + Prosa nach Str. 38 bis Str. 50 (oder sind auch dies Reste zweier Lieder?).

erhalten hat*), ein beträchtliches Stück, und wir sind hier fast ausschließlich auf die Ergänzung ange= wiesen, welche glücklicherweise die Volsungasaga bietet.

Die **Volsungasaga** hat nämlich, wie erwähnt, die Liedersammlung, die wir Edda nennen, benutzt, und zwar eine ältere, vielfach bessere und vor Allem vollständige Hdschr. derselben. Auch abgesehen von der Lücke hat die unserm Verfasser vorliegende Hdschr. einen vollständigeren**), besser geordneten***) oder in anderer Weise ursprünglicheren†) Text enthalten (vgl. meine gelegentlichen Bemerkungen in Germ. 23, 176 ff. 314 ff. 326 ff. 407 ff.). Am wichtigsten ist aber natürlich der Umstand, daß Kap. 23—29 den in der Lücke des Cod. reg. ver= lorenen Theil der „Sigurdssaga" wiedergiebt, und zwar die hier eingeschoben gewesenen Lieder und Liedstücke fast ausnahmslos in Prosa=Auflösung. Es

---

*) Es ist der berühmte Codex regius (d. h. Handschrift der Kgl. Bibliothek in Kopenhagen) n° 2365. 4°.

**) Z. B. 43³. 48³. 85³. 89¹. 91³. 95² und 96¹ (wo Sigurd als der bestimmte Erlöser erscheint, vgl. Fjölsvinns-mál 42—49). 99⁴. (163³). 183³ (Germ. 23, 409). 190²·⁴ (Germ. 23, 410 f.). 195¹ (Germ. 23, 407 f.). 202¹. (211³) ꝛc.

***) Vgl. Germ. 23, 176 f. 314 f. 316 ff.

†) Z. B. 91¹ (Germ. 23, 318 f.); 51, 15 (eitt statt eitr, Sinfj. Z. 7.); 53² ꝛc.

ist daher sehr wichtig festzustellen, in wie weit wir hier eine getreue Wiedergabe des Verlorenen zu erwarten haben.

Diese Frage zu beantworten giebt es zwei Mittel. Zunächst können wir die kurze Skizze in der Snorra Edda*) heranziehen, ferner Gripisspa und Sig. sk. 1—4, welche Darstellungen ebenfalls den verlorenen Theil der Sammlung benutzt haben. Genaue, theilweise wörtliche Uebereinstimmungen sprechen hier für eine verhältnißmäßig getreue Wiedergabe.**)

Sodann hat man namentlich zu beobachten, wie der Sagaschreiber bei der Benutzung seiner Quellen da verfährt, wo diese Quellen erhalten sind, so daß wir ihn controliren können. Hierüber hat B. Sijmons in seiner oben genannten Schrift (Beitr., Bd. 3) eine gründliche Untersuchung angestellt. Diese hat ergeben,

---

*) Im Skaldskaparmal (dem Abschnitt, welcher die poetische Ausdrucksweise behandelt) ist zur Erklärung der Umschreibung „Otterbuße" für „Gold" die „Vorgeschichte des Hortes" erzählt. Eine spätere Bearbeitung der Snorra Edda hat diese kurze Darstellung unter Benutzung der Liedersammlung zu einem Abrisse der ganzen Nibelungensage erweitert; s. Sijmons, Beitr. 3, 209 ff. und Zschr. f. d. Phil. 12, 103 ff. sowie meine Ausführungen Germ. 24, 356 ff.; im Allgemeinen auch die gründliche Untersuchung von Mogk in den Beitr. 6, 477 ff.

**) Germ. 23, 174*. 326 ff. 24, 359. Zschr. f. d. Phil. 12, 106.

daß der Verfasser der Saga seinen Quellen, den Liedern (bezw. der Sigurdssaga) bald freier, bald treuer sich anschließt, vielfach wortgetreu, fast immer sinngetreu, sofern er seine Quellen nicht mißverstand, was allerdings mehrfach nachweisbar ist.*) Wenn übrigens seine Darstellung zuweilen unbeholfen, abgerissen und schwerfällig erscheint, so hat dies darin seinen Grund, daß er grade an solchen Stellen seinen Quellen am getreusten sich anschloß.**) Absichtliche Abweichungen bestehn in erläuternden Zusätzen, erweiternden Ausführungen (z. B. Kampfschilderungen) u. dgl.***) Außerdem aber sind absichtliche Abweichungen seiner Darstellung von den Quellen auf folgende zwei Motive zurückzuführen: auf das Streben, widerstreitende Berichte zu vereinigen und auf die Tendenz, die Ragnarssage mit der Volsungensage zu verknüpfen.

) Vgl. z. B. die Anmerkungen 48. 48**. (52*). 170†. 171†. 202†. 214⁷.

**) Das ist besonders in Wechselgesprächen der Fall.

***) Z. B. 56, 4—57, 2. 80, 6—81, 12; ferner 52*. 157, 6 f. x. Uebrigens ist nicht Alles, was nicht auf der Sammlung beruht, willkürliche Erfindung des Verfassers, sondern derselbe muß auch neben der Sammlung noch hier und da aus der lebendigen Volksüberlieferung geschöpft haben, s. u. S. XXVIII f.

Der Verfasser wollte nicht eine Zusammenstellung verschiedener Berichte, sondern eine zusammenhängende Erzählung liefern. Da nun aber in der Sammlung Lieder von sehr verschiedener Sagenauffassung vereinigt sind, so lassen sich die verschiedenen Berichte oft nur gewaltsam vereinigen. Außerdem finden sich Parallellieder, die zwar im Wesentlichen übereinstimmen, im Einzelnen aber abweichen. Auch in solchen Fällen hat der Verfasser die einzelnen Züge der verschiedenen Darstellungen oft nicht ohne willkürliche Aenderungen und Zusätze combiniren können. Lehrreich sind in dieser Hinsicht besonders die Kapp. 33—38, die aus Atlam. und Akv. combinirt sind, aber auch Kapp. 30—31, denen eine Combination aus Sig. sk. und Sig. l. (= Brot) zu Grunde liegt.*)

Die Tendenz, Ragnar's Geschlecht, d. h. das norwegische Königshaus, an die Volsunge zu knüpfen, äußert sich namentlich in der Einführung

---

) Von diesem Gesichtspunkte aus ist es z. B. zu beurtheilen, daß der Verfasser Atle von den Gjukungen in die Halle drängen läßt 194⁴ (vgl. das. und 192⁶). Daß Hjalle zweimal ergriffen wird 197† (vgl. 196); daß das Anzünden der Halle erst nach dem Begräbniß Atle's erfolgt 207*** ꝛc. Der Satz 180⁴ bildet den Uebergang von Akv. zur Situation in Atlam. Vgl. noch 205⁴ und dazu Germ. 24, 359†.

der Aslaug als Tochter Sigurd's. Dieser zu Liebe ist die Verlobung mit Sigrdrifa=Brynhild (die bei der Verschmelzung Sigrdrifa's mit Brynhild als seltsame „Vorverlobung" erscheint) und ein intimes Verhältniß beider erfunden, während die echte Sage und mit ihr die Quellen der Volsungasaga Sigurd's Verhältniß zu Brynhild (bezw. Sigrdrifa) durchaus als ein keusches auffassen.

Dies nachweisbare Verhältniß des Verfassers zu seinen erhaltenen Quellen gilt mit Wahrscheinlichkeit auch für sein **Verhältniß zu den verlorenen Quellen.** Auch hier wird er seine Quellen inhaltlich (und z. Th. wörtlich) getreu wiedergegeben haben, soweit nicht etwa die beiden erwähnten Gründe ihn zur Ab= weichung veranlassen konnten. Und diese Auffassung findet, wie gesagt, ihre Bestätigung in den wörtlichen Berührungen mit jenen anderen Darstellungen, die aus derselben Quelle schöpften. Welchen Raum auf den verlorenen Blättern die Prosa der Sigurdssaga einnahm, läßt sich leider nicht mehr feststellen. Sicher aber umschloß sie auch hier mehrere Lieder und Liedfragmente, auf deren Charakter, Inhalt und Umfang die Prosa=Auflösung noch einige Schlüsse gestattet. Mehrfach zeigt die poetische Sprache nebst durchscheinenden Stabreimen, daß Verse ziemlich un=

versehrt erhalten sind*); mehrfach finden sich auch Anklänge an Verse erhaltener Lieder**) oder was sehr zu beachten ist, an das Nibelungenlied***), d. h. an die dem Nibelungenliede zu Grunde liegenden alten deutschen Volkslieder. Vornehmlich bei den Wechselgesprächen zeigt es sich noch deutlich, daß diese ursprünglich strophisch waren†), so namentlich 112 f. 114 ff. 131 f. 137—140. 147—151. Endlich sind vereinzelt (S. 130, 138, 152) noch vollständige Strophen der benutzten Lieder citirt.††)

---

*) Z. B. 111 f. 115 f. 122. 123, 5 ff. 145, 10 f. 147, 1 ff. 2c.

) Z. B. 110¹: Helr. 6, Grip. 27, 1—4; — 110³: vgl. Grip. 5; — 111, 4 f. (vgl. 108 ††): Rigsth. 35, besonders Gudr. II, 18, 9 ff., wo die dort unpassenden Verse aus dem verlorenen Liede von Sigurd's Besuch bei Heimi zu stammen scheinen; — 112, 8—10: Gudr. II, 5, 5 f.; — 113, 10: Grip. 30, 5 f. (Germ. 23, 327); — 115*: vgl. Háv. 83 [liegt eine Str. zu Grunde, die ursprünglich zu Sigrdrifumal gehörte?]; — 128⁵: Kalfsvísa in Sn. E; — 132²: Grip. 39, 5—8. Sig. sk. 4, 1—5 (vgl. Brot 20, 1—4); — 134²: Grip. 45, 1 f.; — 139²: Sig. sk. 27, 7 f., Gudr. I, 25, 3. H. H. II, 33, 5 und Grip. 31, 7.

) 117 f. 122². Vgl. ähnliche Uebereinstimmungen 190². 194††. 197 2c.

†) In diesen Gesprächen entspricht ersichtlich jede Rede und Gegenrede je einer Strophe, sodaß man hier sogar die Zahl der benutzten Strophen feststellen kann.

††) Dazu kommt vielleicht noch Gudr. II, 18, 9—12; f. oben Anm.**.

Es gab gewiß ein Lied von Sigurd's Besuch
bei Heimi und seiner Verlobung mit Brynhild
(Kap. 23—24); ein zweites, welches Sigurd's Auf=
enthalt bei den Gjukungen bis zur Vermählung mit
Gudrun (Kap. 26) besang; vielleicht auch Gunnar's
Werbung und Sigurd's Flammenritt (Kap. 27), was
doch wohl eher in einem besondern (dritten) Liede
behandelt war, von dem zwei schöne Strophen er=
halten sind. Ein viertes Lied, dessen Anfang sich
scharf markirt, handelte vom Zank der Königinnen,
und was demselben unmittelbar folgt (Kap. 28)*);
auch hiervon ist eine Strophe erhalten.**) Es folgen
dann fünftens***) die Wechselgespräche Gunnar's und

---

*) Vgl. jedoch unten Anm.***.

**) Ueber die Stellung dieser Strophe s. Germ. 24, 359.

***) Daß mit Kap. 29 die Benutzung eines neuen Liedes
beginnt, glaube ich aus folgendem Grunde: Es ist durchaus
natürlich, daß Brynhild unmittelbar nach der vernichtenden
Erklärung Gudrun's [also nach 136⁵] voll Zorn und stumm
vor Schmerz sich zu Bette legt. So heißt es denn auch
136, 9: „Brynhild ging heim und sprach kein Wort
(= Thidr. s. 2, 307 unten) — am Abend." Dies „am
Abend" scheint unser Verfasser hinzugefügt zu haben, weil
er nach einer andern Quelle noch ein Gespräch Bryn=
hild's mit Gudrun am folgenden Morgen zu berichten
hatte. Mit Kap. 29 geht er offenbar wieder zu einer andern
Quelle über, die inhaltlich an 136⁵ anknüpft. Der Anfang von
Kap. 29 sieht aus, als begönne hier ein neues Lied, doch
kann auch schon Kap. 28 bis 136⁵ demselben Liede folgen.

Sigurd's mit Brynhild, die in zornigem Schmerz sich auf ihr Lager geworfen hat (Kap. 29), vermuthlich einem und demselben langen Liede angehörig, dem „langen Sigurdsliede“, dessen Schluß, das sog. Brot (d. h. Bruchstück), nach der Lücke im Cod. reg. erhalten ist.*) Außerdem ist noch sechstens im Kap. 25 ein Lied von Gudrun's Träumen benutzt, richtiger wohl zwei: ein älteres und ein jüngeres Parallellied (s. S. 121**). Es werden also 6 bis 7 Lieder oder Theile von solchen in der Lücke verloren sein. Für die Auffassung des Verhältnisses Brynhild's zu Sigrdrifa, welches gerade hinsichtlich des Flammenrittes in Verbindung mit der Verlobung einigermaßen dunkel ist, ist dieser Verlust besonders zu beklagen.

Eine kurze Besprechung erfordern noch **die erften acht Kapitel nebft Kap. 11 und 12.** Wie der Darstellung von Sinfjotle's Tode (Kap. 10) unzweifelhaft ein Lied zu Grunde liegt, welches auch im Sinfjötlalok der Sammlung benutzt, aber in knapperer Form wiedergegeben ist**); so beruht auch

---

*) Außerdem gehört dazu die Strophe auf S. 152 f.; vgl. dazu 151**.

**) So auch Müllenhof, H. Zschr. 23, 133.

Sigmund's Geschichte, wenigstens theilweise, offenbar auf Liedern, die hier und da deutlich genug durch den prosaischen Text hindurchscheinen, z. B. bei dem Erscheinen Odin's in Volsung's Halle 14 ff.*); in Hjordis' Gespräch mit dem sterbenden Sigmund 58 f.**); in Signy's letzten Worten 39 — ein Lied, zu dem wahrscheinlich die Halbstrophe auf S. 38 gehört, und welches demnach Sigmund's und Sinfjotle's [Versuch der Rache und ihre] Einschließung und Befreiung, sowie die Ausführung der Rache enthielt.***) Aber auch sonst zeigen sich in der Geschichte Sigmund's und Volsung's deutlich Spuren poetischer Quellen.†) Und selbst für die Geschichte Sige's und Reri's, wo die Prosa nichts mehr von poetischen Quellen ver= räth, ist es wahrscheinlich, daß sie einmal in alten, zur Zeit des Sageschreibers freilich schon verschollenen Liedern gesungen ward. Jene verlorenen, vom Ver= fasser der Saga aber noch benutzten Lieder oder

---

*) Zu 15³ vgl. Hdl. 2, 7 f.

) Zu 59³ vgl. Grip. 23, 5—8. 41, 5—8; zu 59 vgl. Herv. s. (Bugge) 312. — S. 58, 14 ff. sind Anfangs fast vollständige Verse und nachher noch die Stabreime erhalten.

***) Vgl. H. Zschr. 23, 132 f.

†) Vgl. H. Zschr. 23, 130 ff. Zu 22, 5 f. vgl. na= mentlich H. H. II. 33, 1—4; aber auch Oddr. 10, 1 f.; Herv. s. (Bugge), S. 216, 1 f.; [Lokas. 47, 1 f.] u. s. w.

Liedreste muß derselbe zugleich mit den Sagen, denen sie angehörten, aus der lebendigen Volkstradition geschöpft haben.*) Wir haben uns diese seine Quellen für die in Rede stehenden Kapitel etwa so zu denken, wie die Quellen der Thidrekssaga, d. h. Sagen in ungebundener Rede untermischt mit Liedern und Liedstücken, der Art, daß in wichtigen Gesprächen und überhaupt bei wesentlichen Momenten der Sage die poetische Form sich am längsten hielt.**) Daß auch neben der Liedersammlung, d. h. in den Abschnitten, wo er dieser hauptsächlich folgt, der Sagaschreiber noch aus der lebendigen Volksüberlieferung schöpfte, dafür spricht Manches: Bugge (Einl. zu seiner Edda-Ausgabe XXXVIII) hat es wahrscheinlich gemacht, daß ein Halbvers, der in der Sverrissaga (Fms. 8, 409; bei Unger 183) kurz vor Fafn. 6, 4—6 citirt wird, von unserm Verfasser S. 68, 6—10 und 83, 2—4 benutzt ist. S. 81, 21—82, 1 klingt eine poetische Quelle durch, vielleicht dieselbe. In der Ermanrichsaga ist verschiedentlich (212 [2—6]. 213 [4—6]. 217***. 218 [5—6]. 219, 2 f. 219 [2]) die Volkssage neben der Sammlung benutzt (vgl. Zschr. f. d. Phil. 7, 383). Zu 155 [6] ent-

---

*) Vgl. jetzt auch Sijmons', Zschr. f. d. Phil. 12, 101 [x].

**) Vgl. darüber meine Bemerkungen Germ. 23, 97; 25, 65 f.

sprechen die späteren Volkslieder 2c. Auch die verderbte
Variante zu Brot 4 auf S. 156 ist zu beachten.

Die **Volsungsrimur***) des Skalden Kalf, eine
poetische Bearbeitung unserer Volsungasaga [vom Ende
des 14. oder] aus dem 15. Jahrhundert, haben offenbar
einen Text der Saga benutzt, der dem uns erhaltenen
sehr nahe stand, doch schwerlich gerade unsere Handschrift. Eine andere Handschrift konnte aber manche
in der unsrigen fehlende Züge und abweichende Lesarten enthalten**), die sehr wohl hier und da der
abweichenden Darstellung der rímur zu Grunde liegen
können; und die rímur sind daher für die Text-
kritik nicht unbedingt werthlos. Darin aber gebe ich
Sijmons gegen Möbius und Wilken Recht, daß
ebenso gut alle Abweichungen und Zuthaten vom
rímur-Dichter herrühren können und also keineswegs mit Nothwendigkeit auf eine abweichende Fassung
der Saga zurückweisen.

---

*) Herausgegeben von Th. Möbius (Edda Sæ-
mundar, S. 240 ff. 301 f. (vgl. dort die Einl. S. XII ff.).
Die rímur sind am Schlusse unvollständig überliefert.

**) Wenn z. B. Cod. AM. 147. 4°, wie wahrscheinlich,
auch die Volsungasaga enthielt, sollte jener Text hier nicht
auch wenigstens annähernd die Selbständigkeit wie in der
Ragnarssaga gezeigt haben? Vgl. Bugge, Einl. zur Edda-
Ausgabe, S. XXXV.

Für die **Ermanrichsage** (Kap. 39—42) ist außer der Liedersammlung noch eine ausführlichere, der Quelle Saxo's nahestehende Ueberlieferung benutzt, die der Verfasser wahrscheinlich aus der Volkssage schöpfte. Vgl. Bugge, Zschr. f. d. Phil. 7, 383 f.

Wenn oben dem Verfasser der Saga die Tendenz zugeschrieben ward, die Ragnarssage mit der Volsungensage zu verknüpfen, so ist damit das **Verhältniß der Volsungasaga zur Ragnarssaga** schon angedeutet: die Ragnarssaga ist eigentlich keine Saga für sich, sie hat niemals für sich bestanden*), sondern ihre Entstehung fällt mit der der Volsungasaga zusammen. Mit anderen Worten: die Volsungasaga ist als eine Art Vorgeschichte zur Ragnarssaga entstanden; beide gehören zusammen und rühren von einem und demselben Verfasser her.**) Das hat zuerst Sijmons eingehend dargelegt (Beitr. 3, 201 ff.) und ich habe verschiedentlich***) meine Zustimmung ausgesprochen. Da nun auch G. Storm (Ragn. Lodbr. S. 109)

---

*) Vgl. aber unten S. XLIX**. LVII***.

**) Wilken hat (Pros. Edda, Einl. S. XII ff.) Bedenken dagegen geäußert; vgl. aber Sijmons' Erwiderung, Zschr. f. d. Phil. 12, 107.

***) Namentlich Germ. 24, 356.

dieselbe Ansicht geäußert hat, so habe ich keinen Anstand genommen, zum ersten Mal die Einheit beider Saga's auch äußerlich hervortreten zu lassen, zumal wiederholte und eingehende Beschäftigung mit dem Gegenstande mich in meiner Ansicht nur bestärkt hat, so daß ich in der Lage bin, die von Sijmons (und früher von mir selbst) vorgebrachten Gründe wesentlich zu verstärken.

Außer dem von Sijmons besonders betonten Momente, daß die Einführung der Aslaug nur auf das Streben nach Verknüpfung beider Sagenkreise zurückgeführt werden kann, kommt die eigenthümliche Stellung des Uebergangskapitels in Betracht, welches recht eigentlich die Verbindung zwischen beiden Sagen=kreisen herstellt durch Aslaug's Hinüberführung nach Norwegen, d. h. durch Anknüpfung der zu diesem Zwecke erfundenen*) Tochter Sigurd's an die unter anderm in Norwegen lokalisirte Sage von der „klugen Bauern=

---

*) Daß diese Erfindung eben vom Verf. der Saga herrührt, ist nach Sijmons' Ausführungen (a. a. O. 205—213) mehr als wahrscheinlich. Daß aber die Neigung, die norwegische Königsreihe irgendwie auf Sigurd zurückzuführen, schon früher bestand, dafür spricht die von Sijmons S. 212 (vgl. das. auch S. 213) besprochene Stelle der Njala, sowie, daß in den Eireksmal (Möbius, Edda S. 231) Sigmund und Sinfjotle, anscheinend als Ahnen Eirek's, des Sohnes Harald Schön=haars, diesen Eirek in Walhall empfangen.

tochter" (vgl. S. 248**), die der Verfasser der Saga dort wohl schon an die Person Ragnar's geknüpft fand. Hinter der Volsungasaga, zu welcher man dies Kapitel gewöhnlich zieht, erweist es sich hinsichtlich des Sagenstoffes offenbar als fremdartiger Anwuchs. Zur Ragnarssaga kann man es noch weniger ziehn, weil diese, sofern es sich überhaupt um eine selbständige Ragnarssaga handeln könnte, erst S. 231 (mit Kap. 1) beginnen müßte.*) Dennoch steht das fragliche Kapitel mit letzterer Saga in weit engerem Zusammenhange als mit der Volsungasaga**), ja es wird in Kap. 4 ff. der Ragnarssaga durchaus zum Verständniß vorausgesetzt.***) Daher kann man — abgesehen von anderen Gründen†) — nicht wohl

---

*) Vgl. auch den Anfang des Rsth. und den Schluß der Herv. s.

**) Wie denn auch unsere Hdschr. die Ueberschrift Saga Ragnars Lodhbrókar vor das Uebergangskapitel gesetzt hat.

***) Vgl. z. B. 249, Z. 10 ff.; 254, 21 ff. — Sijmons, Beitr. 3, 202.

†) Dahin gehört es, daß in dem Uebergangskapitel sich dieselbe Tendenz geltend macht, wie in der Einführung Aslaug's in die Volsungasaga. Sodann kommen die Uebereinstimmungen des Stils in Betracht: z. B. 227††, vgl. mit 260**. 263†; 228* vgl. mit 237*; 230*** vgl. mit 336* ꝛc.

annehmen, das Kapitel sei etwa zur Verbindung einer schon fertigen Volsungasaga mit einer ebenfalls schon vorhandenen Ragnarssaga später eingeschoben. Höchstens könnte man sich die Sache so denken, daß die Volsungasaga schon für sich bestanden habe, dann aber vom Verfasser der Ragnarssaga interpolirt und mit seiner Saga durch das Uebergangskapitel verbunden sei. Das war die Ansicht P. E. Müller's.*) Indessen sprechen hiergegen triftige Gründe. Einmal nämlich greift die Einführung Aslaug's zu tief in den Bau der Volsungasaga ein, als daß man sie auf Rechnung eines Bearbeiters setzen könnte: die Verlobung Sigurd's mit Sigrdrifa=Brynhild (die sogenannte „Vorverlobung") ist ihr zu Liebe erfunden u. s. w. (s. Sijmons S. 204).

In diesem Zusammenhange ist auch der auffallende Parallelismus zwischen Volsunga= und Ragnars=Saga in einzelnen Zügen zu erwähnen, insofern er nämlich vom Verfasser herrühren kann, bezw. von ihm weiter ausgedehnt zu sein scheint.**) Schon auf die Entwickelung der Sage scheint

---

*) Sagabibl. 2, 97 = Lange S. 58². — Keyser S. 394 meinte umgekehrt, daß eine ältere Ragnarssaga (vgl. übrigens unten S. LVII***) vom Bearbeiter der Volsungasaga benutzt sei.

**) Vgl. Sijmons a. a. O. 205.

Einfluß der Nibelungensage sich geltend gemacht zu haben. Namentlich gehört hierher, daß Ragnar wie Gunnar im Schlangenhofe stirbt, seine Thaten rühmend*), sowie das Ritzen des Blutaars 330**, weil diese Züge sich auch bei Saxo finden; schwerlich aber Ragnar's Drachenkampf, wie Sijmons a. a. O. vermuthete. Der Sagaschreiber scheint diesen Parallelismus noch mehr ausgedehnt zu haben: die Art, wie Aslaug ihre Söhne, die sich zuerst weigern, zur Rache ihrer Stiefsöhne aufreizt, erinnert lebhaft an Gudrun's Aufreizung Hambi's und Sorle's (282 *†); Aslaug will die Stimmen der Vögel verstehn wie Sigurd, ihr Vater 267 ***; Sigurd's Erklärung für das keusche Beilager (133*) scheint aus einem Zuge der Ragnarssage entnommen zu sein u. s. w.

Sodann kommt die Gleichheit des Stils in Betracht. Daß in dem größten Theil der Volsungasaga der Stil von dem der Ragnarssaga verschieden ist, hat schon Sijmons S. 204 f. mit Recht daraus erklärt, daß der Verfasser hier unselbständig arbeitete, indem er sich den benutzten Liedern oft recht getreu anschloß. Wo er indessen selbständig schreibt, zeigt sich ein ziemlich stereotyper, zur Formelhaftigkeit neigender Stil, der wesentlich

---

*) Vgl. S. 311 f. und dazu Krakumal; ferner 200**. 310 †. 313*. 353*.

mit dem der Ragnarssaga übereinstimmt, wie ich
schon Germ. 24, 356 an einigen Beispielen zeigte.
Ich kann jetzt die Belege bedeutend vermehren.
Auf die Formelhaftigkeit des Stils, soweit der Ver=
fasser selbständig erzählt, hat schon Sijmons S. 229
gelegentlich hingewiesen. Sie läßt sich aber durch
die ganze Saga hindurch nachweisen.*) Dasselbe gilt
von der Ragnarssaga und zwar aus den angeführten
Gründen in noch höherem Grade. Namentlich kehren
hier bestimmte Wendungen wieder, wo feindliche
Ueberfälle, Heeresaufgebote zur Vertheidigung, der Zu=
sammenstoß der Heere, der Kampf selbst und dessen
Ausgang geschildert werden**), aber auch in anderen

---

*) Hier nur wenige Belege, da sich unten S. XXXII ff.
mehr finden: 38** = 25 ^{1}. 58**. 77**. — 17, 11 = 148†††.
176 ^{1}. — 157** = 159**. 181**. 186 ^{4}. 191 †. — 64, 7 ff. =
107, 10 ff. — 21 $^{4-7}$ vgl. 194 †† bis 195 ^{2}. — Wenn hier
in Einem der verglichenen Fälle nachweislich eine Liedquelle
zu Grunde liegt, so ist dies allerdings auch in den anderen
Fällen möglich; doch kann auch der Verfasser jene, in dem
Einen Falle auf seiner Quelle beruhende Ausdrucksweise an
den anderen Stellen nachgeahmt haben.

**) Ich wähle hier zu Belegen nur Beispiele für die
ersten beiden Kategorien aus, indem ich für die anderen auf
S. XXXII ff. verweise: 273, 10 ff. (Fas. 260, 8 ff.): landsmenn urdhu varir vidh [= 44, 15] ... ok segja Eysteini
konungi, at herr var kominn í landit [vgl. 79, 15] = 290,
10 f. (Fas. 270, 10 f.): menn komast undan á fund Ey-

Fällen.*) Sehr häufig greifen nun solche Uebereinstimmungen aus der Volsungasaga in die Ragnarssaga hinüber; für diese Fälle, weil für die in Rede stehende Frage am wichtigsten, will ich hier reichlichere Belege zusammenstellen. Am besten denke ich die Formelhaftigkeit der Ausdrucksweise zu veranschaulichen, indem ich die beiden längsten Kampfschilderungen nebeneinanderstelle und in Ziffernoten darunter die übrigen Parallelstellen anführe:

56,5—57,2; 57,8—10 (B. 107, 3—14): settu upp merki sín[1], ok var thá blásit í lúdhra[2]. Sigmundr konungr	80,2—81,1;81,5—7.9—14 (B. 118, 2—23): stefnir til sín öllum theim mönnum er honum vilja lidh veita[15];

---

steins konungs ok segja honum, at í ríki hans var kominn mikill herr. — 308[1] vgl. 48,5 f. — konungrinn lætr fara örvarbodh um ríki sitt (273, 13 f. = Fas. 260, 10; 291* = Fas. 270, 17 f.; vgl. 79, 21 f. = B. 118, 1; 48[6] = B. 104, 1 f.) ok stefnir öllum til, theim er hans menn eru ok honum vilja lidh veita (291, 2 ff. = Fas 270, 18 ff.; 321, 9 = Fas. 287, 19) ok skildi megu valda (291, 3 f. = Fas. 270, 20; vgl. 308, 6 ff. = Fas. 280, 22: er skildi má valda ok hesti at rídha ok thori at berjast; 320** = Fas. 287[12]; 49[1] = B. 102, 2 f.: siti sá engi heima, er berjast vili). Diese Wendungen finden sich mehr oder minder wörtlich in Thidr. s. wieder, s. u. S. XXXVII*.

*) Z. B. 231, 10 ff. = 263, 1 ff. — 273*** = 290*. 296**. 320*. — 279, 8 ff. = 316, 9 ff. — 239*** = 292**. — 285 ** = 328*.

lætr nú vidh kvedha sitt horn ...*) [ok eggjar sína menn[3]; hafdhi Sigmundr lidh miklu minna[4]; tekst thá nú hördh orrosta[5], ok ... bardhist hann nú hart ok var jafnan fremstr sinna manna[6]; helzt hvárki vidh honum skjöldr né brynja[7], ok gekk hann jafnan í gegnum lidh úvina sinna á theim degi[8] .... mart spjót var thar á lopti ok örvar[9]; en ... hann vardh ekki sárr[10], ok engi kunni töl, hversu margr madhr fell fyrir honum[11]; hann hafdhi bádhar hendr blódhgar til axlar[12]; ok er orrostan hafdhi stadhit um hrídh, thá[13] .... sídhan sneri mannfallinu ... ok fell mjök lidhit fyrir honum[14]. Konungrinn... eggjadhi mjök lidhit[3]... [ok lýkst medh thví sjá bardagi, at[19]... B. 100, 22]... fell Sigmundr konungr... í öndverdhri fylkingu [= Fas. 261, 12] ok mesti hluti lidhs hans[14].

kemr nú á mót Sigurdhi medh allmikinn her[16]... tekst thar in hardhasta orrosta medh theim[5]; mátti thar á lopti sjá mart spjót ok örvar margar[9], öxi hart reidda, skjöldu klofna ok brynjur slitnar, hjalma skífdha, hausa klofna ok margan mann steypast til jardhar.**) [Ok er orrostan hefir svá stadhit mjök langa hrídh[13], sœkir Sigurdhr framm um mérkin ... ok hefir bádhar hendr blódhgar til axlar[12], ok stökk undan folk, thar sem hann fór[17], ok helzt hvárki vidh hjalmr né brynja[7], ok engi madhr thóttist fyrr sét hafa thvílíkan mann[18] ... fell thar svá mart fyrir Hundingssonum at engi madhr vissi töl á[11] .... Sigurdhr höggr til Lynga konungs ok klýfr hjalm hans ok höfudh ok brynjadhan búk, ok sídhan höggr hann Hjörvardh ... sundr í tvá hluti***), ok thá [drap hann ... mestan hluta lidhs theira[14].

---

*) Vgl. Thidr. s., wo solche Wendungen oft begegnen (Germ. 25, 153).

**) Wörtlich übereinstimmende Schilderungen finden sich formelhaft in der Thidr. s. (s. Germ. 25, 152 und unten S. XXXVII*).

***) Hierzu vgl. gleiche und ähnliche Schilderungen in der Thidr. s. (s. Germ. 25, 152 und unten S. XXXVII*).

1) Vgl. S. 329, Z. 6 der Sternnoten. — 2) 321, 8 (Fas. 287, 19). — 3) 194³ (B. 175, 10); 21² (B. 91, 13 f.). — 4) 309, 9 f. (Fas. 281, 6); Ragnarr hafdhi miklu minna lidh unb ähnlich öfter. — 5) 49, 5 (B. 104, 5 f.); 21, 2 f. (B. 91, 12 f.); 41, 11 (B. 100, 20) 2c. — 6) 41, 12 f. (B. 100, 20 f.); 42, 1 f. (B. 100, 26 f.): ok gengr Helgi i gegnum fylkingar theira brœdhra (vgl. Anm. 8) ok sœkir at merkjum sona Hundings konungs ok feldi ... (vgl. B. 104, 6. 8—10); 192, 8—11 (B. 174, 14 f. 18)₄ 329, 8 f. (Fas. 291, 30): ganga their hart fram synir Ragnars i gegnum fylkingar Ella konungs (vgl. Anm. 8). — 7) 309, 14—17 (Fas. 281, 10—12). — 8) 21, 5 f. (B. 91, 14 ff.): Völsungr konungr ok synir hans gengu átta sinnum i gegnum fylkingar Siggeirs konungs um daginn; 42, 1 f. (B. 100, 26); 49, 5 (B. 104, 6); 192, 8 f. (B. 174, 16): Gunnarr ok Högni gengu i gegnum fylkingar Atla konungs; 275, 12 ff. (Fas. 261, 12 f.): Eirekr ok Agnarr vóru i öndverdhri fylkingu thann dag, ok opt gengu their i gegnum fylkingar Eysteins konungs; 309, 13 f. (Fas. 281, 9): ok gekk hann i gegnum fylkingar thann dag; 329, 8 f. (Fas. 291, 30). — 10) 309, 17 ff. (Fas. 281, 12 ff.); vgl. 219⁴. — 11) Vgl. 321** (Fas. 287, 21 f.) — 13) 309, 10 f. (Fas. 281, 7); 329, Z. 7 der Ziffernoten: en er skamma stund hefir stadhit bardaginn, thá ... — 14) 329, Z. 8 f. der Ziffernoten; 21, 9 f. (B. 91, 17 ff.), vgl. 194†† (B. 175, 14 f.): ok lýkr svá, at fellr allt lidh theira brœdhra; 310, 2 ff. (Fas. 281, 14 f.): hann drap mikinn fjölda af lidhi Ella konungs, en thó lauk svá bardaga theirra, at allt lidh Ragnars fell; 41, 12 (B. 100, 22): ok lýkst medh thví sjá bardagi, at Helgi fær sigr; en Hundingr konungr fellr ok mikill hluti lidhs hans. — 15) 291, 2 ff. (Fas. 270, 18 ff.): stefnir öllum til, theim er ... honum vilja lidh veita; 321, 9 f. (Fas. 287, 19): bidhr til sín öllum mönnum, er honum vilja fylgja; 48⁶ (B. 104, 1—3). Aehnliche Wendungen f. oben S. XXXI**. — 16) 21, 1 f. (B. 91, 12). — 17) 309, 12 f. (Fas. 281, 8 f.); 294, 15—17 (Fas. 272, 23—25). — 18) Vgl. 195⁵ (B. 175, 21). 110². 192, 3 ff. — 19) 295, 1 f. (Fas. 272, 27): ok nú lýkr svá theirra bardaga, at Eysteinn konungr fellr, en their brœdhr hafa sigr; 321² (Fas. 287, 23): ok svá lýkr theirra bardaga, at synir Ragnars koma á flótta, en Ella konungr hefir sigr; 329² (Fas. 292, 4 f.); 41, 12 (B. 100, 22), f. Anm. 14.

Hierher gehören noch folgende formelhafte Wendungen: 219⁴ (B. 186, 24 f.): their vördhust vel ok drengiliga ok urdhu mörgum manni at skadha, vgl. 36, 2 ff. (B. 98, 10); 275, 10 f. (Fas. 261, 11); [310¹ (Fas. 281, 13)]. — 36, 4 f. (B. 98, 12): verdha their ofrlidhi bornir ok verdha handteknir;

195² (B. 175, 22): vardh hann . . . ofrlidhi borinn ok höndum tekinn; 275, 17 f. (Fas. 261, 17): verdhr hann ofrlidhi borinn ok handtekinn etc.

Diese Zusammenstellung, die sich leicht vermehren ließe, zeigt, daß die Kampfschilderungen aus formelhaften Wendungen zusammengesetzt sind und für die längeren derartigen Schilderungen in der Ragnarssaga (294, 11—295, 2; 309, 8—310, 5; 329, 7—14 ꝛc.) Satz für Satz zahlreiche Parallelstellen aus der Volsunga- und Ragnars-Saga sich beibringen lassen.

Aber auch außer den Kampfschilderungen sind die Uebereinstimmungen zahlreich. Was die Kriegsbotschaft und das Aufbieten des Heeres betrifft, vgl. oben S. XXXI**. Ferner ist anzuführen: 56, 18 (B. 107, 12 engi kunni töl, hversu margr madhr . . .) vgl. 81* (B. 118, 16 f.: fell svá mart, at engi madhr vissi töl á); 321** (Fas. 287, 21 f.: svá mikit lidh, at engi madhr mátti tölu á koma). — 124* (B. 142, 24: meira enn menn vissi dœmi til) vgl. 79, 16 f. (B. 117, 22: meira enn dœmi finnist til). 204* (B. 180, 12: verra enn menn viti dœmi til); [277* (Fas. 262, 11)]; 335** (Fas. 295, 6: engi vissi dœmi til, hvé mikit). — 64, 11 = 235***. — 81, 15—18 = 255†. — 200⁴ (B. 178, 13: thar lét hann sitt líf medh mikilli hreysti) vgl. 278 †† (Fas. 263, 13: nú lætr hann líf sitt medh mikilli hreysti); 313* (Fas. 283, 1: nú lætr hann líf sitt [medh hreysti mikilli, Cod. AM 147 = Rsth.]). — Eine ähnliche Situation wird ähnlich geschildert 211, 4 f. 8 f. (B. 183, 19 f. 22 f.) und 251† (Fas. 247, 15—17. — Zu 111*. 114, 3 (vgl. 316, 7 f.). — 122* = 167³. 208⁴. 232¹. — 107¹ = 167¹. 267††. — Diese durchaus nicht erschöpfenden Zusammenstellungen mögen hier genügen.

Sehr wichtig, und ein schlagender Beweis für die Einheit beider Saga's, ist ihr gleiches Ver= halten zur Thidrekssaga. Nachdem Sijmons selbst seine entgegengesetzte Ansicht zurückgenommen hat (Zschr. f. d. Phil. 12, 107 f.) sind nun wohl alle Forscher*) darin einig, daß die auffallenden wörtlichen Berührungen der Volsungasaga mit der Thidrekssaga sich durch Entlehnung der Volsungasaga aus letzterer (nicht umgekehrt) erklären, daß also die Vol= sungasaga namentlich das ganze, Wort für Wort überein= stimmende Kapitel 22, außerdem aber auch kleinere Stellen mehr oder minder wörtlich aus Thidr. s. entlehnt hat. Es betrifft das namentlich folgende Stellen: 159†. 167¹. 181³. Es ist nun von besonderer Wichtigkeit, daß sich diesen auch eine Stelle der Ragnarssaga hinzugesellt, nämlich 232**, wie ich Germ. 25, 262

---

*) Wilken S. LXXVII ff. ist freilich andrer Ansicht.

gezeigt habe. Ferner finden sich die in der Thibreks=
saga formelhaften Wendungen für das Aufbieten eines
Heeres (Germ. 25, 153) sowie für Kampfschilderungen
(ebb. S. 152) in der Volsunga=Ragnarssaga (s. oben
S. XXXIII** und*** wieder*); desgleichen kehrt die

---

*) Zu den oben S. XXXI** mitgetheilten Stellen (lætr
hann fara örvarbodh um ríki sitt ok stefnir til sín öllum
theim er honum vilja lidh veita ok skildi megu valda
ok hesti at rídha ok thori at beriast) vgl. die Germ.
25,153 mitgetheilten Stellen, namentlich: sendir hann bodh
um allt sitt ríki (oft), at allir menn skyldi til hans koma,
er honum vilja lidh veita ok thördhi at beriast (Unger
264, 7; 273, 13) . . . at allir skulu til hans koma, their er
skildi megu valda (Unger 271, 6 ff. 39, 19 ff. 31, 1 ff.) ok
thori at beriast; vgl. Unger 31, 1 ff.: hverr madhr . . . svá
gamall . . . at hann má rídha hest sinn ok bera skiold
sinn edha thori at beriast. — Zu S. 80, 8 ff. (B. 118):
mátti thar sjá . . . skjöldu klofna, brynjur slitnar, hjalma
skífdha, hausa klofna ok margan mann steypast til
jardhar . . . vgl. namentlich Unger 221 f.: sét hefi ek
fyrr hjalma klofna, skjöldu skífdha (so A!), brynjur sundr-
adhar, ok menn steypast af sínum hestum höfudhlausa
[til jardhar Unger 8, 9 f.], aber auch die andern, Germ.
25,152 zusammengestellten Stellen. — Zu 81, 9 ff. (B. 118):
Sigurdhr höggr til Lynga konungs ok klýfr hjalm hans
ok höfudh ok brynjadhan búk, ok sídhan höggr hann
Hjörvardh . . . sundr í tvá hluti vgl. Unger 340, 3:
höggr til Ingrams ok . . . klýfr hann hjalminn ok höfudh-
it ok búkinn ok brynjuna (=Unger 290, 28 f. 103, 9 f. 2c.).
Desgleichen für das Zerhauen in zwei Stücke sind Germ.
25, 152 zahlreiche Belege angeführt. Auch die Wendungen

in der Thidrekssaga zweimal (Germ. 25, 154) vor-
kommende Wendung ok svá fast kreistir hann hönd-
ina, at blódh stökk undan hverjum nagli (Unger
134, 18; ähnlich 22, 20) in der Ragnarssaga 317†
(Fas. 285, 21 f.) wörtlich wieder: ok hann kreisti
hana svá fast, at blódh stökk undan hverjum nagli.
Allgemeine Anklänge des Stils an den der Thidr. s.
finden sich auch sonst in der Volsunga=Ragnarssaga*).
Die Kenntniß der früheren bösen Rathschläge Bicke's
(S. 212*) hatte der Verfasser doch wohl aus der
Thidrekssaga, und die mehrfach (35, 4. 230***. 336*)
zum Verbergen des Gesichtes gebrauchten**) tief
herabreichenden Hüte werden gleichfalls in der Thidrekssaga mehrfach erwähnt.***) Die Bezeichnung des
Wurms als lyngormr, die sich sowohl in der Vol-
sunga= wie in der Ragnars=Saga findet, ist nach

---

höggr bædhi menn ok hesta 80, 14 (B. 118, 10) und
höggva á tvær hendr 21⁹ (B. 91, 16) finden sich häufig in
der Thidrekssaga, z. B. Unger 147, 16: höggr á tvær hendr
bædhi menn ok hesta rc. (vgl. Germ. 25, 153).

) 125. 170¹. 67, 15 ff. (f. d. Nachtr.).   279*. —
í nordhrhalfu heimsins 64, 11. 235*** = Thidr. s. Unger
82, 13. 248, 5.

    **) Auch bei Odin erwähnt (14, 23 f. 57, 2 f.), der
ebenfalls auf diese Weise unerkannt den Sterblichen zu
erscheinen liebt.

    ***) Z. B. 1, 215; 2, 361 u. f. w.

G. Storm (Ragn. Lodbr. 75 f.) wahrscheinlich erst
durch die Thidreksfaga in der altnordischen Literatur
bekannt geworden. Das Blasen der Hörner (lúdhrar)
S. 56, 6. 321, 8 wird in der Thidreksfaga häufig
erwähnt (f. Germ. 25, 153). Die Bemerkung, daß
Sigmund auf seinem friedlichen Zuge zu Eylime
überall Kaufgelegenheit geboten wurde (var sett
torg) erinnert stark an Thidr. s., Unger 40, 7 f.
(nur in M²!): ok ekki ræna their. ok eru theim
allt torg sett at kaupa allt that er their thyrva.

Durch das bisher Angeführte ist meiner An=
sicht nach erwiesen, daß die beiden Saga's zu=
sammen Ein Werk bilden und denselben Verfasser
haben. Es liegt aber überhaupt gar kein Grund
vor, diese Thatsache zu bezweifeln; vielmehr spricht
auch sonst Alles dafür. In der alten Hdschr., auf
welche unsere gesammte Ueberlieferung zurückgeht,
sind beide als ein Ganzes überliefert, und auch in
der neuentdeckten Hdschr. kann die Volsungasaga sehr
wohl der Ragnarssaga voraufgegangen sein, ja es
ist das wahrscheinlich, wenn es sich auch vorläufig
noch nicht feststellen läßt.*)

Ein ausdrückliches Zeugniß kommt hinzu. In

---

*) Vgl. oben S. III.

der Saga von Halfdan Eysteinsson (Fas. 3, 521)
heißt es nämlich von einem gewissen Ale: „man sagte
von ihm, daß er der Bruder Heime's wäre, des
Pflegevaters Brynhild's, der Tochter Budle's,
dessen in der Saga von König Ragnar Lod=
brok erwähnt wird." In dem Theile des ganzen
Werkes, welchen wir als Ragnarssaga zu bezeichnen
pflegen, wird aber Heimi's nur S. 254 gelegentlich
gedacht; als Pflegevater Brynhild's ist er jedoch nur
in der sogen. „Volsungasaga" erwähnt. Wir haben
hier also ein ausdrückliches Zeugniß dafür, daß man
damals das ganze Werk mit Einschluß der sogen. *)
„Volsungasaga" als „Ragnar = Lodbroks = Saga" be=
zeichnete. — In diesem Zusammenhange ist auch noch
zu erwähnen, daß in Halfdan Einarsson's Scia=
graphia (s. Möbius, Edda S. XII) rímur des Arni
Böðvarsson (c. 1770) erwähnt sind, welche „his-
toriam Volsungorum, Budlungorum, Giukungorum
et Ragnaris Lodbrok" behandelten; ferner, daß
auf den Färöen neben den Liedern, welche auf die
Volsungasaga zurückgehn **), sich auch zwei ***)
finden, welche Theile der Sage von Ragnar behan=

---

*) Der Titel „Volsunga saga" ist nämlich nirgends
überliefert, auch wird nirgends eine Volsungasaga citirt.

**) S. Lit. Centralbl. 1877, Sp. 1447; Germ. 22, 445 f.

***) Ragnars táttur und Gestsríma.

deln, und zwar unscheinend nach einem älteren, theil=
weise ursprünglicheren Text der Saga (f. unten S.
XLV** und ***).

Haben wir also streng genommen kein Recht,
von einer Volsungasaga und einer Ragnarssaga als
Theilen des ganzen Werkes zu reden, so empfiehlt
es sich doch, diese einmal eingebürgerten Bezeich=
nungen aus praktischen Gründen beizubehalten.

Daß unsere Ueberlieferung der **Ragnarssaga**
(im engern Sinne) jedenfalls nicht überall den ur=
sprünglichsten Text der Saga bietet, zeigt die Ver=
gleichung der verwandten Ueberlieferungen
des Stoffes. Es kommen aber dabei in Betracht:
tháttr af Ragnars sonum (Rsth.), der färöische Ragnars táttur nebst der Gestsríma, sodann der in Cod.
AM. 147. 4° neuentdeckte Text der Saga; ferner
für den Drachenkampf der Schluß der Herraudssaga
[und etwa noch der tháttr von Nornagest für die
beabsichtigte Romfahrt der Ragnarssöhne].

Lehrreich ist zunächst eine Vergleichung des ersten
Kapitels mit dem Anfange des Rsth. und dem Schlusse
der Herraudssaga (H).*) Diese beiden Berichte sind

---

*) Ich bespreche dies Kapitel so eingehend, weil grade hier
ein Urtheil über den Werth unseres Sagatextes zu gewinnen ist.

wesentlich kürzer als unser Text der Saga (R) und stimmen darin mehrfach, zuweilen auch in Zusätzen und Abweichungen untereinander gegen R überein. Ein schlagendes Beispiel sei hier angeführt: Rsth. fügt als Bedingung des Jarls hinzu edha thyrdhi at ganga til tals vidh hana fyrir orminum = H: sem thyrdhi at ganga í skemmuna til máls vidh hana. Dies fehlt in R, ist aber gewiß echt, weil in R (nicht aber in den beiden kürzenden Auszügen, die grade diese Bedingung bewahrt haben) nachher Ragnar mit Thora spricht, und zwar in einer Strophe.*)

---

*) Unter diesen Umständen verdienen auch kleinere Uebereinstimmungen Beachtung: einum manni H 233, 23 = Rsth. 346, 1; gipta Rsth. und H, gefa R; desgleichen kürzere Fassungen, in denen Rsth. und H gegen R zusammentreffen: statt der umständlichen Erzählung R 237, 18 bis 238, 4 (Fas. = 233, 8—16 der Uebersetzung) heißt es im Rsth. einfacher und natürlicher: thessi ormr vardh svá mikill um sídhir, at hann lá í kring um skemmuna [ok beidh í spordh sér (der letzte Satz = R und Ragn. t., fehlt in H); H: ok óx hann svá mikit, at hann lá í hring um skemmu hennar. (Vgl. R . . . . hann óx mikit . . . ok liggr nú í hring um eskit . . . nú liggr hann útan um skemmuna, svá at saman tók höfudh ok spordhr). Dem kürzeren Text des Rsth.=H entspricht auch der Ragn. t. Der Zug, daß das Gold unter ihm wächst, fehlt demnach in Rsth. und H. — Nach Rsth. giebt Ragnar seiner Tochter die Schlange í morgingjöf, nach H: í tannfé [Ersteres dürfte das ursprüngliche sein: in ent-

Andrerseits stimmt mehrfach H zu R gegen Rsth.*), zuweilen auch Rsth. zu R gegen H.**) Daß bei der Einführung Thora's im Rsth. und H grade das fehlt, was in R mit der Thidreksjaga oder Bolsungajaga übereinstimmt***), ist bemerkenswerth, schwerlich aber mehr als Zufall. Denn die Redaction der Saga, welche im Rsth. (und also doch auch wohl in H) benutzt ist, muß schon mit der Bolsungajaga in Verbindung gestanden haben†). Ebensowenig ist aus

---

sprechenden deutschen Sagen will der Vater seine Tochter selbst heirathen]. R 237, 11—14 (Fas. = 233, 1—3 d. Ueberj.) hat dafür etwas recht Abgeschmacktes gesetzt.

*) Daß Thora aller Frauen schönste war; daß der Wurm in die Truhe gelegt wird (= Ragn. t.) und sich später in den Schwanz beißt (= Ragn. t.); daß vor Ragnar Keiner die That wagte — berichten nur Rsth. = R.

**) Daß der Wurm sehr schön (R) oder goldfarbig (H) ist, und daß Gold unter ihn gelegt wird (= Ragn. t.), berichten nur H = R. Diese stimmen auch S. 234, 2 f. (sá [einn R] R H, their Rsth.) und 234² gegen die Erweiterung im Rsth. 345, 18—21 genauer überein.

***) 237, 9 (Fas. = 232†† d. Ueberj.): jarlinn unni dóttur sinni mikit = Thidr. s. (j. Germ. 25, 155); 237, 3—5 (Fas. = 232, 1—3 d. Ueberj.) wörtlich = Thidr. s. (Germ. 25, 262); die Erklärung des Namens „Borgarhjort" = Vols. 167³. 208⁴.

†) Rsth. kennt Aslaug als Tochter Sigurd's mit Brynhild (346, 23 ff.) rc. — Der in Verbindung mit der Bolsungajaga verfaßte Text der Saga aber hat eben die Thidreksjaga benutzt. Also kann Rsth. nicht auf eine Re-

dem Fehlen anderer Züge*) im Rsth. und H ohne Weiteres auf die Unechtheit derselben zu schließen. Denn Rsth. und H sind offenbar kürzende Auszüge, wie sich denn Rsth. 346, 17 ff. ausdrücklich auf die ausführlichere Darstellung in der **Saga Ragnars konungs** beruft.**) Da nun Rsth. und H nicht von einander abhängig sind***), so sind beide als kürzende Recensionen einer und derselben ältern Fassung der Saga zu betrachten, die in manchen Punkten von R abwich und mehrfach R gegenüber eine ursprünglichere Kürze†) bewahrt hatte. Daß dieser Text vielfach bessere Lesarten hatte als R, zeigt sich namentlich in den Strophen.††)

---

daction der Saga zurückgehn, in welcher die Thidrekssaga noch nicht benutzt gewesen wäre. Als eine Stütze für Keyser's Ansicht (s. oben S. XXIX*, vgl. aber auch unten S. LVII*** darf man Obiges also nicht anführen.

*) Daß das Gold unter dem Wurme wächst und zu Thora's Mitgift bestimmt ist (vgl. übrigens G. Storm, Ragn. Lodbr. 76); die Herrichtung von Thora's umzäuntem Gemache 232†††.

) Man vergleiche hiermit die unten S. XLIX. LXIV besprochene Berufung des Nth. auf die **saga Sigurdhar.**

***) Dies ergiebt sich daraus, daß bald Rsth., bald H allein zu R stimmt, wie oben S. XLIII* und ** gezeigt ist.

†) Auch G. Storm (Ragn. Lodbr. 75) findet hier im Rsth. den „kürzesten und echtesten" Bericht.

††) S. unten S. L f.

Auch das Exemplar der Saga, nach welchem die färöischen Lieder gedichtet sind*), muß einen vollständigeren und in mancher Hinsicht bessern Text gehabt haben, weil der Ragnars táttur**) (Hammershaimb S. 59 ff.) und für die Aslaugsage die Gestsríma***) (ebd. S. 68 ff.) auf einen solchen hinweisen.

Lehrreich für das Verhältniß unseres Textes zu den verwandten Ueberlieferungen ist ferner die kleine Stelle, wo ich durch Herrn Prof. Bugge's Güte in der Lage bin, die neuentdeckten Fragmente im Cod. AM. 147. 4° [den ich mit AM bezeichne] zu vergleichen. Der letzten lesbaren Seite in AM entspricht in meiner Uebersetzung S. 329, 2 — 331, 8 (Fas. 291, 25 — 292, 22) und Rsth. 354, 5—27. Zunächst, nämlich bis Fas. 292, 12, schließt sich AM in der Hauptsache an R an, während Rsth. hier viel kürzer ist. Doch stimmt auch hier manches in AM zum Rsth., was in R fehlt.†) Dagegen von Fas.

---

*) Vgl. oben S. XL**.

) Vgl. Str. 41—49 und darüber S. 239; Str. 63 und dazu S. 252**; Str. 76 ff. und dazu S. 250*.

) Vgl. Str. 15 und dazu S. 256; Str. 26. 34 und dazu S. 246¹: wenigstens ist die Fassung der Gestsríma hier einfacher und ansprechender.

†) Für R 291, 25—29 (Fas.) hat AM nur: sœkir til móts vidh thá, fylkja nú hvarirtveggju vandliga lidh-

292, 12 (Rsth. 354, 12) ab stimmt AM ziemlich wörtlich zu Rsth., nur Fas. 292, 13—15 stimmt wörtlich und 292, 12 f. 20 f. 22 f. inhaltlich mit AM überein.*) Die Halbstrophe aus Sighvat's Knutsdrapa findet sich in AM, dsgl. die Tödtung des heiligen Eadmund ꝛc., s. G. Storm, Ragn. Lodbr. 107. Andrerseits hat aber AM auch Züge, die nicht nur in R, sondern auch im Rsth. fehlen und dabei eine von R und Rsth. wesentlich verschiedene Auffassung

---

inu, setja upp merkin. R 291, 30—292, 3 (Fas.) ist wörtlich = AM, doch hat AM hier einen Satz eingeschoben, s. unten S. XLVII*. Zu R 292, 4 ff. (Fas.) lautet AM ähnlich: thá lýkr svó at landsmenn flýja ok fá mikinn ósigr [= R, fehlt Rsth.]; en Ella konungr er leiddr fyrir Ragnarssonu; hann var sárr mjök (= R 292, 13 f., fehlt Rsth.). Im Rsth. lautet die Stelle: vardh konungr thá borinn ofrlidhi (= AM: medh thví at lidhsmunr var allmikill), svá at mikill thori lidhs hans fell; [en sjalfr vardh hann handtekinn (= R, fehlt AM). R 292, 6 f. (Fas.) giebt AM ähnlich wieder. R 292, 7—12 stimmt wörtlich zu AM, während Rsth. kürzt. — Rsth. 354, 5 f. ferr hann nú móti theim brœdhrum medh sinn her = AM: sœkir nú til móts vidh thá. — Rsth. 6 f. ok er their koma saman = R 291, 28 f.: en thegar theira lidh hittist.

*) Das Ritzen des Blutaars wird in AM folgendermaßen geschildert: reist örn á baki honum ok skar rifin frá hrygginum ok dró ur honum lungun = Rsth. 354, 12 ff.: rísta örn á baki Ellu ok skera sídhan rifin öll frá hrygginum medh sverdhi, svá at thar vóru lungun útdregin. In R. heißt es kurz: „that, wie Jvar ihm gebot".

von Jvar's Betheiligung am Kampfe zeigen. *) Ferner hat AM auch sonst abweichende Lesarten, wo R und Rsth. übereinstimmen.**)

Sofern es nicht überhaupt voreilig ist, aus einem so kleinen, zur Vergleichung stehnden Abschnitt Schlüsse zu ziehen, müßte man aus den dargelegten Verhältnissen schließen, daß in dem besprochenen Abschnitte Rsth. zuerst bedeutend gekürzt hat und deshalb AM, obwohl auch hier vielfach von R abweichend, doch mehr zu R als zu Rsth. stimmt, während in der zweiten Hälfte Rsth. seine .(AM nahestehende) Vorlage vollständiger wiedergegeben hätte, und deshalb hier mit AM weit genauer übereinstimmt als mit R. Es ist beachtenswerth, daß wenigstens an Einer Stelle

---

*) Entsprechend der Zeile 30 auf S. 291 Fas. (= 329,8 d. Uebers.) ist in AM eingeschoben: en er skamma stund hefir stadhit bardaginn (vgl. 57, 1 f. = B. 107, 14), thá kom Jvarr thar medh mikinn her til móts (vgl. 80,4 f. = B. 118,3) vidh brœdhra sína. [sneri nú mannfallinu í her Ella konungs (vgl. 57,9 ff. = B. 107,19 f.). Dem entsprechend ist der Satz medh thví, at ... Jvarr kom mjök í opna skjöldu Ella konungi vor Z. 4 auf S. 292 Fas. (= 329,11 f. d. Uebers.) eingeschoben, sowie der Satz R. 292, 5 f. Fas. (ok — nánd) fortgefallen ist. Die List besteht hier darin, daß Jvar seinem Versprechen gemäß Ella nicht feindselig gegenübersteht (S. 323, 7), sondern ihn im Rücken angreift.

**) Vgl. oben S. XLV †.

(330***, Nachtr.) AM sicher gegenüber der Verderbniß in R die richtige Lesart bewahrt hat.*) Da nun nach Prof. Bugge's Angabe**) die Hdschr. auch in den Strophen bessere Ueberlieferung zeigt sowie mehrfach dem Rsth. näher steht und kürzer ist als R, so darf man wohl die Ansicht aussprechen***), daß die neue Hdschr. eine ältere, theilweise kürzere Fassung der Saga darstellt, welche der Vorlage des Rsth. nahe stand.

Da nun der Rsth. an den beiden vergleichbaren Stellen mit zwei ganz verschiedenen Texten wesentliche Berührungen zeigt, sowohl in der knapperen Form der Darstellung als auch in einzelnen Lesarten, bezw. gemeinsamer Erhaltung von Zügen, die in R fehlen;

) Auch das ist übrigens zu beachten, daß der Stil in AM auch da, wo AM von R abweicht, dieselben formelhaften Wendungen zeigt, wie sonst die Volsunga=Ragnars=saga; vgl. z. B. XLVII.

**) Natürlich konnte ich Herrn Prof. Bugge nicht zumuthen, die einzelnen, mit unendlicher Mühe von ihm entzifferten Brocken mir zu sehr wohlfeiler Ausnutzung zu überlassen. Hoffentlich macht er selbst Alles von ihm Gelesene recht bald der Forschung zugänglich.

***) Unter dem Vorbehalt natürlich, daß bei Kenntniß reicheren Vergleichsmaterials sich das Verhältniß noch etwas anders herausstellen könnte.

da ferner auch die färöischen Lieder einen in mancher Hinsicht bessern und vollständigern Text der Saga benutzt haben müssen: so scheint es sicher, daß unser Text R keineswegs die älteste, unverfälschte Fassung der Saga ist. Vielmehr erscheint er als eine jüngere Recension, die zu breiterer Darstellung neigte, während dem gegenüber die andern Ueberlieferungen, nämlich Rsth., AM und H*), auf eine ältere, knappere und theilweise bessere Fassung **) zurückgehn. Daß dies auch gegen die Zuverlässigkeit unserer Ueberlieferung der Volsungasaga in derselben Hdschr. einige Bedenken erwecken muß, ist schon oben S. XXV** angedeutet.***)

_____

*) Falls die Episode von der beabsichtigten Romfahrt der Ragnarssöhne (Nth. S. 389 ff) nicht, wie ich annehme (s. unten S. LXVII), auf mündlicher Tradition beruhen sollte, müßte sie auch auf eine ältere, knappere Gestalt der Ragnarssaga zurückgehn.

) Die aber nicht v o r unserer Volsunga = Ragnarssaga bestanden haben kann (s. oben S. XLIII†), sondern mit deren ältester Gestalt identisch sein oder auf dieselbe zurückgehn muß. Daß übrigens in irgend welcher Form eine a n d e r e Darstellung der Ragnarssaga schon früher bestanden haben könnte, ist nicht absolut unmöglich. (Vgl. unten S. LVII *) G. Storm (Snorre Sturlassöns Historieskrivning S. 67) hat eine solche als Theil der verlorenen Skjöldungasaga vermuthet.

***) Schon Bugge (Einl. zur Edda = Ausgabe, S. XXXV)

d

Besonders deutlich zeigt sich die Verderbniß unserer Ueberlieferung in den **Strophen.** Bei Vergleichung der sieben auch im Rsth. erhaltenen Strophen (11. 13. 18—22) mit diesem Texte erweist sich nämlich die Ueberlieferung im Rsth. meist als die entschieden bessere (Str. 11, 6. 13, 2 f. 21, 1. 22, 3 f. 7 f.); in einzelnen Fällen (18, 2—4. 19, 6. 21, 8) hat allerdings unser Text ebenso viel oder mehr für sich. Aber auch, wo wir keine andere Ueberlieferung vergleichen können, zeigt die Unmöglichkeit, mit der Ueberlieferung gewisser Verse einen Sinn zu verbinden, die sprachlichen Ungeheuerlichkeiten und Abnormitäten, sowie die metrischen Verstöße (gegen die Regeln der Silbenzählung und des Stabreims) die vielfache Verderbniß unseres Textes.

Alle diese Strophen (mit Ausnahme der drei letzten, mit denen es eine besondere Bewandtniß hat) sind in reimlosem Dróttkvætt verfaßt *), wobei sich allerdings hier und da, jedoch ohne feste Regel, ein Binnenreim, bezw. eine Binnenassonanz eingestellt hat. Diese Form ist die ursprünglichste des Dróttkvætt

hat geäußert, es sei „Grund vorhanden zu der Annahme, daß die ursprüngliche Redaktionsform nicht in allen Stücken uns vorliege.“

*) D. h. sie bestehn aus je acht sechssilbigen, in drei Takte zerfallenden Versen mit regelmäßigem Stabreim. Vgl. auch Gislason, Njála II. 1, S. 17—19.

und findet sich in sehr alten Skaldenstrophen. Doch darf man daraus nicht auf das Alter unserer Strophen schließen, denn dieselben weisen durch das Versmaß bestätigte Sprachformen auf, welche einer verhältnißmäßig jungen Zeit angehören. *) Sodann sind unsere Strophen in Form und Ton völlig gleich denen der Krakumal, jenes Ragnar in den Mund gelegten Liedes, in dem er sterbend seine Thaten besingt. Die neunten und zehnten Verse der Strophen des Liedes sind nämlich unecht. **) Dies Lied ist nun aber, wie G. Storm ***) wahrscheinlich macht, sehr jung und wäre nach Storm selbst in seiner ursprünglichsten Gestalt nicht vor der Mitte des 12. Jahrhunderts entstanden.

Es entsteht nun die Frage: wie verhalten sich die Strophen zur Prosa der Saga? Rühren sie vom Verf. der Saga her, sind sie also gleich alt, d. h. aus der zweiten Hälfte des 13. Jahrh.'s, also aus der Zeit, da die Heldendichtung im Begriffe war völlig zu verklingen und auch die Skaldendichtung zu Grabe ging? Oder sind sie älter als die Saga und vom Verf. benutzt? Die erstere

---

*) Z. B. wird eigi durchweg = „nicht" gebraucht; der Wechsel der Quantität von éa zu já ist eingetreten rc.

**) S. G. Storm, Ragn. Lodbr. 119.

***) Ebd. S. 116—121.

Alternative ist an sich wenig wahrscheinlich und ließe sich auch wohl geradezu als unmöglich erweisen. Dagegen spricht Vieles für die andere Annahme.

Die Strophen zeigen nämlich zuweilen eine von der Prosa abweichende Auffassung einzelner Sagenzüge, die einer älteren Gestaltung der Sage entspricht. So erscheint in den Strophen Bjorn als Anführer der Brüder *) 37, 1 (vgl. 339 †. 390**), sowie auch Bjorn es ist, der in den Strophen 7. 28. 29 seine und seiner Brüder gemeinsame Thaten rühmt. **) In der Prosa hingegen ist Ivar zum Anführer und Wortführer der Brüder geworden. Ferner: während S. 248 drei Bedingungen gestellt sind, erwähnt Str. 2, 5—8 nur zweier, und eben diese beiden kennt auch der Ragn. t. allein (s. S. 250*). Mehrfach erwähnen die Strophen Züge, die in der Prosa fehlen und vorher in keiner Weise erwähnt und erläutert sind, z. B. 5, 7 f. (specieller als S. 245**); 6, 5—8 (specieller als S. 256, 4 f.); 7, 4; 21, 6 f. (erst nachträglich erläutert); 37, 5—7.***)

*) Vgl. G. Storm, Ragn. Lodbr. 51 f. 112.

) Auch im Nth. S. 390 erscheint Bjorn als Wortführer und Leiter des Zuges.

***) Das Anerbieten der Bruderbuße, worauf Str. 11, 1 f. anspielt, wird allerdings in R auch nicht erwähnt, wohl aber im Rsth. 348, 7 f., wo die Darstellung an dieser Stelle überhaupt vollständiger ist.

Ferner scheinen mehrfach die Strophen der Prosa
zu Grunde zu liegen. So scheint die ganze Prosa
von Str. 11—14 aus diesen Strophen entnommen
und zu ihrer Erläuterung bestimmt zu sein. *) Auch
die Prosa vor Str. 30. 31 (S. 331, 8 ff.) — namentlich die plötzliche Erwähnung der sonst ganz vergessenen
Randalin — macht den Eindruck, als wäre ihr Inhalt
aus diesen Strophen entlehnt. Ebenso mag die Prosa
zwischen Strophe 8 und 9 aus Str. 9, 5 entnommen
sein. Der erste Prosasatz nach Str. 21 ist offenbar
zur nachträglichen Erläuterung von 21, 6 bestimmt
und aus der Strophe entnommen. Das seltene Wort
hlunnrodh „Rollenröthung" S. 273, 3 (Fas. 260, 2)
ist offenbar aus Str. 15, 6 f. (Fas. 264, 8) entlehnt.
Die Verse 27, 1 ff. (= Saxo) sind wörtlich in der
Prosa vor Str. 26 (S. 311³) benutzt. Desgleichen
ist S. 252 „das Hemd, welches Thora getragen
hatte, und welches ganz goldbesäumt war" fast wörtlich **) aus Str. 4, 1—3 = 5, 1—3 entlehnt.

Endlich hat, wie schon erwähnt, Saxo ***) S.
460, 25 ff. offenbar den Versen 27, 1 f. ganz gleich-
lautende Verse gekannt. †) Und mit Str. 26 stimmt

---

*) Anderes ist vom Tode Hvitserk's auf den Eirek's
übertragen, s. S. 332*. 276¹.

**) Doch steht „s i l b e r besäumt" in der Strophe.

***) Der gegen Ende des 12. Jahrh. schrieb.

†) G. Storm, Ragn. Lodbr. 96. 120 nimmt an, daß

Krakumal 28, neben wesentlichen Abweichungen dem Sinne nach, und theilweise auch wörtlich überein; mit Str. 27 ebenso Krakumal 26 dem Sinne nach. *)

Es ist ferner wohl zu beachten, daß die Strophen keineswegs gleichmäßig über die ganze Saga vertheilt sind, sondern zusammengehörige Gruppen bilden und zuweilen mit einander in unmittelbarem Zusammenhange stehen. So beschränkt sich eine und zwar die umfänglichste Strophengruppe, nämlich Strophe 11—22, auf das neunte Kapitel. Str. 11—14, die Eirek vor seinem Tode spricht, stehn unter einander in engem Zusammenhange und können,

---

Saxo ein „längeres Gedicht vor sich hatte, welches die meisten von Ragnar's Kämpfen und Siegen aufzählte". Dies war nach Storm die Umarbeitung eines älteren Gedichtes, welches er für ein dänisches um die Mitte des 12. Jahrh. gedichtetes hält. Gegen letztere beiden Punkte könnte man wohl einige Bedenken hegen.

*) Natürlich können hier nicht etwa die Krakumal — die nach Storm das ältere dänische (?) Gedicht, auf welches auch Saxo's Quelle zurückgehn soll, benutzt hätten — in unsern Strophen benutzt sein, weil sonst die Benutzung sich schwerlich grade auf diese zwei Strophen beschränkt haben würde. Vielmehr ist ein engerer Zusammenhang zwischen unseren Strophen und Storm's ältester Ragnars=Dichtung (die dann schwerlich eine speciell=dänische gewesen wäre) zu vermuthen.

wie oben S. LIII gesagt, einmal ohne die prosai=
schen Zwischensätze auf einander gefolgt sein. Str.
15—16, die Meldung an Aslaug enthaltend, gehören
jedenfalls dazu. *) Die Prosa zwischen Str. 14 und
15 kann sehr wohl zur Verbindung vom Sagaschreiber
eingeschoben sein: 279, 4 ff. ergiebt sich aus Str.
17; 279, 7—10 und 12 f. ist formelhaft. **) Auf
Str. 16 muß eine der Str. 13 ähnliche und in der
zweiten Hälfte gleiche Strophe gefolgt sein, wie S.
280, 17 f. zeigt, und auch 280, 19—281, 3 scheint
auf einer (nicht erhaltenen) Strophe zu beruhen.
Daran schließen sich — etwa mit einem kurzen pro=
saischen Zwischensatz wie im Rsth. 349, 10 ff. — die
Strophen 17—22 sehr hübsch an, wie es im Rsth.
der Fall ist. Der Zusammenhang ist so viel einfacher
und natürlicher als in R, wo Ivar's anfängliche,
breit ***) motivirte Weigerung, von der er nachher
doch absieht, eingeschoben ist.

Eine andere Gruppe bilden die Strophen 23—25

---

*) Vgl. auch Str. 13 mit S. 280, 17 und dazu
oben Z. 8 ff.

**) Vgl. S. 316, 8—11 x.

***) Ivar erzählt im Wesentlichen dasselbe, was schon
S. 263 f. (vgl. 260 f.) berichtet ist. Die ganze Aufreizung
zur Rache scheint der Ermanrichssage (S. 213 f.) nachgebildet
zu sein. (Vgl. oben S. XXX).

nebst 26 und 27, Ragnar's Englandsfahrt und Tod
betreffend. Letztere beiden, deren Alter durch Saxo
und Krakumal bestätigt wird, gehören natürlich zu=
sammen. Str. 23 und 24, denen man noch ansieht,
daß sie vom Sagaschreiber seiner Erzählung nicht
recht geschickt eingefügt sind, scheinen eng zusammen=
gehört zu haben, obwohl man das bei der Dunkel=
heit der Str. 24 nicht mit Sicherheit sagen kann.
Zusammen gehören ferner Ragnar's 3 Strophen auf
Sigurd Schlangenauge, Str. 8—10, und andrer=
seits wahrscheinlich die drei Strophen (7. 28. 29), in
denen Bjorn seine und seiner Brüder Kriegsthaten
preist, und die er nebst andern, verlorenen Strophen
bei irgend einer Gelegenheit zusammen gesprochen
haben wird. Ferner ist in Str. 32—37 ein zu=
sammenhängendes Wechselgespräch erhalten. Endlich
die Strophen 2—5 (und 6) sind Wechselgesprächs=
strophen zwischen Ragnar und Aslaug bei ihrer Be=
gegnung (und Vermählung).

Uebrig ist dann noch die Einzelstrophe 1 und
das Strophenpaar 30—31. Die Strophen finden
sich demnach hauptsächlich in 6 Kapiteln gruppenweise
beisammen: im Kap. 5 (5 Strr.), Kap. 8 (3 Strr.),
Kap. 9 (12 Strr.), Kap. 14 und 15 (5 Strophen)
und Kap. 20 (6 Strr.) In den übrigen 14 Ka=
piteln — von Kap. 21 sehe ich ab — finden sich nur

6 Strophen, von denen wieder drei (7. 28. 29) wahrscheinlich zusammengehören.

Daß übrigens auch sonst dem Texte der Saga theilweise Strophen zu Grunde liegen, ist oben S. LV gelegentlich bemerkt. Es ergiebt sich das aber auch aus den mehrfachen wörtlichen Berührungen mit Saxo*), die doch wohl wie die gleichartigen Uebereinstimmungen der Thidrekssaga mit den alt= deutschen Heldengedichten**) so zu erklären sind, daß beide Darstellungen in solchen Fällen dieselben oder ähnliche Lieder benutzten. Es scheint also, als hätten wir in den Strophen der Ragnarssaga Fragmente eines Liedercyklus von Ragnar, den der Verfasser der Saga wohl noch vollständiger***) kannte und be= nutzte†), in derselben alterthümlichen Form des

---

*) Namentlich S. 317¹. 318¹. 323¹ (= Saxo 462, 18 f.: Pferdehaut). 324³⁻⁴ (= Saxo 462, 22—24) u. s. w. Vgl. auch zu Kap. 1: Saxo 443 ff.

**) S. Germ. 23, 96 ff.; 25, 65 f.

***) Möglicherweise sogar schon niedergeschrieben und mit prosaischen Zwischensätzen, also eine Art ältere Ragnars= saga. Wie dem auch sei, jedenfalls wäre mit einer solchen älteren Ragnarssaga, wenn sie existirte, der knappere, ältere Text unserer Ragnarssaga, auf den Rsth, AM und H weisen (s. oben S. XLIX) nicht zusammenzuwerfen (vgl. S. XLIX**).

†) Sein Verfahren wäre also hier analog dem bei der Volsungasaga beobachteten.

Dróttkvætt, wie sie auch für die Krakumal wohl ab=
sichtlich, eben ihres alterthümlichen Charakters wegen,
gewählt wurde. Wie wir uns das Verhältniß dieses
vermutheten Liedercyklus zu den Krakumal zu denken
haben, darüber enthalte ich mich hier des Urtheils und
verweise nur auf die oben S. LIV* ausgesprochene
Vermuthung.

Hinsichtlich des **Alters der Volsunga=Ragnars=
saga** kann ich mich kurz fassen. Wie für das ganze
Werk die Benutzung der Thidrekssaga, so ergiebt für
den Theil des Werkes, den wir Volsungasaga nennen,
die Benutzung der Liedersammlung nach der einen
Seite hin einen festen Punkt für die Altersbestimmung.
Die Thidrekssaga ist, wie G. Storm*) festgestellt
hat und jetzt wohl allgemein angenommen wird, bald
nach 1250 verfaßt, die Volsungasaga also etwa um
1260 oder später. Die Liedersammlung, bezw. die
derselben einverleibte Sigurdssaga, muß um 1240,
genauer zwischen 1230 und 1250 entstanden sein.**)
Eine Begrenzung der Abfassungszeit nach der andern
Seite hin ergiebt sich daraus, daß die Volsungasaga

---

*) Sagnkredsene om Karl den Store og Didrik af
Bern (Christiania 1874), S. 93 ff.

**) S. oben S. XIII*.

höchst wahrscheinlich*) in der Bearbeitung der Snorra Edda, welche in den Handschriften r, W u. a. vorliegt, benutzt ist, die Ragnarssaga aber im þáttr af Ragnars sonum (Rsth.) und in der Herraudssaga.

Was die Snorra Edda betrifft, so handelt es sich hauptsächlich um die kurze Skizze der Nibelungensage in Skaldskaparmal**), deren größerer zweiter Theil außer der Liedersammlung ***) wahrscheinlich auch die Volsungasaga benutzte. Die in rW vorliegende Bearbeitung der Snorra Edda muß aber spätestens zu Ende des 13. Jahrhunderts verfaßt sein†) [doch kaum von Olaf Thordsson, † 1259]. Hat also diese Bearbeitung die Volsungasaga benutzt, so muß letztere mindestens um 1290 herum schon existirt haben.

Weniger Anhalt für die Altersbestimmung bietet der zweite Theil unseres Werkes, die Ragnarssaga im engern Sinne. Daß die Herraudssaga sie benutzt hat, hilft uns wenig; ebenso wenig das Citat

---

*) S. Germ. 24, 359 f.; Zschr. f. d. Phil. 12, 106 f.

**) Ueber dieselbe f. oben S. XVI*.

***) Und zwar ist zum großen Theil das verlorene Stück derselben benutzt.

†) Denn die Hdschr. r gehört dem Anfange des 14. Jahrhunderts an und geht doch selbst erst durch Zwischenglieder auf das Original der Bearbeitung zurück (Beitr. 6, 536 f.)

in der Saga von Halfdan Eysteinsson (Fas. 3, 521),
so wichtig es sonst auch für uns ist (vgl. oben S. XL).
Mehr schon die Benutzung im Rsth., der sich aus=
drücklich auf eine Ragnarssaga als seine Quelle be=
ruft.*) Der Text des Rsth., überliefert in der
Hauksbok**), stammt aus den ersten Decennien des
14. Jahrhunderts und ist jedenfalls vor 1334 ge=
schrieben.***) Da nun (vgl. oben S. XLI ff.) dieser
Auszug auf die älteste Fassung der (Volsunga=) Ragnars=
saga keineswegs unmittelbar, sondern durch Vermittelung
von Zwischengliedern zurückgeht, so gewinnen wir wieder
das Resultat, daß die Saga gegen 1300 schon existirt
haben wird. Die Berufung der Herv. s. (Bugge 292)
auf Ragn. s. Kap. 11 (Eystein herrschte über Schweden,
„bis König Ragnar's Söhne ihn fällten, wie in
seiner Saga erzählt wird") stand höchst wahr=
scheinlich auch schon in der Hauksbok, wo Hauk selbst
die Saga schrieb. Ueber das Verhältniß der Norna=
gestssaga zur Ragnarssaga spreche ich unten S. LXVII.

––––––––––

*) Nach der Erwähnung des Drachenkampfs heißt es dort
346, 17 ff.: „und erging es so, wie in der Saga von König Ragnar
erzählt ist, daß er darauf Thora Borgarhjort zur Gattin erhielt."

**) Zum größten Theil von Hauk Erlendsson (†1334)
selbst geschrieben.

***) Hauk schrieb nämlich den Rsth. selbst, vgl. Thorkelsson,
Nokkur blödh úr Hauksbók (Reykjavik 1865), S. XIV,
wo S. XV ff. über die Zeit der Niederschrift gehandelt ist.

Aus allem Angeführten ergiebt sich, daß die Volsunga=Ragnarssaga in der zweiten Hälfte des 13. Jahrhunderts, wahrscheinlich zwischen 1255 und 1290 verfaßt ist. Nach der Tendenz der Saga ist es wahrscheinlich, daß sie am Norwegischen Königshofe *), vielleicht auf königliche Anregung hin verfaßt ist, vermuthlich von einem Isländer. **) Man ist versucht hinsichtlich solcher Anregung zunächst an König Hakon Hakonsson zu denken, „dessen literarische Neigungen auch sonst bekannt sind" (Sijmons a. a. O. 214)***), der aber schon 1263 starb. Ist die Vermuthung zutreffend, so müßte die Saga also in den letzten Lebensjahren dieses Königs, um 1260 etwa, verfaßt sein. Da der Verfasser die Thidrekssaga offenbar sehr genau gekannt hat, indem er nicht nur

---

) Dafür, daß der Verfasser in Norwegen schrieb, spricht auch (wie schon Sijmons bemerkte), daß es von Heimi heißt, er sei mit Aslaug „hierher in die Nordlande" (hingat á Nordhrlönd), d. h. nach Norwegen gekommen; ferner die Erwägung, daß die Thidrekssaga wenig abgeschrieben wurde und außer den Hofkreisen wohl selbst in Norwegen wenig bekannt und populär war, am wenigsten aber auf Island (Germ. 23, 84); vgl. auch unten S. LXII.

**) S. Sijmons a. a. O. 214. Daß unsere Hand= schrift isländische Sprachformen zeigt, kann nicht dagegen geltend gemacht werden.

***) Außer den dort angeführten Stellen vgl. auch G. Storm, **Sagnkredsene** 2c. S. 98; Sars, Udsigt over den norske Historie 2, 339.

geringfügige Züge derselben entlehnt hat, sondern auch in seinem Stil merkwürdig mit dem der Volsunga=Ragnarssaga übereinstimmt, so haben wir die Verfasser nach Raum *) und Zeit **) schwerlich weit von einander entfernt zu denken. ***)

Das Verhältniß der **Geschichte von Nornagest** (Nth.) zur Lieder=Edda ist insofern das gleiche wie bei der Volsungasaga, als auch der Nth. die Liedersammlung benutzt hat. †) Doch folgt er der Prosa meist noch wörtlicher als die Volsungasaga,

---

) Vgl. oben S. LXI.

) Eine so genaue Aneignung des Inhalts und des Stils der Thidrekssaga erklärt sich wohl nur bei der Annahme, daß unser Verfasser jene Saga gleich nach deren Abfassung ihrer Neuheit wegen mit so großem Interesse las. Jedenfalls muß er die Handschrift selbst vor sich gehabt haben, vermuthlich den Originaltext (s. Germ. 25, 261*; aber auch Klockhoff, Studier öfver Thidreks saga af Bern, Upsala 1880, S. 17 f.).

***) Man könnte sich sogar zu der Vermuthung versucht fühlen, daß der Verfasser der Thidrekssaga selbst später die Volsunga=Ragnarssaga verfaßt hätte, obgleich ich das keineswegs behaupten will.

†) Wilken hat dies (S. XC ff.) durchaus mit Unrecht leugnen wollen, s. Germ. 24, 361 f.; Zschr. f. d. Phil. 12, 108 ff.

und andrerseits hat er nur einen Theil der Samm=
lung, die eigentliche Sigurdssaga*), und von dieser
auch nicht Alles benutzt. Dieser Theil der Sammlung
muß gemeint sein, wenn der Nth. S. 372† sich auf
die saga Sigurdhar beruft.**) Die Berufung auf
die saga Sigurdhar, in der, wie es heißt, Sigurd's und
Brynhild's Schicksale genauer geschildert werden, hat
man auf die Völsungasaga gedeutet, so neuerdings
Wilken und Müllenhof (H. Zschr. 23,113). Müllenhof's
Ansicht, „daß der Nornengast nur eine Nachlese zu
der älteren Saga [der Völsungasaga] giebt, indem er,
was diese von der Prosa und den Liedern der Sämundar
Edda aus der Sigurdssage überging, zusammenfaßt,
ihre besondere Meinung von der Heimath Sigurd's
nach der herrschenden Ansicht berichtigt und außer
einigen eignen Erfindungen, Mißverständnissen und
Ausführungen noch ein sonst unbekanntes Stück aus
der Volkssage hinzuthut, so daß Kap. 6 seine Ver=
weisung auf die saga Sigurdhar Fafnisbana sich un=
zweifelhaft auf Vols. s. Kap. 20 bezieht“, kann ich
trotz der absprechenden Sicherheit, mit der sie aus=
gesprochen wird, nicht für zutreffend erachten. Daß
die Völsungasaga nicht benutzt ist, auch mit der

*) S. Germ. 24, 362 f.; Zschr. f. d. Phil. 12, 109 f.
**) So auch Bugge, Einl. zur Edda=Ausgabe XLIII.

„Sigurdssaga" nicht gemeint sein kann, habe ich in der Germ. 24, 361 f. und Sijmons in der Zschr. f. d. Phil. 12, 110 f. gezeigt. Die Berufung auf die Saga von Sigurd, in der das kurz angedeutete genauer erzählt werde, gleicht übrigens ganz genau der Berufung des Rsth. auf die ausführlichere Erzählung der Ragnarssaga. Wie dort die bis dahin und nachher wieder wörtlich benutzte Ragnarssaga gemeint ist, so auch hier der vorher und nachher wörtlich ausgeschriebene Theil der Liedersammlung, welchen ich — eben nach diesem Citat — als die Sigurdssaga bezeichne. Im Uebrigen ist es nicht richtig, daß der Nth. einen Nachtrag zur Volsungasaga liefere, denn einerseits ist ein großer Theil der Reginsmal, die Nth. vollständig wiedergiebt, auch in der Volsungasaga benutzt*), und hat ferner Nth. 369, 6—371, 1 neben der Schilderung vom Kampfe Sigurd's gegen die Hundingssöhne (S. 79, 10—81, 12) eine ganz **) abweichende Schlachtschilderung bei derselben Gelegenheit. Andererseits „faßt" Nth. keineswegs „Alles zusammen, was die

---

*) Nämlich S. 65, 1—5; 75, 7—76, 3; 77, 7—79, 10; 81, 12—15.

**) Abgesehen von ein Paar formelhaften Wendungen, die z. Th. aus Regm. 26, 5 f. und der vorhergehnden Prosa entnommen sind.

Volsungasaga von der Prosa und den Liedern der
Sämundar Edda aus der Sigurdssage überging." Vielmehr ist es klar, daß der Grund zur Auswahl einzelner
Stücke anderswo lag, darin nämlich, daß Gest natürlich
nur das ausführlich erzählen kann, was er selbst mit
erlebt haben konnte. Deshalb mußte die „Vorgeschichte des Hortes" ausfallen, weil Nornagest sie
nicht mit erlebt haben konnte, und die Geschichte
als Erzählung Regin's wieder von Nornagest
erzählen zu lassen, doch zu abgeschmackt gewesen
wäre. Deshalb ward die Tödtung Fafni's und
Regin's, die Erweckung Sigrdrifa's natürlich nur
kurz angedeutet, mit Hinweis auf die ausführlichere
Schilderung in der hier wie auch sonst benutzten
Sigurdssaga. Deshalb mußte die Erwerbung Brynhild's durch Sigurd-Gunnar übergangen werden sowie auch der Zank der Königinnen, die Gespräche
an Brynhild's Bette, die Mordpläne Gunnar's 2c.
Auch von Sigurd's Ermordung *) im Schlafgemach
konnte Nornagest natürlich nur von Hörensagen wissen 2c.
Mit Brynhild's Tode bricht seine Darstellung ab,
wie auch die **saga** Sigurdhar damit geschlossen haben

---

*) Ueber diese konnte Nornagest die verschiedenen in der
Sammlung zusammengestellten Versionen ebenfalls nebeneinander berichten; der Verfasser der Volsungasaga mußte für
seine zusammenhängende Darstellung sich an Eine halten.

wird. Die Erwähnung des Todes der Gjukunge (S. 379) kann sich auf den kurzen Schlußsatz oder Nachtrag zur Sigurdssaga beziehn, der als Dráp Niflunga in der Sammlung bezeichnet ist.

Die Sigurdssaga wird früher für sich bestanden haben und vom Sammler als Ganzes seiner Liedersammlung einverleibt sein.*) Ob der Verfasser der Geschichte von Nornagest sie etwa noch als besondere Saga — was keineswegs undenkbar wäre**) — oder als Abschnitt der Sammlung mit besonderer Ueberschrift kannte, ist schwer zu entscheiden. In letzterem Falle hat er jedenfalls nicht mehr als die Sigurdssaga zum Gegenstande der Erzählungen Nornagest's machen wollen, da er nur diese ausführlich und in wörtlichem Anschluß an die Sammlung***), vom Untergange der Gjukunge †) und der Erman-

---

*) Dieser von mir zuerst aufgestellten Ansicht hat sich neuerdings auch Sijmons (Zschr. f. d. Phil. 12, 111 f.) angeschlossen.

**) Da der Sammler die von ihm benutzte Handschrift der Sigurdssaga doch schwerlich vernichtet haben wird, so konnte diese selbst oder eine spätere Abschrift von ihr dem Verfasser des Nth. immerhin vorliegen (vgl. jedoch Sijmons' Bedenken a. a. O. 112).

***) S. Germ. 24, 362 f.; Zschr. f. d. Phil. 12, 109 ff.

†) Abgesehen von der Anspielung S. 379, über die oben Z. 1 ff. zu vergleichen ist.

richssage aber nicht das Geringste wiedergiebt, die
Helgesage hingegen nur ganz flüchtig berührt.

Unter diesen Umständen ist es sehr auffallend,
daß am Ende des achten Kapitels noch die beabsich=
tigte Romfahrt der Ragnarssöhne ziemlich ausführ=
lich und mit wörtlichen Anklängen (S. 390⁴. 390, 10 f.)
an die Ragnarssaga sich anschließt. Hätte der Verf.
wirklich die Volsunga=Ragnarssaga gekannt, so wäre
es doch höchst seltsam, daß er nächst Sigurd's Ge=
schichte grade nur diesen verfehlten Zug und nichts
von den siegreichen Kämpfen der Ragnarssöhne und
namentlich Ragnar's selbst angeführt hätte. Auch
ist die Erzählung neben begreiflichen Uebereinstim=
mungen in wesentlichen Zügen doch im Einzelnen so
abweichend, daß sie höchstens auf eine ältere, ab=
weichende Fassung der Saga zurückgehn könnte.
Wahrscheinlicher aber ist mir, daß die Episode aus
mündlicher Tradition in den Nth. aufgenommen
ist (vgl. auch Sijmons, Zschr. f. d. Phil. 12, 112).
Da diese kleine Episode übrigens der Anlage des
Ganzen *) wenig entspricht, so bin ich geneigt, sie
für eine spätere Interpolation eines Abschreibers zu
halten, der allenfalls eine ältere Gestalt der Ragnars=
saga gekannt haben könnte.

---

*) Es war offenbar ursprünglich nur auf Züge der Si=
gurdssage abgesehen.

e*

Der eigentliche Inhalt, Nornagest's Sagener=
zählungen, umfaßt nur die Kapitel 3—8, Kap. 9
ist ein Uebergangskapitel, das Uebrige entfällt auf
die Einkleidung, die der großen Saga von Olaf
Tryggvason angehört. Die wesentlichen Züge dieser
Einkleidung — ein langlebiger Recke kommt an den
norwegischen Königshof und erzählt seine Erlebnisse
im Heldenzeitalter — finden sich auch in zwei ver=
wandten Geschichten wieder, die sich an die Person
Olaf's des Heiligen knüpfen. *) Auffallend ähnlich
ist das Auftreten Toke's bei Olaf II (dem Heiligen)
Flat. 2, 135 ff., ähnlich auch das Erscheinen eines
Fremden, der sich ebenfalls Gest nennt, bei dem=
selben Könige Flat. 2, 134 f. In diesem Gest er=
kennt der König Odin und wirft mit dem Gebetbuch
nach ihm; Gest aber verschwindet. Letztere Züge
stimmen wieder zu dem Erscheinen Odin's unter dem
Namen Gest bei König Heidrek in der Hervararsaga
(Bugge S. 234—264 = Getspeki Heidbreks). Auch
hier wird Odin zuletzt erkannt und der König schlägt
mit seinem Schwerte nach ihm; Odin aber entfliegt
als Falke. Aus diesen verschiedenen Fassungen des=
selben Stoffes ergiebt sich, wie schon P. E. Müller **)
mit Recht schloß, daß der Grundstoff älter ist; ferner,

---

*) Sagabibliothek 2, 116 ff. = Lange S. 82 ff.
**) Sagabibliothek 2, 119 = Lange S. 86.

daß der bei einem christlichen Könige erscheinende langlebige Heidenrecke ursprünglich Odin selbst war. Die Sage knüpfte sich an die beiden Olafe, wahrscheinlich zunächst an den ersten Olaf (Tryggvason), der zuerst mit der Einführung des Christenthums energisch durchdrang. *) Mit diesem Stoffe scheint sich ein anderer älterer Sagenstoff verbunden zu haben, die Sage von dem Lebenslicht **), für deren hohes Alter die Uebereinstimmung mit der Meleagersage zeugt (s. S. 395*). Da nun schon in der Heimskringla (Olaf's Saga Tryggvason's, Kap. 71) Odin ebenfalls ohne Namen, einfach als „der Gast" (gestr) bezeichnet, bei Olaf Tryggvason erscheint und diesem zu seiner Freude Geschichten aus dem Heldenzeitalter erzählt; da andererseits der Mann mit dem Lebenslicht sich Nornen-Gest nennt: so scheint die Verbindung der beiden Stoffe sich in einer Zeit vollzogen zu haben, als die Geschichte vom Erscheinen eines alten Heidenrecken (ursprünglich Odin's) bei einem christlichen Könige sich schon an die Person des ersten Olaf geknüpft hatte. Die älteste Fassung des Stoffes in dieser Gestalt liegt in der Heimskringla (s. oben) vor. Da der Gast in unserer

---

*) Dies ist auch P. E. Müller's Meinung.

**) Dies ist die Ansicht Wilken's (S. XCIX), der ich zustimme.

Fassung getauft werden soll, kann er natürlich nicht als Odin, der als böser Geist aufgefaßt wurde, eingeführt werden. Schon Wilken S. C hat richtig bemerkt, daß diese Seite im Wesen des seltsamen Fremdlings sich in der Erscheinung des Alsen S. 345 ff. abgezweigt hat.

Mag nun die Geschichte von Nornagest als vormals selbständige Geschichte von Olaf seiner Saga einverleibt oder erst mit dieser Saga entstanden sein; mag sie in ursprünglicher Gestalt oder schon bearbeitet und interpolirt vorliegen: schwerlich wird bei der **Altersfrage** die vorliegende Gestalt des tháttr von der großen Olafssaga getrennt werden können. Diese ist aber nach K. Maurer *) etwa um 1300, etwas früher oder etwas später verfaßt. In dieser Zeit hätten wir also auch die Geschichte von Nornagest, wie sie uns vorliegt, entstanden zu denken, wenn nicht erst eine spätere Bearbeitung der Saga die Episode einschob. **)

Einige ganz allgemein gehaltene Bemerkungen über die **nordische Gestalt der Nibelungensage,** ihre

---

*) Ueber die Ausdrücke: altnordische rc. Sprache, S. 192.

**) Sie ist nämlich außer in der interpolirten Flateyjarbók nur in *S* erhalten.

Geschichte und ihr Verhältniß zu den deutschen Sagen=
fassungen mögen diese Einleitung schließen.

Die Nibelungensage liegt uns in drei Haupt=
gestaltungen vor:

1) der nordischen, mit der wir es hier zu thun
haben;

2) der niederdeutschen, hauptsächlich in der alt=
nordischen Thidrekssaga*) erhalten, welche
bald nach 1250 in Norwegen nach nieder=
deutschen (genauer niedersächsischen) Sagen
und Liedern niedergeschrieben ist [übersetzt in
Bd. 1 und 2 dieser „Heldensagen"];

3) der oberdeutschen, hauptsächlich repräsentirt
durch das Nibelungenlied und die verwandten
mittelhochdeutschen Heldengedichte.**)

Die niederdeutsche und oberdeutsche Sagenfassung
lassen sich der nordischen gegenüber als die deutsche
Sagengestalt zusammenfassen, insofern nämlich unter
Anderm namentlich eine wesentliche Umgestaltung
der Sage***) beiden gemeinsam ist.

---

*) Hier doch vielfach mit oberdeutscher Sage untermischt.
**) Eine besondere Stellung nimmt das Sigfridslied ein
und der sog. „Anhang zum Heldenbuch". (Nach Müllenhof,
H. Zschr. 23, 155 vertreten sie die spätere rheinfränkische
Ueberlieferung.) Besonders alte Züge des Mythos haben
die Märchen erhalten ꝛc.
***) S. unten S. LXXIX f.

Diesen Vorbemerkungen folge ein in großen Zügen entworfener Abriß der Geschichte der Nibelungensage bis zu der Gestaltung, welche sie in den ältesten nordischen Quellen zeigt.*)

Uralt ist die eigentliche Sigfridssage. Sie beruht auf einem Naturmythos. Weder Baldr noch Frey, mit deren nordischen Mythen die Sigfridssage auffallende Uebereinstimmung zeigt**), ist in Sigfrid vermenschlicht, sondern der Mythos reicht in eine Zeit zurück, da Wodan als Himmels= und Sonnengott noch alle die Mythen auf sich vereinigte, welche später durch Spaltung z. Th. auf Baldr und Frey übertragen wurden: Sigfrid ist eine Hypostase Wodan's, d. h. durch Abzweigung einer Seite vom Wesen des Gottes wie so viele andere Götter= und Heldengestalten entstanden. Am meisten entspricht der Sigfridssage der Mythos in dem eddischen Liede Fjölsvinnsmál, der keinen bestimmten Gott nennt, aber den Skirnismal nahe steht. Diesem Mythos entsprechen unsere deutschen Märchen, die wir „Sig=

---

*) Diese Darstellung beruht auf jahrelanger, eingehnder Beschäftigung mit der Sage. Die Motivirung einzelner Punkte muß ich mir aber für eine andere Gelegenheit vorbehalten.

**) Namentlich mit dem Freymythos in den Skirnismál.

fridsmärchen" nennen*), in vielen Zügen noch auf=
fallend. **) Aus ihnen in Verbindung mit den
anderen Quellen ergiebt sich folgende Grundform
der mythischen Sigfridssage: Sigfrid wächst im
Walde auf, tödtet den Drachen mit einem besondern
Schwerte, gewinnt den Hort und erlöst die Jung=
frau. Dann geräth er in die Gewalt dämonischer
Wesen***), der Nibelunge, die ihn mit Zauber (durch
einen Liebestrunk) in ihr Netz locken, die erlöste
Jungfrau für sich erwerben und den Hort durch
Sigfrid's Ermordung wieder an sich bringen. Diese
Dämonen (Alben) sind nämlich im letzten Grunde
dieselben Nibelungen wie die, aus deren Gewalt
Sigfrid die Jungfrau befreit und denen er den Hort
abgewinnt.

So die Grundform der mythischen Sage, die
sich immer menschlicher, immer mehr zur reinen
Heldensage gestaltet. Die Nibelunge werden zu
rheinischen Königen, doch an Hagen haftet noch das

---

*) Namentlich bei Grimm n° 50. 60. 90. 91. 92. 93.
111, vgl. Raßmann, Heldensage 1, 360 ff.

**) Diesen Punkt denke ich bald einmal eingehnder zu
behandeln und verweise vorläufig auf Chevalier, Das eddische
Lied Fiölsvinnsmal (Mies 1874), S. 6. 15 ff.

***) Vermenschlicht erscheinen diese in den Märchen als seine
falschen Brüder, in der nordischen Sage als seine Bluts=
brüder.

dämonische Wesen. Er ist daher nur ein Halb=
bruder*) Gunther's. Seine albische Abstammung
wird in der Thidrekssaga Kap. 169 (II, S. 1 f.)
erzählt und blickt dort auch sonst noch deutlich genug
durch. Auch Grimhild=Gudrun muß ursprünglich
ein dämonisches Wesen, eine Albin oder Fee, ge=
wesen sein, die Sigfrid mit Zauber an sich fesselte.**)
Der Vergessenheitstrank, der ursprünglich gewiß ein
Liebestrank war, ist ein Rest davon. Mit der Zeit
ward aus der Albin eine schöne Königstochter, und
das dämonische Wesen ging ganz auf die Mutter
über. So kommt es, daß in der deutschen Sage
die Tochter, in der nordischen aber die Mutter
Grimhild heißt. Diese reicht den Vergessenheits=
trank. Daß aber ursprünglich ein Liebestrank ge=
meint war, zeigt S. 125, 15 f. verglichen mit dem
färöischen Brynhildliede 116. 137 ff.

So ungefähr mochte in ihrer rheinfränkischen
Heimath die Sage sich ausgebildet haben, als aus
dem burgondischen Nachbarreiche**) im Jahre 437 die
Kunde kam, daß die Burgonden unter König Gundi-

---

*) Im **Waltharius** wird Hagen von König Gibich statt
seines eigenen Sohnes vergeiselt.

**) Hier berührt sich die Tannhäusersage mit unserm
Mythos.

***) Die Burgonden saßen damals um Worms, welche
Sitze später die Franken einnahmen.

carius (= Gunther) von den Hunnen gänzlich ge=
schlagen worden und ihre Königsfamilie beinahe völlig
vernichtet.*) Dieses Ereignisses bemächtigte sich die
Sage. In der Sage war es natürlich Attila selbst,
der das Königshaus der Burgonden vernichtet hatte.
Und wieder nach etlichen Jahren (453) drang eine
gewaltige Kunde durch die deutschen Lande: Attila
war in der Hochzeitsnacht neben seiner jungen Ge=
mahlin Ildico (d. i. Hildiko, Deminutiv zu Hilde) in
seinem Blute schwimmend todt gefunden worden:
trunken wie er war, war er an einem Blutstrom, der
ihm häufig aus der Nase drang, erstickt. Bald aber
hieß es sehr erklärlicher Weise, Attila sei trunken von
seiner Gattin ermordet worden, natürlich aus Rache.
Aber was hatte sie zu rächen? Diese Frage beant=
wortete die Sage verschieden. Eine Ueberlieferung lau=
tete, sie habe ihren Vater gerächt, dem sie entführt sei.**)
In der Heimath unserer Sage aber dachte man an den
ungerochenen Untergang der burgondischen Könige durch
Attila. Hier traf Attila eine Rache ohne Motiv. Was
Wunder, daß man beides verband: Hildiko (Hilde)
hatte die Burgondenkönige, **ihre Brüder**, an Attila
gerächt.

---

*) Vgl. Herm. Fischer, Die Forschungen über das Nibe=
lungenlied rc., S. 96 f.

**) W. Grimm, HS. S. 9.

Nun bestanden zwei Sagenkreise nebeneinander: der von den nibelungischen Rheinkönigen mit einer Schwester (Grim=) Hilde*), und der von den bur= gondischen Rheinkönigen, unter denen Gibich, Gunther, Giselher historisch sind, ebenfalls mit einer Schwester Hilde. Beide Sagenkreise wurden nun mit einander verschmolzen, wozu wahrscheinlich die Gleichheit des Namens Gibich**) in beiden Sagenkreisen beitrug. So verwuchs die historische Burgondensage mit der mythischen Sigfridssage oder Nibelungensage. Das Bindeglied zwischen beiden freilich nur lose verbundenen Theilen bildete der unheilvolle Hort, der wie Sigfrid so auch seine Schwäger ins Verderben zog, indem Attila ihnen um des Hortes willen nachstellte.

Der zweite Theil der Sage, die ursprüngliche Burgondensage, glich der alten Sage von Sigmund, Siggeir und Signy in wesentlichen Punkten. So kam es, daß bei der weiteren Ausbildung im Ein= zelnen der Stoff jener Sage nachgebildet ward (s. S. 13***). Doch kann daneben auch rückwirkender

---

*) Der zweite und Haupt=Theil des Namens kann statt des ganzen Namens stehn, wie Bera statt Kostbera; auch Hild (Hilde) für Brynhild kommt vor.

**) Gibich ist ein mythischer Name, vgl. die Gibichensteine; ein Zwergkönig im Harz heißt so (Germ. 3, 171) x. Lachmann vermuthete auch einen mythischen Gunther.

Einfluß der Nibelungenſage auf jene hier und da stattgefunden haben (vgl. z. B. S. 34*).

Bald nach der Verbindung mit der Burgonden=ſage*) muß die Nibelungenſage aus ihrer rhein=fränkiſchen Heimath nach dem Norden gekommen ſein, wahrſcheinlich vor dem Ende des 6. Jahrhunderts.**) Dort hat ſie dann manche eigenartige Weiterbildungen erfahren.

Zunächſt ward ſie mit der Sage von Helge dem Hundingstödter, der auch Sigmund's Sohn ward, verbunden.***) Dadurch kam Sigurd's Vaterrache, welche der Helge's nachgebildet iſt, in die Sage; vielleicht auch der Stiefvater Alf ſowie Hjalprek†),

---

*) S. Germ. 23, 86 ff.

**) Die Geſchichte der burgondiſchen Königstochter Chrode=hild (ſ. Fiſcher, Forſchungen üb. d. Nib.=Lied ꝛc. S. 100 f.) ſteht ſchwerlich außer Beziehung zu der ſpeciell=deutſchen Umgeſtaltung der Sage, welche die Burgondenkönige durch die Rache ihrer Schweſter fallen läßt; mag nun die Sagen=bildung durch die Geſchichte oder umgekehrt die Darſtellung Gregor's von Tours [der im letzten Viertel des 6. Jahr=hunderts ſchrieb] von der ſchon umgeſtalteten Sage beeinflußt ſein (vgl. Rieger, Germania 3, 198). Daß die betreffende Umgeſtaltung in der Sage ſelbſt begründet war, ſ. unten S. LXXIX.

***) Vgl. Sijmons, Zur Helgiſage (Beitr. 4, 166 ff.).

†) Der Name Hjalprek (Chilperich) iſt allerdings fränkiſch, und mag Hjalprek früher in der Sage eine andere Ver=wendung gefunden haben.

die nur die Vaterrache ermöglichen, nachher aber völlig verschwinden. Die ältere Fassung der Sage, der zu Folge Sigurd ohne seine Eltern zu kennen im Walde bei Regin aufwächst (wie im deutschen Sigfridsliede) bricht noch zuweilen durch; s. S. 65*. 84***. 359**.

Sodann hat sich die Gestalt Brynhild's in eine Sigrdrifa und eine Brynhild gespalten (s. S. 413ª) von denen Sigrdrifa die von Odin in Schlaf versenkte Walkyrje blieb, Brynhild aber zur menschlichen Königstochter ward. Daß diese Scheidung nicht überall consequent durchgeführt werden konnte, ist begreiflich.

Hogne (Hagen) ist zum rechten Bruder Gunnar's (Gunther's) geworden. Die heldenhafte Seite seines Wesens ist hier besonders betont, er ist durchaus edel aufgefaßt *) und zum bessern Bruder geworden, so daß beide vielfach geradezu die Rollen getauscht haben. Die finstere Seite seines Wesens hat sich in Gutthorm abgezweigt, der, wie Hagen ursprünglich Stiefbruder (s. S. 155*), an dessen Stelle den Meuchelmord ausführt.

Weiteres **) anzuführen unterlasse ich, weil es

---

*) Aehnlich übrigens auch in der Thidrekssaga.

**) Auf die Entstehung des doppelten Flammenrittes (der nicht echt sein kann), und was damit zusammenhängt, kann ich hier natürlich nicht eingehn.

hier zu weit führen würde. Doch sei noch hervorgehoben, daß die Verbindung mit der (wahrscheinlich erst im 9. Jahrh. nach dem Norden gekommenen) Ermanrichssage — übrigens eine späte und lose Verbindung — ausschließlich nordisch ist. Ursprünglich fand natürlich Gudrun den nach Atle's Ermordung gesuchten Tod, wie ja auch Signy.

Inzwischen hatte in Deutschland sich eine wesentliche Umgestaltung der Sage vollzogen. Sehr nahe lag es, daß Sigfrid's ungerochener Tod von Etzel (Atle) als Vorwand zum Tode der Brüder benutzt werden konnte, obwohl Habgier sein eigentliches Motiv war. Eine interessante Spur dieser Auffassung habe ich Vols. S. 190[4] nachgewiesen. Davon kam man leicht zu der andern Auffassung, daß Grimhild (Gudrun) für den Tod Sigfrid's an ihren Brüdern Rache nahm, indem sie Etzel in seiner Habgier als Werkzeug benutzte. Spuren dieser Auffassung finden sich in der Thidrekssaga (s. Germ. 23, 93). Diese Umgestaltung ward durch das Verblassen der Walkyrjengestalt Brynhild's in der deutschen Sage erleichtert, insofern statt der Verletzung ihres schicksalbestimmenden Eides durch Sigurd's Betrug einfach Eifersucht und verletzter Stolz als Brynhild's Motiv erschienen, und somit Sigfrid unschuldig fiel, wodurch die Rache nahegelegt ward. — Natürlich mußte, sobald Grimhild (Chrimhild) mitschuldig war, ein anderer Rächer eintreten: der nachgeborne Sohn Hogne's. Als sie aber allein schuldig war, mußte die Rache sie selbst treffen: diese fiel dem, inzwischen an Etzel's Hof versetzten Dietrich von Bern zu.

Die so veränderte Sage muß dann etwa im 9. Jahrh. nochmals nach dem Norden gekommen sein *) und bestand dort neben der älteren Schicht der Sage. **) Einzelne der erhaltenen (und wahrscheinlich auch der verlorenen) Lieder folgen ihr. Im dritten Gudrunlied liegt eine seltsame Vermischung beider vor (s. Germ. 23, 340 f.).

Beide Schichten der nordischen Sagenüberlieferung stammen also aus Deutschland und stellen beide ältere Stufen der Sagenentwickelung dar als die in Deutschland selbst erhaltenen. Doch hat sich namentlich die ältere Schicht im Norden eigenartig weiter entwickelt, bietet also die deutsche Sage nicht in reiner Gestalt.

---

*) Vgl. Germ. 23, 86 ff.; Zschr. s. d. Phil. 12, 96 f.

**) Dieser jüngeren Schicht gehört unter Anderm Folgendes an: Sigurd wird im Freien ermordet, wahrscheinlich von Gunnar und Hogne; Hogne selbst meldet Gudrun die That; das Anzünden der Halle und Anderes in Akv.; das Auftreten Thjodrek's (Dietrich's), der seine Mannen bei dem Kampfe verloren hat, und der Herkja (Helche), sowie noch manches Andere, namentlich auch wo die Volsungasaga verlorenen Liedern entspricht.

Die Saga

von den Volsungen

und von

Ragnar Lodbrok.

Volsunga-Saga. *)

Erstes Kapitel. **)

Hier wird angehoben und gesagt von dem Manne, der Sige genannt war, daß er Odin's Sohn hieß. [1] Ein anderer Mann wird in ***) der Saga genannt, der Skade hieß; er war ein mächtiger und vornehmer Mann. [2] Dennoch war Sige von ihnen der mächtigere und vornehmere nach der Rede der Leute in jener Zeit. | Skade hatte einen Knecht, dessen in der Saga kurz zu erwähnen ist; der hieß Brede.

---

*) Die Ueberschrift findet sich nicht in der Handschrift. Die dort einst vorhandene Ueberschrift ist gänzlich verwischt, begann aber nach Bugge wahrscheinlich mit G.

**) Denselben Gegenstand behandeln die Volsungs-rímur Str. 51—100 theilweise ausführlicher, s. d. Einl.

***) Eigentlich: „in Bezug auf . . .“

1) Vols. rim. 51. — 2) rim. 53, wo Skade als Niord's Frau gedacht, also mit der Göttin Skade identificirt wird.

1*

Er zeigte sich verständig in dem was er zu verrichten hatte. [1] Er besaß Fertigkeiten und Geschicklichkeiten gleich solchen, die vornehmer erschienen, ja wohl noch etwas mehr als manche.

Es ist nun zu berichten, daß Sige einmal auf die Thierjagd ging, und der Knecht mit ihm [2]; und sie jagten den ganzen Tag bis zum Abend. Als sie aber am Abend ihre Beute zusammen brachten, da hatte der Knecht weit mehr erjagt *), denn Sige. [3] Dieses gefiel ihm gar übel [4], daß ein Knecht ||84) besser gejagt haben sollte [als er, oder mehr Thiere?] erlegt. [Er sagte,] daß es ihn [wundre, daß ein Knecht ihn bei der Thierjagd übertreffen sollte . . .]. **) [Lief darauf] hinzu und | erschlug den Brede; [sodann begrub er die Leiche in einer Schneewehe]. [5]

Nun kam er am Abend heim [6], und sagte, daß

---

*) Die Handschrift ist von hier bis zum Ende des Absatzes nur noch zum Theil lesbar. Zur Ergänzung der Lücken benutze ich theilweise die jungen Papierabschriften, wenn dieselben auch keinerlei Gewähr für die Echtheit ihrer Ueberlieferung bieten. Vgl. übrigens Vols. rim. 54—59, besonders 57 ff.

**) Hier folgt eine kurze Entgegnung Brede's, die ·gänzlich unleserlich ist.

1) Vgl. rim. 54. — 2) rim. 56. — 3) vgl. rim. 57. — 4) rim. 58,1—2. — 5) rim. 58,3—59,1. — 6) rim. 60,1.

Brede im Walde von ihm geritten wäre, „und er
war mir auf einmal aus den Augen verschwunden,
und weiß ich nichts von ihm." [1] Skade hegte gegen
Sige's Rede Argwohn [und meinte], es werde Trug
von ihm sein, und Sige werde ihn erschlagen haben. [2]
Er stellte Leute dazu an *), ihn zu suchen, und das
Ende ihres Suchens war, daß sie ihn in einer
Schneewehe fanden. [3] Und Skade sagte, daß | man
diese Schneewehe fortan Brede's Schneewehe nennen
sollte. Und das hat man beibehalten und nennt
jede Schneewehe so, die groß ist. [4]

Da ward es ruchbar, daß Sige den Knecht er=
schlagen und ermordet hatte, und | man nannte ihn
vargr í véum **), und konnte er nun nicht länger
daheim bleiben bei seinem Vater. [5]

·Odin geleitete Sige nun aus dem Lande fort,

---

*) Eigentlich: „er schaffte, besorgte . . ."

**) D. h. „Wolf in den Heiligthümern". Wer den Tem=
pelfrieden brach oder andere schwere Unthaten beging,
ward geächtet und hieß **vargr** (d. h. Wolf, Räuber),
„weil der Verbannte gleich dem Raubthiere ein Be=
wohner des Waldes ist und gleich dem Wolfe ungestraft
erlegt werden darf." (J. Grimm, Rechtsalt. 733);
vgl. Helg. Hund. II, 32, 3 ff.

1) Abweichend rim. 61—62. — 2) rim. 60,3—61,1 und 63. — 3) rim.
66. — 4) rim. 68,3 f. — 5) rim. 69.

einen so langen Weg [1]; daß es bedeutend war *),
und nicht eher ruhte er, als bis er ihm zu Heer=
schiffen verhalf. | Nun begann Sige sich auf Heer=
fahrten zu legen, mit dem Gefolge, welches sein Vater
ihm gegeben hatte, ehe er von ihm schied, und er
war sieghaft auf seinen Heerfahrten. [2] Und so gedieh
seine Sache, daß er schließlich Lande und Reich er=
oberte. **) [3] Demnächst nahm er sich eine vornehme
Frau [4] und ward ein mächtiger und gewaltiger König;
er herrschte über ‖85) Hunenland, und war ein ge=
waltiger Heermann. [5]

Er hatte einen Sohn mit seiner Frau, der hieß
Reri; er wuchs da auf bei seinem Vater, und ward
bald groß von Wuchs und tüchtig. [6]

Nun ward Sige ein alter Mann an Jahren.
Viele waren ihm abgünstig, so daß | am Ende die
gegen ihn aufstanden, welchen er zumeist traute; das

---

*) at stóru bar (C.-V. 60ᵃ). Vielleicht entfernte ihn
Odin ursprünglich in seinem Mantel durch die Luft,
wie den Hading bei Saxo Gr., S. 40 f. Ueber viel=
fache Nachklänge dieses Glaubens in deutschen Sagen
f. Simrock, Handbuch d. deutschen Mythol. § 66.

**) Vgl. rim. 71,3 ff. (Oder: „im Stande war zu heeren
in ...“?)

1) Vgl. rim. 70,1—2. — 2) vgl. rim. 70,3—71,1. — 3) rim. 71,3 f. —
4) rim. 72—76, ausführlicher. — 5) vgl. rim. 77. — 6) vgl. rim. 78.

aber waren die Brüder seiner Frau.[1] Sie über=
fielen ihn*), da er es sich am mindesten versah und
er wenig Mannen um sich hatte, und überwältigten
ihn mit Uebermacht und in diesem Treffen fiel Sige
mit all seinem Hofvolke.[2]

Sein Sohn Reri war nicht mit in dieser Ge=
fahr.**) Er erhielt ein so großes Heer von seinen
Freunden und Landeshäuptlingen[3], daß er sowohl
Land wie Königthum nach seinem Vater Sige in
Besitz nahm.[4] Und nun, da er glaubte in seinem
Reiche Fuß gefaßt***) zu haben, da gedachte er an
die Streitsache, die er gegen seine Mutterbrüder
hatte, welche seinen Vater erschlagen hatten. | Der
König sammelte sich nun ein großes Heer, und zog
gegen seine Verwandten aus mit diesem Heere; und
ihn dünkte, daß sie es zuvor gegen ihn verschuldet
hätten, wenn er ihre Verwandtschaft nun gering
achtete. †) Und so that er: er schied nicht eher von

---

*) Eigentlich wohl: „ließen ihn überfallen" (gera til, s.
C.-V. 225ᵃ).

**) D. h. er war während des Ueberfalls abwesend.

***) Vgl. Flat. 1, 388²⁷.

†) Genauer: „daß sie ihm wohl Ursache zum Hader mit
ihnen gegeben hätten, wenn er auch ihre Verwandtschaft
u. s. w."

1) rím. 79. — 2) vgl. rím. 80—81. — 3) rím. 82. — [4) rím 84?]

dannen, als bis er alle Mörder seines Vaters er=
schlagen hatte [1], wie unnatürlich es auch in jeder
Hinsicht war. Nun eignete er sich [ihre] Lande und
Reich und Gut zu | und wurde so mächtiger denn
sein Vater. Reri machte da große Kriegsbeute [2] und
nahm sich eine Frau, die ihm seiner würdig schien. [3]
Und sie lebten lange zusammen, hatten aber keinen
Erben und [überhaupt] kein Kind. [4] Dieses behagte
ihnen beiden übel, und sie baten die Götter mit
großer Bekümmerniß, daß sie Kinder bekommen
möchten. Es heißt nun, daß Frigg *) ihre Bitte
erhörte [5], und ebenso Odin, um was sie baten. [6]
Da fehlte es ihm nicht an heilsamem Rath. Er
sandte seine Wunschmaid **), die Tochter des Riesen
Hrimni ***), und | gab ihr einen Apfel †) in die

---

*) Als Göttin des Ehesegens.

**) D. h. Walkyrje. (Vgl. aber N. M. Petersen, Nord.
Mythol. [2], S. 190.)

***) Auch Skm. 28,3 erwähnt und Hdl. 32,6 als Vater des
Hrosfthjof (nach Saxo, S. 126 ein Seher) und der
Heid (nach Vsp. 1 eine Seherin [?]).

†) Der fruchtbar machende Apfel findet sich auch in Grimm's
Märchen Nr. 47 und 53 (vgl. das. Bd. 3, S. 87).
Bei Grundtvig, dänische Volksmärchen, Bd. 1 (übersetzt

1) rim. 83, kurz wiedergegeben. — 2) rim. 84. — 3) rim. 85—93,
viel ausführlicher und specieller. — 4) rim. 95. — 5) rim. 96. —
6) rim. 97.

Hand, und hieß sie den dem Könige bringen. [1] Sie
nahm den Apfel, und nahm ‖86) die Gestalt einer
Krähe an *) und flog so lange, bis daß sie dahin
kam, wo der König war und auf einem Hügel
saß. **) | Sie ließ ihm den Apfel in den Schooß
fallen. Der nahm den Apfel, und glaubte zu wissen,
was das bedeuten sollte. [2] Er ging nun von dem
Hügel heim zu seinen Mannen, suchte [dann] die
Königin auf, und [sie] ***) aß etwas von dem Apfel. [3]

---

von Leo), S. 148 ff. giebt ein altes Weib den Rath, von
einem Strauche zu essen. Ebenda Bd. 2 (übers. v. Strodt-
mann), S. 147 ff. schickt eine alte Here einen gesalzenen
Hering, der die Geburt eines Kindes hervorruft. Gewiß ist also hier Frigg die eigentliche Spenderin des
Apfels.

*) Das ist eigentlich gedacht als Anlegen der äußern Hülle
(Haut) eines Thieres, wodurch der Mensch zugleich dessen
Wesen annahm. Die Walkhrjen hatten sonst Schwanen-
hemden (Hüllen).

**) Vgl. Thrymskv. 4,5—5,2.

***) So auch Bugge. Natürlich muß die Frau den Frucht-
barkeitsapfel genießen, wie das auch in allen ähnlichen
Fällen geschieht.

1) Vgl. rim. 98. — 2) vgl. rim. 99. — 3) rim. 100.

Zweites Kapitel. *)

Es ist nun zu berichten, daß die Königin bald empfand, daß sie mit einem Kinde ginge; es ging aber lange Zeit so, daß sie das Kind nicht gebären konnte. [1] Da begab es sich, daß Reri eine Heerfahrt thun sollte, wie der Könige Sitte ist, ihr Land zu frieden. Auf dieser Fahrt ereignete es sich, daß Reri krank ward und darnach starb [2], und gedachte Odin heimzusuchen **), und erschien das Vielen wünschenswerth in jener Zeit.

Nun | ging es mit der Krankheit der Königin in derselben Weise fort, daß sie das Kind nicht gebären konnte, und solches währte sechs ***) Winter

---

*) Ueberschrift: Volsung's Geburt.

**) Nach der eddischen Lehre kamen die im Kampfe gefallenen Vornehmen oder doch Freien zu Odin nach Walhall, um dort bei und mit ihm ihr Heldenleben fortzusetzen. In der Heimskringla (Ynglingasaga, Kap. 10) heißt es von Odin: „Er gab dann [in der Schlacht] den einen Sieg, die andern aber entbot er zu sich, und schienen beide Loose gut."

***) In den Märchen sechs Monate (Grundtvig I, 193 ff., 148 ff.).

1) rim. 101. — 2) rim. 102—103 (darnach 104—107 ohne Entsprechung in der Saga).

hindurch, daß sie dieses Leiden hatte. [1] Da erkannte sie, daß sie nicht lange leben werde, und
gebot nun, daß man ihr das Kind ausschneiden
sollte; und es geschah, wie sie gebot. Das Kind
war ein Knabe [2], und dieser Knabe, als er hervor
kam, war groß von Wuchse, wie zu erwarten war.
Und es heißt, daß der Knabe seine Mutter geküßt
habe, ehe denn sie starb. | Dieser Knabe erhielt nun
einen Namen und ward Volsung *) genannt. Er
war König über Hunenland nach seinem Vater. [3]
Er war frühe groß und stark**), muthvoll in allem
dem, wobei in Gefahren Mannhaftigkeit sich bewähren konnte. Er ward ein gewaltiger Kriegs-
mann und war sieghaft in allen Schlachten, die er
auf seinen Heerfahrten lieferte. [4]

Als nun Volsung zum Mannesalter herangereift
war, da sandte Hrimni ihm seine Tochter Hliod,

---

*) Die Namensform ist eigentlich Valse oder Välse (wie
die angelsächs. Namensform im Beowulf lautet). Volsung bedeutet eigentlich einen Nachkommen des Valse,
weshalb das ganze Geschlecht „die Volsunge" heißt.

**) In den dänischen Märchen ist das so geborene Kind
frühreif (Grundtvig a. a. O.).

1) rim. 108. — 2) rim. 109—111. — 3) rim. 112,1 f. — 4) vgl.
rim. 115—124 (ausführlicher).

deren zuvor gedacht ist, als sie mit dem Apfel zu
Reri, Volsung's Vater, kam. *)   Er nahm sie zur
Frau, und sie lebten lange mit einander in guter
Eintracht. ¹ Sie hatten zehn Söhne und eine Tochter.
Ihr ältester Sohn hieß Sigmund, die Tochter aber
Signy: diese beiden waren Zwillinge, und sie waren
|| 87) die trefflichsten und in jeder Beziehung die
vielversprechendsten unter den Kindern König Vol=
sung's. Doch waren alle gewaltige Helden ², wie
es denn lange in der Erinnerung fortgelebt hat und
gepriesen worden ist, welch' überaus streitbare Män=
ner die Volsunge gewesen sind und [wie sie] auch
die meisten Männer übertrafen ³, deren in alten
Sagen gedacht wird, sowohl an Weisheit wie an
Künsten und thatkräftigem Streben in jeder Hinsicht.

Es wird gesagt, daß König Volsung eine statt=
liche Halle bauen ließ, und zwar in der Art, daß
| eine mächtige Eiche in dem Saale stand, und die
Zweige des Baumes in frischem Grün über das
Dach des Saales hinausragten, der Stamm aber

---

*) Im halbgöttlichen Wesen der Walkyrjen liegt es, daß sie
nicht so altern wie die Menschen. Aehnliches berichtet
die Helg. Hj. 6 ff. von der Walkyrje Svava.

1) rim. 125—126 (,,Odin sandte dem Fürsten Hliod''). — 2) rim.
127. 129—130. — 3) vgl. rim. 131. 134.

stand unten in der Halle *), und nannten sie das „Kinderstamm". **) [1]

Drittes Kapitel. ***)

Siggeir hieß ein König, der herrschte über Gautland †); er war ein mächtiger König, und zahlreich war sein Kriegsvolk. Er fuhr zu König Volsung [2] und bat um Signy's Hand. [3] Der König nahm diesen Antrag wohl auf, und ebenso seine

---

*) Eigentlich: „Reichte hinab in die Halle."

) **Barnstokkr oder **branstokkr** Hdschr. [botstokkr (?), rim.]. Den Namen bringt man mit dem Glauben zusammen, daß die Kinder von Bäumen kommen (Simrock, Myth. § 17); ob mit Recht? — Aehnlich dachte man die Zweige der Weltesche Walhalls Dach überragend.

***) Ueberschrift unleserlich. Im Folgenden gleicht die Sage offenbar sehr der unten (Kap. 32 ff.) berichteten von Gudrun's Vermählung mit Atle, der heimtückischen Einladung ihrer Brüder durch diesen und ihrer Bruderrache an ihm. Der Grundstoff jener Sage war der Sage von Signy und ihren Brüdern von Hause aus ähnlich. In der weitern Ausbildung des Stoffes aber hat ihm unsere Sage jedenfalls als Vorbild gedient. Ich weise unten in einzelnen Anmerkungen (mit Ziffern) auf die übereinstimmenden Züge hin.

†) **Götaland** in Südschweden.

1) Vgl. rim. 142—143. — 2) rim. 135. — 3) rim. 136—137.

Söhne; aber | sie selber war des unlustig, doch hieß
sie ihren Vater darüber entscheiden, wie über [alles]
andere, was sie beträfe. Dem König aber gefiel der
Rathschluß, sie zu vermählen, und sie ward dem
König Siggeir verlobt. [1] Und wenn diese Hochzeit
und Heirath vollzogen werden sollte, sollte Siggeir
zu König Volsung zum Gastmahle kommen. [2]

Der König rüstete die Hochzeit nach besten
Kräften zu. | Und als das Gastmahl bereit war,
kamen die Gäste König Volsung's und König Sig=
geir's an dem bestimmten Tage dorthin; und hatte
König Siggeir manchen vornehmen Mann bei sich. [3]
Es heißt ‖88), daß da große Feuer angezündet waren
die Halle entlang; | der große Baum aber, dessen
zuvor gedacht ist, stand mitten in der Halle. [4] Nun
wird erzählt: als die Männer Abends bei den Feuern
saßen, | trat ein Mann herein in die Halle, der war
ihnen unbekannt von Ansehen. Dieser Mann war
auf solche Weise angethan: er hatte einen gefleckten
Mantel um, er war barfuß und hatte Linnenhosen
an, die am Bein zusammengeknüpft waren; er hatte
ein Schwert in der Hand und trat [damit] an den
„Kinderstamm"; einen tief [in das Gesicht] herab=

---

1) Vgl. rim. 138. — 2) rim. 139. — 3) vgl. rim. 140. 142,3 f. 144. —
[4) rim. 142 f.]

reichenden Hut hatte er auf; sehr hochgewachsen war er und alt und einäugig. *) ¹ Er schwang das Schwert und stieß es in den Stamm, so, daß das Schwert bis an das Heft hinein fuhr. ² Allen Männern versagte die Stimme, diesen Mann zu begrüßen; da nahm er das Wort und sprach: „Wer dieses Schwert aus dem Stamme zieht, der soll es von mir als Geschenk empfangen ³; und er wird das selber bestätigen, daß er niemals ein besser Schwert in seiner Hand trug, denn dieses ist." | Hierauf verließ der alte Mann die Halle ⁴, und wußte niemand, wer er war oder wohin er ging. | Nun standen sie auf und ließen sich nicht säumig finden **), das Schwert heraus zu ziehen ⁵, und dünkte sich der am besten daran zu sein, der zuerst dazu kam. | Da gingen die vornehmsten Männer zuerst

---

*) Es ist Odin, der, wenn er in menschlicher Gestalt erscheint, stets als ein hochgewachsener Greis geschildert wird, einäugig, den breiten Hut tief ins Gesicht gedrückt und in einen weiten blauen oder blaugefleckten Mantel gehüllt.

**) Nach Bugge eigentlich: „sie überließen es nicht einer dem andern." Doch ist die Erklärung zweifelhaft, vgl. Grág. I, 50 ¹⁶.

1) Vgl. rim. 145—147. — 2) rim. 148. — 3) rim. 146,2. 148,4—149,2; Hdl. 2,7 f. — 4) rim. 149,3 f. — 5) rim. 151,1 f.

hinzu, darnach einer nach dem andern. Keiner aber kam, der es hätte herausziehen können, denn es rührte sich nicht im geringsten, als sie es angriffen.[1] Da trat Sigmund hinzu, König Volsung's Sohn, ergriff das Schwert und zog es aus dem Stamme[2], und es war als wenn es los da läge vor ihm. Diese Waffe schien allen so gut, daß niemand glaubte ein eben so gutes Schwert [je] gesehen zu haben; | und bot [Siggeir] ihm an, das Schwert dreifach mit Gold aufzuwägen. Sigmund [aber] sagte: „Du konntest dieses Schwert ||89) ebenso gut nehmen, wie ich, da wo es stak, wenn dir ziemte es zu tragen; nun aber erhältst du es nimmer[3], da es zuerst mir in die Hand kam, ob du auch alles Gold dafür bietest, das du hast." | König Siggeir erzürnte sich über diese Worte[4], und schien ihm schimpflich geantwortet zu sein. Weil er nun von Charakter ein gar heimtückischer Mann war, so that er, als wenn er um diese Rede sich nicht kümmerte; aber denselben Abend [noch] ersann er die Vergeltung dafür, zu der es nachher kam.

---

1) rim. 150. — 2) rim. 151,3 f. — 3) rim. 152,1 f., kurz wieder-gegeben. — 4) rim. 152,3 f.

Viertes Kapitel. *)

Nun ist zu berichten, daß König Siggeir diesen Abend mit Signy Beilager hielt. | Am nächsten Tage aber war das Wetter günstig, da sagte König Siggeir, daß er heim fahren, und nicht warten wolle [1], bis der Wind wüchse oder die See unfahrbar werde. Es verlautet nicht, daß König Volsung oder seine Söhne ihn abhielten, zumal da er sah, er wolle nicht anders als die Hochzeit verlassen.

Da sprach Signy zu ihrem Vater: „Nicht möchte ich hinweg fahren mit König Siggeir: | nicht will mein Herz ihm entgegenlachen, und in Folge meines Ahnungsvermögens, wie es unserm Geschlechte angeerbt ist, weiß ich, daß aus dieser Heirath uns großes Unheil erwachsen wird, wenn die Abrede nicht schleunig gebrochen wird." [2] „Nicht sollst du also sprechen, Tochter," sagte er, „denn es wäre eine große Schmach für ihn sowohl wie für uns, sie ohne Grund zu brechen; auch haben wir dann keine Treue und Freundschaft bei ihm, wenn

---

*) Ueberschrift unleserlich: S[iggeir] fährt [heim (?)].

[1] rim. 163.] — 2) Ebenso weigert sich Gudrun zuerst, Atle zu folgen, weil sie Unheil voraussieht, s. u. Kap. 32 Ende. „Nicht wollte ihr Herz ihm entgegenlachen" heißt es auch von Gudrun die gleiche Wendung Kap. 29, Abf. 5.

wir sie brechen, und er wird es uns übel vergelten, soweit er vermag. Das allein ziemt sich, es zu halten von unserer Seite."

| Nun rüstete sich König Siggeir zur Heim=fahrt; bevor sie aber von dem Gastgebot fuhren, ladete er König Volsung, seinen Schwiegervater, und alle seine Söhne zu sich nach Gautland über drei || 90) Monde [1] sammt allem dem Gefolge, das er mit sich nehmen wollte und seiner Würde angemessen wäre. König Siggeir wollte damit nachholen *), was hier an der Hochzeits=Feier gebrach, da er nicht länger bleiben wollte als eine Nacht, während es doch nicht der Leute Sitte ist so zu handeln. | Nun verhieß König Volsung die Fahrt, und am bestimm=ten Tage zu kommen. [2] Da schied der Schwiegersohn vom Schwiegervater, und fuhr König Siggeir heim mit seiner Frau. [3]

Fünftes Kapitel. **)

Nun ist zu sagen von König Volsung und seinen Söhnen, daß sie zur verabredeten Zeit gen Gautland

*) Eigentlich: „leisten" (gjalda).
**) Ueberschrift: König Volsung's Fall ... (das übrige ist unleserlich).

1) rlm. 153—154. — 2) rlm. 155. — 3) rlm. 153,3.

fuhren zum Gastgebot König Siggeir's, ihres Schwa-
gers, und fuhren mit drei Schiffen vom Lande [1],
und waren diese alle wohlgerüstet. Sie hatten eine
recht glückliche Fahrt und kamen mit ihren Schiffen
nach Gautland; da war es spät am Abend.

Denselben Abend | kam Signy, König Volsung's
Tochter, und berief zu sich ihren Vater und ihre
Brüder zu einem Sondergespräch und sagte ihnen
ihr und König Siggeir's Vornehmen, daß er ein
mächtiges Heer zusammengezogen habe, „und sinnt
euch zu verderben. Nun bitte ich euch (sagte sie),
daß ihr alsbald wieder in euer Reich fahret [2], und
sammelt euch ein möglichst starkes Heer, und fahrt
dann her und rächet euch selbst; und geht nicht in
diese Gefahr, denn nicht entgeht ihr seinem Verrathe,
wenn ihr nicht zu der List greift, die ich euch vor-
schlage." [3] Da sprach König Volsung: „Alle Welt
wird davon sagen, daß ich [noch] ungeboren ein Wort
sprach *), und das Gelübde that, | daß ich weder Feuer
noch Eisen Furcht halber fliehen wollte: und so habe

---

*) In einem dänischen Märchen (Grundtvig=Leo, S. 148 ff.)
kann die ebenso wunderbar geborene Prinzessin gleich
nach der Geburt reden.

1) rím. 156—158. — 2) rím. 159—162. — 3) Ebenso warnt Gudrun
die angekommenen Brüder: Akv. 16—18, wo auch die einzelnen
Züge merkwürdig übereinstimmen.

2*

ich bisher gethan [1]: warum sollte ich es nicht auch im Alter vollbringen? Und nimmer sollen Jungfrauen meinen Söhnen im Spotte *) vorwerfen, | daß sie den Tod fürchteten: denn einmal muß [doch] jedermann sterben und niemand kann dem entgehn, daß er einmal sterbe. [2] [Drum] ist mein Rath, daß wir keineswegs fliehen, sondern unsere Hände aufs tapferste gebrauchen. Ich habe ‖91) hundertmal gefochten, und habe bald mehr Volkes gehabt, bald minder, und habe [doch] immer den Sieg gewonnen: und nimmer soll man hören, daß ich fliehe oder um Frieden bitte." [3] Da weinte Signy bitterlich [4] und bat, daß sie nicht zu König Siggeir zurückzukehren brauchte. König Volsung entgegnete: „Du sollst fürwahr heimfahren zu deinem Manne und bei ihm bleiben, wie es uns auch ergehe." | Nun ging Signy heim [5]; sie aber blieben dort die Nacht über. Morgens jedoch, sobald der Tag anbrach, | hieß König Volsung alle seine Mannen aufstehen, ans Land gehen und sich zur Schlacht rüsten. [6] Nun gingen sie alle ans Land in voller Rüstung, und hatten nicht

---

*) ? s. Fritzner 399ᵃ. Gewöhnlich übersetzt man í leikum „beim Spiele".

1) Vgl. rím. 164,3—165,4. — 2) rím. 166. — 3) Ebenso weigert sich Gunnar zurückzufahren und sein Heer zu sammeln: Akv. 19. — 4) rím. 169,2—4. — 5) rím. 169,1. — 6) vgl. rím. 170—71.

lange zu warten bis daß König Siggeir kam mit
all seinem Heer [1]; und entbrannte da zwischen ihnen
eine sehr harte Schlacht, und spornte der König
seine Schaar an aufs heftigste vorwärts zu bringen. [2]
Es heißt, daß König Volsung und seine Söhne des
Tages achtmal durch die Schaaren König Siggeir's
brachen, und zu beiden Handen hieben. [3] Und als
sie sich anschickten nochmals so zu fahren, da fiel
König Volsung [4] inmitten seiner Schaar, und all
sein Volk mit ihm [5] außer seinen zehn Söhnen;
denn es stand ihnen eine viel größere Uebermacht
gegenüber, als der sie hätten widerstehn können. [6]

Nun wurden seine Söhne alle gefangen und in
Bande geschlagen [7] und hinweg geführt. Signy erfuhr nun, daß ihr Vater erschlagen war [8], ihre
Brüder aber gefangen genommen und zum Tode
bestimmt. | Da rief sie den König Siggeir zu einem
Zwiegespräch. Sie sprach: „Darum will ich dich
bitten, daß du meine Brüder nicht so schleunig tödten
lassest; laß sie lieber in den Stock *) setzen. [9] Mir

---

*) Ein in der Mitte gespaltener Stamm mit runden Oeff-
nungen, in welche die Füße der Gefangenen gezwängt

1) Vgl. rim. 172. — 2) vgl. rim. 175—79. — 3) vgl. rim. 180—81.
178,1 f. — 4) rim. 182. — 5) 185,1 f. — 6) rim. 173—74. — 7) rim.
183 f. Auch Gudrun's Brüder bleiben im Kampfe gegen die Uebermacht allein übrig, werden gefangen und gefesselt, s. u. Kap. 37
Anfang. — 8) rim. 185,3 f. — 9) rim. 186—87.

geht es eben, wie das Sprichwort sagt, daß das
Auge sich freut, so lange es den Anblick hat [1]; ich
bitte aber deshalb nicht mehr für sie, weil ich glaube,
daß es mir nichts nützen würde." Da antwortete
Siggeir: | "Rasend bist du und unklug, daß | du für
deine Brüder Schlimmeres erbittest, denn daß sie er=
schlagen werden [2]: indessen soll dir das gewährt sein;
denn es freut mich mehr, wenn sie schlimmer dulden
und längere Qual vor ihrem Tode erleiden." [3]

Nun | ließ er also thun, wie sie bat, und ward
nun ein mächtiger Baumstamm genommen und den
zehn Brüdern an die Füße gelegt [4], an einer Stelle
im Walde. Dort saßen sie nun den ganzen Tag || 92)
bis zur Nacht. | Aber um Mitternacht kam eine alte
Wölfin aus dem Walde dorthin zu ihnen, wo sie im
Stocke saßen, die war groß und schrecklich anzusehen;
und das war ihr Vorhaben, daß sie einen der Brü=
der zu Tode biß, sodann fraß sie ihn ganz auf [5],
und ging dann hinweg.

Aber am Morgen darauf sendete Signy zu

----

wurden. (Ein Exemplar im Altnord. Museum zu
Kopenhagen: Katalog [7. Aufl.] Nr. 201.)

1) rim. 189. — 2) vgl. rim. 188 (z. Th. = Helg. Hund. II, Str.
33, 1—4). — 3) Auch Gudrun's Brüder sterben u Atle's Befehl
eines qualvollen Todes, s. u. Kap. 37. — 4) rim. 190. — 5) rim.
191—92.

ihren Brüdern einen Mann, dem sie am meisten traute, um zu erfahren, wie es stehe. Und als der wieder zu ihr kam, sagte er ihr, daß einer von ihnen todt wäre.[1] Das schien ihr schrecklich, daß es ihnen allen so ergehn sollte, ohne daß sie ihnen helfen könnte. Kurz ist davon zu berichten: | Neun Nächte nach einander kam dieselbe Wölfin und tödtete und fraß je einen von ihnen, bis sie alle todt waren; nur Sigmund allein war übrig.[2] Und ehe denn die zehnte Nacht kam, sendete Signy ihren Vertrauten zu ihrem Bruder Sigmund, und gab ihm Honig in die Hand, und sagte, er sollte den auf Sigmund's Gesicht streichen und ihm etwas [davon] in den Mund legen. Da begab er sich zu Sigmund und that, wie ihm geboten war, und ging sodann heim.[3] Die Nacht darauf kam dieselbe Wölfin nach ihrer Gewohnheit und gedachte ihn zu Tode zu beißen wie seine Brüder. Da bekam aber die Wölfin Witterung von ihm, wo er mit Honig bestrichen war, und beleckte mit ihrer Zunge sein ganzes Gesicht, und streckte sodann die Zunge ihm in den Mund. Sigmund ließ sich nicht faul finden, und biß der Wölfin in die Zunge[4]; die sträubte sich sehr, sie zog gewaltig und stemmte die Füße in den Stock, so daß

---

1) rim. 193—94. — 2) rim. 197. — 3) vgl. rim. 198—99 (Signy geht selbst hin). — 4) vgl. rim. 200—201.

er ganz auseinander barst. Er aber hielt so fest,
daß der Wölfin die Zunge bei der Wurzel ausriß [1],
und davon litt sie den Tod. Es ist aber die Sage
einiger Männer, | daß diese Wölfin König Siggeir's
Mutter gewesen, und daß sie diese Gestalt angenommen habe durch Hexerei und Zauberkunst. *) [2]

Sechstes Kapitel. **)

So war Sigmund los geworden, der Stock
aber zerbrochen, und Sigmund hielt sich nun da in
der Nähe im Walde auf. ***) Abermals ‖ 93) sandte
Signy, zu erfahren, wie es stehe und ob Sigmund
lebe. Und als die [Boten] kamen, sagte er ihnen die
ganze Begebenheit, wie es zwischen ihm und der
Wölfin ergangen war.

| Da begab sie sich hin zu ihrem Bruder, und
sie faßten den Rathschluß, daß er dort eine Erdhütte
im Walde baute. [3] Nun ging es so eine Zeit lang,
daß Signy ihn dort verbarg und ihm das gab, dessen

---

*) Siehe unten S. 30 **.
**) Die Ueberschrift ist nicht lesbar.
***) Hielt sich auf? helzt statt hefst?

1) rlm. 202—203,2. — 2) Gunnar wird im Schlangenhofe von einer
 Natter ins Herz gestochen (s. u. Kap. 37 Ende), die nach Oddr.
 Str. 29 Atle's Mutter ist. — 3) vgl. rlm. 203,3—204,2.

er bedurfte. | König Siggeir aber wähnte, daß Vol-
sung's Söhne alle todt wären. [1]

König Siggeir hatte zwei Söhne mit seiner
Frau; und von denen wird gesagt, daß, da sein
älterer Sohn zehn Winter alt war, Signy ihn hin-
sandte zu Sigmund [2], damit er ihm Hilfe leistete,
wenn er etwa versuchen wollte seinen Vater zu rächen.
Der Knabe ging zum Walde und kam spät Abends
zu Sigmund's Erdhütte. Der nahm ihn gebührend
freundlich auf und | sagte, daß er ihr Brot zubereiten
sollte; „ich aber" [sagte er] „will Brennholz suchen,"
und gab ihm einen Mehlbeutel in die Hand; er
selbst ging Holz zu suchen. Als er aber wieder-
kam, hatte der Knabe nichts geschafft hinsichtlich der
Brotbereitung. Da fragte Sigmund, ob das Brot
fertig wäre. Er antwortete: „Nicht wagte ich, den
Mehlbeutel anzufassen, denn da lag etwas Lebendiges
im Mehl." [3] Da glaubte Sigmund zu wissen, daß
dieser Knabe nicht so wohl beherzt sein werde, daß
er ihn bei sich haben möchte. Als nun die Ge-
schwister (Sigmund und Signy) zusammen kamen,
sagte Sigmund, daß er keine Hilfe dabei fände *),

---

*) Eigentlich: „daß er [darum] nicht einem Manne (Helfer)
sich um so näher fühlte."

1) rim. 208. — 2) vgl. rim. 209 (drei Söhne). — 3) rim. 210—12.

wenn auch der Knabe bei ihm wäre. | Signy sprach:
„Nimm ihn denn und tödt' ihn: er braucht dann
nicht länger zu leben." Und also that er. [1] Nun
verging dieser Winter. Und einen Winter darauf
sandte Signy ihren jüngeren Sohn zu Sigmund;
doch bedarf's davon keiner langen Erzählung. Es
erging genau ebenso [*]), daß er auch diesen Knaben
auf Signy's Rath tödtete. [2] ‖ 94)

Siebentes Kapitel. [**])

Es wird erzählt, daß einmal, da Signy in
ihrer Kammer saß, zu ihr ein Hexenweib kam, die
gar sehr zauberkundig war. Da sprach Signy zu
ihr: „Ich wollte, daß wir die Gestalten vertausch=
ten." [***]) Die Zauberin sagte: „Du sollst darüber

---

[*]) Eigentlich: „als ob es dasselbe wäre".

[**]) Ueberschrift: „Signy empfängt Sinfjotle".

[***]) Gestaltentausch wird durch Zauber bewirkt (so auch
unten S. 129 durch Grimhild's Zauber). Dieser Tausch
ist ein vollständiger: von der äußern Gestalt bleibt nur
das Auge unverändert (s. u. Kap. 29, Abs. 4). —
Svanhvita erkennt den Regner in seiner niedrigen Ver=
kleidung als Hirt an den leuchtenden Augen (Saxo Gr.
S. 70); vgl. Helg. Hund. II, 2, 3 ff.

1) Vgl. rim. 213—14. — 2) vgl. rim. 215; u. S. 34 *. — Auch Gudrun
tödtet ihre und Atle's beide Söhne, aber aus Rache, s. u. Kap. 38,
Abs. 2.

bestimmen." *) Nun schuf sie es so mit ihren Kün=
sten, daß sie die Gestalt vertauschten [1], und setzte sich
die Zauberin auf den Platz Signy's nach deren Ge=
heiß und legte sich Abends ins Bett zu dem Könige;
und er merkte nicht, daß Signy nicht bei ihm wäre.

Nun ist | von Signy zu berichten, daß sie nach
der Erdhütte zu ihrem Bruder ging, und ihn bat
ihr Herberge zu geben über Nacht: „denn ich habe
mich im Walde verirrt, und nicht weiß ich, wo ich
mich befinde." [2] Er sagte, sie sollte da bleiben; er
wolle ihr als einer einzelnen Frau die Herberge
nicht versagen, und er sei überzeugt, daß sie ihm
die freundliche Aufnahme nicht so [übel] lohnen würde,
daß sie ihn verriethe. Nun nahm sie Herberge bei
ihm, und sie setzten sich zum Essen; er blickte oft auf
sie, und sie dünkte ihn schön und anmuthig. Als
sie aber gegessen hatten, da sagte er zu ihr, er wolle,
daß sie in der Nacht das Lager theilten; sie sträubte
sich nicht dagegen, und | er nahm sie drei Nächte nach
einander zu sich. [3] Darnach begab sie sich heim zu
der Zauberin und verlangte, daß sie wieder die Ge=
stalten tauschten; und das bewirkte jene. [4]

---

*) D. h.: „Wie du wünschest, soll es geschehn."

1) rim. 216, kurz wiedergegeben. — 2) vgl. rim. 217. — 3) rim.
218,3 f. — 4) rim. 219.

Und als die Zeit verstrichen war, gebar Signy einen Knaben; der Knabe ward Sinfjotle *) genannt[1]; und als er aufwuchs, war er sowohl groß wie stark und schön von Antlitz und artete nach den Volsungen; und war noch nicht völlig zehn Winter, als Signy ihn zu Sigmund nach der Erdhütte sandte.[2] Sie hatte mit ihren vorigen Söhnen, ehe sie die zu Sigmund schickte, die Probe gemacht, daß sie ihnen [den Rock] an die Arme durch Haut und Fleisch nähte; die hatten das schlecht ertragen und darob geschrien. Ebenso that sie mit Sinfjotle, der aber verzog keine Miene dabei. Sie zog ihm dann den Rock wieder ab, so daß die Haut mit den Aermeln abging, und sagte, er werde dabei Schmerz empfinden. Er [aber] sprach: „Gering sollte solcher Schmerz ‖95) einem Volsung scheinen."[3]

Nun kam der Knabe zu Sigmund. Da gebot Sigmund ihm ihr Mehl auszukneten, er aber wolle Brennholz für sie suchen, und gab ihm einen Beutel in die Hand, sodann ging er zu Walde. Als er aber wieder kam, da war Sinfjotle fertig mit backen.

---

*) D. h. wahrscheinlich „der Gefährte", s. H. Zschr. 23, 161 ff.
**) Saumadhi at hondum medh holdi ok skinni, vgl. Grettis s. Kap. 17, S. 34.

1) rim. 220—21. — 2) vgl. rim. 226—27. — 3) vgl. rim. 223—25.

Da fragte Sigmund, ob er etwas in dem Mehle
gefunden habe. „Ich habe wohl Verdacht, daß etwas
Lebendiges drin gewesen sei, als ich zuerst anfing zu
kneten, und hier habe ich das mitgeknetet, was
darin war." Sigmund sprach, und lachte dabei:
„Ich wähne, du wirst heut Abend keine Mahlzeit
von diesem Brote haben, denn du hast eine große
Giftschlange darein geknetet." [1] Sigmund war so
stark, daß er Gift essen konnte, ohne daß es ihm
etwas schadete; Sinfjotle aber vertrug es [nur], daß
das Gift ihm von außen ankam, aber nicht bekam
es ihm, es zu essen oder zu trinken. [2]

Achtes Kapitel.*)

Nun ist zu berichten, daß Sinfjotle dem Sigmund noch zu jung schien zur Rache mit ihm, und
er wollte ihn zuvor etwas an harte Kampfesarbeit
gewöhnen. Sie zogen nun des Sommers weit durch
die Wälder und erschlugen Männer, der Beute
wegen. | Sigmund schien [Sinfjotle] recht nach den
Volsungen geartet [3], doch wähnte er, daß er König

---

*) Ueberschrift: „Sigmund und Sinfjotle legen die [Wolfs-]
Bälge an".

1) Vgl. rim. 228—232. — 2) Sinfj. Z. 10 ff. — 3) rim. 234.

Siggeir's Sohn wäre, und dachte, er habe etwas
von der Bosheit seines Vaters, aber den Heldenmuth
der Volsunge, und meinte, daß er wenig an seinen
Blutsverwandten hänge, denn | oft mahnte er Sig=
mund seines Leides, und spornte ihn sehr an, König
Siggeir zu erschlagen. [1]

Nun geschah es einmal, daß sie wieder in den
Wald gingen, sich Beute zu schaffen; sie fanden aber
ein Haus und darin zwei Männer schlafend mit
dicken Goldringen. *) Die waren verwunschen **),
denn Wolfsbälge ***) hingen über ihnen; jeden fünf=

---

*) Diese Goldringe hängen mit der Verwandlung zusam=
men, und bedeuten, was in anderer Form durch die
Wolfsbälge (s. u. Anm. ***) ausgedrückt ist, daß die
Träger sich in Wölfe verwandeln können. Hier ist die
Verwandlung unfreiwillig; freiwillig dagegen bei den
Walkyrjen, die auch Schwanringe und Schwanhemden
(hamir) besitzen.

**) Eigentlich: „in Unheil gerathen". Zauberkundige Leute,
namentlich Zauberinnen, konnten nicht nur sich selbst,
sondern auch andere, denen sie übel wollten, in Thiere
verwandeln (R. Keyser, Samlede Afhandlinger,
S. 365 f.). Man denke an die zahlreichen verwun=
schenen Prinzen und Prinzessinnen unserer Märchen.

***) Wolfs=hamir; hamr ist eigentlich die äußere Hülle,
deren Anlegung zugleich das Wesen des betreffenden

1) rim. 233. — Die folgenden Wolfsabenteuer fehlen in den rim.

ten Tag *) konnten sie die Wolfsbälge ablegen; sie waren Königssöhne. ‖96) Sigmund und Sinfjotle legten die Bälge an und vermochten nicht wieder aus ihnen heraus zu kommen, und sie (die Bälge) behielten ihre frühere Eigenschaft **), | und [so] heulten sie [denn] wie Wölfe und verstanden beide ihr Geheul. ¹ Nun streiften sie auch durch die Waldmarken, und fuhr jeder von ihnen seine Straße. Sie trafen die Verabredung, daß sie sich dran wagen sollten, wenn es auch sieben Mann wären, aber nicht fürder, und der sollte einen Wolfsschrei thun, der in eine Fehde käme. „Brechen wir das nicht (sagte Sigmund), denn du bist jung und tollkühn, [und] den Menschen wird es gut scheinen dich zu jagen." Nun fuhr ihrer jeder seine Straße; und als sie sich getrennt hatten, traf Sigmund auf [7 ?] ***) Männer, und that einen Wolfsschrei; und als Sinfjotle das hörte, kam er herbei und tödtete sie alle. Sie trennten sich wieder, und als Sinfjotle weit durch den

---

Thieres verleiht; vgl. die Wolfsgürtel der Werwölfe (Maurer, Bekehrung 2, 102 f.).

  *) Eigentlich jedes zehnte dœgr: 24 Stunden umfassen zwei dœgr, die 12 Stunden des Tages und der Nacht.

 **) D. h. in Wölfe zu verwandeln.

***) Die Zahl ist unleserlich. Ich vermuthe 7 nach S. 32ᵇ.

1) Helg. Hund. I, Str. 42, 3—4.

Wald gelaufen war, traf er elf Männer und kämpfte mit ihnen, und es geschah, daß er sie alle tödtete. Nun ward er [sehr] müde *), lief unter eine Eiche und ruhte sich dort . . . **) [Sinfjotle] sprach zu [Sigmund:] [„Du riefest?] mich zu Hilfe, um sieben Männer zu tödten, ich aber bin ein Kind an Jahren im Vergleich mit dir, und [doch] rief ich nicht um Hilfe, elf Männer zu tödten." Da sprang Sigmund so heftig gegen ihn ‖97), daß er zurücktaumelte und fiel: Sigmund biß ihn vorn in die Gurgel. An diesem Tage vermochten sie nicht aus den Wolfs- bälgen zu kommen. Sigmund warf ihn sich auf den Rücken und trug ihn heim in die Hütte und saß über ihm, und wünschte die Wolfsbälge zu allen Teufeln. ***)

Sigmund sah eines Tages zwei Wiesel, wie eins das andre in die Gurgel biß; jenes lief zu

---

*) So schlafen auch die verwunschenen Königssöhne (S. 30); s. Maurer, Bekehr. 2, 106 s.

**) Hier ist ein kurzes Stück, sowie auch vorher und nach- her die Wörter in [ ] unleserlich. Die Papierabschriften geben: Da kam Sigmund dorthin und sprach: „Warum riefest du mich nicht?" Sinfjotle sagte: „Nicht wollte ich dich zu Hilfe rufen" u. s. w.

***) Eigentlich: „er hieß die Trolle (Unholde) die Wolfsbälge holen."

Walde, und brachte ein Blatt und legte es auf die
Wunde, und alsbald sprang das [andere] Wiesel ge=
heilt auf. *) Sigmund ging hinaus, und sah einen
Raben **) mit dem Blatte fliegen und es ihm bringen.
Er legte es über Sinfjotle's Wunde, und dieser
sprang sogleich gesund auf, als wenn er nimmer
wund gewesen wäre.

Darauf gingen sie zu der Erdhütte und blieben
da, bis zu der Zeit, da es ihnen beschieden wäre,
die Wolfsbälge abzulegen: da nahmen sie dieselben
und verbrannten sie und wünschten, daß sie nieman=
dem [mehr] zum Schaden gereichten. Sie hatten
aber in ihrem unheilvollen Zustande ***) manche Hel=
denthat in König Siggeir's Reiche vollbracht.

Als nun Sinfjotle erwachsen war, da meinte
Sigmund ihn genug erprobt zu haben. Nun währte

---

*) Dieser Zug begegnet verschiedentlich in den Märchen:
    Grimm's Märchen Nr. 16 (Bd. III, S. 26). Anders
    gewandt bei Grundtvig=Leo I, 3 ff. [= Saxo Gramm.
    S. 243 f.].

**) Der Rabe ist Odin's Vogel, der durch ihn das heilende
    Blatt sendet, wie durch Hliod (in Gestalt einer Krähe)
    den fruchtbar machenden Apfel an Reri (oben S. 8,
    Anm. †).

***) í theim úskopum („während dieses Mißgeschicks"), d. h.
    als Werwölfe.

es nicht lange, daß Sigmund Vaterrache nehmen
wollte, wenn es sich dazu anlassen würde. Da gingen
sie eines Tages fort von der Erdhütte, und|kamen
spät Abends zu König Siggeir's Hofe [1] und traten
in die Vorstube, die vor der Halle war; dort aber
waren Bierfässer, da[hinter] verbargen sie sich. [2] Die
Königin wußte nun, wo sie waren, und beschloß zu
ihnen zu gehn; und als sie zusammen kamen, da faßten
sie den Rath, daß sie die Vaterrache ausführen wollten, sobald es Nacht würde. [3]

Signy und der König hatten zwei *) junge
Kinder, die spielten mit Goldringen am Boden und
ließen sie über den Estrich der Halle rollen und
sprangen ihnen nach. Ein Goldring lief weiter fort

---

*) Zwei Kinder, wie oben S. 25 f., obwohl hier nur
eins des Verraths sich schuldig macht. Sind die zwei
Kinder aus jener Darstellung herübergenommen? Vielleicht ist überhaupt rückwirkender Einfluß des analogen
Zuges der Sage von Gudrun anzunehmen, die auch ihre
und Atle's beide Kinder tödtet (u. Kap. 38, Abs. 2);
oder es ist die doppelte Tödtung eines mit Siggeir
erzeugten Kinderpaares durch Signy oder auf ihr Geheiß
aus Nebeneinanderstellung verschiedener Fassungen des
gleichen Sagenzuges entstanden. (Vgl. die folgende
Anmerkung.)

1) rím. 235,1 f. — 2) vgl. Helg. Hund. I, Str. 42, 1 f. — 3) vgl.
rím. 235,3—239,4 (abweichend u. z. Th. ausführlicher).

nach der Stelle des Hauses, wo Sigmund und Sin=
fjotle waren; | der Knabe aber sprang hinterdrein,
den Ring zu suchen. Da sah er zwei Männer sitzen,
groß und grimmig, die hatten tief herabreichende
Helme und weiße Panzer an. Da lief er in das
Innere der Halle zu seinem Vater und sagte ihm,
was er gesehen hatte. [1] Der König argwöhnte nun,
daß es gegen ihn gerichteter Verrath sein werde.

Signy hörte, ‖ 98) was sie sagten; sie stand auf,
| nahm die beiden Kinder, und ging hinaus in die
Vorstube zu ihnen und sagte, sie sollten wissen, daß
die sie verrathen hätten: „und ich rathe euch, daß
ihr sie tödtet.“ [2] Sigmund sagte: „Nicht will ich
deine Kinder tödten *), obschon sie mich verrathen
haben.“ Sinfjotle aber bebte nicht davor zurück,
schwang sein Schwert und tödtete beide Kinder, und
warf sie hinein in die Halle vor König Siggeir. [3]
Der König stand auf und rief seine Mannen auf,
die Männer zu ergreifen, welche sich am Abend in
der Vorstube verborgen hätten. Da sprangen die

---

*) Vorher (S. 26) hatte Sigmund diese Scheu nicht ge=
habt. Wie der Widerspruch sich erklären mag, darüber
f. die vorige Anm. (rim. übrigens: „Ich tödte nicht
mehr der Kinder dein“).

1) rim. 240. — 2) rim. 241. — 3) rim. 242—43; vgl. Helg. Hund. I,
Str. 42, 5—10.

Männer dorthin fort, und wollten sie ergreifen; die aber wehrten sich wohl und mannhaft, und lange*) meinte der es am schlimmsten zu haben, der ihnen am nächsten war. Am Ende wurden sie aber von der Uebermacht bewältigt und gefangen genommen[1] und demnächst in Bande geschlagen und in Fesseln gelegt, und saßen sie dort die ganze Nacht.

Nun überlegte der König bei sich, welches Todes er sie sterben lassen sollte, den sie am längsten fühlten. Als nun der Morgen kam, ließ der König einen großen Hügel machen von Steinen und Rasen; und als der Hügel fertig war, | ließ er eine große Felsplatte mitten in den Hügel setzen[2], so daß die eine Kante der Felsplatte empor stand, und die andere nach unten gekehrt war: sie war so groß, daß sie auf beiden Seiten an [die Felswand] reichte, so daß man nicht an ihr vorbeischlüpfen konnte. | Nun ließ er Sigmund und Sinfjotle ergreifen und in den Hügel setzen, auf jeder Seite einen von ihnen[3], dieweil es ihm härter schien, wenn sie nicht beide beisammen wären, und doch jeder den andern zu hören vermöchte. Und als sie nun dabei waren, den Hügel mit Rasen zuzudecken, | kam Signy dazu, und trug

---

*) Oder „bei weitem“?

1) rim. 244—46. — 2) vgl. rim. 248,1f. — 3) = rim. 247—248.

Stroh im Busen, das warf sie Sinfjotle in den Hügel zu [1], und bat die Knechte es dem Könige zu verhehlen. Die sagten es zu, und darauf ward der Hügel geschlossen.

Und als die Nacht kam, sagte Sinfjotle zu Sigmund: „Keineswegs, mein' ich, wird es uns eine Zeit lang an Speise gebrechen: | hier hat die Königin Speck in den Hügel geworfen [2] und denselben mit Stroh umhüllt." Und wieder betastete er den Speck | und fand, daß das Schwert Sigmund's darein gestoßen war; er ‖ 99) erkannte es am Griff, denn es war dunkel in dem Hügel, und sagte es Sigmund; des freuten sie sich beide. [3] Sinfjotle schob die Schwertspitze über die Felsplatte und zog *) mit Macht: das Schwert schnitt in den Felsen. Sigmund ergriff nun die Schwertspitze, und so durchsägten sie die Felsplatte zwischen ihnen und ließen nicht eher ab als bis sie mit Sägen fertig waren, wie es im Liede **) heißt:

---

*) Das Hinundherziehen beim Sägen ist gemeint. (Bugge übersetzt: „drückte aus Leibeskräften".)

**) Das (der Saga hier zu Grunde liegende) Lied ist bis auf die folgende Halbstrophe verloren.

1) rim. 249. — 2) rim. 252,1 f. — 3) vgl. rim. 252,3—253,4.

Sie sägten mit Macht
Den mächtigen Fels
Mit dem Schwerte, Sigmund
Und Sinfjotle.

Nun waren sie beide los zusammen im Hügel und zersägten Stein und Rasen *) und entkamen so aus dem Hügel.

Sie gingen nun hin zu der Halle [1]; da lagen alle Leute im Schlafe. | Sie trugen Holz an die Halle und legten Feuer an das Holz. [2] Die aber, so darinnen waren, erwachten von dem Qualm, und davon, daß die Halle über ihnen brannte. [3] Der König fragte, wer den Brand gestiftet hätte. [4] „Hier sind wir, Sinfjotle, mein Schwestersohn und ich," sagte Sigmund, „und wir wähnen, du sollst merken, daß die Volsunge nicht alle todt sind." **) [5] Er hieß seine Schwester herauskommen und von ihm höher Ehren theilhaftig werden und wollte ihr so ihren Kummer ***) büßen. [6] Sie antwortete: „Nun

---

*) Hdschr. **jarn** (Eisen), statt torf oder jordh? (vgl. rim.).

**) Vgl. oben S. 25, unten S. 58 und 77.

***) Wegen des Mordes ihres Gatten. Darauf bezieht sich Signy's Antwort. Man vergleiche das Anerbieten Dag's an seine Schwester Sigrun „zum Entgelte des

1) Vgl. rim. 254—55. — 2) rim. 256. — 3) vgl. rim. 257. — 4) rim. 258. — 5) vgl. rim. 259—61, abweichend und ausführlicher. — 6) rim. 262—63.

sollst du erfahren, ob ich dem König Siggeir den Mord König Volsung's nachgetragen habe: ich ließ unsere Kinder ermorden, weil sie mir zu träge zur Vaterrache schienen; | und ich war es, die in den Wald zu dir kam, in einer Wahrsagerin Gestalt, und Sinfjotle ist unser Sohn [1]: er hat davon so gewaltigen Heldenmuth, daß er sowohl Sohnes=Sohn als Tochter=Sohn König Volsung's ist. | Ich habe darnach allewege gerungen, daß König Siggeir den Tod empfangen sollte; ich habe so sehr darnach ge= rungen, daß die Rache vollzogen würde, daß ich unter keiner Bedingung [länger] leben darf [2]; und ich will nun freudig mit ihm sterben, obwohl ich ihn wider Willen zum Manne hatte." [3] Sodann küßte sie Sigmund, ihren Bruder, und Sinfjotle und ging [wieder] hinein ins Feuer und sagte ihnen „Lebewohl". ‖100) Darnach fand sie da den Tod mit König Siggeir und seinem ganzen Hofe. [4]

Vater und Sohn verschafften sich Heervolk und Schiffe, und fuhr Sigmund zu seinem Stammeserbe

---

Harms", daß er ihr den Gatten Helge erschlagen. (Helg. Hund. II, Str. 34.)

1) Vgl. rim. 266. — 2) vgl. rim. 265. 264,1. — 3) rim. 264,3 f. — 4) vgl. rim. 267—71 (ausführlicher und z. Th. wesentlich ab= weichend).

und vertrieb den König aus dem Lande, der sich darein gesetzt hatte. [1]

Sigmund ward nun ein mächtiger und hervorragender König [2], weise und hochstrebend. | Er hatte eine Frau, die Borghild hieß. [3] Sie hatten zwei Söhne, der eine hieß Helge, der andere Hamund. [4] Und als Helge geboren war, kamen Nornen *) dazu und weissagten ihm [sein Schicksal] und sprachen, er sollte der berühmteste aller Könige werden. [5] Sigmund war da aus der Schlacht gekommen und ging mit einem Lauch **) seinem Sohn entgegen, und gab ihm damit den Namen Helge [5] und folgendes als Geschenk zur Namensverleihung ***): Hringstad und Solfjall [6], und ein Schwert [7], und hieß

---

*) Vgl. S. 64 * und 87 **.

**) Der über das Gras hervorragende Lauch ist das Bild des Andere überragenden Helden (u. Kap. 32 Anfg.). Die Ueberreichung des Lauchs muß man hier mit Bugge symbolisch verstehn: Helge soll zu einem hervorragenden Helden heranwachsen.

***) Wer einen Namen verlieh, mußte dem Benannten ein Geschenk machen (als nafnfesti „Namensfestigung"), unser Pathengeschenk, s. Weinhold, Altn. Leben, S. 263.

1) rim. 272—73. — 2) vgl. rim. 274 (über Hunenland). — 3) rim. 276 (Brynhild). — 4) rim. 277 (Hromund). — 5) Nach Helg. Hund. I, Str. 2. — 6) = H. H. I, Str. 7,5—8,1. — 7) = H. H. I, 8,2—3, wo aber viel mehr Namen aufgezählt find. — 8) = H. H. I, Str. 8,7—8.

ihn wacker werden und den Volsungen nachschlachten.
Er (Helge) ward hochherzig und beliebt und übertraf
die meisten andern Männer in jeglicher Tüchtigkeit. |
Es wird gesagt, daß er sich auf eine Heerfahrt be=
gab, als er fünfzehn Winter *) alt war. [1] Helge
war König über Heervolk, Sinfjotle aber war ihm
beigegeben, und beide führten Kriegsvolk.

Neuntes Kapitel. **)

Es wird gesagt, daß Helge auf seiner Heer=
fahrt | den König traf, der Hunding hieß; der war
ein mächtiger König über zahlreiches Volk und Lande.
Da erhub sich eine Feldschlacht zwischen ihnen, und
drang Helge kräftig vorwärts, und schloß die Schlacht
damit, daß Helge den Sieg gewann, König Hunding
aber fiel [2] und ein großer Theil seines Heeres. Nun
meinte Helge, bedeutend an Ansehn gewonnen zu
haben, da er einen so mächtigen König gefällt hatte.

König | Hunding's Söhne boten nun ein Heer
auf gegen Helge und wollten ihren Vater rächen. [3]

---

*) Seit etwa 1000 Mündigkeitstermin auf Island und in
Norwegen.

**) Ueberschrift: „Helge vermählt sich mit Sigrun".

1) = H. H. I, 10, 1—4. Vgl. rim. 279 (zwölf Winter). Damit
enden die rimur. — 2) kürzer in H. H. I, Str. 10, 5—8. — 3) vgl.
H. H. I, Str. 11.

Sie hatten einen harten Kampf, und Helge drang durch die Schaaren der Brüder und bis zu König Hunding's Bannern, und | fällte diese Söhne Hunding's ‖ 101): Alf und Eyjolf, Hervard und Hagbard[1], und gewann hier einen bedeutenden Sieg.

| Und als Helge aus der Schlacht kam, da fand er an einem Walde mehrere Frauen, vornehm von Ansehen, doch ragte eine vor allen hervor; sie ritten in stattlichem Aufzuge.[2] König Helge fragte die, welche ihnen vorstand, nach dem Namen; sie aber nannte sich Sigrun, und sagte, daß sie König Hogne's Tochter wäre. | Helge sagte: „Fahrt heim mit uns, und seid uns willkommen."[3] Da sprach die Königstochter: „Anderes haben wir zu thun als mit dir zu trinken."[4] Helge sprach: „Was ist das, Königstochter?" Sie erwiderte: | „König Hogne hat mich an Hodbrodd, König Granmar's Sohn, verheißen; ich aber habe gelobt, daß ich ihn nicht lieber haben will, denn eine junge Krähe. *) Dennoch wird dieses vor sich gehen, du wehrest es ihm denn, und gehest ihm mit einem Heer entgegen, und **) nehmest mich

---

*) Verächtlicher Ausdruck, der auch sonst üblich ist, vgl. Yngl. s. Kap. 31.

**) So unser Text; Helg. Hund. I: „oder", wohl richtiger.

1) = H. H. I, Str. 14, 2—6 (H. H. II, Prosa nach Str. 12, Z. 12 f., an beiden Stellen Hiorvard statt Hagbard. — 2) vgl. H. H. I, Str. 15—16. — 3) = H. H. I, Str. 17. — 4) = H. H. I, Str. 18.

hinweg [1]; denn mit keinem Könige wollte ich lieber beisammen wohnen, als mit dir." [2] „Sei fröhlich, Königstochter (sagte er): eher wollen wir unsere Stärke versuchen, als du ihm gegeben werdest, und erproben wollen wir zuvor, wer von uns beiden den andern besiegt, und da will ich das Leben dran setzen." [3]

Hierauf sandte Helge Männer aus mit reichen Geschenken, um ihm Mannschaft zu werben, und bestellte alles Volk nach Raudabiarg.*) Dort wartete König Helge so lange, bis daß eine große Schaar aus Hedinsey zu ihm kam [4]; auch kam da zu ihm viel Volkes aus Nörvasund mit schönen und großen Schiffen. [5] König Helge rief zu sich den Steuermann seines Schiffes, der Leif hieß, und fragte, ob er ihr Heer gezählt hätte. „Es ist nicht leicht zu zählen, Herr: die Schiffe, die aus Nörvasund gekommen sind, darauf sind zwölftausend Mann, ‖102)

---

*) D. h. „Rothbergen". Hedins=ey (=Insel) ist dem Namen nach gleich Hiddensee bei Rügen. Doch scheint es vergebliche Mühe, diese Namen geographisch nachweisen zu wollen: sie sind wol meist sagenhaft.

1) = H. H. I, Str. 19—20. — 2) vgl. H. H. II, Str. 14. — 3) = H. H. I, Str. 21 (in vollständigerer Ueberlieferung: Lücke zwischen Vers 3 und 4). — 4) = H. H. I, Str. 22—23 (Brandey statt Raudabiarg). — 5) H. H. I, Str. 24, 1—4 (Stafnsnes statt Nörvasund, vgl. Orvasund Str. 25,7).

und doch ist das andere*) Schiffsheer noch halbmal
größer." [1] Da sagte König Helge, daß sie | nach der
Bucht steuern sollten, die Varinsfiord hieß [2]; und so
thaten sie. Nun erhub sich ihnen ein großer Sturm [3]
und so hoch ging die See, daß, wenn die Wellen lär-
mend an Bord schlugen, es sich geradeso anhörte, als
wenn Berge zusammen schlügen. [4] Helge hieß sie
sich nicht fürchten und die Segel nicht einziehen,
vielmehr alle noch höher setzen denn zuvor. **) Da
war es nahe daran, daß sie [vom Sturm] überwältigt
wären, ehe sie an Land kamen. [5] Da kam Sigrun,
König Hogne's Tochter, dort hinab vom Lande mit
großem Gefolge, und brachte sie in einen guten
Hafen, der Gnipalund heißt. [6]

Das sahen die Landeseinwohner, und es kam
herab vom Lande ein Bruder König Hodbrodd's,
der über die Gegend herrschte, die Svarinshaug***)
heißt. [7] Er rief sie an, und fragte, wer jenes

---

*) Nämlich die von Hedinsey? (vgl. aber H. H. I, Str.
26,3).

**) Wie Sigurd unten S. 78.

***) D. h. Svarin's Hügel.

1) = H. H. I, Str. 24, 5—26, 4. — 2) H. H. I, Str. 27, 7—10. —
3) H. H. II, Prosa nach 16, Z. 3 f. — 4) = H. H. I, Str. 29. —
5) H. H. I, Str. 30; vgl. H. H. II, Prosa, Z. 3 f. — 6) = H. H. I,
Str. 31. — 7) vgl. H. H. I, Str. 32, 5—8; genauer H. H. II,
Prosa nach Str. 16, Z. 9—13.

große Heer anführe. [1] Sinfjotle stand auf, und hatte einen Helm auf dem Haupte, glänzend wie Glas, und einen Panzer, weiß wie Schnee, in der Hand den Spieß, nebst stattlichem Banner, und | einen goldrandigen Schild vor sich; er mußte den Königen Rede zu stehen:*) [2] „Sage, wenn du die Schweine und Hunde gefüttert hast und zu deinem Weibe kömmst, daß hier die Volsunge gekommen sind [3], und wird hier im Heere König Helge zu finden sein, wenn Hodbrodd ihn aufsuchen will, und das ist seine Lust, mit Ehren zu fechten, während du Mägde beim Feuer küssest.“ [4] Granmar**) sagte: „Nicht wirst du verstehn vieles gebührlich zu reden und alte Mähren zu sagen, da du Häuptlinge anlügst; wahrer wird das sein, daß du lange im Walde von Wolfsfraße dich ernährt und deine

---

*) Solche Zankgespräche waren im Norden beliebt. (Vgl. Helg. Hiorv. [Hrímgerdharmál]; Atlam. Str. 89—98; Lokas.; Hárb.; Fms. VI, 361. Von obigem findet sich eine kürzere Fassung auch in Helg. Hund. II. Manche Anspielungen sind dunkel.

**) Im Liede ist es richtiger Gudmund, Granmar's Sohn, der das Scheltgespräch mit Sinfjotle führt (s. S. 44, Z. 16 „König Hodbrodd's Bruder“).

1) = H. H. I, Str. 33; II, Str. 22, 1—4. — 2) = H. H. I, Str. 34. — 3) = H. H. I, Str. 35. — 4) = H. H. I, Str. 36; II, Str. 23, 1—4.

Brüder getödtet haſt; und es iſt erſtaunlich, daß du es wagſt, mit vornehmen Männern zu Felde zu ziehen, der du aus ſo manchem kalten Leichnam Blut geſogen haſt." *) [1] Sinfjotle antwortete: „Nicht recht wirſt du nun deſſen gedenken, wie du die Volva**) von Varinſey warſt ‖ 103) und ſagteſt, du wollteſt einen Mann haben, und mich zu dem Dienſte erforeſt, dein Mann zu ſein [2]; darnach aber warſt du eine Walkyrje***) in Asgard†), und es war nahe daran, daß alle ſich geſchlagen hätten um deinetwillen ††): [3] ich aber erzeugte mit dir neun

---

*) Vgl. ob. S. 31 ff.

**) Das Wort bezeichnet urſprünglich eine mit Sehergabe begabte Frau, die wie es ſcheint als höheres Weſen verehrt ward (Tac. Germ. Kap. 8: Veleda); ſpäter ward es mehr in verächtlichem Sinne gebraucht = Zauberin, Hexe.

***) Schlachtjungfrauen, welche als Odin's Dienerinnen das Wal, d. h. die auf der Walſtatt Fallenden, küren, kieſen und die, welchen ſie das Todesloos erkoren, nach Walhall führen.

†) Der Aſen (Götter) Stadt.

††) So erweckt die Walkyrje Hild (= Freyja) in der älteſten Geſtalt der Hildenſage den ſtets erneuerten Kampf der Hjadninge, der auch in den jüngeren Faſſungen der Sage um ſie ſtattfindet. Dieſer Kampf iſt aber im Grunde gleichbedeutend mit dem ſtets ſich erneuernden Kampf der Einherjen (der todten Helden in Walhall).

1) = H. H. I, Str. 37. — 2) = H. H. I, Str. 38. — 3) = H. H. I, Str. 39.

Wölfe auf Laganes*), und war ich ihr aller Vater."[1] Granmar entgegnete: „Viel weißt du zu lügen: ich wähne, daß du Niemands Vater zu sein vermocht hättest, seitdem du entmannt warst von den Töchtern des Riesen auf Thorsnes.**)[2] Und du bist ein Stiefsohn König Siggeir's, und lagst draußen im Walde mit Wölfen, und kam alles Unheil auf einmal über dich; du erschlugst deine Brüder, und erwarbst dir den Ruf eines Uebelthäters."[3] Sinfjotle antwortete: „Gedenkst du noch dessen, daß du die Stute warst bei dem Hengst Grane?***) und ritt ich dich eine Strecke auf Braboll†)[4], darnach warst du Ziegenjunge des Riesen Golni."[5] Granmar sagte: „Eher wollte ich die Vögel an deiner Leiche sättigen als länger mit dir zanken."[6] Da sprach König Helge: „Besser wäre es und tapferer von euch gehandelt, wenn ihr euch schlüget, denn solches zu reden, das schmählich zu hören ist. Keineswegs

---

*) Nach dem Liede Ságu nes.

**) So das Lied, in der Saga steht fälschlich Thrasnes.

***) So hieß Sigurd's Roß, s. S. 67.

†) Der Plural heißt Brávellir. An einen Ort dieses Namens verlegt die nordische Sage die sagenberühmte Bravallaschlacht.

1) = H. H. I, Str. 40. — 2) = H. H. I, Str. 41. — 3) = H. H. I, Str. 42. — 4) = H. H. I, Str. 43. — 5) = H. H. I, Str. 44, 1—4. — 6) = H. H. I, Str. 45.

sind Granmar's Söhne meine Freunde, doch sind sie tapfere Männer." [1]

Granmar ritt nun hinweg zu König Hodbrodd nach Solfiall, ihre Rosse hießen Sveipud und Sveggjud: [2] sie begegneten ihm im Burgthore und sagten ihm die Kriegsmeldung. König Hodbrodd war im Panzer und hatte den Helm auf dem Haupte; er fragte, wer da wäre, „und warum seid ihr denn so zornmuthig?" [3] Granmar sagte: „Hier sind die Volsunge gekommen [4] und haben zwölf Tausend Mann am Lande, und sieben Tausend bei der Insel, die Sok *) heißt, vor Grinden **) aber liegt noch ihre größte Macht, und ich wähne, daß Helge ‖104) nunmehr eine Schlacht liefern will." [5] Der König sprach: „Veranstalten wir denn ein Heergebot durch unser ganzes Reich, und ziehen ihm entgegen [6]; keiner

*) „Mißverständniß von í Sogn út (Helg. Hund. I, Str. 51,3)." Bugge.

**) Eigentlich: „da, wo es fyrir Grindum heißt." „Mißverständniß von Helg. Hund. I, Str. 51,5: í grindum, was wahrscheinlich meint, in Reihen." Bugge.

1) = H. H. I, Str. 46—47; II, Str. 26—27. — 2) = H. H. I, Str. 48, 1—4 (Solheim statt Solfiall). — 3) = H. H. I, Str. 48—49, in älterer Fassung benutzt? (48, 1—4 und 49, 1—4. 49, 5—6 und 2 fehlende Verse [„war im Panzer"] und 49, 1—10?). — 4) vgl. H. H. I, Str. 50,8. — 5) = H. H. I, Str. 51. — 6) vgl. H. H. I, Str. 52, 1—6 (unvollständig?).

fitze daheim, der fechten will. [1] Senden wir Botschaft
Hring's Söhnen, und an König Hogne und Alf den
alten, die sind gar streitbare Männer."*) [2]

Sie trafen sich da bei Frekaftein**), da erhub
sich eine harte Schlacht. Helge ging vorwärts durch
die Heerschaaren, so daß da eine große Niederlage
ward. [3] Da sahen sie eine große Schaar von Schild-
maiden ***), gleich als ob man in Flammen sähe:
da war Sigrun, die Königstochter. [4] König Helge
drang gegen König Hobbrodd vor, und fällte ihn
neben den Bannern. [5] Da sprach Sigrun: „Habe
Dank für diese Heldenthat! Nun werden die Lande
einen neuen Herrn erhalten. †) Dies ist mir ein großer
Glückstag; und du wirst davon Ruhm und Ehre

---

*) Hogne ist Sigrun's Vater. Hring's Söhne = Atle
   und Yngve (Helg. Hund. II, Str. 53,3)?
**) D. h. Wolfsstein (Freke ist einer der beiden Wölfe
   Odin's).
***) D. h. Walkyrjen.
†) Eigentlich: „Es wird ein Tausch (Aenderung) mit den
   Ländern stattfinden."

1) = H. H. I, Str. 52, 7—10; vgl. u. Kap. 32, Abs. 5 und ähnliche Wendungen in Thidr. s. — 2) H. H. I, Str. 53 (Hogne und Hring's
Söhnen, Atle und Yngve, Alf dem Alten). — 3) = H. H. I, Str.
54, 1—4; II, Prosa nach Str. 16, Z. 28 f.; I, Str. 54, 5—12. —
4) = H. H. I, Str. 55, 1—4 (vgl. Str. 15). — 5) fehlt in H.
H. I (vgl. 56, 5 ff.).

haben, daß du einen so mächtigen König gefällt
haft." [1]   König Helge nahm das Reich in Besitz
und weilte lange dort; er nahm Sigrun zur Frau [2]
und ward ein berühmter und angesehener König;
geht aber diese Saga nicht weiter an.

Zehntes Kapitel. *)

Nun fuhren die Volsunge heim und hatten aber=
mals ihr Ansehen stark vermehrt.   Sinfjotle be=
gab sich von neuem auf Heerfahrten. | Er ersah eine
schöne Frau und · begehrte sehr, sie zu gewinnen.
Um diese Frau warb auch der Bruder Borghild's,
die König Sigmund zur Frau hatte.   Sie stritten
um diese Sache im Kampfe, und Sinfjotle fällte
jenen König. [3]   Er heerfahrtete nun weit umher und
bestand manchen Kampf, und hatte immer den Sieg.
Er ward der berühmteste und angesehenste der
Männer, | und kam um den Herbst heim mit vielen
Schiffen und großem Gute. [4]

Er sagte seinem Vater, was sich begeben; der
aber sagte es der Königin. | Sie hieß Sinfjotle sich

---

*) Ueberschrift: „Von den Volsungen".

1) = H. H. I, Str. 56—57, theils wörtlich übereinstimmend, theils
abweichend. — 2) = H. H. II, Prosa nach Str. 27, Z. 1; vgl. H. H.
I, Str. 57,5 ff. — 3) = Sinfj. Z. 2—5. — 4) vgl. Sinfj. Z. 5.

fortheben aus dem Reiche, und sagte, daß sie ihn nicht [vor Augen] sehen wolle. Sigmund sagte, er lasse ihn nicht hinweg ziehen, und bot ihr an, für ihn mit Golde und großem Gute Buße zu leisten*), obschon er zuvor noch keinen Mann gebüßt habe; und sagte, es fromme nicht mit Weibern zu streiten. Sie konnte also dies nicht durchsetzen und sagte: „Ihr habt ‖ 105) zu entscheiden, Herr; so ziemt es sich." [1]

Sie bereitete nun die Todtenfeier*) ihres Bruders [2] mit Willen des Königs und rüstete dieses Gastmahl mit der besten Kost und Wirthschaft zu, und entbot dazu viele vornehme Männer. | Borghild reichte den Männern den Trunk. Sie trat vor Sinfjotle mit einem großen Horne und sprach: „Trink nun, Stiefsohn." Er nahm es entgegen und sah in das Horn, und sprach: „Vergiftet ist der Trank." Sigmund sprach: „Gieb ihn mir denn," und trank ihn aus. [3] Die Königin sprach: „Warum sollen andre Männer für dich Bier trinken?" | Sie kam

---

*) erfi, eigentlich Erbmahl, dann allgemein Gedächtniß-feier, die in einem feierlichen Trinkgelage bestand, s. Weinhold, Altn. Leb. S. 500 ff.

1) = Sinfj. Z. 5—7 (kürzer); ˈgl. Atlam. 70, u. Kap. 38, Abs. 1—2. — 2) = Sinfj. Z. 7. So ebenfalls Gudrun an angeführter Stelle. — 3) = Sinfj. Z. 7—10 (wörtlich).

abermals mit dem Horne:. „Trink' nun!" und sprach geringschätzig von ihm mit manchen Worten. Er nahm das Horn und sprach: „Verfälscht ist der Trank." Sigmund sagte: „Gieb ihn mir denn." [1] Zum drittenmale kam sie und hieß ihn austrinken, wenn er den Muth der Volsunge hätte. Sinfjotle nahm das Horn, und sprach: „Gift ist im Tranke." Sigmund erwiderte: „Laß den Schnurrbart ihn seihen, Sohn." [2] Der König war da schon sehr trunken, und deshalb sprach er also.*) Sinfjotle trank, und fiel alsbald [todt] nieder.

Sigmund stand auf, und sein Harm ging ihm fast ans Leben; er nahm die Leiche in seine Arme und ging in den Wald und kam endlich da zu einer Bucht. Da sah er einen Mann in einem kleinen

---

*) Sigmund's Worte, wörtlich gleich Sinfj., sind offenbar aus dem hier und dort benutzten Liede entnommen und vom Sagaschreiber mißverständlich als unbedachte Rede aufgefaßt und mit Trunkenheit erklärt. Sinfj. hat hier die Bemerkung, daß Sigmund Gift von außen und innen, seine Söhne aber nur von außen vertrugen (= oben S. 29²). Darum also soll Sinfjotle durch den Bart trinken, damit dieser die schädliche Wirkung des Giftes aufhebe, ehe es ihn von innen berühre.

1) Ausführlicher als Sinfj. Z. 12—13, wahrscheinlich nach dem in beiden Texten benutzten, verlorenen Liede. — 2) = Sinfj. Z. 15—17 (wörtlich).

Boote; dieser Mann fragte, ob er von ihm über die Bucht gefahren sein wollte. Er bejahte es. Das Schiff war so klein, daß es sie nicht [alle] trug, und ward die Leiche zuvörderst aufs Boot geschafft, Sigmund aber ging an der Bucht hin. Und alsbald entschwand das Schiff Sigmund aus den Augen und ebenso der Mann.*) [1] Darnach ging Sigmund heim; er verstieß nun die Königin, und bald darauf starb sie. König Sigmund beherrschte fürder sein Reich [2], und gilt als der größte Held und König in den Zeiten des Heidenthums.

Elftes Kapitel.**)

Eylime war ein König geheißen, mächtig und angesehen. Seine Tochter hieß Hiordis, die schönste und weiseste aller Frauen. König Sigmund ver=

---

*) Es ist Odin, hier als Todtenfährmann gedacht, der Sinfjotle zu sich nimmt. Ueber die Sitte, die Leichen auf einem Schiffe dem Meer zu überlassen oder auf Schiffen zu verbrennen s. Weinhold, Altn. Leb. S. 458 f.; Mann=hardt, Germ. Mythen, S. 356—65.

**) Die Ueberschrift ist unleserlich. (Inhalt ganz kurz wiedergegeben Sinfj. Z. 26—28.)

1) Etwas kürzer als Sinfj. Z. 18—23. — 2) vgl. Sinfj. Z. 24 f., wo die Verstoßung nicht erwähnt ist (oder ist fekk Fehler statt rekr, rak?).

nahm, daß sie nach seinem Sinne wäre oder keine
sonst; und suchte König Eylime heim. Dieser ‖ 106)
bereitete ihm zu Ehren ein großes Gastmahl für
den Fall, daß er nicht in Heerfahrt zu ihm käme.
Sie sandten nun einander Botschaft, daß mit Freundschaft und nicht mit Feindschaft verfahren würde.
Dieses Gastmahl ward [also] aufs köstlichste bereitet
und viel Volkes dazu geladen. Dem König Sigmund war überall Kaufgelegenheit*) und sonstige
Reisebequemlichkeiten geboten; sie kamen nun zu dem
Gastmahle, und beide Könige nahmen in Einer Halle
Platz.

Da war auch König Lynge gekommen, König
Hunding's Sohn, der wollte auch mit König Eylime
sich verschwägern. Der (Eylime) sah nun wohl, daß
sie nicht [beide] den gleichen Erfolg haben**) könnten,
und war auch überzeugt, daß Unfriede von dem zu
erwarten wäre, der sie (Hiordis) nicht erhielte. Da
sprach der König zu seiner Tochter: „Du bist ein
verständiges Weib, und ich habe gesagt, daß du selber
dir einen Mann erwählen sollst: wähle nun unter
[den] zwei Königen, und mein Wille hierin ist wie

---

*) Den Reisebedarf zu kaufen (var sett torg).
**) D. h. der Eine bei der Werbung Erfolg, der andere
   Mißerfolg haben müsse (so Bugge).

der deine." Sie antwortete: „Schwierig scheint mir diese Sache, doch wähle ich den König, welcher der berühmteste ist, das aber ist König Sigmund, obwohl er schon hoch betagt ist." Und sie ward ihm gegeben, König Lynge aber fuhr hinweg. Sigmund vermählte sich mit Hiordis, und übertraf da ein Tag immer noch den andern in der Bewirthung.

Darauf fuhr König Sigmund heim nach Hunenland, und König Eylime, sein Schwiegervater, mit ihm. König Lynge aber und seine Brüder sammelten nun ein Heer um sich, und zogen gegen König Sigmund aus; denn sie hatten allemal den Kürzern gezogen, wenn sie auch diesmal den Vorrang (Vorsprung) hatten." *) Sie wollten nun dem Kampfmuth der Volsunge zuvorkommen **), und zogen nach Hunenland und sandten dem König Sigmund Botschaft: sie wollten ihn nicht hinterlistig überfallen ***), und wußten wohl, daß er nicht fliehen würde. König Sigmund antwortete, daß er zum Treffen kommen würde. Er zog ein Heer zusammen; Hiordis aber ward mit einer Dienstmagd in den Wald ge-

---

*) Eigentlich: „Wenn auch dieses nun den Vorrang behauptete" (?).

**) Oder: „ihren Kampfmuth brechen"?

***) Eigentlich: „Sich zu ihm heranstehlen (schleichen)".

fahren und großes ║107) Gut mit ihnen: dort war sie während des Kampfes.

Die Seehelden*) sprangen aus den Schiffen mit unwiderstehlichem Heere. König Sigmund und König Eylime erhoben nun ihre Banner, und die Kriegs=hörner wurden geblasen. König Sigmund ließ sein Horn ertönen, das sein Vater gehabt hatte, und spornte seine Mannen an; Sigmund hatte ein viel kleineres Heer. Es begann nun dort ein harter Kampf, und obschon Sigmund alt war, so focht er doch kräftig, und war immer der vorderste seiner Mannen; weder Schild noch Panzer hielt gegen ihn aus, und er ging an diesem Tage immer mitten durch das Heer seiner Feinde; und niemand konnte ersehen, wie es zwischen ihnen ablaufen würde. Mancher Speer und Pfeil flog da durch die Luft, aber so schützten ihn seine Späh=Disen**), daß er nicht verwundet ward; und niemand konnte zählen, wie mancher Mann vor ihm fiel: er hatte beide Arme blutig bis zur

---

*) Víkingar soll hier offenbar nicht Seeräuber, sondern, wie in der Dichtung allgemein, (See=) Helden heißen, vgl. Helg. Hund. I, Str. 28,4; Helr. 11,7 u. s. w.

**) Disen sind Schutzgöttinnen (s. unten S. 99 †), den Nornen verwandt; daher hier Späh= (prophezeiende, Schicksal kündende) Disen genannt?

Achſel. Und als der Kampf eine Weile gedauert hatte, da kam ein Mann in die Schlacht, mit tief herabreichendem Hut und blauem Mantel, der hatte nur ein Auge und [trug] einen Speer in der Hand.*) Dieſer Mann trat dem König Sigmund entgegen und hob den Speer gegen ihn empor; und als König Sigmund kräftig hieb, traf das Schwert auf den Speer, und es zerſprang in zwei Stücke. Seitdem wandte ſich die Niederlage, und war König Sigmund's Glück entwichen, und das Volk fiel zahlreich auf ſeiner Seite.**) Der König ſchonte ſich nicht, und ſpornte das Heer mächtig an. Doch kam es, wie das Sprichwort ſagt, daß man gegen Uebermacht nichts vermag. | In dieſer Schlacht fiel König Sigmund ¹ und König Eylime, ſein Schwiegervater,

---

*) Es war Odin. Vgl. S. 15. So ruft er auch andere von ihm begünſtigte Helden, die er das Schwert in jeglicher Schlacht ſiegreich ſchwingen ließ, nach vollbrachter Heldenlaufbahn zu ſich, die Freuden des Heldenlebens in Walhall weiter zu genießen und einſt ihm zur Seite zu ſtehen, wenn der Weltuntergang naht und die Mächte der Vernichtung gegen die Götter heranſtürmen.

**) Dieſe Ueberſetzung verlangt der Sinn (fyrir honum); vgl. u. S. 81, Z. 6.

1) Sinfj. Z. 27 f. = Nth. 55,7.

vorn in der Schlachtreihe und der größte Theil
seines Heeres.

Zwölftes Kapitel.*)

König Lynge zog nun zum Königshofe, und
gedachte dort die Königstochter zu fangen; das aber
schlug ihm fehl, ‖108) und er fand da weder Frau
noch Gut. Er zog nun durch das Land und ver=
theilte dort die Herrschaft unter seine Mannen. Er
wähnte nun das ganze Geschlecht der Volsunge er=
schlagen zu haben**), und meinte, daß er fortan
nicht mehr Furcht zu hegen brauche.

│Hiordis ging nach der Schlacht Nachts auf
die Walstatt, und kam dahin, wo König Sigmund
lag, und fragte, ob er noch zu heilen wäre. Er
antwortete: „Viele genesen bei geringer Hoffnung,
mir aber entwich das Glück, so daß ich mich nicht
will heilen lassen: Odin will nicht, daß wir fürder
das Schwert schwingen, nachdem es zerbrach; ich
habe Kämpfe bestanden, so lange es ihm gefiel.“***) [1]

---

*) Ueberschrift nur zum Theil lesbar.

**) Vgl. oben S. 25 und 38.

***) Ziemlich getreue Wiedergabe einer (verlorenen) Strophe.

1) Vgl. unten S. 121[1].

Sie sprach: „Nichts däuchte mir zu fehlen, wenn du geheilt würdest und meinen Vater rächtest." Der König antwortete: „Einem andern ist das bestimmt: du gehst mit einem Knaben; pflege dessen wohl und sorgfältig, und dieser Knabe wird | berühmt werden und der trefflichste in unserm Geschlechte. [1] Verwahre wohl die Schwertstücke, daraus kann ein gutes Schwert geschmiedet werden, das Gram heißen soll. Unser Sohn soll es tragen und damit manche Heldenthat vollbringen, die nimmer vergessen wird *), | und sein Name wird genannt werden, so lange die Welt steht: [2] damit tröste dich. [3] Mich aber ermatten die Wunden, ich werde nun meine dahingegangenen Blutsfreunde heimsuchen." **) Hiordis saß sodann über ihm, bis daß er starb; und indem begann der Tag zu leuchten. Sie sah, daß viele Schiffe ans Land gekommen waren, und sprach zu der Dienstmagd:

---

*) eigentlich: „veralten wird".

**) In Walhall bei Odin, wo die im Kampfe Gefallenen aufgenommen wurden. Wie diese dort von Odin und seinen Helden feierlich empfangen werden, schildern altnordische Lieder, die Todtenlieder auf Erich Blutaxt und Hakon den Guten. Sigmund und Sinfjotle empfangen Erich, Hakon findet acht Brüder in Walhall.

1) Vgl. Sinfj. Z. 32 f. und unten S. 121 [1]. — 2) = Grip. 23, 5—8; 41, 5—8. — 3) = unten S. 121, Z. 1.

„Wir wollen unsere Kleider tauschen, und du sollst dich mit meinem Namen nennen, und gieb dich für die (eine?) Königstochter aus." Und so thaten sie.

Die Seehelden erblickten da eine große Menge Gefallener und sahen die Frauen zu Walde eilen. Sie merkten [daran], daß hier Bedeutendes geschehen sein müsse*), und sprangen von den Schiffen. Dies Heer aber befehligte Alf, der Sohn König Hjalpret's von Dänemark; der war mit seinem Heere am Lande vorbei gefahren; so kamen sie zur Walstatt, und sahen da die Menge Gefallener. Der König gebot nun, die Frauen aufzusuchen; und also thaten sie. Er fragte, ‖109) wer sie wären; aber die Sache nahm einen unerwarteten (ungewöhnlichen) Verlauf. Die Dienstmagd sprach für sie beide und erzählte den Fall König Sigmund's und König Eylime's und manches andern vornehmen Mannes, und auch wer das vollbracht hätte. Der König fragte, ob sie wüßten, wo der Schatz des Königs verborgen wäre. Die Magd antwortete: „Wohl ist zu vermuthen, daß wir es wissen," und wies [ihn] zu dem Schatze. Und sie fanden großen Reichthum, so daß niemand glaubte, jemals eben so viel oder noch mehr Kostbar=

---

*) Eigentlich: „daß dies auf große (wichtige) Ereignisse hinweisen werde."

keiten an einer Statt beisammen gesehen zu haben,
und trugen ihn zu den Schiffen Alf's. Hiordis folgte
ihm, und die Dienstmagd desgleichen.

Er fuhr nun heim in sein Reich*), und sagte,
daß dort d i e Könige gefallen seien, welche die be=
rühmtesten gewesen wären. Der König setzte sich
ans Steuer, die beiden Frauen aber saßen im Vor=
raum**) des Schiffes. Er ließ sich in ein Gespräch
mit ihnen ein, und achtete wohl auf ihre Rede. Der
König kam heim in sein Reich mit vielen Schätzen.
Alf war ein sehr tüchtiger Held.

Und als sie kurze Zeit daheim gewesen waren,
fragte die Königin ihren Sohn Alf: „Warum hat
die schönere Frau weniger Ringe und schlechteren
Anzug? ich erachte, daß diejenige die edlere ist, der
ihr weniger geachtet habt." Er erwiderte: „Es hat
mir geahnt, daß nicht einer Dienstmagd Sinn in
ihr wohnt; und als wir zusammen trafen, da ver=
stand sie wohl vornehme Männer zu empfangen: und
darauf hin wollen wir eine Probe machen."

---

*) Der Inhalt der folgenden Abschnitte ist kurz angedeutet
unten S. 121, Z. 3 ff.; vgl. Sinfj. Z. 28 f.
**) Gemeint ist der tiefere Raum in der Mitte des Schiffes,
der dem erhöhten Hinterdeck zunächst liegt, aber mehr
nach hinten als nach vorn zu.

Es geschah nun einmal beim Trunke, daß der König sich zu den Frauen setzte, mit ihnen zu plaudern, und fragte: „Woran erkennt ihr die Tageszeit, wann es nach der Nacht zu tagen beginnt, falls ihr die Gestirne nicht sehet?" *) Sie (die Magd) antwortete: „Dies Merkmal habe ich dafür: in meiner Jugend war ich gewohnt sehr früh vor Morgen **) zu trinken, und seitdem ich davon ließ, wachte ich um dieselbe Zeit ***) auf, und ist das mein Merkmal." Der König lächelte dazu, und sagte: „Das war eine üble Gewöhnung für eine Königstochter." †) Er ging darauf zu Hiordis und richtete an sie ebendieselbe Frage. ‖110) Sie antwortete ihm: „Mein Vater gab mir ein Goldringelein mit der Eigenschaft, daß es mir gegen Ende der Nacht ††) am Finger erkaltet: das ist mein Merkmal dafür." Der König antwortete: „Da war Gold nicht knapp, wo Dienstmägde es trugen: ihr werdet euch lange vor mir verstellt haben; und

---

*) Fms. 4, 381 rühmt sich jemand, er könne die Tageszeiten unterscheiden, wenn er auch die Gestirne nicht sähe.

**) In der ótta, dem letzten Theil der Nacht vor Sonnenaufgang, s. Weinhold, Altn. Leb. S. 373.

***) Eigentlich: „demgemäß".

†) Eigentlich: „Schlimm war [die] Königstochter gewöhnt."

††) S. oben Anm. **).

[doch] würde ich dich so behandelt haben, als ob wir beide Eines Königs Kinder wären, auch wenn du dies gesagt hättest.*) Und dir soll nun mehr Ehre erwiesen werden, dieweil du meine Frau werden sollst, und ich will dir Brautschatz**) zahlen, sobald du das Kind geboren hast." Sie antwortete und sagte ihm ganz die Wahrheit von ihrem Schicksal. Sie war nun dort in großen Ehren, und erschien als die angesehenste Frau.

Dreizehntes Kapitel.***)

Es wird nun gesagt, daß sie einen Knaben gebar, und der Knabe ward dem König Hjalprek gebracht. Der König ward froh, als er die scharfen †)

---

*) D. h. Auch wenn du deine königliche Herkunft mir anvertraut hättest, würde das nicht — wie du befürchtet zu haben scheinst — deine Lage verschlimmert haben, sondern ich würde dich so behandelt haben u. s. w.

**) Das Geld, welches der Bräutigam der Braut zahlte; eigentlich dem Vater der Braut, denn es war ursprünglich ein Kaufgeld.

***) Ueberschrift: „Sigurd's Geburt".

†) „Durchdringenden", wie wir von „durchbohrendem" Blick sprechen.

Augen sah, welche er im Haupte hatte, und sagte, keinem werde er ähnlich oder gleich werden. Und er ward mit Wasser begossen*) und Sigurd genannt. | Von ihm sagen alle überein, daß an Haltung und Wuchs keiner seines gleichen war. [1] Er ward dort bei König Hjalprek mit großer Liebe aufgezogen. [2] Und wo alle die vortrefflichsten Männer und Könige in alten Sagen genannt werden, | muß Sigurd vorangehen, was Stärke und Tüchtigkeit, Thatkraft und Kühnheit betrifft, so er voraus gehabt hat vor allen andern Männern im Nordtheil der Welt. Sigurd wuchs dort auf bei König Hjalprek [3], und jedes Kind liebte ihn. Jener (König Hjalprek nämlich) | verlobte Hiordis mit König Alf**) [4] und bestimmte ihr den Brautschatz.

---

*) Auch im Heidenthum ward das neugeborene Kind mit Wasser besprengt und ihm dabei der Name beigelegt. Wahrscheinlich ward das Erscheinen der Nornen, die das Schicksal des Kindes bestimmten (s. unten S. 87**), während dieser heiligen Handlung gedacht. (Vgl. Mannhardt, Germ. Mythen, S. 635 ff.)

**) So auch Sinfj., nicht mit Hjalprek.

1) Vgl. Sinfj. Z. 30 f. = Nth. 55,12 f. — 2) vgl. Sinfj. Z. 29 f. = Nth. 55,9. — 3) vgl. Anm. 1 und 2; Sinfj. Z. 29—31 = Nth. 55,9 ff.; 12 ff. — 4) vgl. Sinfj. Z. 28 f. = Nth. 55,8.

| Regin hieß Sigurd's Pflegevater*); er war Heidmar's Sohn; er lehrte ihn Kunstfertigkeiten, Brettspiel und Runen und in vielen Zungen zu reden, wie da gebräuchlich war für Königsöhne, und mancherlei andres.[1] Einmal, da sie beide [allein] beisammen waren, fragte Regin Sigurd, ob er wisse, wie großen Hort sein Vater gehabt habe, und wer denselben in Obhut habe. Sigurd antwortete und sagte, daß die Könige ihn verwahrten. Regin sprach: „Trauest du ihnen völlig?" Sigurd sagte: „Es ziemt sich, daß sie ihn so lange verwahren, bis es mir dienlich ist, denn sie verstehn sein besser zu hüten, als ich."

Ein ander ‖ 111) Mal kam Regin zur Unterredung mit Sigurd und sprach: „Wunderlich ist es, daß du der Könige Roßknecht werden willst, und wie die Landstreicher einhergehen." Sigurd antwortete: „Nicht ist es also, denn wir schalten über alles mit ihnen, und steht in unserer Gewalt, was

---

*) Daß Sigurd hier außer seinem Stiefvater noch einen Pflegevater hat (und zwar am Hofe selbst von letzterem erzogen wird), das erklärt sich aus Vermischung zweier verschiedener Sagengestalten: einer ältern (Sigurd wächst, ohne seine Eltern zu kennen, bei Regin im Walde auf) und einer jüngern (der obigen).

[1] Inhaltlich gleich Regm. Z. 2—5 (= Nth. 55, 15—18).

5

wir haben wollen." Regin sprach: „Bitt ihn, dir ein Roß zu geben." Sigurd antwortete: „Sofort wird das [geschehen], wenn ich will."

Sigurd ging nun zu den Königen. Da sprach der eine König zu Sigurd: „Was willst du von uns haben?" Sigurd antwortete: „Ein Roß will ich haben zu meiner Ergötzung." Der König sprach: „Kiese dir selber ein Roß und was du etwa von unserm Gute haben willst."

Andern Tages darauf fuhr Sigurd zu Walde, und begegnete einem alten Manne mit langem Barte*), der war ihm unbekannt. Er fragte, wohin Sigurd zu fahren vorhabe. Der antwortete: „Ein Roß habe ich vor zu kiesen: sei mir behilflich dazu." Er sprach: „Laß uns gehn und (die Rosse) zu dem Strome treiben, der Busiltiarn heißt." Sie trieben die Rosse hinein in die Tiefe des Stroms, aber alle schwammen ans Land außer einem Hengste: den nahm Sigurd. Er war grau an Farbe, jung an Alter, groß von Wuchs und vielversprechend; Niemand war noch auf seinen Rücken gekommen. Der bärtige Mann sprach: „Dieser Hengst stammt von

---

*) Es ist wieder Odin, der auch sonst mit lang herabwallendem Barte gedacht wird. Einer seiner Beinamen ist „Langbart".

Sleipni*), und er soll sorgfältig aufgezogen werden, denn er wird besser werden als jegliches Roß." Da verschwand der Mann. Sigurd nannte den Hengst Grane, und es ist das der beste Hengst gewesen. [1] Es war aber Odin, den er getroffen hatte.

Abermals sprach Regin zu Sigurd: „Zu wenig Gut habt ihr, und es macht uns Kummer, daß ihr laufet, wie die Dorfknaben: aber ich weiß dir großen Hort nachzuweisen und es ist wohl zu glauben, daß es Ehre bringt, ihn zu suchen, und Ansehen gewährt, wenn du ihn gewinnst." Sigurd fragte, wo der wäre, und wer seiner hütete. Regin antwortete: „Er heißt Fafni und liegt nicht weit von hier entfernt, das heißt Gnita=Haide. **) Und wenn du hinkömmst, wirst du sagen, daß du niemals größeren Reichthum an Gold an einer Statt sahest; und nicht bedarfst du mehr, ob du schon aller Könige ältester und berühmtester werden solltest." Sigurd antwortete: „Ich kenne die Art dieses Wurmes, obschon ich

_____

*) Sleipni (Sleipnir) ist Odin's achtbeiniges Roß, auf dem er im Sturm daherfährt.

**) Die niederdeutsche Sage verlegte diese Haide zwischen Paderborn und Mainz, wo sie im 12. Jahrhundert dem isländischen Abt Nikolaus gezeigt ward (HS. 41).

1) Die Roßwahl ist in Regm. Z. 1 f. ganz kurz erwähnt, ohne daß der Betheiligung Odin's gedacht wird.

noch jung bin, und ich habe erfahren, daß niemand ihm entgegen zu treten wagt wegen seiner Größe und ‖ 112) seiner Bosheit." Regin erwiderte: „Das hat nichts zu bedeuten. Der Wuchs ist nach Art der Lindwürme; und es ist viel mehr davon gemacht, als es ist. So würde es auch deine Vorahnen gedünkt haben; und wenn du auch vom Geschlechte der Volsungen bist, so wirst du doch nicht ihre Sinnesart haben, die sie zuvörderst genannt werden in Hinsicht auf jegliche Mannestugend." „Mag sein," erwiderte Sigurd, „daß wir [noch] nicht viel von ihrem Eifer oder ihrer Tüchtigkeit haben; doch ist nicht vonnöthen [sie] mir abzusprechen, denn ich bin noch wenig über Kindes Alter. Warum reizest du mich denn so sehr dazu?" Regin antwortete: „Davon handelt eine Geschichte, und die will ich dir erzählen." Sigurd sprach: „Laß mich hören."

Vierzehntes Kapitel. *)

„Das ist der Anfang dieser Geschichte, daß mein Vater Hreidmar hieß, ein mächtiger und reicher

---

*) Ueberschrift unleserlich oder wahrscheinlicher gar nicht vorhanden gewesen. — Die folgende „Vorgeschichte des Hortes" theilweise wörtlich gleich Regm. und Sn. E. 114,2 ff. (in Nth. nach 55,19 f. ausgelassen).

Mann; Fafni hieß sein einer Sohn, der zweite hieß Otr *), und war ich der dritte, und war der geringste von ihnen an Fertigkeit und Ansehen. [Doch] konnte ich Eisen bearbeiten, und aus Silber und Gold und aus allen Dingen schuf ich etwas Nützliches. | Mein Bruder Otr hatte andre Beschäftigung und Natur, er war ein gewaltiger Waidmann, weit vor andern Männern, und war Tags in Otters Gestalt und hielt sich immer in dem Stromfalle auf und holte Fische in seinem Maule herauf. Den Waidfang brachte er seinem Vater, und dem war das eine große Hilfe. Häufig hatte er Otters Gestalt an sich, kam spät heim und aß blinzelnd [1] und allein, denn er konnte auf dem Trockenen nicht sehen. Fafni war bei weitem der mächtigste und grimmigste und wollte alles sein nennen ‖ 113) lassen, was da war. | Ein Zwerg heißt Andvare (sagte Regin), der war immer in dem Wasserfall, der Andvarafors **) heißt, in Hechtes Gestalt, und fing sich da Speise, dieweil in jenem Wasserfall Fische die Fülle war. [2] Mein Bruder Otr fuhr (auch) immer in diesen Wasserfall,

---

*) D. h. Otter.
**) D. i. Andvare's Wasserfall.

1) Vgl. Regm. Z. 9—11. — 2) = Regm. Z. 8 f. und Z. 7; vgl. Sn. E. 115,5 f. (vielleicht an richtigerer Stelle).

und holte Fische in seinem Maule herauf und legte jedesmal einen aufs Land.

Odin, Loke und Höni *) kamen auf ihrer Fahrt zum Andvarafors ¹: da hatte Otr einen Lachs gefangen und aß blinzelnd am Stromesufer. ² Loke nahm einen Stein und warf Otr zu Tode. Die Asen meinten sehr glücklich bei ihrem Fang gewesen zu sein ³ und zogen den Balg von dem Otter. ⁴ An diesem Abend kamen sie zu Hreidmar und zeigten ihm den Fang. ⁵ Da nahmen wir sie gefangen und erlegten ihnen als Buße und Lösegeld auf, daß sie den Balg mit Golde füllten **) und ihn auch von außen mit rothem Golde verhüllten. ⁶ Da sandten sie Loke das Gold zu schaffen. Er kam zu Ran ***) und erhielt ihr Netz, fuhr dann zum Andvarafors und warf das Netz vor den Hecht, und dieser sprang in das Netz. ⁷ Da sprach Loke: ⁸

---

*) Loke und Höni bilden mit Odin eine auch sonst mehrfach auftretende alte Götterdreiheit.

**) Ueber ein entsprechendes sächsisches Bußverfahren s. Grimm, Rechtsalt. ², S. 668 ff.

***) Des riesischen Meergottes Aegi (Aegir) Gemahlin.

1) = Regm. Z. 6 f.; Sn. E. 114,2—4. — 2) = Regm. Z. 10 f.; Sn. E. 114,4 f. — 3) = Regm. Z. 11 f.; Sn. E. 114,5—7. — 4) = Regm. Z. 13. — 5) = Regm. Z. 13 f.; Sn. E. 114,9—13. — 6) = Regm. Z. 14—16; Sn. E. 114,16 ff. (ausführlicher). 115,2 ff. — 7) = Regm. Z. 16—18; vgl. Sn. E. 115, 4—6 kürzer. — 8) die folgende Str. = Regm. Str. 1.

„Was ist das für ein Fisch,
So in der Fluth schwimmt,
Kann sich nicht vor Schaden hüten.
Dein Haupt löse du,
Das der Hel verfallne *),
Und schaffe Gold herbei!" **)

„Andvare heiß' ich,
Oïn ***) hieß mein Vater,
Manchen Stromfall hab' ich durchschwommen. ‖114)
Eine unselige Norn †)
Beschied mir dereinst,
Daß ich sollte im Wasser schwimmen." [1]

Loke sah nun das Gold, welches Andvare besaß, aber als dieser das Gold ausgeliefert hatte, da
hatte er noch einen Ring ††) übrig: [auch] den nahm

---

*) Eigentlich: „aus der Hel" (Helle, Hölle), das ist aus
dem Reich, der Gewalt der unterirdischen Todesgöttin
Hel, zu der alle nicht an Wunden (im Kampfe) gestorbenen, ursprünglich aber die abgeschiedenen Seelen überhaupt kamen.

**) Eigentlich: „suche mir der Fluth Flamme". In Aegi's
Halle leuchtet Gold statt des Feuers. Solche skaldische
Umschreibungen heißen Kenning (Plur. kenningar).

***) Ein auch sonst genannter Zwerg. Die Hdschr. hat
fälschlich Othinn.

†) Die Nornen sind Schicksalsgöttinnen (s. unten S. 87**).

††) Nach Sn. E. 115, 12 hatte dieser Ring (Andvaranautr)

1) = Regm. Str. 2.

ihm Loke ab. Der Zwerg ging in den Stein, und
sprach [1], daß es jedem den Tod bringen sollte, der
den Ring besäße, und ebenso all das Gold. [2] Die
Asen gaben Hreidmar das Gold, und stopften den
Otterbalg voll, und stellten ihn auf die Füße: da
sollten die Asen daneben Gold aufhäufen und ihn
von außen umhüllen. Als aber das gethan war,
da ging Hreidmar hinzu, und sah noch ein Barthaar,
und gebot, dasselbe zu verhüllen: da zog Odin von
seiner Hand den Ring Andvaranaut *) und verhüllte
das Haar. [3] Da sprach Loke:

> Gold ist dir nun gegeben,
> Doch mein Haupt **) ist
> Theuer dir bezahlt:
> Deinem Sohne wird
> Nicht Heil beschieden:
> Es bringt euch beiden Tod. [4]

---

die Eigenschaft, fortwährend sich zu vervielfältigen, wie
Odin's Wunderring Draupni.

*) Nautr (Genosse) mit dem Genitiv eines Eigennamens
bezeichnet den Gegenstand als früheres Eigenthum des
Genannten, hier Andvare's.

**) D. h. Leben: Lösegeld heißt Hauptes lösung. (Vgl.
S. 71,4).

1) = Regm. Prosa nach Str. 4; ausführlicher Sn. E. 115,7—15. —
2) vgl. Regm. Str. 5; Sn. E. 115,15 ff. — 3) Wörtlich = Regm.
Prosa nach Str. 5; vgl. Sn. E. 115,21—116,4. — 4) = Regm.
Str. 6; vgl. Sn. E. 116, 6—8.

Nachmals erschlug Fafni seinen Vater (sagte
Regin) und mordete ihn [1], und ich bekam nichts von
dem Gute. Er wurde so bösartig, daß er sich in
die Wildniß zurückzog und niemandem gönnte des
Gutes zu genießen, außer sich [2]; und ward seitdem
zu dem bösesten Wurme, und liegt nun auf dem
Horte. [3] Darnach begab ich mich zu dem Könige und
ward sein Schmied. Und darauf läuft meine Geschichte
hinaus *), daß ich des Vatererbes und der Bruder=
buße entbehre. Das Gold ist seitdem auch Otter=
buße genannt, und hiervon Beispiele **) hergenommen."
Sigurd sprach: „Viel hast du verloren, und gar
böse sind deine Blutsfreunde gewesen. Mache nun
ein Schwert mit deiner ‖ 115) geschickten Hand ***),
daß keines gleich gut gemacht sei und ich, wenn der
Muth mir taugt, Großthaten [damit] vollbringen könne,
willst du anders, daß ich jenen großen Drachen er=

---

*) Genauer: „Und das ist der Gegenstand (rœdha til)
    meiner Geschichte".

**) „Vorbilder", gemeint ist wohl: für die skaldischen Um=
    schreibungen. Der Satz scheint auf Benutzung der
    Sn. E. zu weisen.

***) Eigentlich: „Von (mit, nach) deiner Geschicklichkeit".

1) Vgl. Regm. Prosa nach Str. 9, Z. 4 f.; Sn. E. 116,13 f. — 2) vgl.
    Regm. Prosa nach Str. 11, Z. 1—4; Sn. E. 116, 15—17. — 3) vgl.
    Sn. E. 116,23 f. [Regm. Prosa nach Str. 14, 2—4 = Sn. E. 117,4;
    Nth. 57,6 f.]

schlage." Regin sprach: „Das thu' ich mit Zuversicht, und wirst du mit dem Schwerte Fafni erschlagen können."

Fünfzehntes Kapitel. *)

Regin schmiedete nun ein Schwert und gab es Sigurd in die Hand. Der nahm das Schwert und sprach: „Dies ein schlechtes Geschmiede, Regin!" und hieb in den Amboß, und das Schwert zerbrach. Er warf die Klinge weg, und hieß ihn ein ander besser Schwert schmieden. Regin schuf ein ander Schwert und gab es an Sigurd; der blickte es an: „Dieses wird dir gefallen; aber schwer ist es, für euch zu schmieden." Sigurd versuchte dieses Schwert, und zerbrach es wie das vorige. Da sprach Sigurd zu Regin: „Du wirst deinen alten Blutsfreunden gleichen und treulos sein."

Sigurd ging nun zu seiner Mutter; sie begrüßte ihn freundlich. Sie redeten da mit einander und tranken. Da sprach Sigurd: „Haben wir denn recht vernommen, daß König Sigmund euch das Schwert Gram in zwei Stücken übergab?" Sie erwiderte: „Wahr ist das." Sigurd sprach: „Gieb es mir in die Hand, ich will es haben." Sie sagte, von

---

*) Ueberschrift? (Bei Bugge keine Angabe.)

ihm sei Heldenwerk zu erwarten, und gab ihm das Schwert.

Sigurd ging nun zu Regin, und hieß ihn, daraus ein Schwert machen nach [bestem] Vermögen. Regin ward böse und ging zur Schmiede mit den Schwertstücken, und däuchte ihm Sigurd allzu viel zu verlangen hinsichtlich des Schmiedens. | Regin machte nun ein Schwert [1], und als er das aus der Esse zog, erschien es den Schmiedeknechten, als wenn Feuer aus den Schneiden brenne. Er hieß Sigurd es hinnehmen, und sagte, er verstehe nicht ein Schwert zu schmieden, wenn dieses versagte. | Sigurd hieb in den Amboß, und klöbte ihn nieder bis zum Fuße [2], und nicht brach noch zersprang es. Er lobte das Schwert sehr, und | ging zum Flusse mit einem Flock Wolle, und warf ihn gegen den Strom: und es ward zerschnitten, als er das Schwert dagegen hielt. [3] Da ging Sigurd vergnügt heim. | Regin sprach: „Jetzt, da ich das Schwert geschmiedet habe, werdet ihr euer Versprechen erfüllen ||116) und Fafni auf=suchen." [4] Sigurd entgegnete: „Ich werde es aus=führen, doch zuvor noch etwas anderes, nämlich mei=

---

1) = Regm. Prosa nach Str. 14, Z. 6 (Sn. E. 117,5; Nth. 57,8). —
2) = Ebenda Z. 11 f. (Sn. E. 117,8 f.; Nth. 57,10 f.). —
3) = Ebenda Z. 7—10 (Sn. E. 117,6—8; Nth. 57, 8—10). —
4) = Ebenda Z. 13 f. (Nth. 57,11 f.).

nen Vater rächen." [1] Sigurd ward, je älter er
ward, um so beliebter bei allem Volke, so daß jedes
Kind ihn von Herzen liebte.

Sechzehntes Kapitel. *)

Gripi hieß ein Mann, der war Sigurd's Mutter=
bruder. Und bald darauf, nachdem das Schwert
geschmiedet war, machte er sich auf zu Gripi; denn
dieser war ein Seher und wußte der Menschen Zu=
kunft voraus. Sigurd forschte nach, wie sein Leben
sich gestalten würde; aber Gripi war lange nicht
dazu zu bewegen, doch sagte er zuletzt auf Sigurd's
eindringliche Bitte ihm all sein Schicksal, so wie es
darnach erging. Und als Gripi diese Dinge gesagt
hatte, so wie er (Sigurd) begehrte, da ritt er heim.
Und bald darnach traf er sich mit Regin. Da sprach
dieser: „Erschlagt Fafni, wie ihr verheißen habt." [2]
Sigurd antwortete: „Das will ich thun, doch zuvor
noch etwas anderes, nämlich König Sigmund rächen
und andere Blutsfreunde von mir, die dort in jener
Schlacht fielen." [3]

---

*) Ueberschrift nicht ganz leserlich. Von Gripi's Weis=
sagung handelt ein besonderes Eddalied (Grip.).

1) Vgl. Regm. Str. 15. — [2) vgl. Regm. Schlußprosa.] — 3) =
Anm. 1. Die Wiederholung erklärt sich wohl daraus, daß der In=
halt der Grip., die in der Lieder=Edda an anderer Stelle steht,
hier eingeschoben ist.

Siebzehntes Kapitel. *)

Nun ging Sigurd zu den Königen und sprach zu ihnen: „Wir sind hier lange Zeit gewesen und haben euch liebevolle Gesinnung und große Ehre zu lohnen: aber nun wollen wir aus dem Lande fahren und Hunding's Söhne aufsuchen; und sie sollen wissen, daß die Volsunge nicht alle todt sind **), und dazu wollen wir eure Hilfe haben." Die Könige sprachen, sie wollten ihm dazu geben, was er erbäte. Es ward nun ein großes Heer ausgerüstet und alles aufs sorgfältigste bereitet, Schiffe und alles Heer= geräthe¹, so daß seine Fahrt herrlicher sein sollte, denn [eine?] zuvor. Sigurd befehligte das Schiff, welches das beste und stattlichste war; ihre Segel waren mit Sorgfalt gearbeitet und prächtig anzuschauen.

Sie segelten nun mit gutem Winde; aber als wenige Tage verstrichen waren, da kam ein heftiges Wetter mit Sturm², und die See war, als ob man in Blut sähe. Sigurd gebot, die Segel nicht ein=

---

*) Ueberschrift: „Sigurd erschlägt Lynge und Hiorvard und alle die [Brüder]".

**) Vgl. S. 25, 38, 58.

1) Zu Kap. 17 bis hierher vgl. Regm. Prosa nach Str. 16, Z. 1 f. —
2) vgl. ebenda Z. 3.

zuziehen, wenn sie auch zerrissen, ‖117) vielmehr ge=
bot er sie noch höher zu setzen als zuvor. *) | Und
als sie an einem Vorgebirge vorüber segelten, da rief
ein Mann [1] zu dem Schiffe hinauf und fragte, wer
über das Heervolk zu befehlen hätte. [2] Ihm ward
gesagt, daß Sigurd, Sigmund's Sohn, da wäre [3],
„der nun der berühmteste aller jungen Männer ist.“
Der Mann sagte: „Alle sprechen sich übereinstimmend
über ihn dahin aus, daß keine Königssöhne mit ihm
verglichen werden können. Ich wollte, daß ihr das
Segel in irgend welchem Schiffe niederließet, und
mich aufnähmet.“ | Sie fragten ihn nach dem Namen [4];
er antwortete:

<blockquote>
„Hnikar **) hieß man mich,
Da | ich Hugin ***) erfreute,
</blockquote>

------

*) Ganz, wie Helge that, oben S. 44. Jene, auf Helg.
  Hund. I beruhende Schilderung wird das Vorbild dieser
  gewesen sein.

**) Einer der vielen Namen Odin's.

***) D. i. Gedanke; einer der beiden Raben, die als verkör=
  perte Gedanken Odin's über alle Welt fliegen und ihm
  Nachricht bringen. Nach anderer Auffassung waren sie
  die den Kriegsgott begleitenden Schlachtvögel; daher
  Hugin erfreuen = den (die) Raben erfreuen = kämpfen.

1) = Regm. Pr. n. Str. 15, Z. 4 f. — 2) = Regm. Str. 16, 1
  (= Nth.). — 3) = Regm. Str. 17,1 f. (= Nth.). — 4) = Regm.
  17,8 (= Nth.).

Junger Volsung *),
Und gekämpft hatte.

Nun magst du mich nennen
Den Alten vom Berge,
Feng oder Fiolni **);
Mit will ich fahren."[1]

Sie lenkten ans Land und nahmen den Alten in ihr Schiff: da hörte das Wetter auf[2], und sie fuhren, bis sie im Reiche der Hundingssöhne ans Land kamen; da verschwand Fiolni. Sie ließen alsbald Feuer und Schwert wüthen, erschlugen die Männer und verbrannten die Gebäude, und heerten, wo sie fuhren.

Nun lief das Volk von dannen zu König Lynge, und sagten, daß hier ein Heer ins Land gekommen sei, und mit größerer Wuth daher fahre, als daß man seines gleichen fände; sie sagten auch, die Hundingssöhne seien nicht weitsichtig, da sie gesagt hätten, sie fürchteten sich nicht vor den Volsungen: „nun aber führt dieses Heer Sigurd, Sigmund's Sohn." | König Lynge ‖118) ließ nun durch sein

---

*) So unsere Saga abweichend von Regm.; zweifelhaft, ob richtiger.

**) Ebenfalls Namen Odin's.

1) = Regm. 18 (= Nth.). — 2) = Regm. Prosa nach Str. 18, Z. 1 f. (= Nth. 60,19 f.).

ganzes Reich ein Heergebot ergehn. Nicht wollte er sein Heil in der Flucht suchen, [sondern] entbot zu sich alle die Mannen, welche ihm Heerfolge leisten wollten. Er zog nun Sigurd entgegen mit sehr großem Heer, und seine Brüder mit ihm [1]; da erhub sich ein gar harter Kampf zwischen ihnen. [2] Da mochte man in der Luft sehen manchen Speer*) und Pfeil, manche Streitart hoch geschwungen, Schilde klöben und Harnische zerfetzen, Helme zerhauen und Schädel spalten, und manchen Mann zur Erden stürzen. **) Und als die Schlacht gar lange Zeit so gestanden hatte, drang Sigurd vor an den Bannern vorbei, und hatte das Schwert Gram in der Hand: er hieb sowohl Mann wie Roß, und ging durch die Heerschaaren, und hatte beide Arme blutig bis zur Achsel ***); und das Volk wich von dannen, wohin er kam, und vor ihm hielt weder Helm noch Harnisch †), und niemand meinte zuvor einen solchen Mann

---

*) Vgl. oben S. 56.

**) Aehnliche Schilderungen oft in Thidr. s.

***) Vgl. oben S. 42. 56; aber auch Thidr. s. oft.

†) Vgl. oben S. 56.

1) Vgl. Nth. 63, 8—10. — 2) = Regm. Prosa nach Str. 25, Z. 1 f. = Nth. 63,10. — Die folgende Schlachtschilderung ist Erweiterung in der formelhaften Weise des Sagaschreibers (Beitr. 3,229); wobei jedoch die Anklänge an die Thidr. s. zu beachten sind. (Nth. 63,10 bis 64,12 hat in anderer Weise den Kampf ausgemalt.)

gesehen zu haben. Diese Feldschlacht dauerte lange,
indem viele Männer fielen und heftig angegriffen
ward. Es geschah dort, was selten sich begeben
mag, daß, obschon das Heer des Landes stets zufloß,
es doch nichts verfing; und es fielen da so viele auf
Seiten der Hundingssöhne, daß niemand ihre Zahl
wußte. *) Als Sigurd weiter vorn in der Schlachtordnung war, da kamen ihm die Söhne König Hun-
ding's entgegen. | Sigurd hieb nach König Lynge,
und klöbte ihm Helm und Haupt und den gepanzerten
Leib. Und darnach hieb er Hiordvard, dessen Bruder, durch in zwei Stücke **), und erschlug dann alle
Hundingssöhne [1], die noch lebten, und den größten
Theil ihres Heeres.

Nun fuhr Sigurd heim [2] mit schönem Siege,
und großer Beute und Ruhm, so er auf dieser Fahrt
gewonnen hatte. Da wurden daheim im Reiche Feste
für ihn bereitet.

Und als Sigurd kurze Zeit daheim gewesen
war, kam Regin mit ihm zu reden, und sagte:
„Nun werdet ihr doch Fafni's Helm [euch] aufs

---

*) Vgl. oben S. 56 und 57 **.

**) Aehnliche Schilderungen oft in Thidr. s.

1) Vgl. Regm. Prosa nach Str. 25, Z. 3 f. (in Nth. geändert). —
2) = Regm. Prosa nach Str. 16, Z. 1.

6

Haupt setzen *) wollen, wie ihr es verheißen habt. Nun hast du deinen Vater und andere deiner Bluts= freunde gerochen." [1] Sigurd antwortete: ‖119) „Ich werde das erfüllen, wie ich es verheißen habe, und nicht kommt mir das aus dem Gedächtnisse."

Achtzehntes Kapitel. **)

Nun ritten sie, Sigurd und Regin, hinauf auf die Haide zu dem Wege, den Fafni zu kriechen pflegte [2], und es heißt, daß die Klippe, auf welcher er am Wasser lag, wenn er trank, dreißig [Klafter] entfernt war. Da sprach Sigurd: „Das sagtest du, Regin, daß dieser Wurm nicht größer wäre denn ein Lindwurm, aber mir scheint seine Spur über= groß." Regin sprach: „Mach' eine Grube, und setze dich darein; und wenn der Wurm zum Wasser kriecht, so stich ihn ins Herz, und bring' ihn so zu Tode: davon gewinnst du großen Ruhm." Sigurd antwortete: „Wie wird es dann ergehn, wenn das

---

*) Oder: „ihm vom Haupte stoßen"? (steypa).

**) Ueberschrift: „Regin und Sigurd reiten". Von hier ab sind die Uebereinstimmungen mit der Lieder=Edda sehr genau.

1) Vgl. Regm. Prosa nach Str. 16, Z. 2 f. — 2) = Fafn. Prosa Z. 1—3 [Sn. E. 117,9 f.].

Blut des Wurms mich überströmt?" Regin sprach: „Nicht kann ich dir Rath ertheilen, da du vor allem und jedem dich fürchtest, und bist du ungleich deinen Blutsfreunden an Heldenmuth."

Sigurd ritt nun auf die Haide, | Regin aber wich von dannen überaus bange. [1] Sigurd machte eine Grube [2], und als er bei dieser Arbeit war, kam zu ihm ein alter Mann mit langem Barte *), und fragte, was er da mache. Er sagte es ihm. Da sprach der alte Mann: „Das ist unräthlich: mache mehrere Gruben, und laß da hinein das Blut rinnen, du aber sitz' in einer und stich den Wurm ins Herz." Da entfernte sich jener Mann; | Sigurd aber machte Gruben [3], so wie ihm vorgeschrieben war.

Und | als der Wurm zum Wasser kroch, ward so starkes Erdbeben, daß rings umher die Erde erbebte. Er spie immerweg Gift vor sich her. [4] Sigurd aber beschlich keine Furcht noch Angst bei diesem Getöse: | und als der Wurm über die Grube kroch, da stach ihn Sigurd unter den linken Bug, so daß

---

*) Wieder Odin. Vgl. S. 66. Dies Eingreifen Odin's kennt weder Fafn. noch Sn. E.

1) = Fafn. Prosa nach Str. 22, Z. 1 f. — 2) und 3) = Fafn. Prosa am Anfang, Z. 4 f.; Sn. E. 117,10 f. — 4) = Fafn. ebd. Z. 6 f.

das Schwert bis ans Heft hinein fuhr. *) ¹ Da
sprang Sigurd hervor aus der Grube ², und riß
das Schwert an sich, und hatte die ganzen Arme
blutig bis zur Achsel hinauf. **) Und als der große
Wurm seine Todeswunde fühlte, | da schlug er mit
Haupt und Schwanz ³, so daß alles ‖ 120) entzwei
brach, was ihm in den Weg kam. Und als Fafni
die Todeswunde empfangen hatte, | da fragte er: „Wer
bist du, und wer ist dein Vater, und welches ist dein
Geschlecht, daß du dich erkühnst zu dem Wagniß, die
Waffen gegen mich aufzuheben?“ ⁴ Sigurd antwortete: „Mein Geschlecht ist den Menschen unbekannt ⁵, ich heiße vornehmes Thier, und habe keinen
Vater noch Mutter, und allein bin ich gewandelt.“ ***) ⁶

---

*) Eigentlich: „So daß es (Fafni's Körper) an den Griff
stieß“. Vgl. oben S. 15². In Fafn. heißt es „bis ans
Herz“ (til hiarta statt til hialta oder umgekehrt?).

**) Dieselbe Wendung oben S. 56 und 80.

***) Hier scheint, wenn auch verdunkelt, noch jene ältere
Sagenauffassung durchzublicken, der zu Folge Sigurd
im Walde aufwuchs, ohne seine Eltern zu kennen (s.
oben S. 65 *). Die zu Grunde liegende Strophe
Fafn. 2 scheint älter als die erhaltene Gestalt dieses

1) = Fafn. Prosa Z. 9—11; Sn. E. 117, 11—13. — 2) = Fafn.
Prosa Z. 13. — 3) = Ebenda Z. 11—13. — 4) = Fafn. Str. 1. —
5) = Fafn. 4, 1 f. — 6) = Fafn. 2.

Fafni antwortete: „Wenn du keinen Vater hast noch Mutter, durch welches Wunder bist du denn geboren?[1] Und wenn du mir auch an meinem Todestage *) deinen Namen nicht sagst, so weißt du [?], daß du nun lügst."[2] Er antwortete: „Ich heiße Sigurd, und mein Vater Sigmund."[3] Fafni antwortete: „Wer reizte dich zu dieser That, und wodurch ließest du dich dazu reizen?[4] Hattest du nicht vernommen, wie alles Volk sich fürchtete vor mir und meinem Schreckens-Helm? **) | Du Knabe mit den funkelnden Augen, du hattest einen tapfern Vater."[5] Sigurd antwortete: „Hierzu spornte mich der tapfere Muth, und es half dazu, daß es vollbracht ward, diese starke Hand und dieses scharfe Schwert, das du soeben kennen lerntest: und selten ist im Alter tapfer, wer in der Jugend zart ***) ist."[6] Fafni erwiderte: „Das weiß ich,

---

Liedes und daher nicht im ursprünglichen Zusammenhang zu stehn.

*) Fafn. fügt hinzu, Sigurd habe seinen Namen verhehlt, weil man dem Fluch eines Sterbenden mit Nennung des Namens große Macht zuschrieb. Vgl. aber die vorige Anm.

**) Oegis-Helm, d. h. „Helm des Schreckers".

***) So unser Text (blautr), in Fafn. blaudhr (blöde, furchtsam).

1) = Fafn. 3, 1—3. — 2) fehlt in Fafn. — 3) = Fafn. 4, 4—6. — 4) = Fafn. 5, 1—3. — 5) = Fafn. 5, 4—6. — 6) = Fafn. 6.

wenn du bei deinen Blutsfreunden aufgewachsen
wärest, daß du wissen würdest zornmuthig zu
kämpfen [1]: das aber ist mehr zu verwundern, daß
ein Kriegsgefangener, der Fesseln trug *), sich soll
erkühnt haben gegen mich zu fechten, dieweil Kriegs-
gefangene selten wacker zum Kampfe sind." [2] Sigurd
sprach: „Du wirfst mir vor, daß ich fern von
meinen Blutsfreunden gewesen sei; aber obschon ich
kriegsgefangen war, so ward ich doch nicht gebunden; und du empfandest es, daß ich ungefesselt war." [3]
Fafni antwortete: „Mit Zornworten nimmst du
jegliches auf, was ich ‖121) sage: aber dieses Gold,
welches ich besessen habe, wird dir den Tod bringen." [4]
Sigurd entgegnete: „Jeder will gern Gut besitzen
bis zu dem einen Tage, und einmal muß (doch)
jeder sterben." [5] Fafni sprach: „Wenig willst du
mein Beispiel dir zur Lehre dienen lassen *); aber [6]
ertrinken wirst du, wenn du unvorsichtig über See

---

*) Daß Sigurd Kriegsgefangener genannt wird, bezieht
sich darauf, daß er noch ungeboren durch Alf vom
Schlachtfelde heimgeführt ward (S. 60 f.); daß er gefesselt gewesen, ist Uebertreibung.

**) Eigentlich: „nach meinem (warnenden) Beispiel handeln".

1) = Fafn. 7, 1—3. — 2) vgl. Fafn. 6, 4—6. — 3) = Fafn. 8 —
4) vgl. Fafn. 9. — 5) = Fafn. 10. — 6) fehlt Fafn. (? vgl. aber
Str. 11, 1—3).

fährst, und warte lieber am Lande, bis es stille ist." [1]
Sigurd sprach *): „Sage mir, Fafni, wenn du recht
weise bist, welcher Art die Nornen **) sind, so die
Kinder von den Müttern lösen." ***) [2] Fafni antwor=
tete: „Zahlreich sind sie und verschiedenartig. Etliche
sind von der Asen, etliche von der Alfen †), und
etliche von Dvalin's ††) Geschlechte." [3] Sigurd sprach:
„Wie heißt der Holm, wo Surt †††) und die Asen

---

*) Das Folgende bis S. 88² ist in Fafn. aus einem my=
thologischen Liede, wahrscheinlich Vafthr., unpassend ein=
geschoben.

**) Die Nornen walten über das Schicksal des Menschen
von der Geburt bis zum Tode; sie erscheinen an der
Wiege des Neugeborenen, um ihm sein Schicksal zu be=
stimmen („an der Wiege gesungen"; s. oben S. 40*).
Hier erscheinen sie geburtshelfend, d. h. Leben ver=
leihend. Eigentlich sind ihrer nur drei: Urd, Verdandi,
Skuld (Vergangenheit, Gegenwart und Zukunft).

***) Durch Zaubersprüche nämlich, s. Bugge S. 195.

†) Die Alfen (Elfen) sind ursprünglich abgeschiedene Seelen.

††) Dvalin ist hier wie öfter Repräsentant der Zwerge
überhaupt.

†††) Surt, d. h. der Schwarze, stürmt beim Weltuntergange,
die Fackel zum Weltbrand schwingend, gegen die Götter
zum Kampf. — Holme (Inseln) waren als Kampfstätten
beliebt.

1) Vgl. Fafn. 11; 4—6. — 2) = Fafn. 12. — 3) = Fafn. 13.

Schwert=Naß *) zusammenmischen?" [1] Fafni ant=
wortete: „Uskapt heißt er." [2] Fürder sprach Fafni:
„Regin, mein Bruder, rieth mir den Tod, und es
freut mich **), daß er auch dir den Tod räth; so er=
geht es dann, wie er wollte." [3] Weiter sprach Fafni:
„Den Schreckenshelm trug ich ob allem Volke, seit=
dem ich auf meines Bruders Erbe lag [4], und so
sprühte ich allewege Gift [5] von mir aus, daß keiner
es wagte mir nahe zu kommen, und keine Waffen
fürchtete ich [6], und nimmer fand ich so viele Männer
vor mir, daß ich mich nicht viel stärker däuchte [7],
alle aber waren in Furcht vor mir." Sigurd ant=
wortete: „Der Schreckenshelm, von dem du sagtest,
giebt wenigen Sieg; denn jeglicher, der mit vielen
zusammen kömmt, kann das irgend einmal finden,
daß keiner der allertapferste ist." [8] Fafni antwortete:
„Ich rath' es dir, daß du dein Roß nimmst und
reitest schleunigst hinweg [9]; denn es begiebt sich

---

*) Blut mischen, hier nicht, um dadurch Blutsbrüderschaft
zu schließen, sondern im Kampfe (auf dem Schlacht=
felde) das Blut von Freund und Feind zusammenfließen
lassen.

**) Eigentlich: „es macht mich lachen".

1) = Fafn. 14. — 2) = Fafn. 15,1. — 3) vgl. Fafn. 22, 1—3. —
4) = Fafn. 16, 1—3 und 18, 2—3 (Abirren?). — 5) = Fafn.
18,1. — 6) fehlt in Fafn. — 7) = Fafn. 16, 4—6. — 8) = Fafn.
17. — 9) vgl. Fafn. 20, 1—3.

oft, daß der, welcher den Todesstreich empfängt, sich selber rächt." [1] Sigurd antwortete: „Dieses ist dein Rath, aber anders werde ich thun: ich werde zu deiner Behausung reiten ‖122) und dort das viele Gold nehmen [2], das deine Blutsfreunde besessen haben." Fáfni antwortete: „Du wirst dahin reiten, wo du so viel Gold findest, daß es um deine Lebtage gethan ist [3], und dasselbe Gold wird dein Tod [4], und jedes andern, der es hat." *) Sigurd stand auf und sagte: „Heim würde ich reiten, obschon ich dieses viele Gold mißte, wenn ich wüßte, daß ich niemals sterben sollte [5]; doch ein jeder kühne Mann will über Gut walten bis zu dem einen Tage. [6] Du aber, Fáfni, lieg im Todeskampfe, wo dich Hel **) habe!" [7] Und da starb Fáfni.

---

*) Vgl. oben S. 72[2].
**) Vgl. S. 71, Anm. *.

1) Fehlt in Fafn. — 2) vgl. Fafn. 21, 1—3. — 3) fehlt in Fafn. — 4) vgl. Fafn. 20, 3—6 = 9, 4—6 [oben S. 86[4]]. — 5) fehlt Fafn. — 6) = Fafn. 10, 1—3 [oben S. 86[5]]. — 7) = Fafn. 21, 4—6. [Ueber die abweichende Anordnung dieses Abschnitts in Fafn. Germ. 23, 314 ff.]

Neunzehntes Kapitel. *)

Hierauf | kam Regin zu Sigurd und sprach [1]: „Heil, mein Herr, großen Sieg hast du gewonnen, da du Fafni erschlagen hast, auf dessen Wege zu sitzen bisher Niemand sich erkühnte [2]; und diese Heldenthat wird fortleben, so lange die Welt steht." Nun stand Regin auf und sah nieder zur Erden lange Zeit, und darnach sprach er plötzlich mit schwerem Muthe: | „Meinen Bruder hast du erschlagen, und schwerlich kann ich selber von der Mitschuld freigesprochen werden." [3] Da nahm Sigurd sein Schwert Gram und trocknete es am Grase [4], und sprach zu Regin: „Ferne gingst du, als ich diese That vollbrachte; und ich versuchte dieses scharfe Schwert mit meiner Hand, und meine Kraft bot ich auf gegen des Wurmes Macht, indeß du in einem Haidebusche lagst [5] und [nicht] wußtest von Himmel noch Erde." **) Regin antwortete: | „Dieser Wurm

---

*) Ueberschrift: „Regin trinkt Fafni's Blut".

**) „nicht" fehlt in der Hdschr. Eigentlich: „Du wußtest [nicht], ob [es? der Busch?] Himmel oder Erde war" (oder ob Himmel oder Erde existirte?).

1) Fafn. Prosa nach Str. 22, Z. 2 f.; Sn. E. 117,13. — 2) vgl. Fafn. 23. — 3) = Fafn. 25, 4—6; vgl. Sn. E. 117,13 f. — 4) vgl. Fafn. 25, 1—3; Prosa nach 22, Z. 3 f. — 5) = Fafn. 28.

hätte lange in seinem Neste liegen mögen, wenn du das Schwert nicht benutzt hättest, das ich dir fertigte mit meiner Hand; und nicht hättest du dieses allein *) ‖123) vollbracht, noch jemand anders." [1] Sigurd antwortete: „Wo man zu Streite kömmt, da ist dem Manne besser ein tüchtiges Herz, denn ein scharfes Schwert." [2] Da sagte Regin zu Sigurd in schwerem Kummer: „Du hast meinen Bruder erschlagen, und schwerlich kann ich selber von der Mitschuld frei gesprochen werden." [3]

Nun schnitt Sigurd das Herz aus dem Wurme, mit dem Schwerte, das Ridil hieß. Da trank Regin Fafni's Blut und sprach: [4] „Gewähre mir eine Bitte, die leicht für dich zu gewähren ist: geh' zum Feuer mit dem Herzen und brat es und gieb es mir zu essen." [5] Sigurd ging, und briet es am Spieße, und als [der Saft] heraus quoll, da tippte er mit seinem Finger daran, kostend, ob es [schon] gebraten wäre; [er verbrannte sich und] **) steckte den Finger in seinen Mund: und als das Herzblut des

---

*) In der Hdschr. steht enn „noch" (statt einn?).

**) Fehlt in der Saga, ergänzt nach Fafn.

1) = Fafn. 29. — 2) = Fafn. 30. — 3) fehlt Fafn., = oben S. 90³. — 4) = Fafn. Prosa nach 26, Z. 1—5. — 5) vgl. Fafn. 27; Sn. E. 117,15. [Diese von Fafn. abweichende Anordnung ist die richtigere, s. Germ. 23,316 ff.] — Diese Leistung verlangt Regin als Bruderbuße, vgl. Sn. E. 117,14 f.

Wurms ihm an die Zunge kam, da verstand er der
Vögel Stimme. Er hörte, wie Spechtmeisen im Ge-
büsche neben ihm sangen [1]: „Da sitzt Sigurd und
brät Fafni's Herz! Das sollte er selber essen, so
würde er weiser werden, denn irgend ein Mann." [2]
Die andre sagte: „Da liegt Regin, und will den
betrügen, der ihm traut." [3] Da sprach die dritte:
„Haue er ihm das Haupt ab, so mag er allein des
vielen Goldes walten." [4] Da sprach die vierte: „Da
wäre er weiser, wenn er das befolgte, was ihr ihm
gerathen [5], und ritte darauf zum Lager Fafni's
und nähme da das viele Gold, so dort ist [6], und
ritte sodann hinauf nach ‖124) Hindarfjall *), wo
Brynhild **) schläft [7], und dort wird er große Weis-
heit lernen; | und dann wäre er weise, wenn er euerm
Rath folgte und bedächte, was ihm Noth thut: dort

---

*) Berg der Hindin (?).

**) Richtiger Sigrdrifa. Beide gingen durch Spaltung aus
der Einen Brynhild der deutschen Sage hervor, werden
aber in den ältern nordischen Quellen von einander ge-
schieden. Der Verf. unserer Saga hat sie wieder zusammengeworfen (vgl. Beitr. 3,255 ff.).

1) Fast wörtlich = Fafn. Prosa nach Str. 31, Z. 1—12; Sn. E. 117,
16—22. — 2) = Fafn. 32 (= Sn. E.). — 3) = Fafn. 33, 1—4
(= Sn. E.). — 4) = Fafn. 34. — [5) = Fafn. 35, 1—4.] — 6) vgl.
Fafn. 38, 4—6. 40, 1—4. — 7) kurze Wiedergabe von Fafn. 42—43.

wähne ich den Wolf, wo ich seine Ohren sah." *) [1]
Da sprach die fünfte: „Nicht ist er so klug, wie
ich dachte, wenn er seiner schont und doch zuvor
seinen Bruder getödtet hat." [2] Da sprach die siebente:
„Das wäre ein kluger Rath, wenn er ihn erschlüge
und allein des Hortes waltete." [3] Da sprach Sigurd: „Das Unheil soll nicht geschehen, daß Regin
mein Mörder werde. Lieber soll es den Brüdern
beiden gleicherweise ergehn." [4] Er zückte nun das
Schwert Gram und hieb Regin das Haupt ab. [5] Und
darauf aß er ein Stück von dem Herzen des Wurmes [6], und ein Stück bewahrte er bei sich.

Sodann sprang er auf sein Roß und [7] ritt
der Spur Fafni's nach, bis zu seiner Behausung,
und fand, daß sie offen war, und alle Thüren von
Eisen, und ebenso die Thürrahmen, und von Eisen
auch alle Grundbalken im Hause, und [dieses war]
in die Erde eingegraben. Sigurd fand da eine
große Menge Goldes und das Schwert Hrotte, und

---

*) Ein isländisches Sprichwort: „Der Wolf ist nicht weit,
wo man seine Ohren sieht." Hier mit Bezug auf Regin's Heimtücke, die Sigurd durchschauen sollte. Wolf
wird in solchen Verbindungen = „Feind" gebraucht.

1) = Fafn. 35, 1—8. — 2) = Fafn. 36. — 3) = Fafn. 38. —
4) = Fafn. 39. — 5) = Fafn. Prosa nach 39, Z. 1 (Sn. E. 118,1).
— 6) = Ebenda Z. 2. — 7) = Sn. E. 118,1 f.

nahm da den Schreckens=Helm und den Goldpanzer und viele Kostbarkeiten. [1] Er fand da so viel Gold[2], daß er hätte glauben mögen, daß zwei oder drei Rosse nicht mehr würden tragen [können]. | Das Gold nahm er alles und that es in zwei große Kisten. [2] Er nahm nun das Roß Grane beim Zaume: | das Roß aber wollte nicht gehn, und nicht half es, es anzuspornen. Sigurd merkte nun, was das Roß wollte; er sprang ihm auf den Rücken und schlug es mit den Sporen: und da rannte das Roß, als wenn es ledig wäre. *) [3]

Zwanzigstes Kapitel. **)

Sigurd ritt nun fort lange Wege, bis daß er hinauf zum Hindarfjall kam, und richtete seinen Ritt gen Süden nach Frankenland. [4] Auf dem Berge sah er ein großes Licht, als wenn ein Feuer brennte, und es leuchtete davon auf zum Himmel. Als er aber heran kam, stand da vor ‖125) ihm eine

---

*) Vgl. unten S. 129.

**) Ueberschrift: „Von Sigurd". Das folgende bis S. 95[1] wird Sn. E. 118, 8—11 kurz berichtet.

1) = Fafn. Prosa nach 44, Z. 1—3. 4 f. (vgl. Sn. E. 118,2). — 2) Ebenda Z. 3 f. (vgl. Sn. E. 118,3; Nth. 65,2). — 3) Ebenda Z. 6 f. (vgl. Sn. E. 118,4). — 4) = Prosa vor Sigdr. Z. 1; Nth. 65,3 f.

Schildburg *) und aus derselben [ragte] ein Banner. Sigurd ging in die Schildburg, und sah, daß da ein Mensch schlief und in voller Waffenrüstung dalag. Er nahm ihm zuvörderst den Helm vom Haupte ab, und sah, daß es ein Weib war: sie war im Panzer, und [dieser] saß so fest, als wenn er am Fleische festgewachsen wäre. Da schlitzte Sigurd [den Panzer] oben von der Kopföffnung bis ganz hernieder und ebenso die beiden Aermel entlang bis ans Ende, und es (das Schwert] zerschnitt ihn wie ein Kleid. [1] Sigurd sagte, sie habe allzu lange geschlafen. | Sie fragte, was so mächtig gewesen wäre, „daß es den Panzer zerschnitt und meinen Schlaf bannte? Sollte etwa Sigurd, Sigmund's Sohn, hierher gekommen sein, mit dem Helm Fafni's, und seinen Töbter [2] in der Hand?" **) Sigurd antwortete: „Der ist vom Geschlechte der Bolsunge, der dieses Werk vollbracht

---

*) Aus zusammengesetzten Schilden hergestellt, nach oben und an den Seiten geschlossen; vgl. Helr. 9, 1—4; Fms. VI, 413; Fafn. 42, 5—8 (Germ. 23, 165). Auch über zu verbrennenden Todten? (Sig. sk. 65,5 ff. Walhall, der Aufenthaltsort der todten Krieger, war gleichfalls mit Schilden gedeckt.) Auch Brynhild's Schlaf ist ja eigentlich ein Todesschlaf.

**) Sigurd's Schwert Gram.

1) Sigdr. Z. 2—9 (Sn. E. 118,8 ff.). — 2) Abweichend von Sigdr. Str. 1, 1—4.

hat. [1] Und das habe ich vernommen, daß du eines mächtigen Königs Tochter bist, und desgleichen ist uns gesagt worden von eurer Schönheit und | Weisheit, und das will ich nun erproben." [2] Brynhild antwortete: „Zwei Könige schlugen sich; der eine hieß Hjalmgunnar, er war alt und ein höchst tapferer Heermann, und hatte Odin ihm den Sieg verheißen; der andere aber hieß Agnar oder Audabrodir. *) [3] Ich fällte Hjalmgunnar in der Schlacht; Odin aber stach mich mit dem Schlafdorn **), des zur Strafe [4], und sagte, daß ich nimmer fortan Sieg [zu verleihen?] haben sollte, und er gebot, daß ich mich vermählen sollte. [5] Ich aber that ein Gelübbe dagegen, mich keinem solchen zu vermählen, der sich fürchten könnte." [6] Sigurd sprach: „Ertheile mir Rath zu hohen Dingen." [7] Sie antwortete: „Ihr werdet der weisere sein: doch gern will ich

---

*) D. h. Aude's Bruder, in der Lieder-Edda Audhu bródhir, b. h. Bruder der Auda.

**) Es ist im Grunde ein Todesdorn, ein Dorn, durch welchen der Todesgott Odin in (Todes-)Schlaf versenkt, wie der Scheiterhaufen aus Dorn geschichtet ward (J. Grimm, kl. Schr. 2, 241 ff., besonders 276 ff.); vgl. Dornröschen.

1) Abweichend von Sigdr. 1, 5—8. — [2) vgl. Sigdr. Prosa nach 2, Z. 22—24.] — 3) = Ebenda Z. 3—12. — 4) = Ebenda Z. 13—15 (Helr. 8,1—9,6). — 5) = Ebenda Z. 15—18. — 6) = Ebenda Z. 18—21 (vgl. Helr. 9,7 f.). — 7) Ebenda Z. 22—24.

euch lehren, wenn es euer Wille ist, und wenn unter
dem, was ich weiß, etwas ist, das euch gefallen
möchte, in Runen oder in andern Dingen, die ‖126)
für einen jeden Fall nützlich sind.*) Laß uns beide mit=
sammen trinken, und | mögen die Götter uns einen
günstigen Tag geben, daß dir Nutzen und Ruhm
erwachse aus meiner Weisheit[1] und du später dich
dessen erinnerst, was wir reden."[2] Brynhild füllte
einen Becher und brachte ihn Sigurd dar[3] und sprach:

> „Bier bringe ich dir,
> Walter des Waffenspiels **),
> Mit Kraft gemischet
> Und hohem Ruhm;
> Voll ist's von Liedern
> Und Trostesworten,
> Von heilsamen Sprüchen ***)
> Und Freude=Runen. †)[4]

*) Eigentlich: „für jegliche Sache geeignet sind" (zur Ab=
hilfe nämlich).

**) Eigentlich „des Brünnenthings". So unser Text; jedoch
Sigdr.: (Apfel=)Baum des Kampfs = Held, vgl. S. 103 **.

***) Zauberlieder. Es ist ein Erinnerungstrank, s. oben[2].

†) Die ursprünglich weniger zu zusammenhängender Schrift
als zu magischem Gebrauch verwendeten Buchstaben (Ru=
nen), welche, eingeritzt, durch die dazu gehörigen Zauber=
lieder magische Kraft erlangten.

[1] Vgl. Sigdr. Str. 3—4 (abweichend). — [2] vgl. Sigdr. Prosa nach 4,
Z. 2. — [3] Ebenda Z. 1 f. — [4] Sigdr. 5.

Sieg=Runen sollst du kennen,
Wenn du | klug sein *) willst,
Und auf des Schwertes Heft ritzen,
Auf dem Rücken der Klinge
Und auf der Schneide (?) **),
Und zweimal Ty ***) nennen. [1]

Brandungs=Runen sollst du ritzen,
Willst du geborgen haben ||127)
Auf der See die Segelrosse.
Am Steven sollst du sie ritzen
Und am Steuerruder
Und mit Feuer ins Ruder brennen (?).
Geht die Brandung auch hoch
Und die blauen Wogen,
Doch kommst du heil von der See. [2]

Rederunen sollst du kennen,
Willst du, daß niemand dir
Mit Haß seinen Harm vergelte.
Die windet man (?),
Die webt man,
Die setzt man alle zusammen
Auf dem Thinge,

---

*) Besser Sigdr. „Sieg haben".
**) Es ist ungewiß, welcher Theil des Schwertes gemeint ist.
***) Der deutsche Tio (Zio), Kriegsgott; wird im Norden bei
    Zweikämpfen angerufen. Nach ihm heißt die Rune T.

1) Sigdr. 6. — 2) Sigdr. 10.

Wenn die Leute sollen
Zu vollen *) Gerichten fahren. ¹

Bierrunen sollst du kennen,
Willst du, daß eines andern Weib
Dich nicht betrüge, so du traust.
Aufs Trinkhorn sollst du sie ritzen
Und auf den Rücken der Hand
Und am Nagel „Naudh“ **) zeichnen. ² ‖128)

Den Becher sollst du segnen,
Vor Nachstellung dich hüten
Und Lauch in den Trank werfen. ³
Dann weiß ich,
Daß nimmer dir wird
Zum Schaden gemischt der Meth. ⁴

Berge=Runen sollst du lernen,
Wenn du bergen willst
Und lösen ein Kind von der Mutter ***):
Auf die Handfläche sollst du sie ritzen
Und [diese] um die Glieder spannen
Und die Disen †) um Beistand bitten. ⁵

---

*) D. i. „zahlreich besuchten“, oder „vollgiltigen (Haupt=)
Gerichtstagen“?

**) Die N-Rune; naudh = Noth.

***) Geburtshilfe ist gemeint. Eigentlich steht: „von einer
Frau“.

†) Schutzgottheiten, die man weiblich dachte; den Fylgjen
(S. 56**) und den Nornen verwandt, vgl. u. S. 148**.

¹) Sigdr. 12. — ²) Sigdr. 7. — ³) Sigdr. 8, 1—3. — ⁴) fehlt Sigdr.
— ⁵) Sigdr. 9.

Zweig=Runen *) sollst du kennen,
Willst du Arzt sein
Und verstehn Wunden zu beschauen,
Auf die Rinde sollst du sie ritzen
Und auf das Laub des Baumes,
Dessen Zweige sich ostwärts neigen. [1]

Sinn=Runen sollst du lernen,
Willst du jeglichen Mann ‖ 129)
An klugem Sinn übertreffen.
Die errieth,
Die ritzte ein,
Ueber die sann Hropt. **) [2]

Am Schilde sind sie geritzt,
Der da steht vor der glänzenden Gottheit ***),
[Am Ohre Arvakrs

---

*) Der Name findet in Vers 4—6 seine Deutung. Da aber sonst die Runen nach dem, was sie bewirken oder betreffen, benannt sind, übersetzt man vielleicht richtiger „Gliedrunen", von limr „Glied".

**) Ein Name Odin's. Ueber Odin als Runen=Finder s. Háv., Str. 137 ff., und über das Verhältniß jener Strophen zu unsern vgl. Bergmann, des Hehren Sprüche, S. 198 ff.

***) Die Sonne ist gemeint, vor der auf ihrem Wagen der Schild Svalin steht (Grimn. 38).

1) Sigdr. 11. — 2) Sigdr. 13, wo noch 10 Verse darauffolgen.

Und an} *) Alsvinn's **) Hufe,
An dem Rade, das rollt
Unter Rögni's ***) Wagen,
An Sleipni's †) Zähnen
Und an des Schlittens Bindebalken. [1]

An des Bären Tatze
Und an Brage's ††) Zunge,
An des Wolfs Klauen ‖ 130)
Und an des Aars Schnabel,
Auf blutigen Schwingen (?)
Und am Brücken=Ende,
An lösender Hand †††)
Und auf Heiles=Pfade. [2]

An Glas und an Gold
Und an gutem Silber.
In Wein und in Bier *†)
Und an der Volva **†) Sessel,

---

*) Ergänzt nach Sigdr.

**) Arvakr (Frühwach) und Alsvinn (Vielgeschwind) sind
die beiden Rosse des Sonnenwagens.

***) Ein Name Odin's.

†) Odin's Roß, s. oben S. 67 *.

††) Brage ist Gott der Dichtkunst.

†††) Vgl. oben S. 99 *** und †.

*†) Eigentlich: Malzextract, woraus durch Gährung Bier
wird.

**†) S. oben S. 46 **.

1) Sigdr. 15. — 2) Sigdr. 16.

An Gungni's *) Spitze
Und an Grane's **) Brust,
An der Norne Nagel ***)
Und an der Nachteule Schnabel. [1]

Alle wurden abgeschabt,
Die geritzt waren,
Und gemischt mit dem heiligen Meth †),
Und gesendet auf weite Wege:
Sie sind bei den Alfen,
Etliche bei den Asen ‖131)
Und bei den weisen Vanen ††),
Etliche haben die Menschenkinder. [2]

Das sind Buch=Runen,
Das sind Berge=Runen
Und alle Bier=Runen
Und hehre Macht=Runen
Jedem, der sie ungeirret
Darf und unverwirret
Sich zum Heile gebrauchen.

---

*) Odin's Speer.
**) So Sigdr. (unser Text: „der Riesin").
***) Vgl. Mannhardt, Germ. Myth., S. 615 ff.
†) Der Dichtermeth ist gemeint: Runenlied und Runen=
zeichen gehören zusammen, um den Zauber zu wirken.
††) Ein mit den Asen in Verbindung getretenes Götter=
geschlecht.

1) Sigdr. 17. — 2) Sigdr. 18.

Genieß [ihrer], wenn du sie vernommen,
Bis die Götter vergehn. *) [1]

Nun sollst du wählen,
Da dir die Wahl geboten ist,
Du Baum scharfer Waffen **):
Reden oder Schweigen
Bedenke bei dir selbst.
Alle Reden sind wohl erwogen (?)." ***) [2] ‖132)

Sigurd antwortete:

„Nicht werd' ich fliehen,
Wenn ich mich auch todgeweiht weiß:
Nicht mit Feigheit bin ich geboren.
Deinen Freundesrath
Will ich all befolgen,
So lange, wie ich lebe." [3]

Einundzwanzigstes Kapitel. †)

Sigurd sagte: „Nimmer findet man ein wei=
seres Weib in der Welt, als du bist; lehre mich

---

*) Beim Weltuntergang (Ragnarök, „Götterdämmerung").
**) „Baum (hier eigentlich Ahorn) der Waffen" ist eine
skaldische Umschreibung für „Mann, Held"; vgl. oben
S. 97 **.
***) Anders Sigdr.
†) Ueberschrift: „Brynhild's weise Rathschläge".

1) Sigdr. 19. — 2) Sigdr. 20. — 3) Sigdr. 21.

noch mehr klugen Rath." Sie antwortete: „Billig ist es, nach euerm Willen zu thun und euch guten Rath zu geben wegen eurer Wißbegier und Klugheit." Da sprach sie: | „Sei freundlich mit deinen Bluts= freunden, und räche nicht Feindseligkeiten an ihnen, sondern trag sie mit Geduld, und du hast davon langwährendes Lob. [1]

— Hüte dich vor schlimmen Dingen, sowohl vor Mädchen= als Frauen=Liebe: daraus entsteht oft Unheil. [2]

Veruneinige dich nicht mit unweisen Männern in volkreicher Versammlung: sie reden oft Schlim= meres [nach] als sie [wirklich] wissen [3], und du wirst sogleich für einen Feigling erklärt oder *) geglaubt, daß du der Wahrheit überführt seist: erschlag ihn andern Tags und vergilt ihm so die Scheltworte. [4]

Wenn du eines Weges fährst, wo Unholde wohnen, so wahre dich wohl: nimm dir nicht Herberge nahe an der Straße, obschon dich die Nacht überfalle [5]; denn oft wohnen da Unholde, welche die Menschen irreleiten.

| Laß dich nicht schöne Frauen trügen, wenn du

*) So Sigdr., unser Text: „und".

1) = Sigdr. 22. — 2) vgl. Sigdr. 32. — 3) = Sigdr. 24. — 4) = Sigdr. 25, 1—4. 7—9. — 5) vgl. Sigdr. 26.

sie auch bei Festen siehst, so daß dir das den Schlaf raubt oder du davon Herzenskummer empfindest: locke sie nicht an dich mit Küssen oder anderer Liebkosung. [1] ‖ 133)

Wenn du thörichte Worte trunkener Männer hörst, so rechte nicht mit ihnen, während sie weintrunken sind und ihrer Besinnung entbehren [2]: solche Dinge bringen manchem groß Herzeleid oder Tod. [3]

Schlag dich lieber mit deinen Feinden, als daß du dich verbrennen lassest. [4]

Und schwör keinen falschen Eid, denn grimme Rache folgt dem Friedensbruche. [5]

Handle sorgfältig an todten Männern, Siech=Todten *) oder Seetodten oder Schlachttodten, verfahr sorgfältig mit ihrer Leiche. [6]

Traue nicht dem, dem du zuvor den Vater oder Bruder oder einen andern nahen Verwandten erschlagen hast, obschon er jung ist; [denn] oft steckt ein Wolf (Feind) in einem jungen Sohne. **) [7]

Wahre dich sorgfältig vor Anschlägen deiner

---

*) An einer Krankheit gestorbenen.

**) D. h. er kann leicht zum Rächer heranwachsen. (Vgl. Sig. sk. 12,3 f. = unten S. 153 **.)

1) = Sigdr. 28. — 2) = Sigdr. 29. — 3) = Sigdr. 30, 1—4. — 4) = Sigdr. 31, 4—6. — 5) = Sigdr. 23. — 6) = Sigdr. 33 [und 34]. — 7) = Sigdr. 35.

Freunde. ¹ Zwar kann ich wenig von euerm Leben
voraussehen: doch sollte nicht Haß von Schwägern
dich treffen!" ²

Sigurd sprach: „Kein weiserer Mensch ist zu
finden, als du bist; und das schwöre ich, daß ich dich
zur Frau haben will, und du bist nach meinem Sinn."
Sie erwiderte: „Dich will ich am liebsten haben,
wenn ich auch unter allen Männern die Wahl habe!"
Und dies bekräftigten sie mit Eiden unter sich.*)

Zweiundzwanzigstes Kapitel. **)

Nun ritt Sigurd hinweg. Sein Schild war
folgendermaßen gekennzeichnet: [er war] mit rothem
Golde überzogen, und darauf ein Drache gemalt,
der war dunkelbraun oberhalb, und schönroth unter=
halb, und ebenso war sein Helm und Sattel und
Waffenrock gekennzeichnet. Er trug einen Goldpanzer,

---

*) Diese Verlobung ist schwerlich sagengemäß, vgl. Beitr.
3, 255 ff. (s. auch unten S. 116*).

**) Ueberschrift: „Von Sigurd's Aussehen". Dies Kapitel
ist entlehnt aus Thidr. s. Kap. 166, womit unsere
Schilderung meist wörtlich übereinstimmt.

1) = Sigdr. 37, 1—3. — 2) vgl. Sigdr. 37, 4—6. — Die Sigdr., deren
letzte Strophen schon nur noch in jungen Papierhandschriften überliefert sind, brechen hier ab; und es beginnt die große Lücke im
cod. reg. der Lieder-Edda.

und alle seine Waffen waren mit Gold verziert. Und deshalb war ein Drache auf seine ganze Waffenrüstung gemalt, daß man ‖134) wissen konnte, wer da einherfahre, so er gesehen würde von allen denen, die erfahren hätten, daß er den großen Drachen erschlug, den die Wäringer*) Fafni nennen. Und deshalb waren all seine Waffen mit Golde verziert und braun von Farbe, weil er andere Männer weit überragte an Rittersitte und aller Art Höfischheit**) und beinahe in allen Dingen. Und wo alle die größten Helden und die berühmtesten Häuptlinge aufgezählt werden, da wird er immer zuvörderst genannt werden; und sein Name geht in allen Zungen nördlich vom Griechischen Meer, und so wird es bleiben, so lange die Welt steht. ¹

Sein Haar war braun - und schön anzusehen, und fiel in langen Locken herab; der Bart war dicht und kurz und von derselben Farbe; er hatte eine

---

*) So hießen besonders die in Konstantinopel in der Leib=wache dienenden Skandinavier, aber das Wort wird auch gebraucht für Skandinavier überhaupt; so hier im Gegensatz zu Deutschen, wie mehrfach in Thidr. s.
**) Ausdrücke, die in Thidr. s. häufig begegnen.

1) Dieser ganze Absatz steht in Thidr. s. (2, S. 24 f.) am Schlusse des Kapitels.

hohe*) Nase und ein breites und starkknochichtes
Antlitz. Seine Augen waren so durchdringend, daß
wenige wagten ihm unter die Brauen zu blicken.**)
Seine Schultern waren so breit, wie die Schultern
von zwei Männern.***) Sein Körper war ganz eben=
mäßig geschaffen an Höhe und Dicke, und solcher=
gestalt, wie es am besten passen kann. Und das ist
das Merkmal seiner Größe, daß, wenn er sich mit
seinem Schwerte Gram umgürtete (und das war
sieben Spannen hoch) und er durch ein vollwachsenes
Roggenfeld ging ‖ 135), so reichte die Spitze der
Scheide†) an die emporstehnden Aehren. Und seine
Stärke war [noch] größer als sein Wuchs. Wohl
vermochte er das Schwert zu schwingen, den Speer
zu schießen, den Schaft zu werfen und den Schild
zu halten, den Bogen zu spannen oder Rosse zu
reiten††), und mancherlei Ritterschaft lernte er in
der Jugend. Er war ein weiser Mann, so daß er

---

*) Im Gegensatz hierzu heißt es bei dem Sklaven: „Nieder=
gebeugt ist die Nase", Rigsth. 10.

**) Bei der sonst Zug für Zug mit der Thidr. s. gleich=
lautenden Schilderung fehlt hier die Stelle von Sigurd's
Hornhaut, Thidr. s. 2, S. 23, Z. 5 ff.

***) Wörtlich: „Als ob es zwei Männer wären."

†) Wörtlich: „Der Thauschuh am Schwerte."

††) Aehnliche Zusammenstellungen sind in Thidr. s. häufig.

noch ungeschehene Dinge voraus wußte; er verstand die Stimme der Vögel, und deshalb kamen ihm wenig Dinge unversehens. Er war ausführlich und gewandt im Reden, so daß er niemals anhub über eine Sache zu reden, davon er eher abgelassen hätte, als bis es allen so schien, daß es keinesweges anders sein könnte, als wie er sagte. Und das war seine Lust, seinen Mannen Hilfe zu leisten, und sich selber in Heldenthaten zu versuchen, seinen Feinden Gut abzugewinnen und seinen Freunden zu geben. Nie fehlte es ihm an Muth und niemals kannte er Furcht.

Dreiundzwanzigstes Kapitel.*)

Sigurd ritt nun, bis daß er zu einem großen Hofe kam, dessen ein mächtiger Häuptling Namens Heimi waltete. ¹ Der hatte zur Frau Brynhild's Schwester, die Beckhild **) hieß, denn sie war

---

*) Ueberschrift: „Sigurd kommt zu Heimi". Die folgenden Kapitel bis 29 einschl. entsprechen der Lücke in der Handschrift der Lieder-Edda; vgl. die Einl., auch über das Verhältniß zu Grip. Die einzelnen Berührungen sind in den Ziffernoten angeführt.

**) D. h. Bank-Hilde, als die häusliche, im Gegensatz zu ihrer kriegerischen Schwester Brynhild, d. h. Panzer-Hilde.

1) Vgl. Helr. 11, 1—4.

daheim geblieben und hatte weibliche Kunstfertigkeiten
gelernt; | Brynhild aber trug Helm und Brünne,
und zog in den Krieg, und darum ward sie Brynhild genannt. *) [1] Heimi und Beckhild hatten einen
Sohn, der Alsvinn hieß, ein höchst ritterlicher Jüng-
ling.

Dort spielten Leute ‖ 136) draußen; | und als sie
einen Mann zum Hofe reiten sahen, hielten sie
inne mit Spielen und verwunderten sich über den
Mann, dieweil sie [noch] keinen solchen gesehen
hatten [2], | gingen ihm entgegen und begrüßten ihn
freundlich. Alsvinn bot ihm an, daß er bei ihm bliebe
und von ihm annähme, was immer er wollte. Darauf ging er ein. Ihm ward ehrenvoller Dienst erwiesen: vier Männer huben das Gold vom Rosse,
der fünfte nahm dasselbe (das Roß) in Empfang. [3]
Da konnte man manche werthvolle und seltene Kleinode erblicken, und man ergötzte sich damit, Panzer,
Helme und große Ringe zu besehen und wunderbar
große Goldbecher und allerlei Heergeräthe.

Sigurd weilte da lange in großen Ehren. Man
vernahm nun diese Heldenthat in allen Landen,

---

*) S. S. 109**.

1) Vgl. Grip. 27, 1—4; Helr. 6. — 2) vgl. Helr. 11, besonders Vers
5—8. — 3) vgl. Grip, 5.

daß er den furchtbaren Drachen erschlagen hatte.
Sie (Sigurd und Alsvinn) fanden nun Wohlgefallen
an einander, und war einer dem andern hold. Das
war ihre Lust, ihre Waffen zuzurüsten, und ihre
Pfeile zu schäften*) und mit ihren Habichten zu beizen.

Vierundzwanzigstes Kapitel.**)

. Da war auch | heimgekommen zu Heimi Bryn-
hild, seine Pflegetochter:¹ sie saß in einer Kammer
mit ihren Mägden; mehr Geschicklichkeit hatte sie
denn andere Frauen. Sie bedeckte ihren Teppich***)
mit goldenem Grunde und stickte darauf die Großthaten, die Sigurd verrichtet hatte, den Tod des
Wurmes, und die Erbeutung des Hortes und den
Tod Regin's.

. Und eines Tages, heißt es, ritt Sigurd zu
Walde mit seinen Hunden und Habichten und vielem
Gefolge, und als er heim kam, flog sein Habicht
auf einen hohen Thurm, und setzte sich an ein Fenster.
Sigurd stieg dem Habichte nach; da sah er ein

---

*) D. h. hölzerne Pfeilschäfte zu schnitzen.
**) Ueberschrift: „Sigurd's Gespräch mit Brynhild".
***) Gewebe, an dem sie arbeitete.
1) Vgl. Grip. 27—29; Helr. 11, 3—4.

schönes Weib, | und erkannte, daß es Brynhild war*),
und ihn dünkte gleicherweise vortrefflich ihre Schönheit wie ihre Arbeit.

Er kam in die Halle, und | wollte keine Kurz-
weil mit den Männern haben. Da ‖137) sprach
Alsvinn: „Warum seid ihr so schweigsam? Dies
dein Benehmen härmt uns und deine Freunde; warum
willst du denn nicht fröhlich sein?¹ Deine Habichte
lassen den Kopf hängen und das Roß Grane gleicherweise; lange aber wird es währen, bis**) wir dem
abhelfen können." Sigurd antwortete: „Guter Freund,
höre, was ich sinne: mein Habicht flog auf einen
Thurm, und als ich ihn holte, da sah ich ein schönes
Weib***); sie saß an einem goldigen Teppich, und
stickte darauf meine vergangenen und vollbrachten
Thaten." Alsvinn antwortete: „Du hast Brynhild,
Budle's Tochter, gesehen, welche ein treffliches Weib

---

*) Jedenfalls ein Zusatz des Sagaschreibers, hervorgegangen
aus seiner irrthümlichen Vermischung der Brynhild mit
Sigrdrifa (s. oben S. 92**). Offenbar kannte er die
erblickte Frau nicht, wie das folgende Gespräch mit
Alsvinn zeigt.

**) D. h. „Wir werden Mühe haben, dem abzuhelfen."

***) Zu S. 111, Z. 16 bis hierher vgl. den ähnlichen Eingang
der Skirn.

1) Vgl. Grip. 29.

ist." Sigurd erwiderte: „Das wird wahr sein; wie
[lange] ist es denn, daß sie herkam?" Alsvinn ant=
wortete: „Es war kurz vor eurer Ankunft."*)
Sigurd sprach darauf: „Das erfuhr ich [erst] vor
wenig Tagen**); diese Frau erschien mir als die
schönste auf der Welt!" Alsvinn antwortete: „Richte
nicht deine Gedanken auf das Eine Weib, du solch
ein Mann; es ist übel um das zu sorgen, was man
nicht erhalten kann." „Sie muß ich besuchen
(sprach Sigurd) und ihr Gold geben***), mich ihrer
Gunst erfreuen und ihre Gegenliebe erwerben." Als=
vinn entgegnete: „Noch ward kein Mann in aller
Welt erfunden, dem sie den Platz neben sich ver=
gönnt oder Bier zu trinken gegeben hätte: | sie will
an Heerfahrten theilnehmen und allerlei Ruhmes=
thaten vollbringen." 1 Sigurd antwortete: „Ich
weiß nicht, ob sie mir antworten wird oder nicht,
oder mir einen Platz neben sich vergönnen."†)

----

*) Wörtlich: „Es lag wenig Zeit dazwischen, als ihr kamet."
**) Nämlich, als Sigurd Brynhild vom Thurme aus er=
   blickte (S. 111 f.).
***) Der Brautschatz (S. 63**) ist gemeint, vgl. Grip. 30,5 ff.
†) Gemeint ist wohl: „ob sie mir nicht doch antworten
   wird" u. s. w.

1) Vgl. unten S. 115, Z. 12 ff. und 132, Z. 4 ff.

Und am andern Tage darauf ging Sigurd zu ihrer Kammer, Alsvinn aber stand außen neben der Kammer und schäftete seine Pfeile. Sigurd sprach: „Heil euch*), Frau! Wie ergeht es euch?" Sie antwortete: „Wohl ergeht es mir: Verwandte und Freunde leben. Aber ungewiß ist, welches Glück man bis zu seinem Todestage hat." Er setzte sich neben sie. Darnach kamen vier Frauen herein mit großen Tischbechern von Gold und voll des besten Weines, und standen vor ihnen. Da‖138) sprach Brynhild: „Dieser Sitz wird wenigen**) verstattet, außer wenn mein Vater kömmt." Er antwortete: „Jetzt ist er dem vergönnt, von dem es mir lieb ist."***) Das Zimmer war umhangen mit den kostbarsten Umhängen, und der ganze Fußboden mit Decken belegt. Sigurd sprach: „Nun ist das erfüllt, was ihr mir verhießet." †) Sie antwortete: „Ihr sollt hier willkommen sein." Sodann stand sie auf, und die vier Maide mit ihr, trat vor ihn mit einem

---

*) Eigentlich: „Sitzt heil!"

**) D. h. keinem.

***) D. h. „von dem ich wünsche, daß ihm der Platz zu Theil werde" (den ich am liebsten auf diesem Platze sehe), nämlich: mir.

†) Dieser Satz scheint die oben S. 92** besprochene Vermischung der Brynhild mit Sigrdrifa vorauszusetzen.

Goldbecher und hieß ihn trinken. Er streckte die
Hand aus nach dem Goldbecher und ergriff ihre
Hand mit*) und setzte sie neben sich. Er faßte sie
um den Hals und küßte sie und sprach: „Kein
Weib ward je schöner geboren als du." Brynhild
sprach: „Ein weislicherer Rath ist es, sein Ver=
trauen nicht in Weibes Gewalt zu setzen**), denn sie
brechen stets ihre Gelübbe."***) Er sprach: „Der
Tag würde mir als der glücklichste anbrechen,
an dem wir einander genießen könnten." Bryn=
hild antwortete: „Nicht ist es beschieden, daß wir
beisammen wohnen sollen: ich bin eine Schildmaid,
und trage den Helm bei Heerkönigen, und denen
will ich zu Hilfe kommen, denn nicht ist mir leid
zu kämpfen." Sigurd antwortete: „Dann wird es
uns am besten gedeihen, wenn wir beisammen wohnen;
und schwerer ist es den Harm, der hierauf†) lastet,

---

*) Derselbe Zug begegnet öfter in der Heldensage, z. B.
  Thidr. s. Kap. 97 (S. 263) von Dietleib und bei Paul.
  Diak. 3, Kap. 30 von Authari.

**) D. h. „dein Vertrauen nicht auf ein Weib setzen, so daß
  du dich in ihre Gewalt begiebst."

***) Derselbe Gedanke kehrt öfter wieder, z. B. Háv. 83;
  Thidr. s. Kap. 350, S. 366.

†) Nämlich auf der Nichterfüllung unseres Wunsches nach
  Vereinigung.

zu dulden als scharfe Waffen." Brynhild antwortete: „Ich werde die Schaar der Heermannen mustern, du aber wirst Gudrun, Gjuke's Tochter, heirathen." Sigurd antwortete: „Nicht trügt mich eines Königs Tochter, und nicht neige ich hierin zum Wankelmuth, und ich schwör' es bei den Göttern, daß ich dich haben will oder keine Frau sonst." Sie sagte dasselbe. Sigurd dankte ihr für diese Aeußerung und gab ihr einen Goldring, | und schwuren sich nun von neuem*) Eide. ¹ Darauf ging er hinweg zu seinen Mannen, und war dort eine Weile in großen Ehren.

Fünfundzwanzigstes Kapitel.

Gjuke hieß ein König, der herrschte im ‖139) Süden des Rheins. Er hatte drei Söhne, die also hießen: Gunnar, Hogne und Gutthorm; Gudrun hieß seine Tochter ², die war eine hochberühmte Maid. Diese Kinder überragten andere Königskinder an jeglicher Tüchtigkeit, an Schönheit sowohl wie an Wuchs. Sie waren immer auf Heerfahrten, und

---

) Bezieht sich auf S. 106; vgl. die Anm. daselbst.

1) Grip. 31, 1—3. — 2) Vgl. Sn. E. 118, 13—15, wo noch Gudny als Tochter, Gutthorm aber als Stiefsohn Gjuke's (= Hyndl. 27,5 ff.) bezeichnet ist.

vollbrachten manche ausgezeichnete That.[1] Gjuke's Gemahlin war Grimhild[2] die Zauberkundige.

Budle hieß ein König, der war mächtiger als Gjuke; doch waren beide mächtig. Atle hieß der Bruder Brynhild's; der war ein grimmer Mann, groß und schwarz, doch stattlich, und ein gar streitbarer Held.

Grimhild war ein grimmsinniges Weib. Gjuke's Macht stand in hohen Ehren, und zwar hauptsächlich durch seine Kinder, welche die meisten weit überragten.

Einmal sagte Gudrun zu ihren Maiden, daß sie nicht froh sein könne. Eine Frau*) fragte sie, was sie unfroh machte. Sie sagte: „Ich hatte unglückliche Träume**); das bekümmert mich in meinem Herzen; deute [nun] den Traum, nach dem du fragst." Die Frau sagte: „Sag' es mir und laß es dich nicht bekümmern, denn stets träumt man von Stürmen (Unwetter)."***) Gudrun entgegnete: „Dies bedeutet keinen Sturm. Mir träumte, daß

) Siehe S. 118.

**) Wörtlich: „Nicht hatte ich Glück in Träumen." Zum Folgenden vgl. Chriemhild's bekannten Traum am Anfange des Nibelungenliedes (bei Bartsch Str. 13 ff.)

***) D. h. „stets beziehen sich Träume auf Unwetter."

1) Vgl. u. S. 127[1] und 148[3]. — 2) = Sn. E. 118,13.

ich einen schönen Habicht (Falken) auf meiner Hand sah, dessen Federn waren von goldiger Farbe." Die Frau sagte: „Viele haben von eurer Schönheit, Weisheit und Höfischheit gehört: ein Königssohn wird um dich werben." Gudrun erwiderte: „Kein Ding däuchte mir besser als dieser Falke, und all mein Gut wollte ich lieber lassen denn ihn." Die Frau sagte: „Der, den du erhältst, wird ein wohl=erzogener Mann sein und du wirst ihn sehr lieben." Gudrun antwortete: „Das bekümmert mich, daß ich nicht weiß, wer er ist. Wir wollen Brynhild auf=suchen, sie wird es wissen."

Sie*) schmückten sich mit Golde und reichem Putz und fuhren mit ihren Maiden, bis daß sie zu Brynhild's Halle kamen. Diese Halle war mit Golde geschmückt und stand auf einem Berge.**) Und

---

) Gudrun und wer noch? Doch wohl die 117 er=wähnte traumdeutende Frau, der im Nib.=Liede die Mutter Chriemhild's entspricht. (War also hier auch Gudrun und ihre Mutter Grimhild ursprünglich ge=meint?)

**) Das geht wieder auf Sigrdrifa's Aufenthaltsort Hindar=fjall (vgl. Fafn. 42), während wir vorhin Brynhild bei Heime wohnend fanden. Ueberhaupt scheint das hier benutzte Lied Sigrdrifa (die der Verf. der Saga mit Brynhild zusammenwirft) gemeint zu haben, wobei mancher Widerspruch und namentlich das Auffallende

als ‖ 140) ihre Fahrt gesehen ward, da ward Bryn=
hild gemeldet, daß viele Frauen auf vergoldeten
Wagen zu der Burg [daher] führen. „Das wird
Gudrun, Gjuke's Tochter, sein [sagte Brynhild]; denn
mir träumte von ihr die Nacht; und gehn wir hin=
aus ihr entgegen."

Sie gingen hinaus ihnen entgegen und begrüßten
sie freundlich. Jene schritten hinein in die schöne
Halle: der Saal war innen mit Bildern geschmückt
und reich mit Silber verziert, Teppiche waren unter
ihre Füße gebreitet, und alle dienten ihnen; sie
hatten allerhand Kurzweil. Gudrun [aber] war
wortkarg. Brynhild sprach: „Warum könnt ihr
nicht fröhlich sein? Thut nicht also, sondern laßt
uns allesammt uns vergnügen und von mächtigen
Königen und ihren Heldenthaten reden." „Thun
wir das!" sprach Gudrun; „welche Könige kennst
du als die vortrefflichsten?" Brynhild antwortete:
„Die Söhne Hamund's, Hake und Hagbard*); die

---

der Prophezeiung in Brynhild's Munde fortfiele.
Zum Traumdeuten erscheint Sigrdrifa, die auch Sigurd
belehrte, überhaupt geeigneter als Brynhild.

*) Die Brüder Hake und Hagbard als Seekönige nennt
auch Yngl. s. Kap. 25. Von Hake, Hamund's Sohns,
Liebe zu Signy handelt eine im Norden weit verbreitete

vollbrachten manche ruhmvolle That auf der Heer=
fahrt." Gudrun entgegnete: "Mächtig waren sie
und berühmt, doch entführte Sigar ihre Schwester,
und verbrannte andere*) [ihrer Verwandten?], und
säumig sind sie, es zu rächen. Warum nennst du
denn nicht meine Brüder, welche nun die vortrefflich=
sten Männer zu sein scheinen?" Brynhild antwortete:
"Dazu ist gute Aussicht, doch noch sind sie nicht
recht erprobt, und ich weiß einen, der sie weit über=
trifft; das aber ist Sigurd, König Sigmund's Sohn.
Er war damals noch ein Kind, als er die Söhne
König Hunding's erschlug und seinen Vater und
Eylime, seiner Mutter Vater, rächte." Gudrun sagte:
"Was hatte ‖ 141) es damit auf sich? Sagst du,
daß er geboren**) war, als sein Vater fiel?" Bryn=
hild antwortete: | "Seine Mutter ging auf die Wal=
statt und fand König Sigmund verwundet und erbot
sich seine Wunden zu verbinden; er aber erklärte,
er wäre zu alt, ferner zu streiten, und hieß sie

Sage, die der Hug=Dietrichssage verwandt ist. Die
hier angedeutete Gestalt dieser Sage ist sonst unbekannt.

*) Hier scheint etwas zu fehlen, bezw. das benutzte Lied
ungenau wiedergegeben zu sein.

**) Nach Bugge's Vermuthung würde vielleicht richtiger
„ungeboren" stehn.

sich damit trösten, daß sie den trefflichsten Sohn gebären würde [1], und diese Voraussage erfüllte sich.*) Und nach dem Tode König Sigmund's fuhr sie mit König Alf, und ward Sigurd dort auferzogen mit großen Ehren, und vollbrachte an jedem Tage viele Heldenthaten, und er ist der vortrefflichste Mann auf der Welt." Gudrun antwortete: „Aus Liebe hast du nach Kunde von ihm geforscht: aber dazu kam ich hierher, dir meine Träume zu sagen, die mir große Bekümmerniß schufen." Brynhild antwortete: „Laß dich solches nicht bekümmern. Weile bei deinen Blutsfreunden, die alle dich erfreuen wollen."**)

„Es träumte mir (sagte Gudrun), daß wir mehrere zusammen aus der Kammer gingen und

---

*) Wörtlich: „Die Voraussage war eines Weisen Vermuthung" = Fms. 11,154.

**) Die Handschrift beginnt hier ein neues Kapitel mit der Ueberschrift: „Gudrun's Traum wird von Brynhild gedeutet." Diese zweite Traumdeutung ist offenbar einer jüngeren Paralleldichtung im Geschmacke der Grip. entnommen, während das Alter der ersteren durch die Uebereinstimmungen mit dem Nib.=Liede bestätigt wird, die freilich auch für das Alter einzelner Züge in der zweiten Traumdeutung sprechen.

1) Vgl. oben S. 59 [1].

sahen einen großen Hirsch, der übertraf weit andere Thiere*); sein Fell**) war von Golde: wir wollten alle das Thier fangen, ich allein aber erreichte es; das Thier däuchte mir besser als alle anderen Dinge: darauf erschossest du das Thier vor meinen Knieen, und das war mir ein so großer Harm, daß ich ihn kaum zu ertragen vermochte. Darnach gabst du mir einen jungen Wolf, der bespritzte mich mit dem Blute meiner Brüder." Brynhild antwortete: „Ich will auslegen, wie es ergehn wird: zu euch wird Sigurd kommen, den ich mir zum Manne erkor;| Grimhild giebt ihm mit Trug gemischten Meth, der uns alle in großen Streit bringt.¹ Ihn wirst du besitzen, aber ihn bald verlieren.² Du wirst König Atle zum Gemahl haben; deine Brüder wirst du verlieren, und dann wirst du Atle erschlagen." Gudrun antwortete: „Großer Harm ist es mir, solches zu wissen." Und nun fuhren sie hinweg und heim zu König Gjuke. ‖142)

---

*) Der Hirsch als Bild des alle Helden überragenden Geliebten findet sich auch in Helg. Hund. II, Str. 37, 5 ff., speciell von Sigurd gebraucht in Gudr. II, Str. 2,5 f.

**) Wörtlich: „Haar."

1) Vgl. unten S. 139². — 2) = Nibel. Str. 14,3 f.

Sechsundzwanzigstes Kapitel.*)

Sigurd ritt nun hinweg mit dem vielen Golde, und sie schieden als Freunde. | Er ritt auf Grane mit all seinem Heergeräthe und seiner Last, und ritt, bis daß er zur Halle König Gjuke's kam[1]. Da ritt er in die Burg. Das sah einer von des Königs Mannen und sprach: „Ich wähne, hier kömmt einer von den Göttern! Dieser Mann ist ganz mit Golde geschmückt; sein Roß ist viel größer, denn andere Rosse und außerordentlich schön ist seine Waffenrüstung und übertrifft die anderer Männer weit, am meisten aber überragt er doch selber andere Männer." Der König ging hinaus mit seinem Hofe, und grüßte den Mann, und fragte: „Wer bist du, der du in die Burg reitest, was [noch] niemand ohne Erlaubniß meiner Söhne gewagt hat?" Er antwortete: „Ich heiße Sigurd, und bin König Sigmund's Sohn." König Gjuke sprach: „Willkommen sollst du sein hier bei uns, und empfange hier alles, was du willst."

---

*) Ueberschrift: „Sigurd wird ein Vergessenheitstrank gemischt".

1) Bgl. Grip. 13,5—8 (31,5 f.); Sig. sk. 1,1—4; Sn. E. 118,12 f.

Und er ging hinein in die Halle, und alle erschienen klein neben ihm; und alle dienten ihm, und er war dort in hohem Ansehen. Sie ritten alle zusammen, Sigurd, Gunnar und Hogne; jedoch war Sigurd ihnen voraus in allen Fertigkeiten, und waren doch alle gewaltige Männer.

Grimhild bemerkte, wie sehr Sigurd Brynhild liebte, und wie oft er ihrer erwähnte. Sie gedachte bei sich, daß es ein größeres Glück wäre, wenn er da dauernd verbliebe und König Gjuke's Tochter nähme; und sie sah, daß niemand sich ihm vergleichen konnte, sah auch, welcher Trost (welche Stütze) an ihm war, und [daß er] unmaßen viel Gut besaß, viel mehr als daß man seines gleichen*) gekannt hätte. Der König war gegen ihn wie gegen seine Söhne, diese aber ehrten ihn höher als sich selbst.

Eines Abends, da sie beim Trunke saßen, stand die Königin auf und trat vor Sigurd, grüßte ihn und sprach: „Freude haben wir über dein Hiersein, und alles ‖ 143) Guten wollen wir euch theilhaftig machen: nimm hier das Horn und trink." Und sprach weiter: „König Gjuke soll dein Vater sein, und ich deine Mutter, und Gunnar und Hogne deine Brüder, und alle sollt ihr Eide leisten, so wird sich

---

*) Wörtlich: „ein Beispiel dafür" (einen ähnlichen Fall).

niemand finden, der euch gewachsen wäre." Sigurd
nahm das wohl auf: und | in Folge dieses Trankes
gedachte er nicht [mehr] an Brynhild. [1] Er weilte
da geraume Zeit. [2]

Einmal trat Grimhild vor König Gjuke, schlang
ihre Hände um seinen Hals, und sprach *): „Hierher
ist nun der größte Held gekommen, der auf der
Welt gefunden werden kann, an ihm hätten wir
starke Stütze: | gieb ihm deine Tochter mit reichem
Gute und so große Herrschaft, wie er will [3]: so
könnte er es sich hier wohl gefallen lassen." Der
König erwiderte: „Ungebräuchlich ist es, seine Tochter
anzubieten: doch ehrenvoller ist es, sie ihm anzu=
bieten, als wenn andere [um sie] bäten."

Eines Abends schenkte Gudrun. Sigurd sah,
daß sie ein schönes Weib war und in jeder Be=
ziehung ein feines Benehmen hatte.

Fünf Halbjahre war Sigurd dort, so daß sie
mit Ruhm und in Freundschaft lebten; und redeten
nun die Könige mit einander. König Gjuke sprach:
„Viel Gutes erwiesest du uns, Sigurd, und eine
große Stütze bist du unserm Reiche gewesen."

---

*) Eine in Thidr. s. formelhaft wiederkehrende Wendung.

1) Vgl. Grip. 31,7 f. 33,1—4. — 2) = Sn. E. 118,15. — 3) vgl. Grip.
33,5—8.

Gunnar sprach: „Alles wollen wir daran wenden, daß ihr lange hier bleibet, und wir bieten euch Herrschaft zugleich und unsere Schwester dar, ohne Bitte *) [1]; kein anderer aber würde sie erhalten, obschon er um sie bäte." Sigurd antwortete: „Habt Dank für euer ehrendes Anerbieten: dies will ich annehmen." | Sie schwuren sich nun Blutsbrüderschaft **), als wenn sie von Geburt Brüder wären. [2]

Da ward ein vortreffliches Fest zugerüstet, das währte viele Tage [3], und hielt ***) Sigurd nun seine Hochzeit mit Gudrun. [4] Da konnte man mancherlei Freude und Lustbarkeiten sehen, und war · die Bewirthung an jedem Tage immer noch besser als am vorhergehnden. †)

---

*) Wörtlich: „Herrschaft und unsere Schwester mit Anbietung."

**) Zwei, die Blutsbrüderschaft schließen wollten, ließen beide Blut in ihre Fußspur (über deren Bedeutung s. Grimm, Rechtsalt. 155 ff.) rinnen (Brot. 18,3 f.) und mischten so ihr Blut (Lokas. 9); sie waren hinfort so eng miteinander verbunden wie wirkliche Brüder.

***) Eigentlich „trank"; ebenso von Atle Kap. 32 Ende.

†) Dieselbe Wendung oben S. 55, Z. 7.

1) Vgl. Sig. sk. 2,1—4. — 2) Sig. sk. 1,5—8; Grip. 37,1—4 (34,1 f.); Sn. E. 118,16 f. — 3) = Sig. sk. 2,5—8. — 4) Grip. 34,3 f. (?); Sn. E. 118,15 f.

|Sie fuhren nun weit durch die Lande und verrichteten manche Heldenthat, erschlugen viele Königssöhne, und kein anderer that gleiche Großthaten; und fuhren dann heim mit großer Beute. [1]

Sigurd gab Gudrun von Fafni's Herzen zu essen, und seitdem war sie weit grimmiger denn zuvor, aber auch klüger. [2] Ihr beider Sohn hieß Sigmund. [3]

Einmal ging Grimhild zu Gunnar, ihrem Sohne, und sprach: „Eure ‖144) Herrschaft steht nun in hohen Ehren, das Eine ausgenommen, daß ihr noch unvermählt seid. | Werbet um Brynhild. Das ist für dich die ansehnlichste Heirath, und wird Sigurd mit euch reiten. [4] Gunnar antwortete: „Gewiß ist sie schön, und nicht ist mir dies unerwünscht." Er sagte es sodann seinem Vater sowie den Brüdern und Sigurd; und alle bestärkten ihn darin.

Siebenundzwanzigstes Kapitel. *)

Nun rüsteten sie sich weislich zur Reise und |ritten sodann über Berg und Thal zu König Budle

*) Ueberschrift: „Sigurd durchreitet die Waberlohe Brynhild's, der Tochter Budle's".

1) Vgl. Nth. Kap. 6; Atlam. Str. 95 f.; ob. S. 117[1], u. S. 148***. — 2) vgl. ob. S. 93, Z. 12. Wohl aus Prosa vor Gudr. I, Z. 7—9 (f. Germ. 23,186). — 3) Sn. E. 119,11. 120,2 (vgl. Gudr. II, Str. 29,7). — 4) Vgl. Grip. 35. Sig. sk. 3,3 f.

und brachten ihre Werbung vor. [1] Er nahm dieselbe wohl auf, falls sie nicht nein sagen würde,
sagte aber, sie wäre so stolz, daß sie nur den Mann
nehmen würde, den sie wollte.

Da ritten sie hin nach Hlymdal.*) Heimi begrüßte sie freundlich. Da sagte Gunnar ihr An-
liegen. Heimi erklärte, sie habe die Wahl, wen sie
nehmen wollte; er sagte, ihr Saal wäre nahebei,
und äußerte die Meinung, daß | sie den allein würde
zum Manne nehmen wollen, der durch das lohende
Feuer reite, das um ihren Saal brenne.**) [2]

Sie fanden den Saal und das Feuer und sahen
da eine von Gold strotzende***) Burg und außen
umher brannte ein Feuer. [3] Gunnar ritt den Gote [4],
und Hogne den Holkve. [5] Gunnar spornte das Roß

---

*) Dort wohnt Heimi. Die nordische Form ist Hlymdalir,
   Plural, d. h. die Klang= oder Lärm=Thäler.

**) Genauer: „entzündet sei". Hier zeigt sich deutlich die
   Vermischung mit Sigrdrifa, die auf flammenumlodertem
   Berge schläft, während Brynhild bei Heimi lebt.

***) Eigentlich: „goldborstig", d. h. von goldenen (Dach=)Spitzen
   (gleichsam Borsten) starrend.

1) Vgl. Sig. sk. 3,1 f.; Gudr. I, Str. 22,5 ff.; vgl. Sn. E. 118,17 f.,
wo jedoch Atle an Budle's Stelle genannt ist. — 2) = Sn. E. 118,
20 f. — 3) vgl. Fafn. 42, wo Sigrdrifa gemeint ist (vgl. oben S.
118**); Sn. E. 118,19 f. — 4) = Sn. E. 118,23 f. (= Kalfsvisa).
— 5) = Sn. E.: Kalfsvisa.

gegen das Feuer, aber es wich rückwärts. Sigurd sprach: „Was stutzest du, Gunnar?" Der antwortete: | „Das Roß will nicht durch dies Feuer springen [1]," und bat Sigurd, ihm Grane zu leihen. „Gerne *)," sprach Sigurd. | Gunnar ritt nun [abermals] zum Feuer, aber Grane wollte nicht von der Stelle. **) Gunnar konnte also dies Feuer nicht durchreiten. [2] Da vertauschten sie die Gestalten [3], wie Grimhild Sigurd und Gunnar gelehrt hatte. ***) | Darnach ritt Sigurd und hatte [sein Schwert] Gram in der Hand, und band goldene Sporen an seine Füße. Grane sprang nun hinein ins Feuer [4], als er die Sporen fühlte. Da ward ein großes Getöse, als das Feuer erbrauste, die Erde erbebte und die Flamme zum Himmel emporschlug. [5] Das wagte keiner zuvor zu thun, und war es, als ob er im Finstern ritte. †) Da legte sich das Feuer, er aber

---

*) Wörtlich: „Das steht zur Verfügung".

**) Weil er nur geht, wenn Sigurd auf ihm sitzt, s. oben S. 94 *.

***) Vgl. oben S. 26 ***.

†) Wohl wegen des schwarzen Qualms. So heißt auch die Waberlohe selbst die düstere in Skirn. 8 und 9, wo auch Str. 14 f. die Situation ähnlich ist.

1) = Sn. E. 118,24. — 2) vgl. unten S. 139 [1]. — 3) = Grip. 37,5—8; Sn. E. 118,25. — 4) vgl. Sn. E. 119,2. — 5) vgl. Oddr. 16,5 f.

stieg vom Rosse [und ging] hinein in den Saal. So heißt es im Liede *): ‖145)

> Das Feuer erbrauste,
> Die Erde erbebte,
> Hoch flammte lodernd
> Die Lohe zum Himmel.
> | Wenige wagten da
> Von des Fürsten Helden
> Durchs Feuer zu reiten,
> Noch drüber zu springen. [1]

> Mit dem Schwerte spornte
> Sigurd den Grane,
> Das Feuer verlosch
> Vor dem Fürsten,
> Die Lohe all legte sich
> Vor dem Ruhmbegierigen,
> Es blinkte das Reitzeug,
> Das [einst] Regin besaß. **)

Und als Sigurd durch die Lohe hinein kam, fand er da ein schönes Gemach, und darin saß Bryn-hild. Sie fragte, was für ein Mann er wäre; | er

---

*) Das hier benutzte Lied ist bis auf die beiden folgenden Strophen verloren; doch scheinen noch oft in der Prosa die Stabreime der benutzten Strophen durch.

**) Welches Sigurd von Regin erhalten oder genommen hatte, und welches nun Grane trug.

1) Vgl. unten S. 139[1] (von **Gunnar** gesagt).

aber nannte sich Gunnar, Gjuke's Sohn [1]: „und du bist mir bestimmt zur Frau mit dem Jaworte deines Vaters, falls ich durch deine Waberlohe *) ritte, und auch deines Pflegevaters nebst deiner eigenen Bestimmung." [Sie sagte:] „Nicht weiß ich recht, wie ich hierauf antworten soll." Sigurd stand aufrecht auf dem Estrich und stützte sich auf den Schwertknauf, und sprach zu Brynhild: „Dir will ich zum Entgelte großen Brautschatz **) zahlen in Gold und kostbaren Kleinoden." Sie antwortete mit Kummer von ihrem Sitze, wie ein Schwan von der Woge ***), und hatte das Schwert in der Hand

---

*) Wabernde, wallende Lohe, Zauberfeuer, mit dem Odin die in Schlaf versenkte Sigrdrifa (an deren Stelle hier Brynhild getreten ist) umgab. Da ihr Schlaf ursprünglich der Todesschlaf ist (s. oben S. 96 **), so hängt die Vorstellung von der Waberlohe ursprünglich mit der Lohe des Scheiterhaufens zusammen, der ursprünglich aus Dorn geschichtet ward (J. Grimm, Kleinere Schr. 2, 241 ff.), weshalb auch bei Dornröschen (= Brynhild) eine Dornhecke die Waberlohe vertritt.

**) S. oben S. 63 **.

***) Bezieht sich auf den Schwanengesang, den man als — meist todkündende — Weissagung auffaßte (Kassel, der Schwan², 55). Man denke an die Schwanenhemden der den Nornen verwandten Walkyrjen und die Schwäne auf dem Nornenbrunnen (Sn. E. 24,8 ff.; vgl. Kassel, A. 255).

1) Vgl. Grip. 39, 1—4; Sn. E. 118,25.

9*

und den Helm auf dem Haupte und war in der
Brünne: „Gunnar (sagte sie), rede nicht solches zu
mir, wenn du nicht vortrefflicher bist als jeder andere;
und ‖146) du sollst diejenigen erschlagen, die [zuvor]
um mich geworben haben, wenn du dir das zutraust.
Ich war im Kampfe mit dem Garda=König *),
und meine Waffen waren gefärbt in Männerblut:
und darnach verlangt mich noch." Er antwortete:
„Manche Heldenthat habt ihr vollbracht: doch ge-
denket nun an ┃ euer Gelübde, falls dies Feuer durch-
ritten würde, daß ihr dem Manne folgen wolltet,
der das vollbrächte." [1] Sie fand nun, daß er voll-
kommen Recht habe **), stand auf und begrüßte ihn
freundlich. ┃ Dort weilte er drei Nächte und beide
theilten Ein Lager: er nahm das Schwert Gram
und legte es entblößt zwischen sich und sie. [2] Sie fragte,
was das zu bedeuten hätte. Er sprach, es wäre ihm beschieden, daß er also die Vermählung mit seiner Frau

---

*) Das Garda-ríki (=Reich) ist das skandinavische Reich im
   heutigen Rußland, das eigentliche Rußland, wo der
   herrschende Stamm ein skandinavischer (schwedischer) war.

**) Wörtlich: „Sie fand hier richtige Antwort und die
   Kennzeichen (Bestätigung) dieser Rede", d. h. sie fand
   das, was er sagte, richtig und bestätigt.

1) = Sn. E. 118,20 f. — 2) Grip. 39, 5—8. 41, 1—4; Sn. E. 119,
   2—5; Sig. sk. 3,5—4,10. 68,1—8; Brot 20.

beginge, sonst wäre es sein Tod.*) | Da nahm er den Ring Andvaranaut **) von ihr, und gab ihr einen andern Ring aus Fafni's Erbe. ¹

Darauf ritt er hinweg durch dasselbe Feuer zu seinen Gesellen: und sie vertauschten wieder die Gestalt ² und ritten sodann nach Hlymdal, und sagten, wie es ergangen wäre.

An demselben Tage kam Brynhild zu ihrem Pflegevater und sagte ihm im Vertrauen, daß zu ihr ein König gekommen sei, „und er ritt durch meine Waberlohe und sagte, daß er komme, sich mit mir zu vermählen, und nannte sich Gunnar: ich aber sagte***), daß Sigurd allein das thun würde,

---

*) Vgl. Ragnarssaga, Kap. 5 (Schluß). Das dazwischengelegte Schwert findet sich ebenfalls in der vielgestaltigen sogenannten „Freundschaftssage" (Amicus und Amelius), wo ein Bruder dem andern auf diese Weise die Treue hält. Vgl. das vielverbreitete Märchen von den beiden Brüdern (Grimm Nr. 60, Bd. III, S. 102 ff.), und über andere Beispiele Rechtsalt. 168 ff.

**) S. oben S. 72*. Ueber den Ringwechsel bei der Verlobung (bezw. Vermählung) s. Rechtsalt. S. 177. Nach Snorra Edda giebt er ihr den Andvaranaut und empfängt von ihr einen andern Ring; so auch unten S. 141 **. Das ist das richtige (s. Beitr. 3, 280 f.).

***) Das war oben nicht erwähnt.

1) Vgl. Sn. E. 119, 5—8 (s. oben die Anm. *); unten S. 136³ [Nib.-L., Str. 679,3]. — 2) = Sn. E. 119,8—10; Grip. 43, 5—8.

dem ich Eide schwur auf dem Berge *): und er ist mein erster Gatte." **) Heimi sagte, daß es dabei nun sein Bewenden haben müsse. Brynhild sprach: "Meine und Sigurd's Tochter Aslaug soll hier bei dir aufgezogen werden."

| Die Könige fuhren nun heim, Brynhild aber zu ihrem Vater. [1] Grimhild empfing sie freundlich und dankte Sigurd für seine Begleitung.

Nun ward die Hochzeit zugerüstet, und kam dazu eine große ‖147) Menge Volkes; (auch) kam dazu König Budle mit seiner Tochter, und Atle sein Sohn. Und diese Hochzeit hat viele Tage gewährt. | Und als sie zu Ende war, da [erst] gedachte Sigurd aller Eide, die er Brynhild geschworen, ließ aber nichts davon verlauten. [2] Brynhild und Gunnar saßen in Kurzweil und tranken guten Wein.

) Vgl. oben S. 106.

**) Das hier angenommene intime Verhältniß Sigurd's zu Brynhild (Sigrdrifa), dessen Frucht Aslaug sein soll, ist, wie diese Aslaug überhaupt, Erfindung des Sagaschreibers (s. die Einl.). Die echte Sage (in den Eddaliedern) faßt das Verhältniß durchaus als ein keusches auf.

1) Vgl. Sn. E. 119,10 (Brynhild fährt mit den Königen). — 2) = Grip. 45,1—2.

Achtundzwanzigstes Kapitel. *)

Es geschah eines Tages, daß sie zusammen zum Strome gingen, sich zu baden. Da watete Brynhild weiter hinaus in den Strom. [1] Gudrun fragte, was das bedeuten solle. Brynhild antwortete: „Warum soll ich mich hierin mit dir gleichstellen, eher als in andern Dingen? **) [2] Ich wähnte, daß mein Vater mächtiger sei denn deiner, und mein Mann mehr Heldenthaten vollbracht habe [3] und durch brennendes Feuer geritten sei [4]; dein Mann aber war ein Knecht König Hjalprek's." ***) [5] Gudrun antwortete voll Zorn: „Weiser wäre es von dir, zu schweigen [6] als meinen Mann zu lästern: es ist aller Leute Rede, daß keiner seines gleichen auf die Welt

---

*) Ueberschr.: „Zank der Königinnen Brynhild und G[udrun]".

**) Die ausführlichere Schilderung in Sn. E. 119, 12 ff. zeigt die Situation deutlicher: die Königinnen waschen ihr Haar im Strome. Brynhild watet tiefer hinein (stromaufwärts), weil sie nicht das aus Gudrun's Haar triefende Wasser in ihr Haar kommen lassen will. Vgl. auch Nib.-Lied, Str. 814 ff.; Thidr. s. Kap. 320.

***) Dieser Vorwurf beruht auf Entstellung der Thatsachen, s. oben S. 86*.

1) = Sn. E. 119,12—14. — 2) vgl. Sn. E. 119,14 f. — 3) = Sn. E. 119,16. — 4) vgl. Sn. E. 119,21. — 5) vgl. Nib. 838,4. — 6) = Nib. 839,1 f. 849,2.

gekommen sei in jeglicher Hinsicht[1]; und nicht steht es dir wohl an, den zu lästern, der dein erster Gatte war[2]: er erschlug Fasni[3] und ritt durch die Waberlohe, da du ihn für König Gunnar hieltest, und er wohnte dir bei und nahm dir von der Hand den Ring Andvaranaut *), und magst du den nun hier erkennen."[4] Brynhild sah nun den Ring an und erkannte ihn: da erbleichte sie, als wenn sie todt wäre. | Brynhild ging [sodann] heim, und sprach kein Wort am Abend.[5]

Und als Sigurd zu Bette ging, fragte Gudrun: „Warum ist Brynhild so unfroh?" Sigurd antwortete: „Nicht weiß ich es genau; doch ahnt mir, daß wir es bald etwas genauer erfahren werden." Gudrun sagte: „Warum ist sie nicht zufrieden mit ihrem Reichthum und Glücke und aller Männer Lobe, und hat [doch] den zum Gemahl bekommen, den sie wollte?" Sigurd sprach: „Wo hätte man sie je sagen hören **), daß sie glaubte den vortrefflichsten Mann ‖148) zu haben oder denjenigen,

---

*) Vgl. oben S. 133 *.

**) Wörtlich: „Wo war sie da, als sie sagte".

1) Vgl. Nib. 828,2. — 2) vgl. Nib. 839,3—841,2. — 3) = Sn. E. 119,19. — 4) vgl. Sn. E. 119,22—26, wo wieder Brynhild den Andvaranaut von Sigurd erhalten hat; vgl. Nib. 840,2—4. 847,2—3. — 5) Sn. E. 119,26 f.

den sie am liebsten haben wollte?" Gudrun ant=
wortete: „Ich will morgen darnach fragen, wen sie
am liebsten haben will." Sigurd entgegnete: „Da=
von rath' ich dir ab, und du wirst es bereuen, wenn
du das thust."

Am Morgen saßen sie in ihrer Kammer, und
war Brynhild schweigsam. Da sprach Gudrun *):
„Sei fröhlich, Brynhild; betrübt dich unser Gespräch?
oder was steht deiner Freude im Wege?" Bryn=
hild erwiderte: „Eitel Bosheit treibt dich hierzu
(zu dieser Frage), und hast du ein grausames Herz."
„Glaube nicht also (sagte Gudrun), und sag' es
lieber." Brynhild antwortete: „Frage nur nach
dem, was besser für dich ist, zu wissen; das ziemt
vornehmen Frauen. Gut ist es mit Gutem zufrieden
zu sein **), da euch alles nach Wunsche geht."
Gudrun antwortete: „Zu früh ist's noch, sich dessen
zu rühmen, und [doch?] ist dies von Bedeutung, diese
[deine] Prophezeihung. Was rächt ihr an mir?
Ich that euch nichts zu Leide." Brynhild antwor=
tete: | „Dessen sollst du entgelten, daß du Sigurd

---

*) Im Folgenden beruht die Prosa offenbar auf einem
Wechselgespräch in Strophen.

**) D. h.: „In guter (glücklicher) Lage ist es leicht zufrie=
den zu sein".

haſt; ich gönne dir nicht ſein zu genießen [1] noch des vielen Goldes." Gudrun antwortete: „Nicht wußte ich von eurer Verabredung, und wohl hätte mein Vater mir eine Heirath ausersehen können, ohne daß du dabei betheiligt geweſen wäreſt (?)." *) Bryn-hild entgegnete: „Nicht haben wir uns heimlich beredet, und haben uns doch Eide geſchworen: und ihr wußtet, daß ihr mich betroget, und das will ich rächen." [2] Gudrun antwortete: „Du biſt beſſer vermählt, als du verdienſt; und dein Uebermuth wird übel enden, und manche werden es entgelten." „Zufrieden wäre ich (ſagte Brynhild), wenn du nicht einen vornehmeren Mann hätteſt, denn ich." [3] Gudrun antwortete: „Du haſt einen ſo vornehmen Mann, daß es ungewiß iſt, welcher der bedeutendere König iſt und genug [haſt du] an Gut und Herrſchaft." Brynhild antwortete: „Sigurd überwand Fafni, und das iſt mehr werth als das ganze Reich König Gunnar's, wie es im Liede heißt:

> Sigurd ſchlug den Wurm,
> Fürder wird keiner

---

*) at hitt. Die gewöhnliche Ueberſetzung: „Wenn du auch nicht darum gefragt wäreſt" ſcheint mir keinen Sinn zu geben. Iſt gemeint: „Davon betroffen", in deinem Verhältniß zu Sigurd?

1) Vgl. Brot 3,5 f. — 2) vgl. Grip. 45,7 f. — 3) vgl. Grip. 45,5 f.

Je das vergessen,
So lange die Welt steht; ‖149)
| Dein Bruder hingegen
Wagte weder
Durchs Feuer zu reiten
Noch hinüberzuspringen. ¹

Gudrun erwiderte: „Grane wollte nicht ins Feuer rennen *) unter König Gunnar, er aber hatte den Muth zu reiten: den darf man ihm nicht absprechen."
Brynhild antwortete: „Verhehlen wir es uns nicht: ich halte von Grimhild, deiner Mutter, nicht viel."
Gudrun antwortete: „Schmähe sie nicht, denn sie ist gegen dich wie gegen ihre [eigene] Tochter."
Brynhild erwiderte: | „Sie ist die Urheberin alles Unheils, das an uns nagt: sie brachte Sigurd schlimmen Trank **), so daß er meines Namens nicht [mehr] gedachte." ² „Manch verkehrtes Wort redest du (sagte Gudrun), und solches ist eine arge Lüge."
Brynhild antwortete: „Genießet ihr so Sigurd's, wie ihr mich nicht betrogen habt! ***) Euer Beisammen= wohnen ist ungehörig, und gehe es euch so, wie ich

---

*) Wörtlich „rannte nicht".
**) Eigentlich: „Grimmes Bier".
***) Zu der Ausdrucksweise vgl. Gudr. I, Str. 21,1—4.

1) Vgl. oben S. 130¹, 135⁴, unten S. 148¹. — 2) vgl. oben S. 125¹. 143, Z. 7 ff. 151²; Gudr. II, Str. 29,3.

denke." Gudrun antwortete: „Beſſer werde ich ſein genießen, als du es wünſchen möchteſt; und keiner kann ſagen *), daß er ſich übergut mit mir geſtanden hätte, auch nicht Ein Mal." Brynhild antwortete: „Uebel redeſt du, und was dir entfährt, wird dich gereuen: doch wollen wir uns nicht mit Scheltworten befaſſen." Gudrun antwortete: „Du ſchleuderteſt zuerſt Scheltworte gegen mich; jetzt thuſt du, als wollteſt du es wieder gut machen; doch Grimm ſteckt dahinter." „Laſſen wir das unnütze Gerede (ſagte Brynhild). Lange ſchwieg ich von meinem Harme, der mir in der Bruſt wohnte: doch liebe ich deinen Bruder allein; — laß uns über anderes reden." **) Gudrun antwortete: „Im Herzen biſt du weit anders geſonnen." ***)

Und daraus entſtand großer Unfriede, daß ſie zu dem Strome gingen, und daß ſie (Gudrun) den Ring zeigte: davon kam ihr Wortwechſel.

---

*) Wörtlich: „keiner erlangte das", „keinem ward das zu Theil".

**) Wörtlich: „Beginnen wir eine andere Rede".

***) Die übliche Ueberſetzung: „Weit ſieht dein Geiſt voraus" giebt keinen Sinn. Auch ſteht nicht fram „voraus", ſondern um fram „an — vorbei", „über — hinaus", alſo wörtlich: „Weit ſieht dein Herz (Sinn) vorbei" (an dem, was du ſoeben verſöhnlich geredet haſt); alſo dem Sinne

Neunundzwanzigstes Kapitel. *)

Nach diesem Gespräche legte Brynhild sich zu Bette; und drang diese Kunde zu König Gunnar, daß Brynhild ‖150) krank wäre. Er ging zu ihr und fragte, was ihr wäre. Sie aber antwortete nichts und lag, als ob sie todt wäre. Und als er sehr in sie drang, antwortete sie: „Was machtest du mit dem Ringe, den ich dir gab, und den König Budle mir beim letzten Abschiede geschenkt hatte **), als ihr Gjukinge zu ihm kamet, und drohtet zu heeren und zu brennen, wenn ihr mich nicht erhieltet? ***) Darauf | nahm er mich beiseite †) ¹ und

---

nach gleich Gudrun's voriger Antwort. — Hier endete das verlorene Wechselgespräch in Strophen.

*) Ueberschrift: „Brynhild's Harm nimmt noch zu".

**) Der Ring, den Sigurd (in Gunnar's Gestalt) von Brynhild erhielt, stammte demnach von Budle, war also nicht Andvaranaut; s. oben S. 133 *.

***) Diese (jüngere) Sagenfassung, welche eine gewaltsame Erwerbung Brynhild's (durch Kriegsdrohung oder Krieg) voraussetzt, findet sich auch in Oddr. u. s. w.; s. Germ. 23,177—79. 187 f., wo über diese Stelle und ihr Verhältniß zu Sig. sk. gehandelt ist. Vgl. unten S. 162**.

†) Wörtlich: „führte mich zu einer Besprechung".

1) Sig. sk. 37,1 f., unten S. 162⁷.

fragte, welchen ich erköre von denen, die gekommen
wären. | Ich aber erbot mich das Land zu verthei-
digen ¹ und Häuptling zu sein über ein Dritttheil
des Heeres. | Da war unter zwei Dingen zu wählen *),
daß ich dem mich vermählen müßte, so er wollte ²,
oder alles Gutes und seiner Freundschaft verlustig
sein ³; doch sagte er, seine Freundschaft würde mir
besser frommen, als sein Zorn. | Da überlegte ich bei
mir, ob ich seinen Willen [thun], oder manchen Mann
erschlagen sollte ⁴: doch fühlte ich mich unfähig, mit
ihm zu streiten. Und es kam dahin, daß ich mich
dem verhieß, der auf dem Rosse Grane mit Fafni's
Erbe geritten käme und durch meine Waberlohe
ritte **) ⁵, und die Männer erschlüge, die ich [ihm]
bezeichnen würde. | Nun getraute sich keiner zu reiten
als Sigurd allein; der ritt durch das Feuer, denn
ihm fehlte es dazu nicht an Muth; er erschlug den
Wurm und Regin und fünf Könige ***), nicht aber

---

*) Wörtlich: „Da waren zwei Wahlmöglichkeiten vor-
handen".

**) Man beachte die Bedingungen für Brynhild's Erwer-
bung, die hier zusammengestellt sind.

***) Welche? Die Zahl fünf ist vielleicht formelhaft ge-
braucht. Vgl. aber HS. 354.

1) Sig. sk. 38,4—6. — 2) Sig. sk. 37,6. — 3) vgl. Sig. sk. 37,3—8. —
4) Sig. sk. 38,1—6. — 5) Sig. sk .39,1—6. 36,1—4; unten S. 162⁹.

du, Gunnar, der du bleich wardst wie eine Leiche, und bist du kein König noch Held. [1] Ich aber habe das gelobt, daß ich den allein lieben wollte, der als der Vortrefflichste geboren *) wäre, das aber ist Sigurd. | Nun bin ich eidbrüchig [2] dadurch, daß ich ihn nicht habe; und deshalb muß **) ich dir den Tod rathen. ***) Auch habe ich Grimhild Uebles zu lohnen: kein herzloseres noch böseres Weib giebt es als sie." Gunnar antwortete, so daß wenige es hörten: „Manche Lügenworte hast du ausgestoßen, und du bist ein boshaftig Weib, da du die Frau schmähst, die dich weit übertrifft: nicht war sie unzufrieden mit ihrem Loose, wie du thust, noch ‖151) | quälte sie todte Männer †), und keinen mordete sie,

---

   *) D. h.: „Den Vortrefflichsten, der je auf die Welt gekommen".

 **) skal „ich soll", „es ist mir beschieden".

***) Damit ist der Grundgedanke der (älteren) nordischen Sage ausgesprochen: Brynhild muß (entweder Gunnar oder) Sigurd tödten lassen, um ihren Eid, nur dem Trefflichsten anzugehören, halten zu können. Sie läßt Sigurd nicht aus Haß tödten, sondern aus Liebe, und folgt ihm selbst in den Tod, um wenigstens im Tode mit ihm vereint zu sein.

   †) Ist Aehnliches gemeint, wie Thidr. s. Kap. 366 (S. 392) von Grimhild berichtet?

1) Vgl. oben S. 139 [1], unten S 148 [1]. — 2) vgl. Helr. 5,5—8; unten S. 151 [3].

und lebt mit Lob." Brynhild antwortete: „Nicht habe ich Heimlichkeiten gehabt, noch Unthaten verübt *), und (doch?) anders ist meine Sinnesart[1]: williger wäre ich, euch zu erschlagen." Darauf wollte sie Gunnar tödten, Hogne aber legte sie in Fesseln. Da sprach Gunnar: „Nicht will ich, daß sie in Fesseln liege." Sie antwortete: „Kümmere dich nicht darum, denn nimmer siehst du mich hinfort fröhlich in deiner Halle, nicht beim Trinken, noch beim Brettspiel, noch in traulichem Gespräch, nicht [siehst du mich] mehr kostbare Gewänder mit Gold überspinnen **), noch dir Rath geben." Sie nannte das ihren größten Harm, daß sie nicht Sigurd zum Gemahl hätte. Sie richtete sich auf und begann zu weben, [so heftig,] daß das Gewebe zerriß ***); und gebot die Kammerthüren zu öffnen, so daß man ihre Wehklage weithin hören möchte. Nun war große Klage †), und man hörte sie durch die ganze Burg.

---

*) Wie du mir vorwirfst? Richtiger wohl: wie Grimhild.

**) Vgl. oben S. 111, Kap. 24 Anfang.

***) Wörtlich: „Sie schlug ihr Gewebe (schoß oder warf den Einschlag durch den Aufzug ihres Gewebes, vgl. auch unten S. 168 †), so daß es entzwei ging".

†) D. h.: „Da hub Brynhild große Wehklage an".

1) Vgl. Helr. 2,5—3,8 (?).

Gudrun fragte ihre Kammermägde, warum sie so unfroh und betrübt wären, „was ist euch denn, warum geberdet ihr euch wie sinnlose Menschen? welch ein Schreckbild habt ihr gesehen?" Da antwortete eine Frau ihres Gefolges, die Svafrlad *) hieß: „Dies ist ein unseliger Tag, unsere Halle ist voll von Jammer." Da sagte Gudrun zu ihrer Vertrauten: „Steh auf, wir haben lange geschlafen, wecke Brynhild; wir wollen zu Tische gehn und fröhlich sein." „Das thue ich nicht (sagte sie), daß ich sie wecke oder mit ihr rede; manchen Tag **) trank sie weder Meth noch Wein, und ist der Götter Zorn über sie gekommen." — Da wandte sich Gudrun an Gunnar: „Geh hin zu ihr (sprach sie), und sag', ihr Kummer wäre mir leid." „Es ist mir verboten (sagte er), ihr zu nahen oder mit ihrem Gute mich zu befassen (?)." Dennoch ging Gunnar zu ihr und versuchte auf manche Weise ihr Rede abzugewinnen, konnte aber keine Antwort erlangen. ***) Da ging er fort zu Hogne und bat ihn zu ihr zu gehn. Der sagte zwar, daß er wenig Lust

---

*) Svafrlödh.

**) Genauer „manches dœgr", s. oben S. 31*.

***) Wörtlich: „Nichts erlangen hinsichtlich der Antwort".

dazu habe; doch ging er, lockte aber [auch] nichts aus ihr heraus.

Und ward nun Sigurd aufgesucht und gebeten, zu ihr zu gehn. Der erwiderte kein Wort, und dabei blieb es ‖152) den Abend. Am folgenden Tage aber, als er von der Thierjagd kam, ging er zu Gudrun und sprach: „So hat es mir vorgeschwebt*), daß dies etwas Gewaltiges zu bedeuten habe (schlimme Folgen haben werde), daß sie so vor Zorn bebte**), und wird Brynhild sterben." Gudrun antwortete: „Mein Herr, große Wunder geschehen an ihr***): sie hat nun [schon] sieben Tage und Nächte †) geschlafen, so daß keiner wagte, sie zu wecken." Sigurd antwortete: „Nicht schläft sie; [vielmehr] brütet sie über großartigen Plänen gegen uns." Da sprach Gudrun unter Thränen: „Das ist ein großer Harm, deinen Tod zu wissen: geh lieber und besuche sie, und sieh, ob ihr Unmuth sich lege: gieb ihr Gold, und besänftige so ihren Zorn."

Sigurd ging hinaus, und fand den Saal offen; er wähnte, sie schliefe, und schlug die Betten von ihr

---

*) D. h. „das habe ich geahnt".

**) Wörtlich: „Dies [ihr zorniges] Erbeben".

***) D. h. „höchst seltsam geht es mit ihr zu".

†) Sieben dœgr (f. oben S. 31*), also 3½ Tage.

zurück und sprach *): „Wach' auf, Brynhild, die Sonne scheint über die ganze Burg, und [nun] ist genug geschlafen: wirf den Harm von dir, und nimm Fröhlichkeit an." Sie sprach: „Wie magst du so dreist sein **), daß du kömmst mich zu besuchen? Keiner war schlimmer gegen mich bei diesem Betruge." Sigurd antwortete: „Warum redest du mit niemand? Was betrübt dich denn?" Brynhild antwortete: „Dir will ich meinen Zorn sagen." Sigurd sprach: „Bethört ***) bist du, wenn du wähnest, daß ich dir feindselig gesinnt sei; und ist der dein Mann, den du erkorest." „Nein (sagte sie), nicht ritt Gunnar durch das Feuer zu mir, und nicht brachte er mir als Brautschatz Erschlagene †) dar. Ich verwunderte mich über den Mann, der in meinen Saal kam, und ich glaubte eure Augen zu er=

---

*) Hier beginnt wieder ein Wechselgespräch, dem sichtlich Strophen zu Grunde liegen.

**) Wörtlich: „Was bedeutet [diese] deine Kühnheit".

***) Eigentlich „behext".

†) Gemeint ist wohl Fafni's Tod, dessen Zeichen der mit= geführte Hort war. Die Tödtung Fafni's [und der Erwerb seines Hortes] kann in sofern als gezahlter Brautschatz bezeichnet werden, als er die nothwendige Vorbedingung für Brynhild's Erwerbung (als Beweis der Furchtlosigkeit nämlich) war, s. Germ. 23,177 **.

kennen *), doch konnte ich es nicht gewiß unter=
scheiden vor dem Schleier, der über meinem guten
Geiste **) lag." Sigurd sprach: "Nicht bin ich ein
vornehmerer Mann als die Söhne König Gjuke's:
sie erschlugen den Dänen=König und einen mächtigen
Häuptling, den Bruder König Budle's." ***) Bryn=
hild antwortete: "Viel Böses habe ich ihnen auf=
zuzählen: erinnere mich nicht an meinen Harm.
Du, Sigurd, erschlugst den Wurm und rittest durch
das Feuer, und zwar um meinetwillen, und nicht
waren dort König Gjuke's Söhne." ¹ Sigurd ant=
wortete: "Keineswegs ward ich dein Mann und †)
du mein ‖153) Weib, und ein trefflicher König zahlte
dir Brautschatz." ††) Brynhild antwortete: "Nie
sehe ich Gunnar so, daß mein Herz ihm zulachte †††),

---

*) Diese waren nicht mit verwandelt (Sig. sk. 36,5 f.),
vgl. oben S. 26 ***.

**) Eigentlich "Schutzgöttin" (hamingja = Dis, s. oben
S. 56 **. 99 †); vor deren Augen lag es wie ein Schleier,
so daß sie mich nicht vor der Täuschung schützen konnte.

***) Vgl. oben S. 127 ¹ und HS. 256.

†) Die übliche Uebersetzung "und doch warst du" scheint
mir dem Zusammenhange nicht zu entsprechen.

††) D. h. vermählte sich mit dir, s. oben S. 63 **.

†††) Dieselbe Wendung braucht Signy von Siggeir (oben

1) Vgl. oben S. 139 ¹. 143 ¹.

und gram bin ich ihm, obschon ich es vor andern
verhehle." „Erstaunlich *) ist es (sagte Sigurd),
einen solchen König nicht zu lieben. Was betrübt
dich denn zumeist? Mir scheint, als wenn seine
Liebe dir besser wäre denn Gold." Brynhild ant=
wortete: „Das ist mir das Schmerzlichste in meinem
Harm, zu wissen, daß ich es nicht zuwege bringen
kann, daß ein scharfes Schwert in deinem Blute ge=
röthet werde." Sigurd erwiderte: „Deswegen sei
unbesorgt: nicht lange wirst du warten brauchen,
bis ein scharfes Schwert mein Herz durchbohren
wird; auch kannst du dir nichts Schlimmeres wün=
schen, denn du wirst mich nicht überleben, und unserer
Lebtage werden von nun an nur noch wenige sein."
Brynhild antwortete: „Nicht geringe Hinterlist gab
dir [diese] deine Worte ein **); [aber] nachdem ihr
mich um alle Lust betrogen habt, achte ich ***) des
Lebens nicht im geringsten." Sigurd antwortete:

S. 17²), auch von Gudrun's Verhältniß zu Atle wird
sie gebraucht, s. unten S. 176¹.

*) Eigentlich: „Erschrecklich".

**) Sie meint, Sigurd habe durch die Aussicht auf ihren,
von dem seinigen unzertrennlichen Tod sie von den gegen
ihn gerichteten Mordplänen abbringen wollen. Gewöhn=
lich wird anders übersetzt.

***) Ich fasse diesen Satz mit ok als Nachsatz.

„Lebe du und liebe König Gunnar und mich, und all mein Gut will ich dafür geben, daß du nicht sterbest." Brynhild antwortete: „Nicht kennst du recht meinen Sinn: du überragst alle Männer, aber keine Frau ist dir leider (verhaßter) geworden denn ich." *) Sigurd entgegnete: „Anderes ist wahrer: ich liebe dich mehr als mich [selbst], obschon ich jenem Trug unterlag — und das ist nun nicht [mehr] zu ändern —; denn immerfort, nachdem ich [wieder] zur Besinnung gekommen war **), härmte es mich, daß du nicht meine Frau warst. Doch unterdrückte ich es, so viel ich vermochte ¹, dieweil ich im Königssaale war, und freute mich doch dessen, daß wir alle beisammen waren. Es kann auch sein, daß das in Erfüllung gehn muß, was vorhergesagt ist ***), und nicht soll [mir] davor bangen." Brynhild antwortete: „Allzu lange hast du versäumt, mir zu sagen, daß mein Harm dich betrübt: nun finden wir dafür keinen Trost †) [mehr]." Sigurd antwortete: „Gerne

---

*) Während ich (meinem Schwur nach) grade von dir, als dem Vortrefflichsten, geliebt werden müßte.

**) Nach der Wirkung des Vergessenheitstrankes.

***) Daß Sigurd ermordet werden werde, s. oben S. 89⁴. 106². 122²; Grip. 50; vgl. auch unten S. 160 ††.

†) Hilfe, Ausweg, Erlösung.

1) Vgl. oben S. 134²; Grip. 45,2.

wollte ich, daß | wir beide Ein Bett bestiegen und du meine Frau wärest." ¹ ‖154) Brynhild antwortete: „Nichts ist es mit solchen Reden: nicht mag ich zwei Könige haben in einer Halle, und eher will ich mein Leben lassen, als daß ich König Gunnar betrüge" — und gedachte nun daran, wie sie sich auf dem Berge trafen und sich Eide schwuren — „jetzt aber ist das alles gebrochen, und ich will nicht leben." | „Nicht gedachte ich deines Namens ² (sagte Sigurd), und nicht erkannte ich dich eher, als bis du vermählt warest: und das ist ein gewaltiger Harm." Da sprach Brynhild: | „Ich schwur den Eid, dem Manne anzugehören, der durch meine Waberlohe ritte ³, und den Eid wollte ich halten oder aber sterben." „Lieber, als daß du stirbst (sprach Sigurd), will ich dich nehmen und Gudrun verlassen." Und | so schwollen ihm die Seiten *), daß die Panzerringe entzwei sprangen. ⁴ „Nicht will ich dich (sprach Brynhild), aber auch keinen andern."

[Da] ging Sigurd hinweg. So heißt es im Sigurdsliede **):

_____

*) Vor Kummer.

**) Sigurdhar-quidha. Das hier der Saga zu Grunde liegende Sigurdslied, welchem die folgende Strophe an-

1) Bgl. Sig. sk. 68,5—8. — 2) vgl. oben S. 125¹. 139² und Grip. 31,7 f. — 3) vgl. oben S. 128². 142⁵. — 4) vgl. die folgende Strophe.

Hinaus ging Sigurd
Fort vom Gespräche,
Der Liebling der Helden *),
Und senkte das Haupt;
Daß das eisengewobene
Panzerhemde
Dem kampffrohen [Fürsten]
An den Seiten zersprang.

Und als Sigurd in die Halle trat, fragte
Gunnar, ob er wisse, welchen schweren Kummer sie
hätte, und ob sie ihre Sprache [wieder=] hätte. Si=
gurd sagte, daß sie sprechen könne.

Nun | ging Gunnar abermals hin zu ihr, und
fragte, worin ihr Kummer bestehe, und ob es irgend
Abhilfe dafür gebe. [1] „Ich will ‖155) nicht leben
(sagte Brynhild); denn | Sigurd hat mich betrogen,
und nicht minder dich, da du ihn in mein Bette
steigen ließest. [2] Nun will ich nicht zwei Männer
zugleich in Einer Halle haben, und dies soll Sigurd
den Tod bringen oder dir oder mir: denn | er hat

---

gehörte, ist höchst wahrscheinlich dasselbe, dessen Schluß
(Brot) nach der Lücke in der Hdschr. der Lieder=Edda
erhalten ist; man nennt es „das lange" im Gegensaß
zu dem sogenannten „kurzen" Sigurdsliede (Sig. sk.).
*) Eigentlich: „Der holde Freund der Männer".
1) Vgl. das dänische (A, 8 ff u. f. w.) und färöische (Str. 184 ff.)
Brynhildlied. — 2) = Grip. 47.

das alles an Gudrun gesagt, und sie wirft es mir
nun vor."[1]

Dreißigstes Kapitel. *)

Darauf | ging Brynhild hinaus und setzte sich
an die Wand ihrer Kammer und erhub große Weh=
klage[2]: sie klagte, daß ihr alles verleidet sei, Land
und Herrschaft, da sie Sigurd nicht hätte.[3] Und
abermals kam Gunnar zu ihr. | Brynhild sagte:
„Du sollst Herrschaft und Gut verlieren, dein Leben
und mich[4], und will ich heimfahren zu meinen Bluts=
freunden und dort in Trauer sitzen, wenn du nicht
Sigurd erschlägst **)[5] und seinen Sohn: zieh nicht
den jungen Wolf ***) auf."[6] Da ward Gunnar im
Herzen bekümmert[7] und fühlte sich rathlos, was ihm
am ziemlichsten wäre, da er durch Eide mit Sigurd
verbunden war[8], und hin und her schwankte sein

---

*) Ueberschrift: „Sigurd wird verrathen". Von hier ab
sind die benutzten Lieder wieder erhalten.

**) Und so (nachdem Sigurd beseitigt) der meinem Gelübde
entsprechende Vortrefflichste wirst (Sig. sk. 11,9 f.).

***) Auch sonst, namentlich aber in ähnlichen Wendungen,
wird Wolf in der Bedeutung von Feind gebraucht.

1) Vgl. Nib. Str. 684. 857,2—4. — 2) vgl. Sig. sk. 6,1—4 (?). —
3) vgl. ebd. 6,5—8 (?). — 4) = Ebd. 10,3—6. — 5) = Ebd.
11,1—8. — 6) = Ebd. 12,1—4. — 7) = Ebd. 13,1 f. — 8) =
Ebd. 14,1—8.

Sinn *); jedoch schien ihm das die größte Schmach,
wenn seine Frau von ihm ginge. [1] Gunnar sprach:
„Brynhild ist mir lieber denn alles, und aller
Frauen trefflichste ist sie und eher will ich das Leben
lassen, als ihre Liebe verlieren." [2] Und rief zu sich
Hogne [3], seinen Bruder, und sprach: „In arge Be-
drängniß (Rathlosigkeit) bin ich gerathen;" [4] er sagte
ihm, daß er Sigurd tödten wolle[5], und erklärte, daß
derselbe ihn im Vertrauen hintergangen habe[6]; „so verfügen wir über das Gold und die ganze Herrschaft." [7]
Hogne sprach: „Nicht ziemt es uns, den Schwur
zu brechen mit Gewaltthat[8]; auch haben wir eine
große Stütze an ihm [9]: keine Könige sind uns gleich,
wenn dieser hunische **) König lebt, und ‖156) einen
solchen Schwager bekommen wir nimmermehr [10]; er-
wäge auch, wie gut es für uns wäre, solch' einen

---

*) Wörtlich: „bald dies bald das regte sich ihm im Sinne".

**) Aus Sig. sk. entlehnt, wo Sigurd mehrfach so heißt;
mit Bezug auf S. 6 und 11, wo Hunenland als Reich
Volsung's und Sigmund's genannt ist? Vgl. aber
H. Zschr. 23, 165 f. Vielleicht steht hunisch hier in
allgemeinerer Bedeutung = „südländisch, deutsch".

1) = Sig. sk. 15,1—6. — 2) = Ebd. 16. — 3) = Ebd. 15,7 f. —
4) fehlt (hinter Sig. sk. 15,10?). — 5) Entspricht vielleicht einer vor
Brot fehlenden Strophe. — 6) = Brot 2. — 7) vgl. Sig. sk. 17. —
8) = Ebd. 18. — 9) vgl. ebd. 14,9 f. — 10) Ebd. 19,1 f. 7 f. 3 f.

Schwager und Schwestersöhne zu haben (?).¹ Auch sehe ich wohl, wie dies zusammenhängt: Brynhild hat es angestiftet², und ihr Rath bringt uns in große Schande und Schaden."³ Gunnar erwiderte: „Dies soll geschehen, und ich sehe Rath: wir wollen Gutthorm, unsern Bruder, aufreizen, er ist jung und unerfahren und steht außerhalb aller Eide." *)⁴ Hogne sprach: „Der Rath scheint mir übel geplant, und wenn er auch zur Ausführung kommt, so werden wir Vergeltung dafür empfangen, einen solchen Mann zu verrathen." Gunnar sprach: „Sigurd soll sterben, oder aber ich will sterben."⁵ Und er hieß nun Brynhild aufstehen und fröhlich sein. Sie stand auf, erklärte jedoch, daß Gunnar nicht eher mit ihr in dasselbe Bette kommen solle, als bis dieses vollbracht wäre. ⁶

Nun | besprachen sich die Brüder mit einander. Gunnar sagte, das wäre ein gerechter Grund ihn zu

---

*) Wahrscheinlich war Gutthorm (wie andere Quellen berichten, s. oben S. 116²) ein Sohn Grimhild's, aber nicht Gjuke's; gerade wie Hogne (Hagen) in der Thidr. s., von dessen Wesen im Norden die finstere Seite in Gutthorm's Person sich abgezweigt zu haben scheint.

1) Vgl. Sig. sk. 20,1—4 [Brot 11,5—8]. — 2) = Ebd. 20,5—8; Brot 3,1—4. — 3) vgl. Brot 3,3—8. — 4) = Sig. sk. 21. — 5) fehlt Sig. sk. — 6) Ohne Entsprechung in den Eddaliedern; vgl. aber das dänische (B, 14 u. f. w) und färöische (Str. 185) Brynhildlied.

tödten, daß er Brynhild das Magdthum genommen
habe [1]: „und reizen wir Gutthorm auf, diese That
zu vollbringen." [2] Und sie riefen ihn zu sich und
boten ihm Gold und große Herrschaft, daß er dies
auf sich nehmen sollte. | Sie nahmen eine Schlange
und Wolfsfleisch und ließen es sieden, und gaben es
ihm zu essen [3], wie der Dichter *) singt:

> Eine Schlange **) nahmen die einen,
> Das Schlangenfleisch ***) schnitten andre,
> Etliche gaben Gutthorm
> Wolfsfleisch [zu essen]. [4]
> Mit dem Tranke ‖ 157)
> Auch mancherlei andere
> Zaubermittel (?)
> . . . . †)

---

*) skald; die folgende Strophe ist aber keine eigentliche
Skaldenstrophe, sondern eine (vielfach verderbte) Variante zu Brot, Str. 4.

**) Wörtlich Waldfisch.

***) Das ist wohl gemeint, nicht „Wolfsfleisch", das gleich
nachher noch erwähnt ist.

†) Die zweite Hälfte der Strophe ist ganz verderbt über-
liefert. Die entsprechenden Verse Brot 4,5—8 lauten:
„Eh' sie vermochten, die Mordbegierigen, an den klugen
Helden Hand zu legen".

1) Vgl. Brot, Str. 1—2. — [2) Sig. sk. 21,1 f.] — 3) Nach der hier
folgenden Strophe. — 4) Vgl. Brot 4,1—4.

Durch diese Nahrung und alles zusammen und durch Grimhild's *) Vorstellungen | ward er so wild und kampflustig, daß er verhieß, diese That zu voll= bringen. ¹ Sie verhießen ihm große Ehre dafür.

Sigurd hatte keine Ahnung von diesem Ver= rath; auch konnte er nicht dem Geschicke entgehn**), noch dem ihm bestimmten Lebensziele. | Sigurd meinte auch nicht Arglist von ihnen verdient zu haben. ²

Gutthorm ging hernach am Morgen hinein zu Sigurd, da er in seinem Bette ruhte; da er (Si= gurd) aber ihn anblickte, wagte Gutthorm nicht ihn anzufallen, und ging wieder hinaus. Eben so er= ging es zum andernmal. | Die Augen Sigurd's waren [nämlich] so durchdringend, daß keiner wagte hinein= zublicken. ³ Und zum dritten Mal ging er hinein, da war Sigurd eingeschlafen. | Gutthorm zückte das Schwert und durchbohrte Sigurd, so daß die Spitze in dem Polster unter ihm stak. ⁴ Sigurd erwachte bei der Verwundung, ‖158) Gutthorm aber ging hinaus, der Thür zu: | da ergriff Sigurd das Schwert

---

*) Grimhild ist also hier wiederum bei Bereitung eines Zaubermittels zugegen.

) Wörtlich „ankämpfen gegen"; vgl. 159.

1) Vgl. Sig. sk. 22,1 f. — 2) = Ntb. Str. 923 (989). — 3) vgl. oben S. 63†. 108². 208***. — 4) vgl. Sig. sk. 22,3 f.; Nth. 68,17 ff.

Gram und warf es ihm nach[1], und es traf ihn im Rücken und schlug ihn in der Mitte durch: auf die eine Seite fiel das Fußstück*), nach der andern Seite aber [fiel] das Haupt und die Arme zurück ins Gemach.[2]

Gudrun war in Sigurd's Armen entschlafen, aber sie erwachte mit unaussprechlichem Harm, da sie in seinem Blute schwamm[3], und so jammerte sie mit Weinen und Wehklagen, daß Sigurd sich in den Kissen aufrichtete und sprach: „Weine nicht (sagte er), deine Brüder leben dir zur Freude.[4] Aber mein Sohn ist zu jung, als daß er sich wahren könnte**) vor seinen Feinden.[5] Doch übel haben sie ihren Vortheil wahrgenommen[6]: nimmer erhalten sie, mit ihnen zu Felde zu ziehn, solch einen Schwager | noch Schwestersohn, wenn ***) ihm heranzuwachsen beschieden wäre.[7] Nun ist das ein-

---

*) Der untere Theil des Körpers.

**) Wörtlich: „einen in sofern zu jungen Sohn habe ich, als er sich nicht (oder — ohne thess — „einen zu j. S. habe ich, der sich nicht) wahren kann".

***) Gemeint ist: „der auch mit zu Felde zöge, wenn..."

1) = Sig. sk. 22,5—8. — 2) = Ebb. 23. — 3) = Ebb. 24. — 4) = Ebb. 25. — 5) = Ebb. 26,1—4. — 6) vgl. ebb. 26,5—8 [Germ. 28,175 f.]. — 7) vgl. Sig. sk. 27,1—4.

getroffen, was lange schon geweissagt war *), ich aber bezweifelte; doch niemand vermag dem Geschicke zu entgehn. **) | Dies aber hat Brynhild angestiftet [1], die mich liebt vor jeglichem Manne. Und das kann ich schwören, daß ich an Gunnar nimmer mich verging: ich hielt unsere Eide und war nicht ein allzu vertrauter Freund ***) seiner Frau. [2] Und wenn ich dies vorher gewußt hätte, und ich stände auf meinen Füßen mit meinen Waffen, so sollten viele ihr Leben verlieren, ehe denn ich fiele, und die Gebrüder alle erschlagen werden [3]; und noch schwerer sollte es ihnen werden mich zu erschlagen, als den größten Wisend †) oder Wildeber." [4] Da ließ der König sein Leben, Gudrun aber erseufzte tief. [5]

Das hörte Brynhild und lachte, als sie ihr Seufzen vernahm. [6] Da sprach Gunnar: „Nicht lachst du darum, daß ‖ 159) du im Herzensgrunde

---

*) Vgl. oben S. 150 ***.

**) Vgl. oben S. 157 ** und unten S. 186 [4]. 191 †.

***) „Habe keine unerlaubte Vertraulichkeit mit ihr gehabt."

†) Büffel. Das Wort ist, wie die ganze Stelle, aus Thidr. s. Kap. 323 (S. 313 f.) entlehnt.

1) = Sig. sk. 27,5—8. — 2) = Ebd. 28. — 3) vgl. Thidr. s. S. 313. — 4) vgl. Thidr. s. S. 314. — 5) = Sig. sk. 29,1 f. — 6) = Sig. sk. 30.

froh geſtimmt wäreſt: warum wirſt du ſo bleich?*)
Eine große Unheilſtifterin**) biſt du, und es iſt
wohl zu glauben, daß du todgeweiht biſt.¹ Und
hätteſt d u vor allen***) verdient, König Atle vor
deinen Augen erſchlagen zu ſehen², und müßteſt da=
bei ſtehn:³ nun müſſen wir ſitzen über unſerm Schwager
und Brudermörder." | Sie antwortete: „Niemand
läugnet, daß des Mordes genug ſei†): König Atle
kümmert ſich nicht um euer Drohen und Zürnen,
und er wird länger leben als ihr und größere Macht
haben." ⁴ Hogne ſprach: „Nun iſt das erfüllt, was
Brynhild weiſſagte††), und dieſe Uebelthat können
wir nimmer wieder gut machen." | Gudrun ſprach:
„Meine Blutsfreunde haben meinen Mann erſchlagen⁵:
nun werdet ihr im Heere zuvorderſt reiten, und ſo

---

*) Wörtlich: „Warum verlierſt du deine Farbe?"
**) foradh, eigentlich: „Verderben".
***) Vgl. Bugge, S. 197.
†) Wörtlich: „Niemand ſpricht [dir] ab, daß genug [von
dir] erſchlagen ſei" [vgl. Atlam. 50,5], d. h. laß es dir
an dem Einen Morde (Sigurd's) genügen (niemand
verlangt mehr von dir) und drohe nicht Atle tödten zu
wollen: Atle kümmert ſich nicht u. ſ. w.
††) S. oben S. 122²; vgl. oben S. 150 ***.

1) = Sig. sk. 31. — 2) = Ebd. 32, 1—4. — 3) vgl. ebd. 32,5—8. —
4) = Ebd. 33. — 5) = vgl. Gudr. I, Str. 20,5—8.

ihr zum Treffen kommt, da werdet ihr befinden, daß Sigurd nicht mehr euch an der (einen) Seite ist, und werdet ihr da sehen, daß Sigurd euer Heil und Stärke war; und | wenn er ihm gleiche Söhne hätte, so hättet ihr unterstützt werden können durch seine Nachkommen und Blutsverwandten." [1]

Einundbreißigstes Kapitel. *)

Nun wußte Niemand es sich zu erklären**), daß Brynhild das lachenden Mundes erbeten hatte, um das sie nun weinend sich härmte.***) [2] Da sprach sie: „Es träumte mir, Gunnar, daß ich ein kaltes Bett hätte, und du rittest deinen Feinden in die Hände [3]; und all euerm Geschlecht wird es übel ergehn, da ihr eibbrüchig seid [4]. Und daß ihr [euer] Blut zusammen mischtet, Sigurd und du †), wenig

---

*) Die Handschr. beginnt hier kein neues Kapitel.

**) Wörtlich: „meinte niemand beantworten zu können."
   („Verstand solch Weibergebahren, daß sie…" Brot 15,3 f.)

***) Sigurd's Tod nämlich. Daß Brynhild denselben beklagt, war hier bisher noch nicht gesagt, wohl aber in dem benutzten Liede (Brot Str. 14).

†) S. oben S. 126**.

1) Vgl. Brot 11,5—8; Sig. sk. 20,1—4. — 2) = Brot 15,3—8. —
3) vgl. ebb. 16. — 4) = Ebd. 17.

gedachteſt du des, da du ihn verriethſt; ‖ 160) und
haſt ihm alles übel gelohnt, was er wohl an dir
that, und [daß er] dir den Vorrang ließ. ¹ Das
zeigte ſich da, als er zu mir kam, wie [treulich] er
ſeine Eide hielt ², indem er zwiſchen uns das ſcharf-
ſchneidige Schwert legte, das in Gift gehärtet war.*) ³
Aber frühe machtet ihr euch ſchuldig an ihm und
mir ⁴, als ich daheim war bei meinem Vater und
ich alles hatte, was ich wollte ⁵; und ich dachte nicht,
daß euer einer ſollte mein werden, als ihr drei
Könige dorthin zum Hofe rittet. ⁶ Darauf nahm
Atle mich beiſeite**) ⁷, und fragte mich, ob ich den
haben wollte, | der den Grane ritte. Derſelbe war
euch nicht gleich ⁸: und da verhieß ich mich dem
Sohne König Sigmund's, und keinem andern. ⁹ Und
nicht wird es euch [wohl] ergehn***), wenn ich

---

*) Was auch in deutſchen Sagen von vorzüglichen Schwer-
tern berichtet wird.

**) Vgl. oben S. 141†, wo überhaupt die Parallelſtelle zu
vergleichen iſt.

***) Dieſer Sinn ſcheint ſich für ydhr farast aus der ent-
ſprechenden Stelle in Sig. sk. 53,5—8 zu ergeben = ydhart
far er í sundi, wozu Sigdr. 10,2 f. zu vergleichen iſt.

1) = Brot 18. — 2) = Ebd. 19. — 3) = Ebd. 20. — 4) = Sig. sk.
34,3 f. — 5) vgl. ebb. 34,5—8 (Bruder ſtatt Vater). — 6) = Ebd.
35,1—6. — 7) = Ebd. 37,1 f.; oben S. 141¹. — 8) = Ebd. 36,
3—6. — 9) = Ebd. (36,1 f.) 39,5—8.

auch sterbe." [1] Da stand Gunnar auf und schlang
die Arme um ihren Hals [2] und bat, daß sie leben
möchte und Gut *) annehmen [3]; auch alle andern
redeten ihr davon ab, daß sie stürbe. Aber sie stieß
jeden von sich, der zu ihr kam, und sagte, es werde
nichts nützen, sie von ihrem Vorhaben zurückhalten zu
wollen. [4]

Sodann rief Gunnar Hogne, fragte ihn um
Rath [5] und bat ihn hinzugehn [6] und zu versuchen,
ob er ihren Sinn erweichen könnte — und sagte,
es wäre nun die höchste Noth vorhanden — ob ihr
Harm beschwichtigt werden könnte, bis daß einige
Zeit verginge. **) [7] Hogne antwortete: „Halte sie
doch keiner vom Tode zurück [8], denn sie ward uns
nimmer zum Heile, und niemandem, seitdem sie hier=
her kam." [9]

Nun gebot sie viel Gold zu nehmen, und
[hieß] alle die hinkommen, welche Gut empfangen

---

*) Als Buße nämlich.

**) D. h. bis mit der Zeit ihr Kummer gelindert werde,
und sie so von ihrem Vorhaben abgebracht werde.

1) = Sig. sk. 53,5—8 (Germ. 23,179). — 2) = Ebd. 42,1—4. — 3) Fehlt
in Sig. sk. nach 42,4. — 4) = Sig. sk. 42,5—43,4 (gehören beide
Halbstrophen zusammen?). — 5) = Sig. sk. 43,5—8. — 6) vgl.
ebd. 44,1—3. — 7) = Ebd. 44,4—8. — 8) = Ebd. 45,1 f. 5 f.
— 9) = 46,5—8.

wollten. ¹ Sodann nahm sie ein Schwert und stieß
es sich unter den Arm*) ², lehnte sich gegen die
Kissen und sprach: „Es nehme hier nun Gold, wer
es nur haben will." ³ Alle schwiegen. ⁴ Brynhild
sprach: „Empfangt das Gold, und genießt desselben
wohl." | Noch sprach | 161) Brynhild zu Gunnar**):
„Nun will ich dir kürzlich sagen ⁵, wie es hierauf
ergehn wird: | bald werdet ihr euch versöhnen mit
Gudrun unter Beihilfe Grimhild's der zauberkundigen. ⁶
Eine Tochter Gudrun's und Sigurd's wird Svanhild heißen, die als die schönste aller Frauen wird
geboren werden. ⁷ Gudrun [wird] an Atle gegeben,
gegen ihren Willen ⁸; Oddrun***) wirst du zur Frau
haben wollen, aber Atle wird das verbieten: da

---

*) Unter dem Arme in die Brust.

**) Der zu Grunde liegende Theil der Sig. sk. — wie
   Grip. (und das S. 121** f. benutzte Lied) eine jüngerem
   Geschmack entsprechende Uebersicht über den letzten Theil
   der Sage in Form einer Prophezeiung — gehört zu
   den jüngsten Theilen dieses Liedes (Germ. 23,174).

***) Oddrun ist eine Schwester Atle's und Brynhild's. Die
   Sage von ihrer Liebschaft mit Gunnar, von welcher der
   Oddrúnar grátr handelt, ist ein jüngerer Auswuchs
   unserer Sage.

1) Vgl. Sig. sk. 47 (?); [49,1—4]. — 2) vgl. ebb. 48,3 f. — 3) = 48,5—
49,4. — 4) = Ebb. 50,1 f. — 5) = Ebb. 53,1 f. — 6) vgl. ebb.
54 (Bugge S. 197). — 7) vgl. ebb. 55. — 8) = Ebb. 56.

werdet ihr heimlich zusammen kommen, und sie wird dich lieben. [1] Atle wird dich verrathen und in den Schlangenhof setzen [2]; und wird Atle darauf erschlagen werden nebst seinen Söhnen: Gudrun wird sie tödten. [3] Darnach werden sie (Gudrun) mächtige Wogen zu König Jonakr's Burg tragen [4], da wird sie treffliche Söhne gebären. Svanhild wird aus dem Lande gesendet und dem König Jormunrek vermählt werden, aber Bicke's [arger] Rath wird ihr zum Verderben gereichen; und dann ist all' euer Geschlecht vergangen, und ist Gudrun's Harm um so größer. [5] — Nun richt' ich an dich, Gunnar, die letzte Bitte [6]: Laß einen großen Scheiterhaufen machen auf ebenem Felde, uns allen, mir und Sigurd und denen, so mit ihm erschlagen wurden [7]; laß eine Decke darüber spannen, mit Männerblute geröthet*) [8], und laß mir zur (einen) Seite diesen hunischen**) König verbrennen, und ihm zur andern Seite meine Mannen, zwei zu Häupten und zwei zu Füßen, und zwei Habichte, so ist es nach Gebühr

---

*) Wörtlich: „darüber zelten von rothem Männerblut."
) Vgl. oben S. 154.

1) = Sig. sk. 58. — 2) = Ebd. 59. — 3) = Ebd. 60. — 4) = Ebd. 62,5—8 (Ghv. 13). — 5) = Ebd. 63—64 (Ghv. 14. 16). — 6) = Ebd. 65,1—4. — 7) = Ebd. 65,5—10. — 8) vgl. ebd. 66,1—6.

geordnet. [1] Laßt da zwischen uns beiden ein ge-
zücktes Schwert liegen, wie vormals, als wir Ein
Bette bestiegen und da Ehegatten hießen. [2] Nicht
fällt ihm dann die Thür*) auf die Fersen, wenn ich
ihm folge; auch ist unser Leichenbegängniß dann nicht
armselig [3], wenn ihm fünf Dienstmägde und acht
Diener folgen, die mein Vater mir gab. [4] und auch
die da verbrennen, so mit Sigurd erschlagen wurden.
| Mehr ‖ 162) würde ich reden, wenn ich nicht verwundet
wäre; nun aber strömt es aus der Wunde**), und
die Wunde öffnet sich. Wahr jedoch sprach ich.“ ***)

Nun ward Sigurd's Leiche nach altem †)
Brauche bestattet und ein großer Scheiterhaufen
gemacht, und als der recht in Brand gesteckt war,
da ward oben darauf die Leiche Sigurd des Fasnis-
tödters gelegt und seines drei Winter alten Sohnes,
den Brynhild erschlagen ließ, und Gutthorm's. Und
als der Scheiterhaufen ganz in Flammen stand,

---

*) Das Gitterthor vor Hel's Behausung (vgl. Sn. E. 5,4).

**) Wörtlich „rauscht die Wunde“; doch ist die Lesung un-
sicher: Andere übersetzen „schwindet der Geist“.

***) Kann sich natürlich nur auf die Weissagung beziehen,
nicht auf die dazwischen eingeschobene letzte Bitte.

†) D. h. heidnischem.

1) = Sig. sk. 66,7—67,10. — 2) = Ebd. 68. — 3) = Ebd. 69. — 4) =
Ebd. 70. — 5) = Ebd. 71.

stieg Brynhild da hinauf, und sprach zu ihren Kammermägden, daß sie das Gold nehmen sollten, das sie ihnen geben wollte. Und hierauf starb Brynhild und verbrannte da mit Sigurd: und endete so ihr beider Leben.

Zweiunddreißigstes Kapitel. *)

Nun sagt jedermann, so diese Märe hört, daß nicht mehr auf der Welt ist und nimmermehr geboren werden wird ein solcher Mann, wie Sigurd war in jeglicher Hinsicht; und sein Name wird nimmer verklingen in deutscher Zunge noch in den Nordlanden, dieweil die Welt steht. [1]

Es wird gesagt, eines Tages, da Gudrun in ihrer Kammer saß, da sprach sie: | „Besser war da mein Leben, als ich Sigurd hatte! [2] So übertraf er alle Männer, wie Gold das Eisen, oder der Lauch das andere Gras [überragt], oder der Hirsch andere Thiere [3]; bis meine Brüder mir einen solchen Mann mißgönnten, der trefflicher war als alle. Nicht konnten sie schlafen, bevor sie ihn erschlugen. [4]

---

*) Ueberschrift: „Gudrun geht von dannen".

1) Dieser Absatz ist aus Thidr. s. Kap. 324 (S. 316) fast wörtlich entlehnt. — 2) Vgl. Gudr. II, 1. — 3) = Ebb. 2; vgl. Gudr. I, 18; Helg. Hund. II, 37. — 4) = Gudr. II, 3.

Laut schnob*) Grane [1], als er seinen Herrn**) verwundet sah. | Darauf redete ich mit ihm wie mit einem Menschen, er aber senkte das Haupt zur Erde: ‖163) er wußte, daß Sigurd gefallen war." [2]

Darnach entwich Gudrun in den Wald, und hörte allerwegen um sich Wolfsgeheul, und es däuchte ihr da angenehmer zu sterben. [3] Gudrun ging, bis sie zu König Half***) kam [4]; und weilte da bei Thora, Hakons Tochter, in Dänemark sieben Halbjahre [5], und fand da sehr freundliche Aufnahme. Und [jene] legte ihr ein Gewebe an†) und bildete darauf viele Heldenthaten ab und schöne Spiele††), die in jener Zeit üblich waren; Schwert und Panzer

---

*) Wörtlich: „Großes Getöse machte Grane."

**) Eigentlich „Lehnsherrn".

***) Man hat angenommen, daß dieser Half identisch sei mit Alf, Hjalprek's Sohn, dem Stiefvater Sigurd's, doch ist das zweifelhaft.

†) Eigentlich: „schoß den Einschlag ins Gewebe über ihr," vgl. oben S. 144***.

††) „Kämpfe" waren gewiß gemeint, wenn es in der Quelle (Gudr. II, Str. 14,6) heißt: léku, was „kämpften" sowohl wie „spielten" bedeuten kann.

1) Vgl. Gudr. II, 4,1 f. — 2) = Ebb. 5. — 3) vgl. ebb. 11,1—3. 12, 5—8. — 4) = Ebb. 13,1—4. — 5) = Ebb. Str. 13,5—8.

und alle Kriegsrüstung [1]; die Schiffe König Sig=
mund's, wie sie vom Lande stießen; und das stickten
sie, wie sie sich schlugen, Sigar und Siggeir*),
südlich auf Fjon.**) [2] Damit ergötzten sie sich [3],
und tröstete sich Gudrun nun in etwas über ihren
Harm. [4]

Das vernahm Grimhild [5], wo Gudrun ge=
blieben war [6]; sie berief ihre Söhne zu einer Unter=
redung, und fragte, wie sie Gudrun ihren Sohn
und Mann büßen wollten [7], und sagte, daß das ihre
Schuldigkeit sei. | Gunnar (sprach und) erklärte sich
bereit ihr Gold zu geben und ihr so ihren Harm
zu büßen.***) [8]

---

*) Siggeir ist doch wohl der oben erwähnte Gatte Signy's;
  aber Sigar? Ist es der oben (S. 120) genannte Vater
  jener andern Signy, der Geliebten des Hagbard? Man
  möchte in diesem Zusammenhange eher Sigmund er=
  warten, zumal die Darstellung offenbar für Gudrun
  besonderes Interesse haben soll.

**) á Fjóni (Fühnen)? Gudr. II, Str. 15,8 á Fívi, d. i.
  Fife in Schottland.

***) Der plötzliche Drang nach Aussöhnung und der Eifer,
  mit dem nach erfolgter Aussöhnung die Vermählung
  Gudrun's mit Atle betrieben wird, zeigen, daß Atle (zur
  Sühne für Brynhild's Tod) Gudrun verlangt und andern=

1) Vgl. Gudr. II, 14. — 2) = Ebd. 15. — 3) vgl. ebd. 14,1 f. — 4) vgl.
ebd. 16,3 f. — 5) = Ebd. 16,1 f. — 6) entspricht einer Lücke im Liede.
(s. Germ. 23,337 f.) — 7) = Ebd. 17. — 8) = Ebd. 18,1—4.

Sie sandten nach ihren Freunden, und rüsteten ihre Rosse, Helme und Schilde, Schwerter und Brünnen und allerlei Waffenrüstung; diese Fahrt war aufs prächtigste *) ausgerüstet, und kein Held, der bedeutend war, saß daheim. Ihre Rosse waren geharnischt, und jeder Ritter hatte entweder einen vergoldeten Helm oder einen spiegelblanken. **) [1] Grimhild begab sich mit ihnen auf die Fahrt: sie sagte, daß ihr Vorhaben um so eher von Erfolg sein werde, wenn sie nicht daheim bliebe. Sie hatten im ganzen fünfhundert Mann; auch hatten sie vornehme Männer mit sich: da war | Valdamar ‖ 164) von Dänemark und Eymod und Jarisleif. ***) [2]

Sie gingen hinein in die Halle König Half's: da waren Langobarden †), Franken und Sachsen;

---

falls mit Krieg gedroht hatte, was Dr. Nifl. Z. 1—4 berichtet ist (vgl. Germ. 23,337, auch oben S. 141***).

*) Eigentlich: „höfischste".

**) D. h. blankpolirten.

***) In Gudr. II heißen sie: Valdar, Jarisleif, Eymod, Jariskar.

†) Der Volksname scheint durch ein Mißverständniß von Gudr. II, Str. 20,3 hereingekommen, wo es heißt „des Langbarts [Atle's?] Gefolgsleute", s. Beitr. 3,238.

1) Dieser Absatz, dem in Gudr. II nichts entspricht, erinnert im Stil stark an die Thidr. s. Vgl. übrigens oben S. 486—491 und Gudr. II, Str. 18,7 ff. — 2) = Gudr. II, 19,4—6. Vorher eine Lücke im Liede.

sie gingen einher in voller Rüstung und hatten rothe Pelzmäntel übergeworfen [1], wie es im Liede heißt:

> „Kurze Brünnen,
> Gegossene*) Helme,
> Schwertumgürtet,
> Und hatten braunes Haupthaar." [2]

Sie wollten ihrer Schwester kostbare Gaben darbringen**) und redeten freundlich mit ihr; aber sie traute ihrer keinem. [3] Darauf gab Grimhild ihr einen Zaubertrank***), und mußte sie [den] annehmen, und gedachte seitdem keiner [an ihr begangenen] Schuld. Dieser Trank war gemischt mit der Erde Kraft und See und Sühnblut.†) [4] Und in das

---

*) Nach Fritzner „hochragende" (?).

**) Eigentlich „auswählen".

***) Eigentlich „unheilvollen Trank". Es ist ein Vergessenheitstrank, wie sie ihn auch Sigurd reichte, oben S. 124 f.

†) „Blut ihres Sohnes" giebt unser Text, indem der Verfasser mißverständlich sonar statt sónar las. Ich habe Germ. 23,339 vermuthet, daß Són-Blut den im Gefäße Són aufbewahrten Dichtermeth meine, die Worte sich also auf die den Trank wirksam machenden Zauberlieder beziehe. Unser Text lehnt sich an Gudr. II, Str.

1) Vgl. Gudr. II, 20,1—4 (Franken und Sachsen nicht erwähnt). — 2) Ebd. 20,5—8. — 3) = Gudr. II, 21,1—4. 8. — 4) = Gudr. II, 22.

Horn waren allerlei Runen geritzt und mit Blute geröthet, wie es hier heißt:

> Es waren in dem Horne
> Allerlei Runen
> Geritzt und geröthet;
> Nicht konnt' ich sie deuten;
> Ein langer Haidwurm*), ‖165)
> Vom Lande der Haddinge**)
> Eine ungeschnittene Aehre,
> Eingeweide der Thiere.***) [1]

> Es war in dem Biere
> Viel Schlimmes beisammen,
> Allerlei Kräuter†),

22, wo der Ausdruck absichtlich dunkel ist, wie auch im Folgenden.

*) D. i. Schlange.

**) Haddinge (hochdeutsch Hartunge) in der nordischen Sage berühmte Helden. Das „Land der Haddinge" erklärt sich vielleicht als Anspielung auf Saxo Gr. S. 51 (s. Egilsson 284ᵃ, Bugge u. A.).

***) Die letzte Halbstrophe ist dunkel und verschiedenartig zu deuten versucht. Man hat auch in den dunkeln Ausdrücken Bezeichnungen der eingeritzten Runenzeichen finden wollen, was das Naheliegendste und Ansprechendste wäre, wenn es sich durchführen ließe.

†) Eigentlich: „Kräuter (Laub?) von allerlei Bäumen".

1) Gudr. II, 23.

Verbrannte Eichel,
Ruß des Herdes,
Opfer=Gedärme,
Gesottene Schweinsleber,
Da sie Hader stillte. [1]

Und darauf, als ihr Wille überein gekommen,
war große Freude. [2] Da sprach Grimhild, als sie
Gudrun traf: [3] „Wohl ergeh es dir, Tochter! | ich
gebe dir Gold und allerlei Kleinode, daß du sie
empfangest nach deinem Vater*), köstliche Ringe und
Bettvorhänge [4] von hunischen**) Maiden, so die
feinsten sind. [5] Damit ist dir dein Mann gebüßt.
| Sodann sollst du dich dem König Atle, dem mäch=
tigen, vermählen, so wirst du seines Reichthums
schalten [6]; und laß nicht von deinen Blutsfreunden
um Eines Mannes willen, sondern thu vielmehr, wie
wir bitten." | Gudrun antwortete: „Nimmer will ich
den König Atle [zum Gatten] haben, und nicht
ziemt es uns beiden, Nachkommen zusammen zu ge=
winnen."***) [7] Grimhild erwiderte: „Nicht sollst

----

*) D. h. nach dem Tode deines Vaters.
) Vgl. oben S. 154.
***) Wörtlich: „das Geschlecht zu mehren".

1) Gudr. II, 24. — 2) vgl. ebd. 25,1—4. — 3) vgl. ebd. 25,7 f. —
4) = Ebd. 26. — 5) vgl. ebd. 27,1—4. — 6) = Ebd. 27,5—8. —
7) = Ebd. 28,3—7.

du jetzt an Hader gedenken [1]; und gehab dich, als ob
Sigurd und Sigmund *) [noch] lebte, wenn du mit
Atle ‖ 166) Söhne haft." [2] Gudrun sprach: „Nicht
kann ich die Gedanken von ihm wenden; er war
trefflicher als alle." [3] Grimhild sagte: „Diesen
König zu haben ist dir bestimmt, oder keiner sonst
ist dir beschieden." **) [4] Gudrun sprach: „Bietet
mir nicht den König [zum Gatten], von dem eitel
Unheil ausgehn wird für dies [unser] Geschlecht;
und wird er deinen Söhnen Uebles anthun, und
darauf wird es grausam an ihm gerochen werden." [5]
Grimhild ward traurig über ihre Vorstellungen
(wegen ihrer Söhne? ***), und (doch?) sie sprach [6]:
„Thu, wie wir bitten, auch sollst du dafür große Ehre
und Freundschaft von uns haben [7], auch die Orte, die
Vinbjarg und Valbjarg heißen." †) [8] Ihre Worte

---

*) Sigurd's mit ihm ermordeter Sohn, f. oben S. 127³.

**) Das ift nicht etwa eine (höchst unpaffende) Drohung,
sondern Grimhild meint, Atle eigne fich beffer als jeder
andre für Gudrun zum Gemahl.

***) D. h. über das Schicffal ihrer Söhne (nach Bugge zu
ftreichen, doch vgl. Gudr. II, Str. 33,3 ff.).

†) Wörtlich: „diese Orte, die fo heißen: Vinbj." u. f. w.

1) = Gudr. II, 29,1—2. — 2) = Ebb. 29,5—8. — 3) vgl. ebb. Str. 30,
deren Sinn hier ganz frei wiedergegeben ift. — 4) = Ebb. 31,
5—8. — 5) vgl. Gudr. II, Str. 32. — 6) vgl. ebb. 83,1—6. —
7) fehlt im Liede. — 8) vgl. ebb. 33,7—12.

waren von so großem Gewicht, daß dies vor sich gehn mußte *). | Gudrun sprach: „Dies muß vor sich gehn, obschon gegen meinen Willen: und es wird wenig zur Freude, vielmehr zum Leide [ge= deihen]." ¹

Sodann stiegen sie **) auf ihre Rosse, und ihre Frauen wurden auf Wagen gesetzt, und reisten so sieben Tage zu Rosse, und andre sieben zu Schiffe, und die dritten sieben wieder zu Lande ², bis daß sie zu einer hohen Halle kamen. ³ Ihr ***) ging dort eine große Menge entgegen, und da war ein herrlich Gastmahl bereitet, wie denn vorher zwischen ihnen Botschaft gewechselt war †), und dasselbe verlief

---

) Es ist wohl wieder an Grimhild's Zauberkunst zu denken, die ihrer Ueberredung besondere Wirksamkeit verleiht; s. oben S. 157.

**) Gudrun mit ihren Mägden, die mit Atle oder seinen Sendboten nach Hunenland fährt.

***) Gudrun nämlich. Die Undeutlichkeit in unserm Texte beruht auf der lückenhaften Ueberlieferung des benutzten Liedes.

†) Zwischen Atle und den Gjukungen. Genauer: „Wie vorher Botschaft dazwischen gegangen war", zwischen ihnen Benachrichtigung stattgefunden hatte.

1) Vgl. Gudr. II, 34 (nur dem Sinne nach übereinstimmend); vgl. auch oben S. 17². — 2) = Ebd. 35. — 3) vgl. ebd. 36,1–4 (darnach wahrscheinlich eine Lücke).

ehrenvoll und mit großer Pracht. Bei diesem Gast=
mahle hielt*) Atle seine Hochzeit mit Gudrun. | Doch
nimmer wollte ihr Herz ihm entgegen lachen ¹, und
wenig freundlich war ihr Beisammenwohnen. ‖167)

Dreiundbreißigstes Kapitel. **)

Nun wird gesagt, in einer Nacht, da | König
Atle aus dem Schlafe erwachte, sprach er zu
Gudrun: ² „Es träumte mir (sagte er), daß du mich
mit einem Schwerte durchbohrtest." ³ Gudrun deutete
den Traum und sagte, es bedeute Feuer, wenn man
von Eisen träume, „und die Einbildung ***), daß du
dich trefflicher als alle dünkst." ⁴ Atle sprach:
„Noch träumte mir, wie hier zwei Rohrstengel ge=
wachsen wären, und ich wollte sie nimmer verletzen;
hernach wurden sie ausgerissen mit den Wurzeln
und in Blut geröthet, zu den Bänken getragen und
mir zu essen geboten. ⁵ Noch träumte mir, daß zwei
Habichte mir von der Hand flögen, die waren ohne

---

*) Eigentlich „trank", wie oben S. 126 ***.

**) Ueberschrift: „Gudrun ritzt Runen".

***) Nämlich „bedeute es". Der Traum geht auf deine
Einbildung, daß . . .

1) Vgl. oben S. 17². — 2) vgl. Gudr. II, 38,1—4. — 3) = Ebb.
38,5—8. — 4) = Ebb. 39,1—4. — 5) = Ebb. 40.

Fraß*) und kamen um**). Mir schien es, als ob ihre Herzen mit Honig gemischt würden, und meinte ich sie zu essen.[1] Darnach schien es mir, als ob schöne junge Hunde***) vor mir lägen, und heulten laut auf; und ich aß ihr Fleisch wider meinen Willen."[2] Gudrun sagte: „Nicht sind die Träume gut, aber sie werden in Erfüllung gehn. | Deine Söhne werden todgeweiht sein[3], und mancherlei Schweres wird uns zustoßen." — „Das träumte mir noch (sagte er), | daß ich zu Bette läge[4], und mir der Tod gerathen würde." Damit war dies abgethan†), und lebten sie unfreundlich bei einander.

| König Atle gedachte nun, wohin das viele Gold gekommen sein möchte, das Sigurd besessen hatte; das aber wußte König Gunnar und sein Bruder.††)[4] Atle war ein gewaltiger König, mäch=

---

*) Oder „fleischlos"?

**) Wörtlich: „fuhren zur Hel".

***) hvelpar; was an sich auch Junge von andern Thieren bezeichnen kann.

†) Wörtlich: „Nun ging dies vorüber."

††) Wörtlich: „Gunnar und [überhaupt] die Gebrüder", nämlich Gunnar und Hogne.

1) = Gudr. II, Str. 41. — 2) = Ebd. 42. — 3) vgl. ebd. 43 (ab= weichend und theilweise schwerverständlich). — 4) vgl. ebd. die lücken= hafte Str. 44. — 5) vgl. Thidr. s. Kap. 334, S. 332; Dr. Nifl. Z. 1.

tig und klug, und zahlreich war sein Volk; | er hielt nun Rath mit seinen Mannen, wie man dabei verfahren sollte. [1] Er wußte, daß Gunnar und Hogne *) ‖ 168) viel mehr Reichthum hatten, als daß irgend jemand mit ihnen sich messen könnte. | Er faßte nun den Beschluß, [einige seiner] Männer zu den Brüdern zu senden, sie zum Gastmahle zu laden [2] und sie auf mannigfache Weise zu ehren. | Ihr Anführer war der Mann, der Vinge **) genannt wird. [3]

Die Königin erfuhr von ihrem Sondergespräche [4] und argwöhnte, daß es Verrath an ihren Brüdern sei. [5] Gudrun ritzte [da] Runen [6] und nahm einen Goldring und knüpfte Wolfshaar darein [7], und gab das ***) den Sendboten des Königs in die Hände.

Darauf machten sie sich auf den Weg nach des Königs Gebote. [8] Ehe sie aber ans Land stiegen, sah Vinge die Runen und veränderte sie [9], und

---

*) their Gunnarr.

**) In Atlakv. heißt er Knefröd.

***) Den Ring mit dem Wolfshaar nebst den Runen.

1) Vgl. Atlam. 1. — 2) vgl. Am. 2. — 3) vgl. Am. 4,2. — 4) = Am. 3,1—4. — [5) vgl. Am. 1,5—2,6.] — 6) = Am. 4,1. — 7) Akv. 8,2—6. — 8) = Am. 4,5 f. — 9) = Am. 4,2—4.

[zwar so] daß Gudrun in Runen zuredete, daß sie zu ihm (Atle) kämen. | Sodann kamen sie zur Halle König Gunnar's; sie wurden wohl aufgenommen und vor ihnen große Feuer gemacht*), und dann tranken sie mit Fröhlichkeit den besten Trank. [1] Da sprach Vinge: „König Atle sandte mich hierher, und wollte, daß ihr ihn daheim, besuchtet mit großen Ehren [2], und von ihm große Ehre empfinget, Helme und Schilde, Schwerter und Panzer, Gold und gute Kleider, Heervolk und Rosse [3] und großes Lehn [4]; und sagte, daß er euch am liebsten sein Reich gönne." [5] Da schüttelte Gunnar das Haupt und sprach zu Hogne: „Was sollen wir von**) diesem Aner= bieten annehmen? [6] Er bietet uns große Herrschaft an, aber | keine Könige weiß ich gleich reich an Gold wie uns, denn wir haben all das Gold, das auf der Gnita=Haide***) lag [7]; auch haben wir große Kammern voll von Gold und von den besten Hieb=

---

*) Vgl. unten S. 224, Z. 2 ff. und Z. f. d. Phil. 2,33.

**) Ein Theil des Anerbietens lockt den König — die Herrschaft, nicht aber das angebotene Gold, dessen er genug hat.

***) S. oben S. 67**. Der Fafnishort, den sie von Sigurd ererbt, ist also gemeint. Zur Sache vgl. oben S. 177 [4].

1) = Akv. 1,5—8; Am. 5,1 f. — 2) = Akv. 3. — 3) = Akv. 4. — 4) vgl. Akv. 5. — 5) = Thidr. s. S. 334 f., und unten S. 181 [8]. — 6) = Akv. 6,1—4. — 7) = Akv. 6,5—8.

waffen und allerlei Kriegsrüstung. Ich weiß meinen
Hengst den besten, und mein Schwert das schärffte[1],
und mein Gold das edelste." Hogne antwortete:
„Ich wundere mich über seine Einladung, denn das
hat er selten gethan; und unräthlich wird es sein,
zu ihm zu fahren. Auch darüber verwundere ich
mich, daß, als ich die Kleinode sah, || 169) die
König Atle uns sandte, | ich ein Wolfshaar in einen
Goldring **) geknüpft sah; und es mag sein, daß
Gudrun dünkt, er sei wölfisch gegen uns gesinnt,
und sie will nicht, daß wir fahren."[2]

Vinge zeigte ihnen nun die Runen, die, wie
er sagte, Gudrun gesendet habe.[3] Nun ging das
(gemeine) Volk schlafen, sie aber tranken noch mit
einigen Männern.[4] Da trat Hogne's Frau hinzu, die
Kostbera hieß, die reizendste der Frauen[5], und blickte
die Runen an. | Gunnar's Gattin hieß Glaumvar **),

. *) Nach Dr. Nifl. Z. 9 wäre es der Andvaranaut gewesen.

**) Diese zweite Gattin Gunnar's wird außer hier und
Atlam. [und Dr. Nifl.] nirgends erwähnt (= Gluna in
der Hven'schen Chronik?).

1) = Akv. 7,1—6. — 2) = Akv. 8. — 3) vgl. Am. 5,5 f. (?). —
4) fehlt in Am. [und Akv.]. — 5) Am. 6,1—4.

eine gar tüchtige Frau; sie schenkten ein. *) ¹
Bald wurden die Könige über und über trunken. ²
Das gewahrte | Vinge und sprach: „Es ist nicht zu
verhehlen, daß König Atle schwerfällig ist und [zu]
sehr gealtert, sein Reich zu wehren, seine Söhne aber
noch jung und zu nichts fähig. Nun will er
euch Gewalt über das Reich geben, dieweil sie so
jung sind, und er gönnt e u c h am liebsten [dessen]
zu genießen." ³ Nun stand es so, daß Gunnar sehr
trunken war, andrerseits eine große Herrschaft geboten ward; auch konnte er nicht dem Schicksal
widerstehn **): | er verhieß also die Fahrt, und sagte
es Hogne, seinem Bruder. Der antwortete: „Euere
Bestimmung wird Geltung erlangen, und folgen werde
ich dir: ⁴ aber unlustig bin ich dieser Fahrt."

---

*) Die Königin hatte in der Halle ihres Gatten als
   Königin des Schenkamtes zu walten (Weinhold, Altn.
   Leb. S. 461); s. auch oben S. 51³. 125; Akv. 36
   u. s. w.

**) Derselbe Gedanke, ebenso ausgedrückt, begegnete schon
   oben S. 157² und 159², unten S. 186⁴. 191†.

1) = Am. 6,5—8. 8,1 f. — 2) vgl. Am. 8,4(?). — 3) vgl. oben S.
   179⁵; fast wörtlich = Thidr. s. (S. 334 f.), aus der die Stelle
   wahrscheinlich entlehnt ist: die Ausdrücke kehren z. Th. formelhaft
   in Thidr. s. wieder; vgl. Nib. Str. 1916. — 4) = Am. 7,5—8.

Vierunddreißigstes Kapitel. *)

Und | als die Männer getrunken hatten, wie [ihnen] gefiel, gingen sie schlafen. [1] Kostbera begann die Runen zu beschauen, und las die Buchstaben [2] und sah, daß Anderes darauf geritzt war, als darunter stand, und die Runen gefälscht waren: | doch gelang es ihr in Folge ihrer Klugheit, sie zu verstehn. [3] Darauf ging sie zu Bette bei ihrem Gatten.

Und als sie erwachten, sprach sie zu Hogne: [4] „Du willst von Hause, doch ist es unräthlich: fahr lieber ein andermal. [5] Nicht wirst du dich recht auf Runen verstehn, wenn du glaubst, es habe diesmal sie dich geladen, deine Schwester. ‖170) Ich entzifferte die Runen, und wundert es mich von einer so klugen Frau, daß sie so verworren geritzt hat. [6] Es steht aber so darunter, als wenn euer Leben auf dem Spiel stände**); da war eins von beiden der Fall: entweder sie verstand nicht zu ritzen ***),

---

*) Die Hdschr. beginnt hier kein neues Kapitel.

**) Wörtlich: „euer Tod daran läge".

***) Wörtlich: „es fehlte ihr an einem Runenzeichen", d. h. sie kannte es nicht oder hatte es vergessen und daher zuerst ein falsches Zeichen geritzt.

1) = Am. 8. — 2) = Am. 9,1—4. — 3) = Am. 9,1 f. — 4) = Am. 10,1 f. 5 f. — 5) = Am. 10,7—10. — 6) = Am. 11.

oder aber Andere haben es gefälſcht. [1] Und nun
ſollſt du meinen Traum hören.*) [2] Das träumte
mir, daß ein gar gewaltiger Strom mir hier her=
einzubrechen ſchien, und riß alle Dielen **) in der
Halle auf." [3] Er antwortete: „Ihr [Frauen] ſeid
oft voll Bosheit, ich aber habe nicht den Sinn
darnach, mit Arg Männern entgegenzutreten, es ſei
denn, daß es verdient iſt: er wird uns freundlich
empfangen." [4] Sie ſprach: „Ihr werdet es erfahren;
aber nicht wird Freundſchaft bei dieſer Einladung
ſein. [5] Ferner träumte mir, daß ein anderer Strom
hier hereinbräche und furchtbar toſte und alle Bänke
in der Halle aufriſſe und euch beiden Gebrüdern die
Füße bräche, und das wird etwas zu bedeuten haben." [6]
Er erwiderte: „Da werden Aecker ſich ausdehnen,
wo du den Strom wähnteſt: wenn wir über den
Acker gehn, ſtechen oft große Aehren=Stacheln uns
in die Füße." ***) [7] „Das träumte mir [ſagte ſie],
daß dein Laken bränn te, und das Feuer loderte

---

*) Die Handſchr. beginnt hier ein neues Kapitel mit der
Ueberſchrift: „Hogne deutet ſeiner Frau Träume".
**) Des Fußbodens, wie S. 202† (Weinh., Altn. L. 223).
***) Wörtlich: „treffen unſere Filze".

1) = Am. 12. — 2) vgl. Am. 10,3 f. (?). — 3) fehlt in Am. (vgl.
aber Am. 16,1 f.: „Bär" ſtatt „Strom", ſ. Germ. 28,409). —
4) = Am. 13,1—6. — 5) = Am. 14,1—4. — 6) = Am. 25 (Glaum=
var ſtatt Koſtbera, ſ. Germ. 28,410). — 7) fehlt Am.

empor aus der Halle." Er antwortete: „Das weiß ich genau, was das ist: unsere Kleider liegen hier wenig beachtet, und die werden da brennen, wo du das Laken wähntest." [1] „Ein Bär schien mir hereinzukommen (sagte sie), und riß den Königs-Hochsitz nieder und schüttelte so die Taßen, daß wir alle in Angst geriethen; und er hatte uns alle auf einmal in seinem Maule, so daß wir hilflos waren *), und entstand darob großer Schrecken." [2] Er antwortete: ‖171) „Da wird ein hartes Unwetter kommen, wo du einen Eisbären wähntest." [3] „Ein Aar (sagte sie), so däuchte mir, flog herein und die Halle entlang und besprißte mich mit Blut und uns alle; und das wird Schlimmes bedeuten, denn mir däuchte, als ob das König Atle's Larve **) wäre." [4] Er entgegnete:

---

*) Wörtlich: „Nichts vermochten".

**) Die Seele kann ihr Haus, ihre Hülle (den Körper) zuweilen verlassen und die Gestalt eines Thiers, besonders eines Vogels annehmen; die Wahl des Thieres entspricht dann wohl dem Charakter des Menschen. Solches Ausfliegen der Seele aus dem Körper in Thiergestalt dachte man sich besonders während des Schlafes, wobei dann die Erlebnisse der ausgeflogenen Seele dem Menschen als Träume erscheinen (Grimm, Myth.³ 1036). So werden denn diese Larven (Seelen in Thiergestalt) vorzugs-

1) = Am. 15. — 2) = Am. 16. — 3) = Am. 17. — 4) = Am. 18.

„Oft schlachten wir reichlich und erschlagen mächtige
Rinder uns zur Lust; es bedeutet Ochsen, wenn man
von Adlern träumt; und Atle's Gesinnung wird wohl-
wollend gegen uns sein." [1] Damit brachen sie dies
Gespräch ab. [2]

Fünfunddreißigstes Kapitel. [*]

Nun ist von Gunnar zu sagen, daß da von
dem nämlichen [Gegenstande] die Rede war, als sie
erwachten, und Glaumvar, Gunnar's Frau, ihre
vielen Träume sagte, die ihr auf Verrath zu deuten
schienen [3]: aber Gunnar deutete sie alle dem entgegen. „Dies war einer von ihnen (sagte sie), daß
| mir däuchte, ein blutiges Schwert würde herein in
die Halle getragen, und du wardst von dem Schwerte
durchbohrt, und Wölfe heulten an beiden Enden des
Schwertes." [4] Der König antwortete: „Kleine Hunde

---

weise in Träumen gesehen, wie hier und z. B. in der
„Geschichte von Gunnlaug Schlangenzunge", übersetzt
von Kölbing (1878), S. 4 f. Vgl. noch Helg. Hjorv.
Prosa nach Str. 5, Z. 8 f. und oben S. 9*, 24*
und 30***.

*) Ueberschrift: „Der Auszug der Gebrüder".

1) = Am. 19,1—5. — 2) = Am. 19,7 f. — 3) vgl. Am. 20. —
4) = Am. 23.

wollen uns da beißen; [doch] oft deutet Hundegebell auf blutgefärbte Waffen."[1] Sie sprach: „Noch däuchte mir, es kämen Frauen herein, die wären trübselig, und [wollten] dich zu ihrem Manne erkiesen[2]: mag sein, daß deine Disen *) das gewesen sind."[3] Er antwortete: „Schwer wird es nun zu deuten, und mag niemand seinem Schicksal entgehn[4]; allein nicht unwahrscheinlich ist es, daß wir nicht lange leben werden. **)"[5]

Und am Morgen sprangen sie auf, und wollten reisen; die andern ***) aber riethen ab.[6] Darauf sprach Gunnar zu dem Manne, der Fiorni hieß: „Steh' auf und gieb uns zu trinken aus großen Kannen[7] guten Wein, denn es kann sein, daß dies unser letztes Gelage ist: | jetzt wird der alte Wolf

---

*) Disen (s. ob. S. 56 **. 99 †. 148 **) == Fylgjen, die den Todgeweihten verlassen; so Am. Unser Verf. hat sie, wohl mißverständlich, mit den Todesbotinnen identificirt, die anderwärts (Sólarljódh 38) der Hel Maide heißen. Als Todesbotin erscheint bei Saxo, S. 124 f., Hel (Proserpina) selbst, die ursprünglich mit Freyja=Holda identisch ist und deren Vervielfältigungen die Walkyrjen sind.

**) Wörtlich: „kurzlebig sein werden".

***) In der Quelle (Am.) sind die Gattinnen gemeint; vgl. aber Akv. 9.

1) = Am. 24. — 2) = Am. 27,1—4. — 3) vgl. Am. 27,7 f. — 4) vgl. Am. 28,1 ff. (?); oben S. 181 **. — 5) = Am. 28,5—6. — 6) = Am. 29,1—4; Akv. 9,1—4. — 7) = Akv. 9,5. 10,1—4.

das Gold in Besitz nehmen, wenn wir sterben, und desgleichen der Bär ‖172) wird nicht ermangeln, mit seinen Streitzähnen [hinein?] zu beißen." [1]

Darauf geleitete sie das Volk hinaus mit Weinen. Hogne's Sohn *) sprach: „Fahrt wohl und habt gutes Glück." [2] Der größere Theil ihres Gefolges blieb zurück. [3] Solar und Snävar **), Hogne's Söhne, waren auf der Fahrt und ein starker Held, der Orkning hieß; der war ein Bruder Bera's. ***) [4] Das Volk folgte ihnen zu den Schiffen, und alle redeten sie ab von der Fahrt: aber das nützte nichts. [5] Da sprach Glaumvar: „Vinge (sagte sie), es ist wohl zu glauben, daß großes Unheil aus deinem Kommen entstehn wird, und größe Dinge auf dieser †) Fahrt geschehen werden." [6] Er antwortete: „Das schwör' ich, daß ich nicht lüge, und mich empfange ein hoher Galgen und alle Teufel ††), wenn ich irgend ein

---

*) Es ist der jüngste Sohn, der zurückbleibt (Am. 12,5 f.).

**) So Am. und Dr. Nifl.; unsere Hdschr. Snävar.

***) Bera ist Abkürzung von Kostbera.

†) theirri? statt thinni (deiner), wie die Hdschr. hat. Doch ist diese Lesart wohl ungeschickte Wiedergabe von Am. 31,8.

††) Genauer „Unholde", vgl. oben S. 32 ***.

1) = Akv. 11. — 2) = Akv. 12. — 3) vgl. Am. 29,5—8 (?). — 4 = Am. 30,1—6. — 5) = Am. 30,7—10. — 6) vgl. Am. 31.

Wort lüge"; und wenig schonte er sich mit solchen Reden. [1] Da sprach Bera: „Fahrt wohl, und mit gutem Glück." [2] Hogne antwortete: „Seid fröhlich, wie es uns auch ergehe." [3] Da schieden sie, wie ihr Schicksal es wollte. *) [4]

Darauf ruderten sie so stark und mit [so] großer Kraft, daß beinahe der halbe Kiel vom Schiffe los ging; sie warfen sich so heftig in die Ruder, weit ausholend, daß Handgriffe und Dollen zerbrachen [5]: und als sie ans Land kamen, befestigten sie ihr Schiff nicht. [6] Sodann ritten sie auf ihren stattlichen Rossen eine Weile durch dunklen Wald. **) [7]

Da sahen sie die Königsburg. [8] Nach der Richtung hin hörten sie großes Getöse und Waffengeräusch, und sahen da eine Menge Männer, ‖173)

---

*) Wörtlich: „mit, d. h. nach (gemäß) ihrem Schicksal".

**) In der Quelle (Akv.) heißt es genauer Myrkvid, „der Dunkelwald", der als Grenze zwischen Deutschland und dem Norden an der Nordgrenze des Hunenlandes gedacht ward (nach Müllenhof, H. Zschr. 23, 168 f., wäre damit der saltus Hercynius gemeint).

= Am. 32. — 2) = Am. 33,1—4. — 3) = Am. 34,1—4. — 4) = Am. 35,3 f. — 5) = Am. 36,1—6 (vgl. denselben Zug in andern Sagenfassungen, so Thidr. s. S. 345; Nib. Str. 1564 u. s. w.).— 6) = Am. 36,7 f. (vgl. Nib. Str. 1581: Hagen zerschlägt das Schiff). — 7) = Akv. 13,1—4. — 8) Am. 37,1—4; Akv. 14.

die waren stark gerüstet zur Gegenwehr *), und alle
Burgthore waren voll von Männern. ¹ Sie ritten zur
Burg, doch sie war verschlossen: | Hogne erbrach das
Thor ², und sie ritten dann in die Burg. | Da sprach
Vinge: „Das hättest du wohl ungethan sein laffen
können ³: wartet nun hier, dieweil ich euch einen
Galgenbaum suche. Ich bat euch mit Freundlichkeit
her zu kommen, aber Falsch stak dahinter ⁴: nun
werdet ihr nicht lange zu warten haben, bis daß ihr
aufgeknüpft werdet.“ | Hogne erwiderte: „Nicht
werden wir dir nachgeben: und wenig, mein' ich,
wichen wir, wo Männer fechten sollten. Nicht frommt
es dir, uns zu schrecken, und soll es dir übel ge=
deihen.“ ⁵ Sie stießen ihn darauf nieder, und schlu=
gen ihn mit den Axthämmern zu Tode. ⁶

Sechsunddreißigstes Kapitel. **)

Sie ritten nun zur Königshalle. | König Atle
ordnete sein Volk zur Schlacht, und so stellten die

---

*) Wörtlich: „Und große Gegenrüstung, die sie hatten“
(nämlich: sahen sie).

**) Ueberschrift: „Der Kampf in der Burg . . .“

1) Vgl. Akv. Str. 14 (die übrigens aus Hmd. hierher gerathen ist);
vgl. Sn. E. 120, 12. — 2) = Am. 37,5 f. — 3) vgl. Am. 37,7 f.
4) = Am. 38,7 f., 5 f. — 5) = Am. 39. — 6) = Am. 40.

Schlachtreihen sich auf *), daß 'ein Gehege **) zwi=
schen ihnen lag. ¹ „Seid uns willkommen," sagte
er, „und gebt mir das viele Gold, das uns zu=
kömmt, den Hort, den Sigurd besaß und nun
Gudrun zu eigen hat." Gunnar sprach: „Nimmer
empfängst du den Hort: und tapferen Männern sollt
ihr zuvor begegnen, ehe wir das Leben lassen, wenn
ihr uns Kampf bietet. Kann sein, daß du dieses
Fest großartig und wenig armselig ***) zurüstest für
Aar und Wolf." †) ² „Lange schon hatte ich es
im Sinne [sprach Atle], euch ans Leben zu gehn ³, [um]
des Goldes zu walten, und euch so das Reidings=
werk ††) zu vergelten, daß ihr euern trefflichen
Schwager verrathen habt, und das habe ich vor zu
rächen." ⁴ Hogne antwortete: „Das kommt euch
gar schlecht zu statten, daß ihr lange [schon] über

---

*) Genauer: „wandten sich".

**) gardhr, ein eingehegter Raum.

***) Wörtlich: „aus (mit) geringer Armseligkeit".

†) Der Sinn ist: Vielleicht kommt dies großartig zuberei=
tete Fest nur den Thieren des Schlachtfeldes zu Gute,
d h. es wird in einen Kampf ausarten.

††) That eines Reiding (Schurken).

1) = Am. 41,1—4. — 2) Verlorene Strophen der Am. sind benutzt,
f. Germ. 23,410 f., wo das Verhältniß unsers Textes zu den Am.
untersucht ist; vgl. auch Thidr. s. S. 357 und Rib. Str. 1739 ff. —
3) = Am. 41,7 f. — 4) Eine verlorene Halbstr. von Am. benutzt;
über die sagengeschichtliche Bedeutung dieser Stelle f. Germ. 23,411.

174) diesem Rathe brütet, da ihr doch noch *) in nichts gerüstet seid." [1]

Da kam es zu hartem Kampf, und ward derselbe zunächst mit Geschossen geführt. **) [2] Nun drang diese Kunde zu Gudrun. [3] Und als sie solches hörte, da gerieth sie außer sich ***) [4] und warf den Mantel von sich. [5] Darauf ging sie hinaus, und grüßte die, so da gekommen waren, und küßte ihre Brüder und bezeigte ihnen Liebe: und dies war ihre letzte Begrüßung. Da sprach sie [6]: „Ich glaubte dem vorgebeugt zu haben, daß ihr kämet: aber niemand vermag dem Geschick zu widerstehn" †); und sprach dann: „Kann es noch etwas frommen, Sühne zu versuchen?" Aber alle verneinten es entschieden. [7] Nun sah sie, daß ihren Brüdern schlimm ††) mitgespielt werde; da entschloß sie sich, rauhen Kriegern gleich zu handeln †††): sie legte eine Brünne an

---

*) Wörtlich: „ : ihr seid doch noch . . ."

**) Wörtlich: „war zuvörderst Geschoß=Angriff (=Kampf)."

***) Ward rasend (?), gneip, nicht gneyp, s. Bugge, S. 198.

†) Vgl. oben S. 181 **. 186⁴ u. s. w.

††) Eigentlich „schmerzlich".

†††) hyggr á hardhrœdhi.

1) = Am. 42,1—3. — 2) vgl. Am. 43; Sn. E. 120,12 f. — 3) = Am. 44,1—4; vgl. oben S. 21⁸ und überhaupt 13 ***. 17² u. s. w. — 4) = Am. 44,5 f. — 5) = Am. 47,4; vgl. 44,7—10. — 6) = Am. 45. — 7) = Am. 46.

und nahm sich ein Schwert und focht auf Seiten ihrer Brüder [1] und drang vorwärts gleich dem kühnsten Manne [2]; und das sagten alle überein, daß man schwerlich eine stärkere Gegenwehr gesehen habe als dort. Da fielen viele Männer, geschah aber doch tapferes Vordringen von Seiten der Brüder. [3] Der Kampf währte lange, bis über Mittag hinaus. Gunnar und Hogne drangen vorwärts durch die Schaaren König Atle's *): und so wird gesagt, daß das ganze Feld von Blute floß. [4] Hogne's Söhne drangen nun mächtig vorwärts. [5] König Atle sprach [6]: „Wir hatten **) ein großes und schmuckes Heer, und gewaltige Helden; jetzt aber sind viele von uns gefallen, und haben wir euch Nebles zu lohnen: erschlagen [habt ihr] neunzehn meiner Helden, und nur elf sind übrig.“ [7]

Nun ward ein Stillstand im Kampfe. [8] Da sprach König Atle: „Vier ***) Brüder waren wir,

---

*) Vgl. oben S. 21³. 42, Z. 1 ff. 80, Z. 12 ff.

**) „haben“ Hdschr., verschrieben.

***) Nach Am. 52 waren sie fünf Brüder.

1) = Am. 47,1—6. — 2) vgl. Am. 47,7 f. [48?]. — 3) vgl. Am. 49? — 4) = Am. 50,1—7. — 5) vgl. Am. 50,8—10 (mißverstanden?). — 6) = Am. 51,1. — 7) = Am. 51,3—8. — 8) Der Sagaschreiber geht im Folgenden zur Kampfschilderung in Akv. über, die nur eine Paralleldarstellung desselben Kampfes ist, von ihm aber als Fortsetzung desselben aufgefaßt wird, wie er überhaupt die beiden verschiedenen Berichte (in Akv. und Am.) in einander arbeitet.

und ich allein bin noch übrig. Ich gewann mächtige
Schwägerschaft [1], und erhoffte mir Vortheil davon; |
eine Frau hatte ‖175) ich, schön und klug, hochherzig
und heldenmüthig: aber nicht kömmt mir ihre Klugheit
zu Gute [2], denn selten lebten wir in Frieden mit
einander. Ihr habt nun viele meiner Blutsfreunde
erschlagen, dazu mich um Herrschaft, Reich und
Gut *) betrogen, [auch] meine Schwester **) verrathen,
und das härmt mich am meisten." [3] Hogne sprach:
„Warum erwähnst du dessen? Ihr brachet zuerst
den Frieden: du nahmst eine Blutsfreundin ***) von
mir, und hungertest sie zu Tode und mordetest sie

---

*) Das Erbe Sigurd's, auf welches er als zweiter Gatte
Gudrun's Anspruch macht.

**) Brynhild, durch den Betrug beim Durchreiten der Waber=
lohe. In der Quelle (Am. 53,5 f.) erhebt er den Vor=
wurf, und zwar gegen Gudrun, sie habe den Tod
seiner Schwester (Brynhild's nämlich) verschuldet, indem
Gudrun Sigurd für sich nahm und durch die Enthül=
lung des Verraths Brynhild's Tod veranlaßte. Auch
nach Dr. Nifl. fordert Atle von den Gjukungen Buße
für Brynhild's Tod.

***) Nach Am. 54 Grimhild. Dieser Zug ist sonst in der
Sage unbekannt (vgl. jedoch Am. 68,4).

1) = Am. 52,1—6. — 2) = Am. 52,7 f. (kürzer). — 3) = Am. 53.

und nahmst das Gut *) ¹; und war das nicht könig-
lich. | Und erfreulich dünkt **) es mich, daß du deinen
Harm herzählst; und den Göttern will ich es dan-
ken, daß es dir übel geht." ²

Siebenunddreißigstes Kapitel. ***)

Nun spornte König Atle sein Volk an, einen
heftigen Angriff zu machen. ³ Da ward tapfer ge-
kämpft, | die Gjukunge aber stürmten so heftig an,
daß König Atle in die Halle hinein wich: und sie
fochten nun darinnen ⁴, und war ein gar harter
Kampf. Dieser Kampf verlief mit großem Menschen-
verlust und endete so, daß alles Volk der Brüder
fiel, so daß sie zwei [allein] aufrecht standen ††), doch
war zuvor mancher Mann vor ihren Waffen zu Hel †)

---

 *) In Am. heißt es: „Du nahmst meine Mutter, morde-
    test sie um Kleinode; [meine] kluge Mutterschwestertochter
    ließest du in einer Höhle Hungers sterben."
 **) Eigentlich: „zum Lachen", vgl. oben S. 88 **.
 ***) Ueberschrift: „Hogne wird gefangen genommen".
 †) S. oben S. 71 *.
 ††) Vgl. oben S. 21 ⁷; Nib. Str. 2308.

1) = Am. 54,1—6. — 2) = Am. 54,7—10. — 3) vgl. Am. 55,1ff. —
4) Diese Bemerkung erklärt sich wieder aus dem Bestreben des
Verfassers, den Bericht von Akv. (wo der Kampf in der Halle
stattfindet) mit Am. (wo er im Freien stattfindet) zu vereinigen,
s. oben S. 192⁸. 197 †. 207 **.

gefahren. [1] Da ward König Gunnar angegriffen, und in Folge der Uebermacht ward er gefangen genommen und in Fesseln gelegt. [2] Darnach kämpfte [noch] Hogne mit großer Tapferkeit und Heldenhaftigkeit, und fällte zwanzig der größten Helden König Atle's. [3] Er stieß manchen in das Feuer, das da in der Halle angezündet war. [4] Alle waren darin einig, daß man schwerlich [mehr] einen solchen Mann *) sähe. [5] | Dennoch ward er zuletzt von der Uebermacht bewältigt und gefangen genommen. [2]

Atle sprach: „Gar schrecklich ist es, wie mancher Mann hier vor i h m allein dahingefahren ist : | nun schneidet ihm das Herz aus [6], und ‖176) habe er davon den Tod." [7]   Hogne sprach: „Thu, wie dir beliebt: freudig werde ich hier dessen warten, was ihr beginnen wollt: und das wirst du erkennen, daß mein Herz nicht furchtsam ist. Ich habe zuvor Hartes erfahren, und war begierig, Proben der Mannhaftigkeit zu bestehn, als ich [noch] unverwundet war. Jetzt aber bin ich schwer verwundet,

---

*) Bugge vermuthet nach Akv. 20,6 „solche Wehr" = oben S. 192, Z. 4 f.

1) = ½ oder 1½ verlorenen Str. vor Akv. 20 (s. Germ. 23,407 f.). — 2) = Akv. 21,1—4, s. Germ. a. a. O.; vgl. oben S. 216. 7. — Zu Anm. 1—5 vgl. Sn. E. 120,12 f. — 3) vgl. Akv. 20,1 f. — 4) = Akv. 20,3 f. — 5) vgl. Akv. 20,5—8. — 6) = Am. 56, 1—4; Sn. E. 120,13 f. — 7) = Sn. E. 120,13 ff.

und haſt du allein zwiſchen uns zu entſcheiden."[1]
Da ſprach ein Rathgeber König Atle's *): „Ich
ſehe beſſern Rath: nehmen wir lieber den Knecht
Hjalle und friſten Högne. Dieſer Knecht iſt zum
Tode geſchaffen, und ſo lange er auch lebt, iſt er
elend." **)[2] Der Knecht hörte es, und wehklagte
laut, und entſprang [dahin], wo er ſich irgend Schutz
erhoffte ***), und rief, Uebles leide er von ihrem
Streite, und [habe] des Unheils zu entgelten; und
ſagte, unſelig wäre der Tag, da er aus ſeiner guten
Stellung als Schweinehirt †) fortſterben ſollte.[3] Sie
ergriffen ihn und zückten gegen ihn das Meſſer: er
jammerte laut, ehe er [noch] die Spitze fühlte.[4] Da
ſprach Högne, wie wenige pflegen, wenn ſie Mann-

---

*) In Am. 58,1 wird er Beite genannt. Dieſer Rath
  ſetzt die Situation in Akv. voraus (= unten S. 197⁴),
  daß nämlich Gunnar als Zeichen von Högne's
  Tode und als Bedingung der Auslieferung des Hortes
  Högne's Herz zu ſehen verlangt hat. Hier, wo Atle
  es darauf abgeſehn hat, gerade Högne dieſen qualvollen
  Tod zu bereiten (= Am. 55 f.), paßt der Rath nicht.

**) Wörtlich: „Er lebt nicht ſo lange, daß er nicht elend
  wäre".

***) D. h. „wo er wähnte ſich bergen zu können".

†) Eigentlich: „ſeiner guten Lage und Schweinehütung".

1) = Am. 57. — 2) = Am. 58. — 3) = Am. 59. — 4) = Am. 60,1—4.

haftigkeit zu bewähren haben, [und] bat für des Knechtes Leben, und erklärte, er wolle nicht [das] Geschrei [hören] *); er sagte, es sei ihm leichter, selber dies ‖ 177) Spiel **) zu bestehn. ¹ Dem Knechte ward da das Leben [geschenkt].

Nun | wurden sie beide, Gunnar [und Hogne] in Fesseln gelegt. ² Da sprach König Atle zu König Gunnar, daß er das Gold angeben sollte, wenn er das Leben geschenkt haben wollte. ³ Der antwortete: „Zuvor muß ich das Herz meines Bruders Hogne blutig sehen." ***). ⁴

Und nun ergriffen sie den Knecht abermals †),

---

*) Die Worte in [ ] fallen in kleine Lücken der Hdschr., wie auch in den nächstfolgenden Zeilen.

**) Wie auch der Kampf ein Spiel heißt (s. oben S. 168 ††).

***) Als Beweis seines Todes, den man ihm vorher fälschlich gemeldet haben muß, was nach ² (auch in Akv.) fehlt, s. Germ. 23,407 f. Man beachte, daß im Nibelungenliede (Str. 2367 ff.) eine ganz ähnliche Scene — theilweise mit wörtlichen Berührungen — sich abspielt, nur mit veränderten Rollen: Gunther und Hagen haben die Rollen getauscht, Chriemhild (Gudrun) ist an Stelle Atle's getreten.

†) Wieder (wie 194⁴) ist der abweichende Bericht der Akv. mit obigem (nach Am.) als nacheinander verbunden.

1) = Am. 61. — 2) vgl. Akv. 21,1—5 und dazu Germ. 23,407. — 3) = Akv. 21,5—8; = Nib. Str. 2367. — 4) = Akv. 22,1—4; vgl. Nib. Str. 2368.

und schnitten ihm das Herz aus, und trugen es vor König Gunnar. Der entgegnete[1]: „Das Herz Hjalle's des feigen ist hier zu sehen: ungleich ist es dem Herzen Hogne's des kühnen, denn nun bebt es sehr, halbmal mehr aber noch, als er es in der Brust trug."[2]

Da gingen sie auf Antrieb König Atle's zu Hogne und schnitten ihm das Herz aus. Und so groß war sein Heldenmuth, daß er lachte, während er diese Qual aushielt; und alle bewunderten seine Standhaftigkeit[3], und das Andenken daran hat sich seitdem erhalten.

|Sie zeigten Gunnar das Herz Hogne's. [Er sprach: „Hier ist das Herz Hogne's]*) des kühnen zu sehen, und ist ungleich dem Herzen Hjalle's des zagen, denn nun bebt es**) wenig, aber weniger [noch bebte es], als er es in der Brust trug.[4] Und so wirst du Atle dein Leben lassen, wie wir es nun lassen.[5] Nun weiß ich allein, wo das Gold ist, und

---

*) Fehlt in der Hdschr., ergänzt nach Akv.
**) Eigentlich: „Rührt es sich".

1) = Akv. 22,7—23,2. — 2) Akv. 23,3—10. — 3) = Am. 62; Akv. 24,1—4; Oddr. 26,1 f. — 4) = Akv. 24,5—25,8; vgl. Nib. Str. 2369. — 5) vgl. Akv. 26 (verstümmelte Strophe, die auch unser Verf. wahrscheinlich nicht mehr vollständig kannte).

wird nicht Hogne es dir sagen. Unentschieden war ich in meinem Sinne, da wir beide lebten; jetzt aber habe ich für mich allein zu entscheiden [1]: der Rhein soll nun des Goldes walten, eher als daß ||178) die Hunen es an ihren Händen trügen." [2] König Atle sprach: „Geht hinweg mit dem Gebundenen." Und so geschah es. [3]

Gudrun rief nun Männer auf, mit ihr [zu gehn], und ging zu Atle, [und sprach] *) [4]: „Geh es dir nun übel, und dem gemäß, wie ihr Wort gehalten habt gegen mich und [Gunnar]." [5]

Nun ward König Gunnar in einen Schlangen= hof gesetzt, darin waren viele große Schlangen [6], und waren ihm [die Hände] fest gebunden. Gudrun sendete ihm eine Harfe [7]; er [aber] zeigte seine Kunst und | handhabte die Harfe mit großer Kunstfertigkeit, indem er die Saiten mit den Zehen schlug, und spielte so schön und vortrefflich [8], daß wenige meinten, sie

---

*) Hier und in den nächstfolgenden Zeilen fallen die ein= geklammerten Worte in kleine Lücken der Handschrift.

1) = Akv. 27; vgl. Nib. Str. 2371. — 2) = Akv. 28; Sn. E. 120,10: „Ehe sie von Hause zogen, verbargen sie das Gold, Fafni's Erbe, im Rhein"; vgl. Nib. Str. 1134. 1137. — 3) vgl. Akv. 29. — 4) vgl. Akv. 30,5—8. — 5) = Akv. 31. — 6) vgl. Akv. 32,1—6; Oddr. 26,3 f.; Sn. E. 120,15. — 7) = Sn. E. 120,15 f. 16 f. — 8) = Am. 63,1—3 = Sn. E. 120,16; Oddr. 26,5 f.; vgl. Akv. 32,7—9 („mit der Hand").

so [gut] mit Händen schlagen gehört zu haben[1]. Und so lange trieb er dies kunstvolle Spiel, bis alle Schlangen einschliefen[2]; nur eine Natter *), groß und scheußlich anzusehen, die kroch zu ihm und grub sich mit ihrem Maul ein, bis sie sein Herz traf[3]: da ließ er sein Leben mit großem Heldenmuth. **)[4]

Achtunddreißigstes Kapitel. ***)

König Atle meinte nun großen Sieg gewonnen zu haben und sagte zu Gudrun wie mit einigem Hohn, oder als ob er [damit] prahlte[5]: „Verloren hast du nun deine Brüder, und du selber bist daran Schuld."[6] Sie antwortete: „Wohl bist du jetzt zufrieden, da du diesen Mord mir kund thust ‖179); aber es kann geschehn, daß du es [noch] bereust, wenn

---

*) Nach Oddr. 29 war diese Natter Atle's Mutter; vgl. oben S. 24[2].

**) Ueberschrift: „Atle's Unterredung mit Gudrun".

***) Ebenso stirbt Ragnar im Schlangenhofe, s. die Ragnarssaga. — Die genaueren Uebereinstimmungen dieses Abschnittes, sowie des folgenden mit Sn. E. erklären sich aus Benutzung unserer Saga in Sn. E., s. Beitr. 3,211.

1) Vgl. Am. 63,4 ff. (?). — 2) = Dr. Nifl. Z. 16; Sn. E. 190,17. — 3) vgl. Oddr. 29 und Dr. Nifl. Z. 16; Sn. E. 190,17—20 (ausführlicher). — 4) vgl. Am. 64. — 5) vgl. Am. 65,1—4. — 6) = Am. 65,6—8.

du erfährst, was darnach kömmt; und das Erbtheil *)
wird [mir] am längsten verbleiben, des Grimmes
nicht zu vergessen: es wird dir nicht wohl gehn,
dieweil ich lebe." 1 Er antwortete: „Wir wollen
uns nun versöhnen, und will ich dir deine Brüder
büßen mit Gold und theuern Kleinoden nach deinem
Willen." 2 Sie erwiderte: „[Schon] lange ist nicht
gut mit mir verkehren gewesen³; doch fand ich
[meine Lage] erträglich, dieweil Hogne lebte. 4 Du
wirst mir auch niemals meine Brüder so büßen,
daß ich zufrieden bin. 5 Doch oft werden wir Frauen
von eurer Gewalt unterdrückt 6: jetzt sind meine
Blutsfreunde alle todt.7, und du allein hast nun mir
gegenüber zu entscheiden. 8 So will ich mich in
diese Lage fügen: laß uns denn ein großes Gastmahl
anstellen: ich will nun für meine Brüder die Todten=

---

*) Vgl. Egilsson, S. 139 ᵇ. Wörtlich: „Das Erbtheil
wird (genauer: derartig wird das Erbtheil) am längsten
nachleben, den Grimm nicht zu verlieren". Die lang=
währendste Hinterlassenschaft meiner Brüder wird —
nicht das Gold, dessen du dich freust, sondern —
mein unvertilgbarer Grimm sein. — Anders Bugge,
S. 198 f.

1) = Am. 66. — 2) vgl. Am. 67,5—8. — 3) vgl. Am. 68,1—6. — 4) =
Am. 68,7 f. — 5) = Am. 69,5—8. — 6) = Am. 70,1 f. — 7) vgl.
Am. 70,3—6 (?). — 8) = Am. 70,7 f.

feier *) halten, und desgleichen [du?] **) für deine Blutsfreunde." ¹ Sie stellte sich nun freundlich in Worten, jedoch war in Wirklichkeit dahinter ihre frühere Gesinnung ***) verborgen. ² Er (Atle) war leichtgläubig und traute ihren Worten ³, da sie sich in ihren Reden unbekümmert stellte.

| Gudrun bereitete nun die Todtenfeier für ihre Brüder, und eben so König Atle für seine Mannen ⁴; und ging es bei diesem Feste lärmend zu. ⁵ Da gedachte Gudrun an ihren Harm, und brütete darüber, dem Könige eine große Schmach anzuthun. ⁶ Und am Abend ergriff sie ihre und König Atle's Söhne, da sie auf der Diele †) spielten. ⁷ Die Knaben wurden ängstlich und fragten, was sie sollten. ⁸ Sie antwortete: „Fragt nicht darnach. Ich habe vor,

---

) Eigentlich „Erbmahl", s. oben S. 51.

**) Das vermuthet auch Bugge, vgl. Am. 72,3 f. und unten Z. 8 f.

***) Wörtlich „dasselbe".

†) Vgl. oben S. 183**. Oder ist vidh stokki anders zu verstehn? Mißverständniß von Am. 74,2? — Zur Sache vgl. oben S. 34, Z. 12 ff.

1) = einer in Am. fehlenden Str., s. Germ. 23,412. — Zu 201⁸⁻²⁰²¹ vgl. oben S. 51¹⁻². — 2) = Am. 71,5—8. — 3) = Am. 71,2. — 4) = Am. 72; vgl. Sn. E. 120,23 f. — 5) vgl. Am. 73,1—4; vgl. Akv. 35,1—4. — 6) = Am. 73,5—8. — 7) vgl. Am. 74,1 f. — 8) = Am. 74,3—6.

euch beide zu tödten." [1] Sie erwiderten: „Schalten magst du mit deinen Kindern, wie du willst, das mag niemand dir wehren: aber es ist dir eine Schmach, solches zu thun." [2] ‖180) Darauf schnitt sie ihnen den Hals durch. *) [3]

Der König forschte nach, wo seine Söhne wären. [4] Gudrun antwortete: „Ich werde es dir sagen, und dein Herz [nicht?] erfreuen: du brachtest über mich großen Harm, da du meine Brüder erschlugst [5]: nun sollst du hören, was ich dir zu sagen habe. **) Du hast deine Söhne verloren, und werden ihre Schädel hier beide als Tischbecher benutzt, und du selber trankst ihr Blut mit Wein vermischt. [6] Sodann nahm ich ihre Herzen und briet sie am Spieße [7], du aber aßest sie." [8] König Atle antwortete: „Grau=

---

*) Zu vergleichen ist, wie Signy ihre und Siggeir's Kinder tödten läßt (oben S. 34 *); ähnlich wie dort wird der Mord der Söhne in Dr. Nifl. motivirt „da befahl Gudrun ihren Söhnen, für das Leben der Gjukunge zu bitten, aber sie wollten nicht". Ein ähnlicher Zug findet sich auch in der deutschen Sage: Thidr. s. 2, S. 370 u. s. w.

**) Genauer „meine Rede".

1) = Am. 75,1—4. — 2) = Am. 75,5—8. — 3) = Am. 76,4; vgl. Sn. E. 120,22. — 4) = Am. 76,5—8. — 5) = Am. 77; vgl. Sn. E. 121,1 f. — 6) = Am. 79; Akv. 38,4 (37); Sn. E. 120,22 f. 24 f. — 7) = Am. 80,1 f.; Akv. 37,1—4; Sn. E. 120,24 f. — 8) vgl. Am. 80,3—8; vgl. Akv. 37,5—8; Sn. E. 120,25 f.

sam bist du, da du deine Söhne mordetest und mir
ihr Fleisch zu essen gabst [1]; und schnell läßt du
[mir] Uebel auf Uebel folgen." [2]   Gudrun sprach:
„Es wäre bei mir der Wille vorhanden, dir [noch
ferner] große Schmach anzuthun, und es wird nicht
übel genug verfahren mit solch einem König." [3] Der
König sprach: „Uebler hast du gethan, als daß die
Menschen etwas Aehnliches zu berichten wüßten *);
und ist große Unklugheit bei solcher Hartherzigkeit [4]:
du hättest verdient, auf einem Holzstoße verbrannt,
und zuvor mit Steinen zu Tode geworfen zu wer=
den; so hättest du das, wohin du es treibst." **) [5]
Sie entgegnete: „Du weissagst das dir selbst, mir
aber wird ein anderer Tod zu Theil werden." [6] [So]
sagten sie sich manche Scheltworte. [7]

Hogne hatte einen Sohn nachgelassen, der
Niflung hieß ***): der hatte großen Haß auf König

) Vgl. oben S. 124, wo dieselbe Wendung des Origi=
nals etwas anders wiedergegeben ist.
**) ferr (von ferja? oder fær?) á leidh, s. Bugge S. 199.
***) Nicht der 187* erwähnte. Seine Erzeugung durch den
todwunden Hogne erzählt die Thidr. s. (2, S. 394), die
ihn Aldrian nennt. Er gehört der nordischen Sagen=

1) vgl. Am. 82,1—6. — 2) = Am. 82,7 f. — 3) = Am. 83,1—4 —
4) = Am. 83,5—8 (Gudrun's Worte). — 5) Am. 84,1—4. —
6) = Am. 84,5—8. — 7) vgl. Am. 85,1—4.

Atle, und sagte zu Gudrun, daß er seinen Vater rächen wolle.[1] Die nahm das wohl auf[2], und sie hielten Rath; | sie sagte, daß es ein großes Glück wäre, wenn dies vollbracht würde.[3]

Am Abend, als der König getrunken hatte, ging er schlafen: und | als er eingeschlafen war, kam Gudrun dahin und der Sohn Hogne's.[4] Gudrun nahm ein Schwert und stieß es König Atle vorn in die Brust; beide waren sie dabei thätig, sie und Hogne's Sohn.[5] König Atle erwachte von der Wunde und sprach: „Nicht wird es hier [mehr] ‖181) eines Verbandes bedürfen oder sonstiger Pflege. Wer aber hat mir diese Verwundung beigebracht?"[6] Gudrun sagte: „Ich that es zum Theil, und zum Theil der Sohn Hogne's."[7] König Atle sprach: „Nicht ziemte dir dies zu thun[8], obschon einige Ursach dazu war: | du warst mir vermählt mit deiner Blutsfreunde Rath[9], und als Brautschatz gab ich dir dreißig edle Ritter und angesehene Maide[10] und viele andere Männer; | und doch erklärtest du

---

gestalt eigentlich nicht an, sondern ist aus der niederdeutschen Sage aufgenommen, s. Germ. 23,412.

1) = Am. 85,5—8 (Hniflung). — 2) vgl. Am. 86,1 f. — 3) = Am. 86,3 f. — 4) = Sn. E. 121,4 f. — 5) vgl. Am. 86,5—8; Sn. E. 121,5 f.; vgl. Akv. 42,1—8. — 6) = Am. 87,1—6. — 7) = Am. 88. — 8) vgl. Am. 89. — 9) vgl. Am. 90,1 ff. (?). — 10) = Am. 92,1—4.

dich nicht zufriedengestellt, wenn du nicht über die
Lande herrschtest, welche König Budle besessen hatte [1];
und deine Schwiegermutter ließest du oft in Thränen
sitzen." *) [2]   Gudrun sprach: „Viel Unwahres hast
du gesprochen, und nicht achte ich dessen; oft war ich
unfreundlich in meinem Sinne, aber du machtest es
noch viel schlimmer. [3]   Hier ist oft großer Streit
gewesen in deinem Hofe, und | schlugen sich oft Ver-
wandte und Freunde [4], und war eins dem andern
Feind [5].   Besser war da mein Leben, als ich bei
Sigurd war [6]: wir erschlugen Könige und verfügten
über ihr Eigenthum [7]; wir gaben Frieden denen,
die es wollten [8]; und Häuptlinge unterwarfen sich **) [9],
und wir machten den mächtig, der es wollte. [10] Darnach verlor ich ihn; und das war [noch] ein Kleines,
Wittwennamen zu tragen; das aber härmt mich zu-

---

*) Es wird hier auf einen Bruderkrieg zwischen Budle's
   Söhnen um die Erbschaft angespielt, an dem die
   Schuld hier, wie es scheint, Gudrun's Herrschsucht zu-
   geschrieben wird; vgl. übrigens die Quelle (Am. 93).

**) Diese Bedeutung muß hier ganga á hendr haben, wie
    unzweifelhaft ganga á hond in der Quelle (Am. 96,3 f.).

1) = Am. 93,1—4. — 2) = Am. 93,7—8. — 3) = Am. 94,1—4. —
4) vgl. Am. 94,5 f. — 5) vgl. Am. 94,9 f. — 6) vgl. Am. 95,4.
— 7) = Am. 96,1 f. — 8) vgl. Am. 96,5 f. (?). — 9) = Am.
96,3 f. — 10) vgl. Am. 96,7 f. (?). — Zu 6)—10) vergl. 127¹.

meist, daß ich zu dir kam, nachdem ich*) den vortrefflichsten König gehabt hatte. ¹ Und nimmer kamst du so aus der Schlacht, daß du nicht den Kürzern gezogen hättest." ² König Atle antwortete: „Unwahr ist das; doch mit solchen Vorstellungen wird keinem von uns beiden geholfen, denn wir haben den Schaden.**) Handle nun an mir ziemlich und laß meine Leiche ehrenvoll bestatten." ³ Sie sagte: „Das will ich thun und dir ein ehrenvolles ‖182) Begräbniß bereiten lassen und⎜eine stattliche Stein=kiste und dich in schöne Tücher winden und dir für alles sorgen, dessen es bedarf." ⁴ Darauf starb er: sie aber that, wie sie verheißen hatte. ⁵

Sodann ***) ließ sie Feuer an den Saal legen, und als das Hofvolk mit Schrecken erwachte, wollten

---

*) Wörtlich „aber zuvor".

**) Genauer: „das Loos gebessert, denn unser Loos ist be=schädigt".

***) Das Anzünden der Halle, aus Akv. entnommen, ge=hört einer älteren Sagengestalt an, und folgte, wie dort, natürlich unmittelbar auf den Mord Atle's. Der Verf. hat in seiner Darstellung die abweichenden Züge beider Paralleldarstellungen wieder als nachein=ander aufgefaßt; vgl. oben S. 192⁸. 194⁴. 197†.

1) = Am. 97. — 2) vgl. Am. 98 und Thidr. s. Kap. 286. — 3) = Am. 99. — 4) = Am. 100,2—6. — 5) = Am. 101,1—4.

die Männer nicht den Feuertod erdulden*), sondern erschlugen sich selber und fänden so den Tod.[1] Da endete das Leben König Atle's und seines ganzen Hofes. | Gudrun wollte nun nicht [länger] leben nach dieser That; aber ihr Todestag war noch nicht gekommen.[2]

Die Volsunge und Gjukunge sind nach der Sage der Leute die verwegensten und mächtigsten Helden gewesen, und ebenso findet es sich in allen alten Liedern.

— Nach diesen Ereignissen fand nun der Kampf auf solche Weise ein Ende.

Neununddreißigstes Kapitel. **)

Gudrun hatte eine Tochter mit Sigurd, die Svanhild hieß[3]): sie war aller Frauen schönste und hatte durchdringende Augen wie ihr Vater, so daß nur wenige es wagten, ihr unter die Brauen zu sehen. ***) Sie übertraf so sehr andere Frauen an Schönheit wie die Sonne die andern Gestirne.[4]

---

*) Genauer „das Feuer aushalten".

**) Ueberschrift: „Von Gudrun".

***) Vgl. S. 63†, 108**. 213*.

1) Vgl. Akv. 42,5—43,8. — 2) = Am. 101,5—8. — 3) vgl. Sn. E. 121,13; Sig. sk. [54?]. 55; vgl. oben S. 164⁷; Prosa vor Ghv. Z. 5. — 4) vgl. Sn. E. 121,13 f.; Sig. sk. 55.

Gudrun ging einmal nach der See und nahm Steine in ihren Busen, und [so] ging in die See hinaus und wollte sich den Tod geben. Da huben und trugen hohe Wogen sie fort über die See *), und mit deren Hilfe ward sie fortgeführt und kam endlich zur Burg König Jonakr's. [1] Der war ein mächtiger König über zahlreiches Volk. Er nahm Gudrun zur Frau: ihre Kinder waren Hamdi, Sorle und Erp. Svanhild wurde dort aufgezogen. [2] ‖ 183)

Vierzigstes Kapitel. **)

Jormunrek ***) war ein König geheißen, der war gewaltig in jener Zeit; sein Sohn hieß Randve. Der König rief seinen Sohn zu einer Unterredung und sprach: „Du sollst mir eine Gesandtschaft zu König Jonakr ausrichten [3] und [mit dir] mein Rathgeber, der Bicke heißt: dort wird Svanhild aufgezogen, die Tochter Sigurd's des Fafnistödters, welche ich die schönste Maid weiß

---

*) Eigentl.: „längs der See". — Ueber Erp s. unten S. 217 †.

**) Ueberschrift: „Svanhild wird vermählt und unter Roßhufen zu Tode getreten".

***) Der Gotenkönig Ermanrich der deutschen Sage.

1) = Prosa vor Ghv. Z. 1—3; Sn. E. 121,7—9; Sig. sk. 62. — 2) = Pr. v. Ghv. Z. 3—5; Sn. E. 121,9—11. 13; vgl. Sig. sk. 63,1—4. — 3) vgl. Sn. E. 121,14—15.

unter dieser Sonne *) ¹: sie wollte ich am liebsten haben, und um sie sollst du für mich werben." ² Der sprach: „Schuldigkeit ist es, Herr, daß ich euch die Gesandtschaft ausrichte." Da ließ er (der König) ihre Fahrt stattlich zurüsten.

Sie fuhren sodann, bis | sie zu König Jonakr kamen ³, und sahen Svanhild, und däuchte ihnen ihre Schönheit groß. **) Randve verlangte den König zu sprechen und sagte: „König Jormunrek will euch nun seine Schwägerschaft anbieten: | er hat von Svanhild vernommen ⁴ und will sie sich zur Frau erkiesen; und ist es unwahrscheinlich, daß sie einem mächtigeren Manne vermählt werden könnte, als er ist." Der König sagte, daß das eine würdige Heirath wäre, „und ist er gar berühmt". Gudrun sprach: „Unzuverlässig ist es, dem Glücke zu trauen ***), daß es nicht an ihm gebreche." Aber durch des

---

*) Wörtlich: „unter der Weltsonne", unter der Sonne, welche die Erde bescheint.

**) Genauer: „hoch zu schätzen".

***) Genauer sollte es heißen: „Unzuverlässig, unbeständig (eigentlich „rollend", wie ja das Glück auf einem Rade oder einer Kugel stehend gedacht wird) ist das Glück, ihm zu trauen"; vgl. Fms. 1,104.

(1) = Sn. E. 121,13 f.; Pr. v. Ghv., Z. 4—6]. — 2) vgl. Sn. E. 121,15 f. — 3) = Sn. E. 121,16. — 4) = Sn. E. 121,14 f.

Königs Zureden und alles das, was [Günstiges] dabei war *), [kam es, daß] | dies (diese Heirath) da beschlossen ward; und begab Svanhild sich da zum Schiffe mit ansehnlichem Gefolge [1], und saß auf dem Hinterdeck **) bei des Königs Sohne. | Da sprach Bicke zu Randve: „Recht wäre es, daß ihr so schöne Frau hättet, und nicht ein so alter Mann." [2] Dem gefiel das wohl im Herzen [3]: und er sprach zu ihr mit Freundlichkeit, und jedes zum andern. Sie kamen heim ins Land | und begaben sich zum Könige.

| Bicke sprach: „Es ziemt [dir], Herr, zu wissen, was im Schwange ist, wenn es auch schwer ist, es zu offenbaren; das aber gilt von dem Verrathe, daß dein Sohn Svanhild's volle Liebe genossen hat, ||184) und sie ist seine Geliebte: laß solches nicht ungestraft." ***) [4]   Manchen falschen Rath

---

*) Wörtlich: „Was [Günstiges, Verlockendes] daran lag", nämlich daß die Partie so sehr gut schien.

**) Vgl. oben S. 61 **; unten Ragnarss. Kap. 5.

***) Die ursprünglichere Bedeutung von úhegnt ist „ungehindert", aus der sich die obige erst herleitet.

1) Vgl. Sn. E. 121,17 f. — 2) = Sn. E. 121,18—20; Pr. v. Ghv., Z. 6 f. — 3) = Sn. E. 121,20 f.; in Prosa vor Ghv. Z. 7 ist an dieser Stelle eine kleine Lücke. — 4) Ganz kurz wiedergegeben in Sn. E. 121,21; Prosa vor Ghv. Z. 7 f.; vgl. Saxo, S. 413,16 f.

hatte er zuvor gegeben *), wenn auch dies der
schlimmste war **) unter seinen argen Rathschlägen.
Der König folgte seinen vielen bösen Rathschlägen.
Er sprach — und konnte sich vor Zorn nicht mäßi=
gen —, daß man Randve ergreifen und an den
Galgen knüpfen sollte. [1] Und als der zum Galgen
geführt war, da nahm er einen Habicht, und rupfte
ihm alle Federn ab und sagte, daß man denselben seinem
Vater zeigen sollte. [2] Und als der König [ihn] sah,
sprach er: „Da kann man nun sehen, daß ich ihm
so aller Ehren bar ***) scheine, wie der Habicht der
Federn," [3] und gebot ihn vom Galgen herabzunehmen. [4]
Bicke [aber] hatte unterdessen Arglist dabei gebraucht [5],
und er war [schon] todt. [6]

---

*) Wie das in Thidr. s. Kap. 249 ff. erzählt ist.

**) Wörtlich: „den Vorrang behauptete". Nach dieser Pa=
rallelstelle wird man doch oben S. 55 * meine Ueber=
setzung und Erklärung aufgeben und dagegen dort
übersetzen müssen: „wenn es auch diesmal das schlimmste
gewesen, am schlimmsten ergangen war" (mit ihrem
Unterliegen), nämlich bei der Bevorzugung Sigmund's
vor Lynge durch Hjordis.

***) Genauer: „Des Ansehens beraubt", weil kinderlos.

1) = Sn. E. 121,22 (vgl. Pr. v. Ghv. Z. 8; Saxo, S. 413,22 ff.). —
2) = Sn. E. 121,23 f.; vgl. Saxo, S. 414,13—16. — 3) = Saxo,
S. 414,16 f. 17 f.; vgl. Sn. E. 121,25—122,2. — 4) = Saxo,
S. 414,17 f. — 5) vgl. Saxo, S. 413,25 ff. — 6) vgl. Sn. E. 121,24
(bei Saxo, S. 414,20 wird der Sohn wirklich befreit).

Fürder sprach Bicke: „Auf niemand haft du böser zu sein als auf Svanhild: laß sie sterben mit Schmach.“ [1] Der König antwortete: „Den Rath will ich annehmen.“ [2] Darnach ward sie gebunden im Burgthore, und Rosse auf sie zugetrieben [3]; aber als sie die Augen aufschlug, da wagten die Rosse nicht sie zu treten. *) [4] Und als Bicke das sah, sagte er, daß man ihr einen Sack über den Kopf ziehen sollte. [5] So geschah es, und da ließ sie ihr Leben. [6]

Einundvierzigstes Kapitel. **)

Nun vernahm Gudrun den Tod Svanhild's und sprach zu ihren Söhnen [7]: „Wie sitzet ihr so ruhig und redet Scherzworte, da doch ***) König

---

*) Wegen ihrer durchdringenden Augen, f. oben S. 208 ***; vgl. auch S. 157[5], wo Aehnliches bei Sigurd's Tode berichtet wird.

**) Ueberschrift: „Gudrun treibt ihre Söhne an, Svanhild zu rächen“.

***) Eigentlich „da wo“.

1) = Saxo, S. 413,30 f. — 2) = Ebd. Z. 32. — 3) = Ebd. 414,3 f. 4) = Ebd. Z. 4—6. — 5) vgl. ebd. Z. 9 ff. (ähnlich, aber ab= weichend). — 6) = Ebd. Z. 11 ff. — Zu 3) bis 6) vgl. die kürzere und abweichende Darstellung in Sn. E. 122,2—6; noch kürzer an= gedeutet in Prosa vor Ghv. Z. 8 f. — 7) = Prosa vor Ghv. Z. 9; Sn. E. 122,6 f. — Nach Saxo 414,20 ff. hätte Bicke selbst es gemeldet.

Jormunrek eure Schwester tödten und unter Roßhufen zertreten ließ *) ¹ mit großer Schmach. Und
keineswegs habt ihr gleiche Sinnesart wie Gunnar
und Hogne: die würden ihre Blutsfreundin rächen." ²
Hamdi antwortete: „Wenig lobtest du Gunnar oder
Hogne, als sie Sigurd erschlugen, und du von seinem
Blute geröthet warst. ³ Und übel ‖185) war deine
Bruderrache, als du deine Söhne **) tödtetest:
besser hätten wir alle zusammen König Jormunrek
erschlagen können. ⁴ Doch werden wir deine Vorwürfe ***) nicht ertragen †), so sehr wie wir [von
dir] aufgereizt sind." ⁵ Fröhlich ††) ging Gudrun ⁶
und gab ihnen zu trinken aus großen Bechern. ⁷
Und darauf gab †††) sie ihnen große und tüchtige
Panzer und andere Waffenrüstung. ⁸ Da sprach

---

*) Eigentlich: „Tödtete und . . . zertrat".

**) Gudrun's Söhne, die sie mit Atle hatte, f. oben S. 203*.

***) Eigentlich: „absprechenden, schmähenden Worte".

†) Ihnen nicht widerstehn.

††) Wörtlich „lachend", vor Freude über die Zusage.

†††) Wörtlich „wählte", vgl. oben S. 171**.

1) = Ghv. 2,1—8; Hmd. 3,1—4. — 2) = Ghv. 3,1—8 (Hmd. 4,1 f.).
— Zu 213⁷—214¹ vgl. die kurze Wiedergabe Sn. E. 122,6 f. —
3) = Ghv. 4; Hmd. 6,1—6. 7,1—4; oben 148³. — 4) = Ghv. 5;
vgl. Hmd. 8. — 5) vgl. Ghv. 6. — 6) = Ghv. 7,1 f. — 7) Nach
Bugge Mißverständniß von Ghv. 7,3 f. (sumbl statt kumbl gelesen). — 8) = Ebd. 7,5 f. (oder 7,8—6?). — Zu 5) bis 8) vgl.
Sn. E. 122,7 f.

Hamdi: „Hier werden wir zum letztenmale uns tren=
nen *) und du wirst die Kunde **) vernehmen, und
wirst dann unser beider und Svanhild's Todtenfeier
begehn." ***) ¹ Darauf machten sie sich auf den Weg.

Gudrun aber ging in ihre Kammer harm=
erfüllt ² und sprach: „Drei Männern war ich ver=
mählt: zuerst Sigurd dem Fafnistödter: der ward
verrathen, und das war mir der größte Kummer. ³
Sodann ward ich dem König Atle gegeben: aber so er=
bittert war mein Herz gegen ihn, daß ich im Harme
unsere Söhne erschlug. ⁴ Darauf ging ich in die
See, allein sie trug mich auf Wogen ans Land ⁵,
und ward ich da diesem Könige vermählt. ⁶ Darnach
gab ich Svanhild in die Ehe aus dem Lande weg
mit großem Gute, und das ist mir der schmerzlichste
Kummer nach Sigurd's Tode, daß sie unter Roß=
hufen zertreten ward. ⁷ Doch das erbittert mich am
meisten, daß Gunnar in einen Schlangenhof gesetzt
ward ⁸, das aber ist das härteste, daß Hogne das
Herz ausgeschnitten ward. ⁹ Und besser wäre es,

*) D. h. „auf ewig Abschied nehmen".
**) Nämlich: von unserm Tode.
***) Eigentlich: „Erbgelage halten", s. oben S. 51*.

1) = Ghv. 8; vgl. Hmd. 10,5—8. — 2) = Ghv. 9,1—4. — 3) vgl.
ebb. 10,1—11,2. — 4) vgl. ebb. 11,3—12,6. — 5) = Ebb. 13,1.
5—7; vgl. Sig. sk. 62. — 6) = Ebb. 14,1—4. — 7) = Ebb. 16;
vgl. Sig. sk. 63,4—64,8. — 8) = Ebb. 17. — 9) = Ghv. 18,1—4.

wenn Sigurd mir entgegen käme, und ich mit ihm führe. *)[1] Hier ist nun kein Sohn noch Tochter zurückgeblieben, mich zu trösten.[2] Gedenke nun, Sigurd, an das, was wir redeten, da wir Ein Bette bestiegen **), daß du mich besuchen wolltest und von Hel ***) her erwarten."[3] Und damit endete ihre Wehklage.

---

*) D. h. auf dem Todtenroß mich mit sich nähme (vgl. die Quelle unserer Stelle, Ghv. 19,1 ff.). Ebenso kehrt der todte Helge in der Nacht auf fahlem Todtenrosse durch die Luft zur Erde zurück, um bei der trostlosen Gattin (Sigrun) im Hügel zu weilen. Vor Morgen muß er wieder fort; Sigrun aber vergeht vor Gram (H. Hund. II, 39 ff.). Dies sind Anfänge der Lenorensage.

**) Der Ausdruck kehrt mehrfach in der Saga wieder, s. oben S. 151[1]. 166[2].

***) Dies ist ungenaue Wiedergabe von Ghv. 20,5—8, die unser Verf. wohl falsch auffaßte. Dort heißt es, daß beide verabredet haben, Sigurd wolle von Hel aus Gudrun, Gudrun aber ihn von der Welt aus besuchen. Dort also wird Sigurd von Hel (wie Helge von Walhall) auf die Erde zurückkehrend gedacht. Vgl. die vorige Anm. * und überhaupt oben S. 71*.

1) Vgl. ebd. 19,1—4. — 2) = Ebd. 19,5—8. — 3) = Ebd. 20, doch vgl. oben Anm. ***.

Zweiundvierzigstes Kapitel. *)

Es ist nun von den Söhnen Gudrun's zu sagen, daß ‖186) sie ihnen die Rüstungen so eingerichtet **) hatte, daß kein Eisen sie verletzte ¹; doch hatte sie sie gebeten, den Steinen keinen Schaden anzuthun ***) noch andern großen Dingen, und sagte, daß es ihnen zum Verderben gereichen würde, wenn sie nicht also thäten.

Und | als sie sich auf den Weg gemacht hatten, trafen sie ihren Bruder Erp †) und fragten, was er

---

*) Ueberschrift: „Von Gudrun's Söhnen".

**) Durch Zauberkünste (Zauberlieder); so konnten auch Schwerter durch Besprechen stumpf gemacht werden, vgl. Sigdr. 27,4—6 u. f. w.

***) Sie zu verunreinigen, entweihen; f. unten S. 219*.

†) D. h. „der Braunhaarige". Er ist Stiefbruder Hamdi's und Sorle's, von anderer Mutter. So unsere Quellen. Doch blickt vielleicht noch eine ältere Sagenfassung durch. Den Grund nämlich, weshalb sie ihn erschlugen (der nach Hmd. 15 ein anderer ist), giebt Sn. E. 122,17 ff. also an: „Sie waren so aufgebracht über ihre Mutter, weil sie sie mit Schmähworten auf den Weg gebracht hatte, daß sie ihr das anthun wollten, was ihr am schlimmsten scheinen würde, und erschlugen Erp, weil sie ihn am

1) = Sn. E. 122,9 (Hmd. 25,6—8. 11,2, vgl. Z. f. d. Phil. 7,399); vgl. Saxo, S. 414,32 ff., besonders 415,7.

ihnen helfen würde. [1] Er antwortete: „Solches wie eine Hand der andern*) oder ein Fuß dem andern." [2] Das däuchte ihnen [so gut wie] nichts [3], und erschlugen ihn. [4]

Nun zogen sie ihres Weges, und [es währte] nicht lange, bis Hambi strauchelte, und streckte die Hand [vor sich] nieder**); da sprach er: „Erp wird wahr gesagt haben. Ich würde nun fallen, wenn ich mich nicht auf die Hand stützte." [5] Bald darauf strauchelte Sorle, stützte sich aber auf einen Fuß***) und konnte sich aufrecht halten, und sprach: „Fallen würde ich, wenn ich mich nicht auf beide Füße stützte." Sie sagten sich nun, daß sie übel gethan hätten an Erp, ihrem Bruder. [6]

Sie fuhren nun, bis sie zu König Jormunrek

meisten liebte." War also ursprünglich Erp ihr eigener Sohn, die beiden andern aber ihre Stiefsöhne? Vgl. Simrock, Die Edda [6], S. 461; Meyer, Die Dietrichssage, S. 31.

 *) Nach dem Folgenden sollte man erwarten: die Hand dem Fuße (= Sn. E. 122,15 ff.).

 **) Um sich darauf zu stützen.

***) Das muß brást á fótinn bedeuten.

1) = Sn. E. 122,13 f.; Hmd. 13. — 2) vgl. Hmd. 14,1—4; Sn. E. 122,15 f. — 3) = Sn. E. 122,16 f.; vgl. Hmd. 14,5—8. — 4) = Sn. E. 122,19; vgl. Hmd. 16. — 5) = Sn. E. 122,20—22. — 6) vgl. Sn. E. 122,22.

kamen, und gingen vor ihn, und überfielen ihn so=
gleich. Hambi hieb ihm beide Hände ab, Sorle
aber beide Füße. ¹ Da sprach Hambi: „Ab würde
nun das Haupt sein, wenn Erp lebte, unser Bruder,
den wir auf dem Wege erschlugen ²: zu spät sahen
wir das ein;" wie es im Liede heißt:

> Ab wäre das Haupt nun,
> Wenn Erp lebte,
> Unser streitkühner Bruder,
> Den wir auf der Straße erschlugen. ³

Darin hatten sie das Gebot ihrer Mutter außer
Acht gelassen, daß sie Steine beschädigt *) hatten.

| Nun drangen die Männer auf sie ein, sie aber
wehrten sich wohl ‖187) und mannhaft und füg=
ten manchem Manne Schaden zu; sie [selbst] verletzte
kein Eisen ⁴. Da kam ein Mann, [hochgewachsen]
und alt, mit Einem Auge **) ⁵, und sprach: „Nicht

---

*) Die Steine der Straße hatten sie beschädigt, besudelt
(f. oben S. 217***) mit dem Blute des Bruders (f. Z.
f. d. Phil. 7,383).

**) Es ist wieder Odin (vgl. oben S. 15*. 53*. 57*. 66*.
[79**]. 83*). Wie er Sinfjotle als Todtenfährmann zu

1) = Sn. E. 122,22—24; vgl. Hmd. 24; Saxo, S. 415,9 f. — 2) =
Sn. E. 122,25 f. (nach der hier folgenden Halbstrophe). — 3) Hmd.
27,1—4. — 4) = Sn. E. 122,26 f.; vgl. Hmd. 23 (bei Saxo sind
Jormunrek's Goten durch Gudrun's Zauber geblendet und kämpfen
gegen einander). — 5) vgl. Saxo, S. 415,4.

gleicht ihr klugen Leuten*), da ihr die Männer da nicht zu Tode zu bringen wißt." Der König erwiderte: „Gieb uns Rath dazu, wenn du (welchen) weißt." | Jener sprach: „Ihr sollt sie mit Steinen zu Tode werfen." So geschah es auch [1]: da flogen von allen Seiten Steine auf sie, und das brachte ihnen den Tod. [2]

---

sich nahm, wie er Sigmund nach vollbrachter Helden=laufbahn das Schlachtenglück wandte und ihn zu sich entbot, so rief er auch hier die letzten Verwandten der Volsunge zu sich, indem er selber durch seinen Rath ihren Tod herbeiführt. Auch bei Saxo ist es Odin, der diesen Rath giebt, in Sn. E. (nach der Ragnarsdrapa?) und wahrscheinlich in Hmd. (s. Z. f. d. Phil. 7,383 f.) aber Jormunrek selbst. Ich glaube, daß letzteres das Ursprünglichere ist, weil es so sich erklärt, weshalb der Tod Erp's, der das Haupt hätte abschlagen sollen, den Brüdern zum Verderben gereichte: so konnte Jormunrek noch sprechen und den Rath ertheilen (vgl. Hmd. 26?).
*) Wörtlich: „Nicht seid ihr weise Männer".

1) = Saxo, S. 415,6—8; Sn. E. 123,1 f. (hier Jormunrek, nicht Odin); Hmd. 25. — 2) vgl. Hmd. 30; Sn. E. 123,2.

Ragnar-Lodbroks-Saga. *)

Uebergangskapitel. ***)

Heimi in Hlymdal **) vernahm diese Kunde, daß Sigurd und Brynhild todt wären; Aslaug aber,

---

*) Die Hdschr. hat hier die Ueberschrift: Saga Ragnars Lodhbrókar. Der Name Lodhbrók („zottige Hose", „mit einer Fellhose") — ursprünglich auf die Kleidung bezüglich, und zwar ein Frauenname — ist zum ehrenden und ständigen Beinamen des König Ragnar geworden. (Wie er zu dem Beinamen kam, s. Gustav Storm, Ragnar Lodbrok, Kristiania 1877, S. 57 ff.)

**) S. oben S. 128*.

***) In den Ausgaben und Uebersetzungen wird dies Kapitel allgemein zur Volsungasaga gezogen, bei Bugge als Kap. 43. Indessen gehört es inhaltlich mehr zur Ragnarssaga, zu welcher ich es ziehe, insofern es die Jugendgeschichte Aslaug's berichtet, der späteren Gattin Ragnar's — die erst vom Verf. unserer Saga zur Tochter Sigurd's und der Brynhild gemacht ist (s. ob. S. 134**) — mit der Volsungasaga also eigentlich nichts zu thun

ihre Tochter, Heimi's Pflegekind *), war damals
drei Winter alt. Er wußte nun, daß man nach [ihr]
forschen würde, das Mägdlein und ihr Geschlecht zu
vertilgen. Er hatte so große Trauer um Brynhild,
seine Pflegetochter, daß er nicht seines Reiches achtete
noch seines Gutes. Er erkannte nun, daß er das
Mägdlein dort nicht verbergen könnte; da ließ er
eine Harfe machen, so groß, daß er das Mägdlein
Aslaug hinein that nebst manchen Kleinoden von
Gold und Silber, und ging dann hinweg, weit durch
die Lande, und [kam] endlich hierher in die Nordlande.
So künstlich war seine Harfe gemacht, daß man sie
auseinander nehmen und zusammenfügen **) konnte;
und er pflegte tags, wenn er in der Nähe von
Wasserläufen dahinzog ‖ 188) und nirgend ein Gehöft
in der Nähe war, die Harfe auseinander zu nehmen
und das Mägdlein zu waschen. Er hatte nur Wein-
lauch, und gab ihr [den] zu essen. Das aber
ist die Eigenschaft dieses Lauchs, daß man lange

---

hat. Am richtigsten stellt man es also als „Uebergangskapitel“ vor den Anfang der eigentlichen Ragnarssaga; s. übrigens die Einl. und Beitr. 3,201 ff. Denselben
Gegenstand behandelt die nach unserer Saga gedichtete
färöische Gestsrima.

*) S. oben S. 134, Z. 4 f.

**) Wörtlich: „Nach den Fugen zusammensetzen“.

leben kann, wenn man auch keine andre Nahrung hat. Und wenn das Mägdlein weinte, schlug er die Harfe, und verstummte sie dann; denn Heimi war sehr fertig in den Künsten, die damals gebräuchlich waren. Er hatte auch viel köstliche Kleider bei ihr in der Harfe und viel Gold.

Und so zog er, bis daß er nach Norwegen gelangte und zu einem kleinen Gehöfte kam, das Spangareid *) heißt: da wohnte ein alter Mann, der Ake hieß; er hatte ein Weib, die hieß Grima; es waren nicht mehr Leute dort als sie. An diesem Tage war der Alte in den Wald gegangen, aber die Alte war daheim. Sie begrüßte Heimi und fragte, was für ein Mann er wäre. Er antwortete, er wäre ein Bettler, und bat die Alte um Aufnahme. Sie sagte, daß nicht so viele dahin kämen, daß sie ihn nicht wohl aufnehmen wollte **), wenn er es nöthig zu haben glaubte, dort zu bleiben. Nach

---

*) Eigentlich: „zu Spangareid" (Hdschr. á Spangarheidhi). Spangereid heißt jetzt die Landzunge, die das Vor= gebirge Lindesnäs (im Südwesten Norwegens) mit dem Festlande verbindet. Ueber diese Lokalisirung der Sage wird unten in einer Anmerkung zum vierten Kapitel gehandelt.

**) Genauer: „nicht mehr als so, daß sie erklärte, sie wollte ihn wohl aufnehmen".

Verlauf einiger Zeit aber sagte er, ihm würde damit der größte Dienst erwiesen, daß ein Feuer vor ihm angezündet und er sodann zu dem Schlaf= gemache *) geleitet würde, wo er schlafen sollte. Und als das Weib das Feuer angezündet hätte, setzte er die Harfe auf den Sitz neben sich; das Weib aber war sehr redselig; oft fielen ihre Blicke auf die Harfe, dieweil die Fransen von einem köst= lichen Kleide aus der Harfe hervorguckten. Und als er (Heimi) sich am Feuer wärmte **), sah sie einen kostbaren ‖189) Goldring unter seinen Lumpen her= vorschauen; denn er war schlecht gekleidet. Und als er sich gewärmt hatte, wie er darnach Bedürfniß fühlte, da hielt er sein Nachtmahl. Darauf aber bat er die Alte, ihn dahin zu geleiten, wo er die Nacht schlafen sollte. Da sagte das Weib, daß es für ihn draußen besser sein würde, als drinnen: „denn wir beide, mein Alter und ich, haben oft [noch] zu schwatzen, wenn er heim kömmt." Er ließ ihr den Willen und ging hinaus, und sie desgleichen; er

---

*) Eigentlich „Schlafhaus"; oft diente nämlich ein beson= deres Gebäude als Schlafraum; s. Weinhold, Altnord. Leben, S. 226.

**) bakadhist. Solch Erwärmen und Reiben des Körpers an offenem Feuer war (an Stelle eines Bades) vor dem Schlafengehn beliebt; s. C.-V. 50ᵃ.

nahm die Harfe und trug sie mit sich. Das Weib ging hinaus und begab sich zu einer Kornscheune *), und geleitete ihn dahin. Sie sagte, er sollte sich dort einrichten, und äußerte, sie wähne, daß er dort ruhig schlafen **) werde. Und ging nun die Alte hinweg und besorgte ihre Obliegenheiten; er aber legte sich schlafen.

Der Alte kam heim, als der Abend zu Ende ging. Die Alte hatte [erst] wenig von ihren Obliegen= heiten beschickt; er aber war müde, als er heimkam, und schlecht zu sprechen, weil Alles ungethan war, was sie hätte besorgen sollen. Der Alte sagte, sehr ungleich sei das Glück [unter sie] vertheilt ***), da er jeden Tag mehr arbeitete, als er vermöchte, sie aber wollte bei nichts Hand anlegen, was Nutzen brächte. „Sei nicht böse, mein Alter (sagte sie), denn es kann sein, daß du nun in kurzer Zeit solches er= reichen könntest, daß wir beide all unsere Lebtage glücklich wären." „Was ist das?" fragte der Mann. Das Weib antwortete: „Hier ist bei uns zur Her= berge †) ein Mann gekommen, und glaube ich, daß

---

*) Wörtlich: „dahin, wo eine Kornscheune war".

**) Wörtlich: „seines Schlafes genießen".

***) Wörtlich: „groß sei der Unterschied des Glückes".

†) Eigentlich: „zu unserer Herberge".

er über sehr großes Gut verfügt. *) Er ist [schon]
in höherem Alter, muß aber ein gar gewaltiger Held
gewesen sein; doch ist er jetzt sehr müde. Nicht
meine ich 190) seinesgleichen gesehen zu haben; doch
halte ich ihn jetzt für ermüdet und schläfrig." Da
sagte der Alte: „Es scheint mir unräthlich, gegen
die Wenigen treulos zu sein, die hierher kommen."
[Sie antwortete:] „Dann wirst du lange armselig
[bleiben], wenn **) alles dir zu gefahrvoll scheint! ***)
Wähle nun: entweder du erschlägst ihn, oder ich †)
nehme ihn zu meinem Manne, und wir beide werden
dich fortjagen. Auch kann ich dir das mittheilen, was
er zu mir sprach gestern Abend — aber wenig er-
heblich wird es dich dünken —: er sprach ver-
liebt ††) zu mir, und ich werde mich entschließen,
ihn zu meinem Manne zu nehmen, dich aber weg-

---

*) Genauer: „darüber zu schalten hat".

**) Wörtlich: „dadurch . . ., daß".

***) Wörtlich: „im Auge wächst". Es wächst einem etwas
im Auge (í augu) oder vor Augen (fyrir augum) bedeutet: es erscheint einem etwas größer (gefährlicher),
als es ist, und flößt ihm daher Furcht ein.

†) Wörtlich: „Thu nun Eins von beiden, daß du ihn erschlägst, oder ich . . .".

††) Eigentlich: „wie ein Verliebter, Galan".

zujagen oder zu erschlagen, wenn du nicht so *)
thun willst, wie ich will." Es wird nun berichtet,
daß bei dem Alten die Frau das Regiment führte;
und sie sprach so lange davon, bis er auf ihr An=
stiften seine Axt nahm und scharf schliff. Und als
er fertig war, geleitete das Weib ihn dahin, wo
Heimi schlief; und er schnarchte laut. **) Da sprach
das Weib zum Manne, daß er ihn aufs heftigste ***)
anfallen sollte, „und spring [darauf] hurtig davon,
denn du vermagst den Lärm, den er erheben wird †),
und seine Weherufe nicht zu ertragen ††), wenn er
dich (mit Händen) ergreift." Sie nahm die Harfe
und eilte fort mit ihr. Nun ging der Mann hinzu,
wo Heimi schlief; er hieb nach ihm: das ward eine
schwere Wunde, und entglitt ihm die Axt. Alsbald
sprang er hinweg, so schnell er vermochte. Da er=
wachte jener von der Verwundung, und war diese
durchaus tödtlich †††). Und es wird gesagt, daß

---

*) Eigentlich: „demgemäß".

**) Wörtlich: „und war da lautes Schnarchen".

***) Eigentlich: „aufs beste", d. h. mit ganzer Kraft.

  †) Wörtlich: „seinen Lärm". Der im Folgenden beschriebene
      Todeskampf ist gemeint.

 ††) Vgl. Ragnarsſ., Kap. 7 und 11 das vom Gebrüll der
      Kuh Sibylja Gesagte.

†††) Genauer: „sie war völlig hinreichend", nämlich zum Tode.

bei seinem Todeskampfe so großes Getöse ward, daß
die Stützen des Hauses entzwei gingen, und das
ganze Haus einfiel, und ein großes Erdbeben ward. *)
Und da endete sein Leben. ¹

Nun kam der Mann dahin, wo das Weib war,
und sagte, daß er ihn erschlagen habe: „doch stand
es eine Zeit lang so, daß ich nicht wußte, wie es
ergehn würde: dieser Mann war erstaunlich stark;
dennoch wähne ich, daß er nun bei Hel **) ist.“
Das Weib sagte, daß er Dank haben sollte für die
That: „und wähne ich, daß ||191) wir nun reich=
liches Gut haben, und wir wollen versuchen, ob ich
wahr gesagt habe.“   ─

Da zündeten sie Feuer an; das Weib aber
nahm die Harfe und wollte sie aufmachen, konnte
das aber auf keine andere Weise als, indem sie sie
zerbrach ***); denn sie hatte nicht Geschicklichkeit †)
dazu. Sie bekam also die Harfe aufgemacht: da
sah sie ein Mägdlein, daß ihr däuchte, sie habe [noch]

---

*) Diese Schilderung ist wohl nur eine ungeschickte Nach=
   ahmung des Todeskampfes der Schlange, unten S. 237*.
**) S. oben S. 71*.
***) Wörtlich: „als: sie mußte sie zerbrechen“.
  †) D. h. sie war nicht geschickt genug.
1) Zu den beiden letzten Absätzen vgl. Gestsr. Str. 3—11.

kein solches gesehen; doch war auch reiches Gut in
der Harfe. Da sprach der *) Alte: „Es wird nun
geschehn, wie oft, daß es übel gedeiht, den zu ver=
rathen, der einem traut: es scheint mir, als ob
ein unmündig Kind **) uns in die Hände gefallen
wäre." Die Alte antwortete: „Nicht ist dies dem
gemäß, wie ich dachte; doch brauchen wir uns keine
Vorwürfe darüber zu machen." Und nun fragte sie,
welches Stammes sie wäre. Aber das junge Mägd=
lein antwortete nichts, als wenn sie noch nicht sprechen
gelernt hätte. „Nun ergeht es, wie ich voraussah,
daß unser Anschlag übel ablaufen würde [sagte der
Mann]: wir haben eine große Thorheit begangen:
wie sollen wir nun für dies Kind sorgen?" ***)
„Da ist leicht Rath zu finden †) (sprach Grima): sie
soll nach meiner Mutter Kraka ††) heißen." Da

---

*) Die Hdschr. hat hier fälschlich die Abkürzung für ker-
ling „die Alte".

**) úmegdh, d. h. eine hilflose Person überhaupt, die auf
die Unterstützung Anderer angewiesen ist.

***) Dieselbe Frage thut er gleich nachher noch einmal. Hier
sollte man (wie schon Bugge bemerkte) erwarten: „Wie
sollen wir das Kind nennen?"

†) Wörtlich: „Das ist leicht zu wissen".

††) D. h. Krähe, als verächtliche Bezeichnung oben S. 42*
besprochen, hier Name einer armseligen Frau.

sprach der Alte: „Wie sollen wir für dies Kind sorgen?" Die Alte sprach: „Ich sehe dafür guten Rath: wir wollen sie für unsere Tochter ausgeben und sie aufziehen." „Das wird Keiner glauben (sagte der Alte): viel anmuthiger ist dies Kind als wir, denn wir sind sehr häßlich, und es wird nicht wahrscheinlich *) gefunden werden, daß wir ein solches Kind haben mögen, so außerordentlich häßlich wie wir beide sind." Da sprach das Weib: „Nicht weißt du, ob ich nicht irgendwelche Listen dabei gebrauche, [so] daß dies nicht unglaublich dünken möchte: ich werde sie kahl scheeren lassen und darauf Theer schmieren und anderes, wobei am sichersten zu erwarten steht, daß am wenigsten ‖192) Haar hervorkomme. **) Einen tief herabreichenden Hut ***) soll sie haben; auch soll sie nicht gut gekleidet sein: dann wird größere Gleichheit zwischen unserm Aussehen

---

*) Genauer: „keine Wahrscheinlichkeit dabei".

**) D. h. „was den Haarwuchs am sichersten hindert".

***) Um das Gesicht zu verdecken und so unkenntlich zu machen, wie solches mehrfach bei Odin's Erscheinung hervorgehoben wird (oben S. 15*, 57*), desgleichen bei Helden in Thidr. s. (Kap. 73: I, 215 u. ö.). Vgl. auch unten Ragnarssaga, Kap. 20, Abs. 2.

hergestellt werden. *) Kann sein, daß die Leute glau=
ben, ich sei [einmal] sehr schön gewesen, da ich jung
war. Sie soll auch die niedrigste Arbeit **) ver=
richten." — Es wähnten aber beide, der Mann und
das Weib, daß sie nicht sprechen könnte, da sie ihnen
niemals antwortete. [1]

Nun geschah es, wie die Alte sich vorgenommen
hatte, und wuchs sie (Aslaug) dort auf in großer
Armuth.

Erstes Kapitel. ***)

Herraud hieß ein mächtiger und berühmter Jarl
in Gautland †); er war vermählt und hatte eine
Tochter Namens Thora, von Aussehen die aller=

---

*) D. h. wird der Unterschied des Aussehens zwischen uns
beiden und ihr mehr verwischt werden.

**) Eigentlich: „das, was am schlimmsten ist".

***) Der Inhalt der ersten beiden Kapitel ist, verkürzt und
entstellt, aber in den Hauptzügen noch kenntlich, in einem
altdänischen Volksliede (DGF. I, Nr. 24) behandelt. Viel
genauer mit unserer Saga übereinstimmend ist die Dar=
stellung in dem färöischen Ragnars táttur, Str. 2—15.

†) S. oben S. 13*.

1) Zu dem letzten Absatz vgl. Gestr. Str. 12—14.

schönste Jungfrau und gar fein in allen Dingen, womit man sich befassen *) kann, und was besser ist zu haben, als zu entbehren. **) Das war ihr Beiname, daß sie Borgarhjort ***) genannt ward, weil sie an Schönheit ebenso alle Frauen übertraf, wie der Hirsch die anderen Thiere. †) ¹ Der Jarl liebte seine Tochter sehr ††): er ließ ihr ein Gemach bauen, nicht fern von der Königshalle, und dies Gemach war von einem Zaune umgeben. †††)   Der Jarl

*) er til handa má bera (er til má henda, Thidr. s.) kann hier schwerlich die gewöhnliche Bedeutung von bera til handa haben, sondern es werden Handarbeiten gemeint sein; vgl. oben S. 173 4—5.

**) Wörtlich = Thidr. s. I, S. 4 (vgl. das. Kap. 52: I, 180 f.) am Anfange, dem überhaupt der ganze Satz nachgebildet scheint. — Vgl. auch unten S. 263*.

***) D. h. „Hirsch der Burg".

†) Vgl. oben S. 167³. 208⁴.

††) = Thidr. s. I, 4 (Z. 3).

†††) Dies umzäunte Gemach entspricht dem unnahbaren Thurm, auf dem in der Hilden= und Hugdietrichssage der alte König seine Tochter eingeschlossen hält, um sie vor Freiern zu hüten. Jedenfalls meinte es die Sage auch hier so, wenn es auch nicht ausdrücklich gesagt ist. In der nächstverwandten Sage von Alf und Alvilda (Saxo, S. 335) tritt das noch deutlich hervor [s. d. Nachträge].

1) Vgl. Rsth. 345,6—11 [Saxo, S. 443, Z. 5 ff.].

machte es sich zur Gewohnheit, seiner Tochter jeden
Tag etwas zur Unterhaltung zu senden, und er ge=
lobte solches fortwährend zu thun. Es wird nun
davon berichtet, daß | er ihr eines Tages einen kleinen
Lindwurm bringen ließ, der ausnehmend schön war.
Dieser Wurm *) gefiel ihr; sie setzte ihn deshalb in
ihre Truhe **) ¹ und legte Gold unter ihn. ***) Nicht
lange war er darin, | da wuchs er mächtig, und ebenso
das Gold unter ihm; [und] es kam nun dahin,
daß er [schon] nicht mehr Raum in der Truhe
hatte: da lag er rund herum um die Truhe. Und
zuletzt kam es soweit, daß ‖238) er nicht mehr Platz
im Gemache hatte, und wuchs das Gold unter ihm
in demselben Maße wie der Wurm selbst. Da lag
er draußen um das Gemach herum, so daß Kopf
und Schwanz sich berührten. ² Und es war gefähr=

---

*) orm-r, wörtlich unser „Wurm", ist übrigens im Nordi=
schen die allgemeine Bezeichnung für „Schlange".

**) Wie in einer solchen Frigg die von ihr zu verleihenden
Gaben aufbewahren läßt.

***) Horthütende Drachen begegnen sehr häufig in unseren
Sagen (Simrock, Myth. §. 106,3); wir sahen oben
S. 73³ auch Fafni auf dem Golde liegen. S. d. Nachtr.

1) = Rsth. 345,11—13; vgl. Saxo 443,9—12. — 2) vgl. Rsth. 345,13—15
(viel kürzer).

lich, ihm zu nahen *): niemand wagte, vor diesem
Wurme zum Gemache zu kommen **) außer dem
Einen, der ihm zu fressen brachte; er bedurfte aber
eines [ganzen] Ochsen zur Mahlzeit. [1]

Der Jarl fand darin großen Schaden [2], und
that ein Gelübde, er wolle dem Manne, wer er auch
immer sei, seine Tochter geben, der den Wurm todt
schlüge [3]; und das Gold, so unter ihm läge, sollte
ihre Mitgift sein. Diese Kunde vernahm man weit
durch die Lande, dennoch erkühnte sich keiner, den
großen Wurm zu bezwingen.

---

*) Eigentlich: „er ward böse im Verkehr", „es ward schlecht
mit ihm verkehren". So wachsen auch im Ortnit
(Str. 515 ff.) die jungen Drachen schnell zu gefährlichen
Ungethümen heran, die ebenfalls der Vater der Tochter,
bezw. dem Tochtermann schenkt, welch letzterer ebenfalls
mit ihnen kämpfen muß.

**) Hier haben wir also jene andere Sagengestalt, in der
die Jungfrau von einem Drachen gefangen gehalten
wird, mit der S. 232 ††† besprochenen verschmolzen. Eine
entsprechende Verschmelzung zeigte wohl auch die älteste
Hartungensage, indem Ortnit's Schwiegervater, der über
Würmer verfügt, ursprünglich seine Tochter vielleicht
durch einen solchen bewachen ließ. In der Sage von
Alf (s. oben S. 232 †††) sendet der Vater der eingeschlos=

---

1) = Rsth. 345,15—18; vgl. Saxo 443,12—14. — 2) vgl. Rsth. 345,
18—21; Saxo 443,15. — 3) = Rsth. 345,21—346,2; Saxo 443,15 f.

Zweites Kapitel. [1]

Zu der Zeit herrschte über Dänemark Sigurd Hring *); er war ein mächtiger König und berühmt durch die Schlacht, in der er gegen Harald Hildetann auf Bravall **) kämpfte und Harald vor ihm fiel, wie kund geworden ist über die ganze Nordhälfte der Welt. ***)

| Sigurd hatte einen Sohn, der Ragnar hieß [2]; derselbe war groß von Wuchs, schön von Aussehen und mit gehörigem Verstande begabt; dabei freigiebig gegen seine Mannen, aber grimmig gegen seine Feinde. Sobald er das Alter dazu hatte, verschaffte er sich Gefolge und Kriegsschiffe und ward der gewaltigste Kriegsmann †), so daß es kaum seinesgleichen gab. | Er vernahm davon, was der Jarl Herraud gelobt hatte [3], gab [aber] darauf keine Acht und that, als ob er es nicht wüßte. | Er ließ sich [aber] Kleider von

---

seiner Tochter Schlangen, damit diese die Liebhaber abhalten sollen.

  *) S. Nornagestssaga, Kap. 6, Anfang.
 **) Vgl. oben S. 47 †.
***) Vgl. oben S. 64 [3].
  †) Vgl. oben S. 6 [2].

1) Zu diesem Kapitel vgl. Ragn. t. Str. 22—40. 50—51. — 2) vgl. Saxo 440,9 (Rath. 345,1). — 3) = Rath. 346,3 f.; Saxo 443,19.

wunderlicher Art machen, nämlich Fellhosen *) und
einen Fellmantel, und ∥239) als sie fertig waren, ließ
er sie in Pech sieden; darauf härtete er sie. [1]

Es geschah eines Sommers, daß | er mit seinem
Heere gen Gautland fuhr, und legte sein Schiff in
eine versteckte Bucht, nicht weit davon, wo der Jarl
herrschte. [2] Und als Ragnar dort eine Nacht ver=
weilt hatte, ward er am folgenden Morgen früh
wach, stand auf, | nahm die vorgedachte Rüstung,
legte sie an **) und nahm einen großen Spieß in
seine Hand; und ging allein von dem Schiffe [3] da=
hin wo Sand ***) war, und wälzte sich im Sande. [4]
Ehe er aber fortging, zog er die Speer=Nägel †) aus
seinem Spieße; dann | schritt er allein vom Schiffe

---

*) Von dieser Kleidung bekam Ragnar der Sage nach den
    Beinamen Lod=brok, d. h. Fellhose (Saxo 444,14 ff.).
    Wie er wirklich zu dem Beinamen kam, s. oben S. 221*:
    G. Storm, Ragnar Lodbrok, S. 57 ff.

**) Auch Alf (s. oben S. 232†††) hüllt sich vor dem Dra=
    chenkampf in eine (blutige) Thierhaut, Saxo S. 335.

***) Sandiger Strand ist gemeint.

†) Die Nägel, welche die eiserne Spitze am Schafte fest=
    halten, so daß die Spitze nachher vom Schafte losgeht.
    Ragnar's Zweck dabei wird S. 240 ff. ersichtlich.

[1] Vgl. Rsth. 346,6—8; Saxo 443,19 ff. — 2) vgl. Rsth. 346,4—6
(Saxo 443,23). — 3) = Ebd. 346,6. 8—10 (vgl. Saxo 444,1).
4) vgl. ebd. 346,8 (Saxo 443,24 f.).

auf das Thor der Burg des Jarls zu, und kam so
früh am Tage dahin, daß alle Leute [noch] im Schlafe
lagen. Da wandte er sich zu dem Gemache [Thora's] [1],
und als er an den Pfahlzaun kam, wo der Wurm
lag, stach er sogleich mit seinem Spieß nach ihm
und riß denselben dann [wieder] an sich. Und zum
zweiten Mal führte er einen Stoß, der traf den
Rücken des Wurms. Der wand sich dabei so heftig,
daß die Spitze vom Schafte losging; und so großes
Getöse entstand bei seinem Todeskampfe, daß das
ganze Gemach erbebte. *) Ragnar wandte sich dann
weg: da traf ihn ein Blutstrahl zwischen den Schultern,
jedoch schadete es ihm nicht: so schützten ihn die
Kleider, die er sich hatte machen lassen. [2]

Aber die in dem Gemache waren, erwachten von
dem Lärm und gingen heraus aus dem Gemache. Da
sah Thora [3] einen großen Mann vom Gemache fort-
gehn und fragte ihn nach dem Namen, und zu wem
er wolle.

Er stand still und sprach **) diese Strophe: ‖ 240)

) Vgl. oben S. 228.
**) Von eigentlichem Gesange kann bei der altnordischen
Dichtung und speciell den silbenzählenden skaldischen

1) Vgl. Rath. 346,9—11: kürzer; Saxo 444,1. — 2) vgl. die kürzere und
abweichende Schilderung des Kampfes in Rath. 346,11—16. —
3) vgl. Saxo 444,6 f.

„Ich wagt' um Lob mein Leben,   1.
Rosige, schöne Jungfrau,
Schlug den Fisch des Feldes*),
Funfzehn Winter zählend.
Tod wird schnell mich treffen,
Dringt nicht tief zum Herzen
Meines Speeres Spitze
Dem Ringellachs der Haide." **)

Da ging er hinweg und sprach nicht mehr zu ihr. Und blieb die Spitze in der Wunde zurück, den Schaft aber nahm er mit sich.

Als sie nun diese Strophe gehört hatte, verstand sie, was er ihr von seinem Vorhaben sagte, desgleichen, wie alt er war; und bedachte nun bei sich, wer er sein möchte: sie war sich aber nicht gewiß, ob er ein Mensch wäre oder nicht, dieweil ihr sein

---

Versen, mit denen wir es hier zu thun haben, nicht die Rede sein. Bei der Uebersetzung habe ich mich nicht streng an die Sechssilbigkeit gebunden.

*) D. h. die Schlange, den Wurm.

**) Haidelachs = Schlange, die im Kreise liegt wie ein Ring, s. oben S. 233³. Obiges ist die freie Uebersetzung nach Egilsson's Erklärung. Folgende Uebersetzung wäre vielleicht richtiger: „Unheil droht mir, schneidet Tod nicht, den ich rieth, dem Wurm ins Herz verderblich, Der auf Gold im Kreis liegt (?)". Vgl. hierzu d. Nachtr.

Wuchs so groß vorkam, wie die Unholde*) ge=
schildert werden in dem Alter, welches er hatte. Und
begab sich wieder in das Gemach und schlief ein.

Als nun die Leute am Morgen hinaus kamen,
wurden sie gewahr, daß der Wurm todt war; und
war er mit einem großen Spieße erstochen, welcher
fest in der Wunde stak. **) Da ließ der Jarl ihn
daraus entfernen, und er war so groß, daß er wenigen
handrecht ***) war. Nun gedachte der Jarl daran,
was er dem Manne verheißen hatte, der den Wurm
todt schlüge, und war ungewiß, ob ein Mensch dies
vollbracht hätte oder nicht. Er berieth sich deshalb
mit seinen Freunden ‖ 241) und seiner Tochter, wie
er dem nachforschen sollte, und man fand wahrschein=
lich, daß der [schon von selber] nach seinem Lohne
trachten werde, der die [erforderliche] That dazu ge=

---

*) Da Ragnar ihr besonders groß erschien bei funfzehn
Jahren, fürchtete sie einen jungen Riesen (die zu den
Unholden gerechnet werden) vor sich zu haben.

) Der **Ragnars táttur Str. 41 ff. hat hier den ursprüng=
lichen Sagenzug (wie in der Wolfdietrichssage u. s. w.),
daß ein anderer den Spieß aus der Wunde zieht und
die That sich anmaßt. Dieser Zug wird auch in unserer
Darstellung einmal vorhanden gewesen sein, weil nur
so das Folgende sich genügend erklärt.

***) Eigentlich: „als Waffe tragbar" (vgl. unten S. 292**).

than habe. Ihr Rath war, eine möglichst zahlreiche Versammlung berufen zu lassen, „und heiß dann sagen, daß dahin alle die Männer kommen sollen, die nicht den Zorn des Jarls auf sich laden wollen und nur irgend im Stande sind, die Versammlung zu besuchen. Und wenn irgend einer da ist, der sich die Todeswunde des Wurms zueignet, der soll den Speerschaft mitbringen, der zu der Spitze gehört hat." Das schien dem Jarl gut, und er ließ darauf eine Versammlung berufen. Und als der dazu bestimmte Tag kam *), erschien der Jarl und viele andere Häuptlinge; da versammelte sich zahlreiches Volk.

Drittes Kapitel. **)

Diese Kunde drang zu Ragnar's Schiffen, daß nicht weit davon eine Versammlung zusammenberufen war; da ging Ragnar mit fast seiner ganzen Schaar von den Schiffen zur Versammlung. Und als sie dort ankamen, stellten sie sich etwas abgesondert von

---

*) Eigentlich: „als es zu dem — Tage kam".

**) Der Hauptinhalt dieses Kapitels ist in Ragnars táttur, Str. 55 ff. in sehr gekürzter und abweichender Fassung wiedergegeben (s. d. Einl.).

den anderen Männern auf; denn Ragnar sah nun, daß eine größere Volksmenge als gewöhnlich dahin gekommen war.

Da stand der Jarl auf, gebot Stille und redete: er sagte den Männern Dank dafür, daß sie seiner Botschaft so willig Folge geleistet hätten, und erzählte darauf die Begebenheit, die sich zugetragen: zuförderst davon, was er dem Manne verheißen, der den Wurm erschlüge; sodann, daß der Wurm nun todt sei, und daß derjenige die Speerspitze in der Wunde habe stecken lassen, der diese Heldenthat vollbracht habe: „Und wenn nun jemand zu dieser Versammlung hergekommen ist, der den Schaft hat, so zu dieser Spitze gehört, der bringe ihn zum Vorschein und bewähre so seine Aussage: so will ich alles das erfüllen, was ich ‖242) verheißen habe, sei er nun von höherem, oder von niederem Stande.“ Und er beschloß seine Rede damit, daß er den Spieß vor jedermann, so in der Versammlung war, hintragen ließ, und hieß ihm berichten, wer der wäre, der sich dies Werk zuschriebe oder den Schaft hätte, der hierzu paßte. So geschah es; [doch] fand sich keiner, der den Schaft hatte. Da kam man zu Ragnar und zeigte ihm den Spieß: und er behauptete, daß er ihm gehöre; und es paßte eins zum andern, die Spitze und der Schaft. Da war man überzeugt, daß

16

er den Wurm getödtet habe. *) Und er ward durch diese That gar hoch berühmt in allen Nordlanden. [1]

Er warb nun um Thora, die Tochter des Jarls; dieser nahm es wohl auf, und ward sie ihm vermählt; und da ward eine große Hochzeit zugerüstet mit den besten Mitteln, welche das Reich darbot. **) Das war Ragnar's Vermählungsfeier. [2]

Und als die Hochzeit zu Ende war, fuhr Ragnar nach seinem Reiche und herrschte über dasselbe. Er liebte Thora sehr; | sie hatten zwei Söhne; der ältere hieß Eirek, der jüngere aber Agnar. [3]

---

*) Die Sage von der Befreiung einer von einem Drachen bewachten Jungfrau ist bekanntlich sehr weit und in vielen Gestalten verbreitet. Auch daß der Erlöser zunächst unbekannt ist, findet sich öfter: Wolfdietrich und andere Sagen= und Märchenhelden werden an den ausgeschnittenen Zungen der Würme, bei Saxo (S. 50 f.) Hading an einem in die Wunde gelegten Ringe der Befreiten als ihr Befreier erkannt u. s. w. Was die Auffindung des Wurms und sein Wachsen betrifft, so bietet die persische Sage (Görres, Heldenbuch von Iran II, 406 ff.) eine merkwürdige Uebereinstimmung (s. Orient und Occident I, 563 ff.).

**) Wörtlich: „in jenem Reiche".

1) Bis hierher vgl. die abweichende Darstellung in Ragn. t. 55—59.
2) Vgl. Ragn. t. 60 f. — 3) = Rsth. 346,20 f. (bei Saxo heißen sie anders).

Die waren groß von Wuchs und schön von An=
sehn; viel stärker waren sie als die meisten anderen
Männer, so damals lebten, und lernten allerlei Kunst=
fertigkeiten.

Es geschah einmal, daß Thora sich krank
fühlte, und sie starb an dieser Krankheit. [1] Ragnar
empfand das so schwer, daß er nicht mehr das Reich
regieren wollte; und bestellte andere Männer, mit
seinen Söhnen des Reiches zu walten. Er aber
nahm nun dieselbe Lebensweise wieder auf, die er
früher ‖ 243) gehabt, und begab sich auf Heer=
fahrten [2]; und überall, wo er fuhr, gewann er
den Sieg.

Viertes Kapitel. *)

Da geschah es eines Sommers, daß er mit
seinen Schiffen gen Norwegen fuhr; denn er hatte

---

*) Hier schließt sich die Geschichte an das Ende des „Ueber=
gangskapitels". Außer dem Ragnars táttur 72 ff. und
Gestsríma 17 ff. behandeln auch zwei altdänische Volks=
lieder (DGF. I, Nr. 22 und 23) den Inhalt dieses Kapitels,
ersteres in entstellterer Form, aber theilweise mit ge=
nauerer Bewahrung der Namen (Regnfred, Sigurd

1) Vgl. Rath. 346,21—23; Ragn. t. 62; Saxo 446,24 f. — 2) Vgl.
Ragn. t. 64 f., 70 f.; Saxo 446,25 — 447,2.

da viele Verwandte und Freunde und wollte die besuchen. Er kam mit seinen Schiffen am Abend in einen kleinen Hafen; nicht weit davon aber war ein Gehöft, das Spangareid*) hieß; und sie lagen in dem Hafen die Nacht.

Als aber der Morgen kam, mußten die Küchenknechte ans Land gehn, Brot zu backen. Da sahen sie, daß ein Gehöft nicht weit von ihnen stand, und dünkte es sie bequemer, zum Hause zu gehn und dort [ihrer Arbeit] obzuliegen. Und als sie zu diesem kleinen Gehöfte kamen, da trafen sie einen Menschen, den sie anreden konnten**), und war das ein altes Weib; und sie fragten, ob sie die Hausfrau wäre, und wie sie hieße. Sie sagte, sie wäre die Hausfrau: „und mein Name ist ungewöhnlich, ich heiße Grima: aber wer seid ihr?" Sie sagten, sie wären Dienstleute Ragnar Lodbrok's, und wollten ihre Arbeit verrichten, „und wir wollen, daß du uns dabei helfest." Die Alte antwortete, ihre Hände wären sehr steif: „doch war einmal die Zeit, da ich

---

als Vater der Kraka). Jedenfalls setzen diese Lieder schon die Verbindung der eigentlichen Aslaugsage (s. S. 248**) mit der Sigurdssage voraus.

) S. oben S. 223 und unten S. 248**.

**) Wörtlich: „zum Gespräche".

wohl Arbeit zu verrichten mußte*); übrigens habe ich eine Tochter, die euch dabei behülflich sein kann, und sie muß bald heim kommen. Sie heißt Kraka, und es ist nun dahin gediehen, daß ich sie kaum in Gehorsam halten kann."

Kraka war am Morgen zum Viehhüten**) ge=gangen und sah, daß ‖244) viele und große Schiffe ans Land gekommen waren; da begann sie sich zu waschen: die Alte aber hatte ihr das verboten, denn sie wollte nicht, daß man ihre Schönheit sähe; denn sie war die schönste unter allen Frauen, und ihr Haar war so lang, daß es rings um sie die Erde berührte, und so schön wie die schönste Seide.

Nunmehr kam Kraka heim. Die Küchenknechte hatten Feuer gemacht; und Kraka erblickte da Menschen, welche sie nie zuvor gesehen hatte. Sie betrachtete dieselben, und ebenso jene sie, und fragten dann Grima: „Ist diese deine Tochter, die schöne Maid?" „Das ist ungelogen," antwortete Grima, „daß sie meine Tochter ist." „Gar ungleich seid ihr einander***) (sagten jene), so häßlich wie du

---

*) Die Ueberlieferung scheint hier in etwas verderbt zu sein.

**) Eigentlich: „zum Vieh".

***) Wörtlich: „konntet ihr werden"; mit dem Ausdrucke

bist; wir haben niemals eine gleich schöne Maid gesehen, und in nichts erkennen wir dein Ebenbild in ihr; denn du bist das größte Scheusal." Grima antwortete: „Man kann es mir [freilich] nicht mehr ansehen: mein Aussehen hat sich nun verändert gegen früher."

Hierauf sprachen sie davon, daß sie (Krata) ihnen helfen sollte. Sie fragte: „Welche Arbeit soll ich thun?" Jene sagten, sie wollten, daß sie Brot formen *) sollte, sie aber würden es dann backen. Da machte sie sich an ihre Arbeit, und es ging ihr wohl von der Hand; jene aber sahen sie unablässig an, so daß sie nicht auf ihre Arbeit Acht gaben, und verbrannten das Brot. [1]

Nachdem sie ihr Werk vollendet hatten, begaben sie sich zu den Schiffen. Als sie aber ihre Speise (die Brote) hervorholen mußten, da sagten Alle, daß sie nie so ‖ 245) schlecht gebacken hätten und Züchtigung dafür verdienten. Da fragte Ragnar, wie es

---

der Verwunderung, also: „da konntet ihr ja [wunderbarerweise] einander (d. h. sie dir) sehr ungleich werden".

*) D. h. den Teig zu Broten formen.

1) Den ganzen Inhalt dieses Kapitels bis hierher faßt Ragn. t. in der Str. 72 zusammen. Etwas ausführlicher Gestr. 17—19 (darnach in Str. 20—27. 34 Züge, die der Saga und dem Ragn. t. fremd sind).

käme, daß sie das Brot so schlecht gebacken hätten.*)
Sie erklärten, sie hätten eine so schöne Frau gesehen,
daß sie nicht ihres Geschäftes wahrgenommen hätten,
und meinten, daß es keine schönere auf der Welt
gäbe. Und als sie so viel von ihrer Schönheit
machten, sagte Ragnar, er wisse, daß sie nicht so
schön sein werde, wie Thora gewesen sei. Jene
[aber] erklärten sie für nicht minder schön.¹ Da
sprach Ragnar: „So will ich Männer hin senden,
die es genau beurtheilen können**): wenn es sich so
verhält, wie ihr sagt, so soll euch die Unachtsamkeit
vergeben sein; wenn die Frau aber irgendworin un=
schöner ist, als ihr von ihr sagt, so werdet ihr euch
schwere Strafe zuziehen.‟

Alsbald sandte er seiner Mannen etliche aus
nach dieser schönen Maid: jedoch wehte der Wind
so stark entgegen***), daß sie an diesem Tage nicht
fahren konnten. | Da sprach Ragnar zu seinen Send=
boten: „Wenn diese junge Maid euch so schön er=
scheint, wie mir gesagt ist, so heißt sie zu mir

---

*) Wörtlich: „weshalb sie so die Speise bereitet hätten‟.

**) Eigentlich: „genau zu sehen verstehn‟.

***) Eigentlich: „es war so starker, widriger Wind‟.

1) Kürzer Gestr. 28—33, noch kürzer Ragn. t. 73—75.

kommen; und will ich sie [dann] sehen*), will, daß
sie mein sei. Ich will aber, daß sie weder be=
kleidet noch unbekleidet komme, weder ge=
speist noch nüchtern; sie komme auch nicht
allein, und doch soll auch kein Mensch sie
begleiten." **)

Darauf fuhren sie, bis daß sie zu dem Hause
kamen; sie betrachteten Kraka aufmerksam, und däuchte
ihnen dieses Weib so schön, daß sie keine andere
gleich schön wähnten. Sie verkündigten nun Ragnar's,
ihres Herrn, Botschaft und desgleichen, wie sie aus=
gerüstet sein sollte.

Kraka sann dem nach, was der König gesagt
hatte, und wie sie sich ausrüsten sollte. Aber Grima
meinte, daß solches unmöglich wäre, und sagte, sie
sähe wohl, daß der König ‖246) nicht bei Sinnen

---

*) Genauer: „sie treffen", „mit ihr zusammenkommen".

**) Diese schwierigen Aufgaben und ihre Lösung beruhen
auf alter Sage, wie sie denn in unserm Märchen „Die
kluge Bauerntochter" (Grimm, Nr. 94) z. Th. wörtlich
wiederkehren. Der Grundstoff der Aslaugsage ist dem=
nach ein gemeingermanischer Sagenstoff, der sich unter
Anderm zu Spangereid in Norwegen lokalisirt hat und
als dortige Lokalsage genügend bezeugt ist. Dort knüpfte
sie sich an die Ragnarssaga, worauf Aslaug=Kraka zur
Tochter Sigurd's ward (s. Beitr. 3, 205 f.).

wäre. Kraka sprach: „Deshalb wird er so gesagt
haben, weil es möglich sein wird*), wenn wir es
[nur] so verstehn, wie er es meint. Aber keines=
falls kann ich heute mit euch ziehen**), sondern ich
werde morgen früh zu euern Schiffen kommen."
Hierauf machten sie sich [wieder] auf den Weg, und
sagten Ragnar, wie es sich verhielte, und daß sie zu
ihnen kommen werde.

Sie blieb nun die Nacht daheim. Aber am
Morgen früh sagte sie zu dem Alten, daß sie nun
zu Ragnar gehn wolle: „jedoch werde ich meinen
Anzug etwas verändern müssen: du hast ein Fisch=
netz ***), das will ich mir umwinden, darüber laß'
ich mein Haar fallen, so bin ich dann nirgends
bloß. Dann will ich einen Lauch kosten: das ist so
gut wie keine †) Speise, gleichwohl kann man
merken ††), daß ich [ihn] gekostet habe. Endlich soll
dein Hund mir folgen, so gehe ich nicht allein, den=

---

*) D. h. er würde es nicht gesagt haben, wenn es nicht
    möglich wäre.
**) Weil dann die dritte Bedingung nicht erfüllt wäre.
***) Genauer: „Lachsforellennetz".
†) Eigentlich: „eine kleine, unbedeutende".
††) An dem Geruche? (Oder ist die Meinung: „kann es
    bedeuten, daß ich gegessen habe?")

noch begleitet mich kein Mensch." Als die Alte ihr
Vorhaben hörte, däuchte ihr, daß sie große Anstalten
mache. ¹

Fünftes Kapitel.

Als Kraka nun gerüstet war, ging sie ihres
Weges, bis daß sie zu den Schiffen kam; und war
sie schön anzusehn, denn ihr Haar glänzte, als ob
man auf Gold sähe. Da rief Ragnar sie an und
fragte, wer sie wäre und zu wem sie wollte. Sie
antwortete und sprach die Strophe:

> „Dein Gebot und Auftrag   2.
> Wag' ich nicht zu brechen,
> Da du, Ragnar, zu dir ‖247)
> Her mich kommen hießest.
> [Sieh,] es folgt kein Mensch mir,
> Bloß ist meine Haut nicht,
> Gut bin ich begleitet,
> Komme [doch] alleine." *)

---

*) Wenn die zweite Halbstrophe richtig überliefert ist, fällt
es auf, daß die zweite Bedingung gar nicht, die dritte
aber in drei Versen erwähnt wird. Doch ist wohl zu
beachten, daß auch Ragn. t. 76—80 nur die beiden hier
erwähnten Bedingungen kennt.

1) Von | ab kurz wiedergegeben in Gestar. 35—38; ausführlicher Ragn.
t. 76—82.

Da sandte Ragnar ihr Männer entgegen und
ließ sie auf sein Schiff holen. Sie aber weigerte
sich zu kommen, es sei denn, daß ihr und ihrem
Gefährten sicheres Geleite gegeben *) würde. Da
ward sie auf des Königs Schiff geführt; und als
sie in den Vorraum **) kam, streckte er ihr die Hand
entgegen, aber der Hund biß ihn in die Hand.
Seine Mannen sprangen hinzu und schlugen den
Hund und warfen ihm einen Bogenstrang um den
Hals, und hatte er davon den Tod: besser ward
ihr das sichere Geleit nicht gehalten als so. Hier=
auf setzte ***) Ragnar sie auf dem Hinterdeck neben
sich und | sprach mit ihr; sie behagte ihm wohl,
und er war zärtlich gegen sie †) ¹ und sprach die
Strophe:

> „Wol du würdest, gälte   3.
> Dir der Landeshüter ††)
> Als ein hehrer König (?),
> Sicher mich umarmen.“

---

*) Eigentlich: „Sicherheit gewährt“.

**) S. oben S. 61 **.

***) leggr („legte“) der Hdschr. kann nicht richtig sein, wie
   der Zusammenhang zeigt; vgl. auch oben S. 211 **.

†) Die ganze Situation ist ähnlich wie S. 211¹⁻⁸.

††) D. h. der Fürst, ich. Die Uebersetzung der Halbstrophe
   ist unsicher.

1) = Ragn. t. 83,1 f.

[Sie sprach:]

> „Unbefleckt sollst, Fürst, du,
> Willst dein Wort du halten,
> Mich von hinnen lassen,
> Die ich dich besuchte." *)

Darauf sagte er, daß sie ihm wohl gefiele, und es sei seine feste Absicht, daß sie mit ihm fahren sollte. Da ‖248) erklärte sie, das ginge nicht an. Er äußerte nun den Wunsch, daß sie die Nacht dort auf dem Schiffe bliebe. Sie [aber] sagte, das sollte nicht geschehen, bevor er heimgekehrt wäre von der Fahrt, die er sich vorgenommen hätte: „und vielleicht seid ihr dann anderes Sinnes".

|Da rief Ragnar seinen Kämmerer und gebot ihm, das Hemd **), welches Thora getragen hatte und welches ganz goldbesäumt war, zu nehmen und ihm zu bringen. Dann bot Ragnar es Kraka dar mit folgenden Worten ***):

---

*) Wörtlich: „Heim den Fürsten sucht' ich"; oder „einen Fürsten" (der sein Wort nicht brechen darf)?

**) serkr (f. Weinhold, Altn. L. 173). — Den Grund, weshalb Ragnar ihr sogleich dies Kleid anbietet, hat noch der Ragnars t. Str. 63 erhalten, wo Thora sterbend Ragnar empfiehlt, um die Jungfrau zu werben, der ihre (Thora's) Kleider passen würden.

***) Wörtlich: „in dieser Weise".

„Willst dies Hemd du nehmen   4.
[Reich] verziert mit Silber —
Thora Hjort besaß es *) —
Gar wohl paßt **) das Kleid dir.
Ihre weißen Hände
Dies Gewand berührten;
Mir, der ich sie liebte ***),
War lieb sie bis zum Tode."

Kraka sprach dagegen:

„Darf dies Hemd nicht nehmen   5.
Reich geziert mit Silber —
Thora Hjort besaß es —
Mir ziemt schlechte Kleidung.
Davon heiß' ich Kraka,
In kohlschwarzen Kleidern †),
Daß Geröll durchschreitend
Am Strand ich Ziegen hüte." ††)

Ich will fürwahr das Hemd nicht annehmen
(sagte sie): nicht will ich Putz anlegen, so lange ich

---

*) Eigentlich: „welches Thora besaß".

) Vgl. S. 252 **; oder ist „ziemt" zu übersetzen, wie gleich unten Strophe 5,4? In beiden Fällen ist **sama gebraucht.

***) Wörtlich: „dem liebevollen Männerfürsten".

†) Kraka bedeutet „Krähe", s. oben S. 229 ††.

††) Wörtlich: „über Geröll hingeschritten bin und Ziegen an der See hin getrieben habe".

bei dem Alten bin. [1] Kann sein, daß ich euch besser gefalle, wenn ich mich besser kleide. ‖ 249) Und will ich jetzt heim fahren. Dann *) aber magst du Männer nach mir schicken, wenn du alsdann noch desselben Sinnes bist und [noch] willst, daß ich mit dir fahre." Ragnar sagte, daß sein Sinn sich nicht ändern würde. Sie ging heim; jene aber machten, sobald der Wind günstig war, ihre Fahrt, wie es ihre Absicht gewesen war, und Ragnar vollführte sein Vorhaben, wie er sich vorgesetzt hatte. Und auf der Rückkehr legte er in demselben Hafen an, wo er zuvor [gelegen] hatte, als Kraka zu ihm kam. Und [noch] denselben Abend sandte er Männer zu ihr, um ihr des Königs Botschaft zu entbieten, daß sie nun ernstlich **) mitkommen sollte. Sie aber erklärte, sie werde nicht eher gehn als am Morgen.

Kraka stand früh auf, trat ans Bette der beiden Alten und fragte, ob sie wachten. Sie bejahten es und fragten, was sie wollte. Sie aber sagte, sie wolle nun von hinnen und nicht länger dort bleiben: „Aber ich weiß, daß ihr Heimi, meinen Pflegevater, erschlagen habt, und niemand hat von mir bösern

---

*) Nämlich: wenn du wiederkehrst.

**) D. h. ohne wieder zurückzukehren, wie das erste Mal.

1) Zu unserm Text von ‖ ab vgl. die bessere und vollständigere Darstellung im Ragn. t. Str. 85—88 und dazu ebd. Str. 63. 66.

Lohn verdient *) als ihr; jedoch will ich euch kein
Leid anthun lassen, weil ich lange bei euch gewesen
bin. Aber den Fluch will ich euch nun zurück=
lassen **), daß ein Tag, so über euch kommt, euch
immer noch schlimmer sei, als der andere, und am
schlimmsten der letzte. Und nunmehr wollen wir scheiden."

Damit ging sie ihres Weges zu den Schiffen
und ward dort wohl aufgenommen. Sie hatten
günstigen Wind. Diesen selben Abend, als es Zeit war
die Betten herzurichten, sagte Ragnar, er wolle, daß er
und Kraka bei einander ruhten. Sie antwortete, das
könne nicht ‖ 250) geschehen: „sondern ich will, daß
du erst Hochzeit mit mir hältst ***), wenn du in
dein Reich kömmst; das dünkt mich meine Würde
wie auch deine [zu erheischen], und die unserer Erben,
wenn wir welche haben."

Er gewährte ihr diese Bitte, und ihre Fahrt
ging glücklich von statten. Da kam Ragnar heim
in sein Land, und ward ihm ein prächtiges Fest be=
reitet †); da ward zugleich sein Willkommenstrunk ††)

---

*) Aehnliche Wendungen oben S. 143, Z. 7. 213¹.

**) Wörtlich: „Aber das will ich nun erklären".

***) Eigentlich: „trinkst", s. oben S. 126 ***, 176 *.

†) Wie oben S. 81, Z. 15—18.

††) ═ unten S. 266 *. Ueber diese Sitte s. Weinhold, Altn.
Leb. 445 (vgl. Akv. 34 u. s. w.).

und seine Hochzeit gefeiert. Und am ersten Abend, als sie das Lager theilten, wollte er seiner Frau ehelich beiwohnen, sie aber suchte es bittend abzuwehren *); denn, sagte sie, es würde schlimme Folgen haben **), wenn sie nicht ihren Willen hätte. Ragnar erwiderte, er möge nicht daran glauben; auch wäre der Alte und sein Weib ***) nicht der Zukunft kundig gewesen; er fragte, wie lange es denn so währen sollte. Da sprach sie:

> „Dreimal nach der Hochzeit 6.
> Soll die Nacht im Saal' uns
> Keusch beisammen finden †),
> Eh wir den Göttern opfern. ††)

---

*) Eigentlich: „bat sich davon frei".

**) bera nökkut á baki, genauer „etwas (schlimmes) nach sich ziehen".

***) Hatten also diese die Warnung oder den Fluch (vgl. S. 255**) ausgesprochen? Gestsr. Str. 15 f. berichtet es so.

†) So gebe ich den wahrscheinlichen Sinn wieder. Die Lesung der Hdschr. scheint verderbt. Die neugefundene Hdschr. liest nach Prof. Bugge's gütiger Mittheilung Vers 1: nætr] mætr; hressvar] haus(u)ar; vielleicht hýjar, s. C.-V. 304b. Auf eine ähnliche Forderung dreier keuscher Nächte weist Skirn. 42,3. S. d. Nachtr.

††) „Die [Ehe=]Gottheiten verehren", muß (im Gegensatz zu Vers 1—3) das wirkliche Eingehn der Ehe bezeichnen.

Dauernd wird Gebrechen
Meinen Sohn dann treffen:
Vorschnell willst du zeugen
Den, der kein Gebein hat."

Aber obwohl sie dies sprach, so achtete doch Ragnar nicht darauf, sondern vollbrachte seinen Willen.

Sechstes Kapitel.

Nun vergingen die Tage, und ihre Ehe war glücklich und ihre Liebe groß. Kraka aber fühlte ‖ 251) Wehen: sie kam nieder und genas eines Sohnes. Und der Knabe ward mit Wasser besprengt *) und ihm ein Name gegeben, und ward er Jvar genannt. Aber dieser Knabe war knochenlos, und als ob da Knorpel wären, wo Knochen sein sollten. Als er jung war, war er so groß von Wuchs, daß es nicht seinesgleichen gab. Er war von Ansehn der allerschönste Mann und so klug, daß es ungewiß (schwer zu sagen) ist, wer ein klügerer Mann gewesen als er.

Es waren ihnen noch mehrere Kinder beschieden: | ihr zweiter Sohn hieß Bjorn, der dritte Hvitserk

---

) S. oben S. 64.

und der vierte Rognvald [1]; sie waren alle gewaltige Männer und gar kühn. Sobald sie etwas vornehmen konnten, lernten sie allerhand Kunstfertigkeiten. Und überall, wohin sie fuhren, ließ Ivar sich auf Stangen tragen, weil er nicht gehn konnte, und er mußte ihnen Rath geben, was sie auch unternahmen.

Damals waren Eirek und Agner, Ragnar's Söhne, gewaltige Männer, so daß man kaum ihresgleichen fand; und sie zogen jeden Sommer mit Heerschiffen aus *), und waren berühmt durch ihre Heerfahrten. Da geschah es eines Tages, daß Ivar mit seinen Brüdern Hvitserk und Bjorn redete: wie lange es so fort gehn sollte, daß sie daheim säßen und sich keinen Ruhm erwürben. Sie erklärten aber, sie würden seinem Rathe folgen, hierin wie in anderem. „So will ich," sagte Ivar, „daß wir bitten, es möchten uns Schiffe nebst Heervolk gegeben werden, so daß dieselben wohl bemannt sind; demnächst will ich, daß wir uns Gut und Ruhm erwerben, wenn es sich so fügen will."

---

*) Eigentlich: „sie hausten auf Heerschiffen".

1) Bei Saxo 450,5 heißen seine Söhne mit Svanlogha: Regnald, Witserk und Erich, während Syward, Bjorn, Ivar [und Agner] 444,24 als natura fratres der Söhne Thora's bezeichnet werden. In unserer Saga sind Erich und Agnar Söhne der Thora.

Nachdem sie dieses unter sich beschlossen hatten, sagten sie Ragnar, sie wollten, daß er ihnen Schiffe gäbe und ‖252) solche Leute, die [schon] in hartem Kampfe (?) erprobt und mit allem ausgerüstet wären. Und er that, wie sie baten.

Als nun diese Flotte gerüstet war, fuhren sie vom Lande; überall aber im Männerkampf behielten sie die Oberhand, und so erwarben sie sich zahlreiches Gefolge sowohl wie Gut.

Da sagte Ivar, er wollte, daß sie mehr dorthin steuerten, wo [ihrer] größere Uebermacht warte, und so ihre Tapferkeit erprobten; sie aber fragten da, wo er dergleichen wüßte. Da nannte er eine Stadt, die hieß Hvitabö *); da aber war eine Opferstätte **): „und mancher hat schon versucht, sie zu erobern, aber keiner hat gesiegt. Auch Ragnar war dorthin gekommen, hat aber unverrichteter Sache wieder abziehen müssen.“ „Ist denn das Volk dort so zahlreich (fragten jene) und so tapfer, oder finden sich dort andere Schwierigkeiten?“ Ivar sagte, dort wäre sowohl große Volksmenge als auch eine bedeutende Opferstätte; und das habe Allen

---

*) Nach Rafn wäre Withby an der Ostküste von Nordhumberland gemeint.

**) Genauer: „da waren Opfer gewesen“.

Verderben gebracht und Niemand hätte [dagegen]
Stand gehalten. Da sagten sie, er möchte entscheiden,
ob sie dorthin steuern sollten oder nicht. Er aber
erklärte, er sei entschlossen, es darauf ankommen zu
lassen, ob ihre Tapferkeit ihnen [nicht] mehr nützen
werde, als den Bewohnern jenes Landes ihr Opferdienst. *)

Siebentes · Kapitel.

Sie fuhren nun dahin. Und als sie dort ans
Land kamen, rüsteten sie sich zum Landen. Es schien
ihnen aber nöthig, daß einige Mannschaft die Schiffe
bewachte. Ihr Bruder Rognvald aber war noch
jung, so daß er ihnen so großer Fährlichkeit, als
ihnen wahrscheinlich hier bevorstand, noch nicht gewachsen schien; ‖253) und so ließen sie ihn mit
etlicher Mannschaft die Schiffe bewachen.

Aber bevor sie ans Land gingen, sagte Ivar,
die Burgmannen hätten zwei Rinder, nämlich zwei
junge Kühe; vor denen wären die Leute entflohen,
indem man ihr Gebrüll und ihren Zauber **) nicht
hätte aushalten können. Weiter sprach Ivar: „Haltet

---

*) Wörtlich: „als der Opferdienst der Landsleute".
**) Vgl. unten S. 263 ††.

euch aufs tapferste dabei, obschon euch einige Furcht ankommen wird; denn es bleibt hier nichts anderes übrig." *)

Sie schaarten nun ihr Volk, und als sie der Veste naheten, gewahrten es die Stadtbewohner und begannen die Rinder, an welche sie glaubten, loszumachen. Und sobald die Kühe losgelassen waren, sprangen sie gewaltig und brüllten fürchterlich.

Solches sah Ivar, wie er auf dem Schilde getragen ward, und gebot, ihm einen Bogen zu geben, und so geschah es. Da schoß er diese bösen Kühe, daß beide den Tod davon hatten. **) Und so war dieser Kampf erledigt, der den Männern so große Furcht eingeflößt hatte.

Da nahm Rognvald bei den Schiffen das Wort und sprach zu seinen Leuten, wie glücklich die Männer wären, die solche Lust haben dürften, wie seine Brüder hätten: "und keinen andern Grund hatten sie dafür, daß ich zurückbleiben sollte, als daß sie allein den Ruhm davontragen wollten. Jetzt aber wollen wir allzumal ans Land gehn." Das thaten sie; und als sie dem Heere nachzogen,

---

*) Zu sá ist kostr zu ergänzen, vgl. unten S. 265 **.
**) Vgl. unten S. 292*.

drang Rognvald tapfer vorwärts ins Handgemenge;
und das Ende war, daß er fiel. *)

Die Brüder aber drangen in die Veste; da
begann der Kampf aufs neue, und endete damit,
daß die Burgmannen die Flucht ergriffen; jene aber
verfolgten die ‖254) Flüchtigen. Und als sie wieder
zur Veste kehrten, sprach Bjorn die Strophe:

> „Laut scholl unser Heerruf.   7.
> Baß denn jener schnitten
> Unsre Schwerter — Wahrheit
> Sag' ich — im Gnipafjorde. **)
> Wer es wollte, konnte
> Vor Hvitabö draußen
> Männer tödten. Spart nicht
> Euer Schwert, ihr Helden."

Als sie zurück in die Veste kamen, nahmen sie
alle fahrende Habe, verbrannten dann alle Häuser,
so in der Burg waren, brachen die ganzen Burg=
mauern nieder ***), und fuhren dann mit ihren
Schiffen von dannen.

---

*) Der gleiche Sagenzug (der junge zurückgelassene Bruder
zieht heimlich nach in die Schlacht und fällt) findet sich
bekanntlich in unserer „Rabenschlacht".

**) Der hier also bei Hvitabö gedacht wird.

***) Vgl. unten S. 300*.

Achtes Kapitel.

Eystein hieß ein König, der über Schweden herrschte. Er war vermählt und hatte eine Tochter mit Namen Ingibjorg, die war die schönste aller Frauen, und gar lieblich von Ansehn. *) Eystein war ein mächtiger König über zahlreiches Volk, boshaft, aber klug. Er hatte seinen Sitz zu Uppsala und war ein eifriger Opferer; und zu Uppsala wurden zu der Zeit so bedeutende Opferfeste gefeiert, daß nirgend in den Nordlanden bedeutendere gewesen sind. Sie setzten auf eine Kuh gläubiges Vertrauen und nannten sie Sibilja **). Derselben wurden so viele Opfer gebracht, daß ***) niemand ihrem Gebrülle widerstehn konnte. †) Und deshalb war es

---

*) Vgl. oben S. 232**.

) Wird erklärt als die „stets brüllende" (vgl. Sibilja beljar Fas. I, 271, 17). Doch dürfte die Form Sibylja neben Sibilja vielleicht auf die prophezeiende „Sibylle" deuten, woraus man neuerdings Volva herzuleiten versucht hat (s. d. Nachtr. zu S. 46). Vgl. auch die zweitfolgende Anmerkung.

***) Vgl. unten S. 274*.

†) Beispiele von Verehrung heiliger Kühe finden sich mehrfach bei germanischen Stämmen (vgl. Simrock,

des Königs Gewohnheit, wenn ein feindliches Heer zu erwarten war, daß diese Kuh der Schlachtordnung voran war. Solche große Teufelskraft *) besaß sie [nämlich], daß seine Feinde ‖255), sobald sie sie hörten, so wahnwitzig wurden, daß sie aufeinander losschlugen und ihrer selbst nicht Acht hatten. **) Und deshalb war Schweden damals von keinen Heerfahrten heimgesucht, weil niemand sich getraute, es mit solcher Uebermacht aufzunehmen.

König Eystein lebte in guter Freundschaft mit vielen Männern und Häuptlingen. Und es heißt, daß zu jener Zeit gute Freundschaft zwischen Ragnar und König Eystein bestand, und sie pflegten jeden Sommer abwechselnd einander zum Gelage zu besuchen. Es traf sich nun, daß es an Ragnar war, den König Eystein zu besuchen; und als er nach Uppsala kam, ward er mit den Seinen wohl empfangen. Als sie nun am ersten Abend tranken, ließ der König seine Tochter ihm selber und Ragnar

---

Myth.⁴, S. 18 f., 500 und oben S. 260**). Zunächst wurden sie in dieser Weise doch wohl als (durch ihr Gebrüll?) weissagende, siegverkündende Thiere eines Gottes verehrt.

*) djöfuls kraptr.

) D. h. vor den Feinden sich nicht wahrten. Vgl. unten S. 275. 292***.

einschenken *): da redeten Ragnar's Mannen unter
einander, daß es nicht anders anginge **), als daß
Ragnar um König Eystein's Tochter würbe, und
nicht länger die Bauerntochter ***) behielte. Einer
von seinen Mannen übernahm es, ihm dies vor-
zustellen; und das Ende war, daß ihm die Frau
verheißen ward: jedoch sollte sie noch lange Verlobte
bleiben.

Als dieses Fest zu Ende war, rüstete sich
Ragnar zur Heimkehr, und die Reise ging ihm glücklich von statten, und wird von seiner Fahrt nicht
eher etwas gemeldet, als bis er nahe vor der Burg
war, und sein Weg durch einen Wald führte. Sie
kamen auf ein Gereute †) in dem Walde: da ließ
Ragnar sein Gefolge still halten, bat sich Schweigen
aus und gebot allen Männern, die ihn auf der
Fahrt nach Schweden begleitet hatten, daß keiner
von seinem Vorhaben sagen sollte, so über die
Heirath mit König Eystein's Tochter verabredet war.
Und er setzte so strenge Strafe ‖256) darauf, wenn
einer sich fände, der etwas davon erwähnte, daß er

) Vgl. oben S. 181.
**) Vgl. oben S. 261*.
***) karlsdóttur.
†) Ausgerodeter Waldplatz.

nichts [geringeres] dafür verlieren sollte als das
Leben.

Nachdem er so seiner Absicht gemäß gesprochen
hatte, zog er heim zu seinem Hofe. Da freuten sich
die Leute seiner Rückkehr, und ward ihm da der
Willkommenstrunk zugetrunken. *) Und als Ragnar
seinen Hochsitz eingenommen hatte, da währte es nicht
lange, bis **) Kraka zu ihm in die Halle kam. Sie
setzte sich auf seine Knie, schlang ihre Arme um seinen
Hals und fragte, welche Neuigkeiten es gäbe. Er
aber antwortete, er wüßte keine zu sagen.

Und als der Abend kam, begannen die Männer
zu trinken, und gingen dann schlafen. Als nun
Ragnar und Kraka beisammen im Bette lagen, fragte
sie ihn abermals nach Neuigkeiten; er aber erklärte
[wieder], er wüßte keine. Sie wollte nun [noch]
mancherlei plaudern; er aber sagte, er wäre sehr
schläfrig und wegemüde. „So will ich dir Neuig=
keiten sagen (sprach sie), wenn du mir keine sagen
willst." Er fragte, welche das wären. „Das nenne
ich Neuigkeiten (sagte sie), wenn einem Könige eine
Frau verlobt wird, und ist doch etlicher Leute Rede,

---

*) Vgl. oben S. 255 ††.
**) Wörtlich: „da hatte er nicht lange gesessen, bevor..."
 Vgl. unten S. 281*.

daß er schon eine andere hat." „Wer hat dir das
gesagt?" fragte Ragnar. „Deine Mannen sollen
Leib und Leben *) behalten, weil keiner von ihnen
es mir gesagt hat," antwortete sie. „Ihr müßt
gesehen haben **), daß drei Vögel auf dem Baume
neben euch saßen: die sagten mir diese Märe. ***)
Das erbitte ich [nun] von dir, daß du diese Heirath
nicht vollziehest, wie es beabsichtigt ist. [Denn] jetzo
will ich dir sagen, daß ich eines Königs Tochter
bin, und nicht eines Bauern †): mein Vater war
ein so berühmter Mann, daß man nicht seinesgleichen
fand; und meine Mutter war die schönste und weiseste
aller Frauen, und ihr ‖257) Name wird dauern, so
lange die Welt steht." ††)

Da fragte er, wer denn ihr Vater wäre,
wenn sie nicht die Tochter des armen Bauern wäre,
der auf Spangareid wohnte. Sie erklärte [ihm nun],
sie sei Sigurd's des Fafnistödters Tochter und

---

*) Eigentlich: „Leben und Glieder".

**) Wörtlich: „Ihr werdet sehen".

***) Wie Sigurd, ihr Vater, die Stimmen der Vögel ver=
stand. Hier ist Aslaug's Angabe übrigens doch wohl
als eine List aufzufassen.

†) Oder: „des Alten" (? karls).

††) Vgl. oben S. 107¹. 167¹.

Brynhild's, der Tochter Budle's. [1] "Das dünkt
mich gar unwahrscheinlich (sagte er), daß deren
Tochter Kraka heißen und ihr Kind in solcher
Armuth aufwachsen sollte, wie auf Spangareid war."
Da antwortete sie: "Das erklärt sich durch eine
Geschichte" *), und erzählte nun und hub an, wie beide,
Sigurd und Brynhild, auf dem Berge zusammen
kamen und sie erzeugt wurde: "und als Brynhild
entbunden war, gab man mir einen Namen, und
ich ward Aslaug genannt." Und so erzählte sie
alles, wie es vor sich gegangen war, bis **) sie zu
dem Alten kam.

Darauf entgegnete Ragnar: "Ueber diese Phan-
tasien der Aslaug ***) muß ich mich wundern." (?)
Sie antwortete: "Du weißt, daß ich schwanger bin;
und es wird ein Knabe sein, den ich trage: aber
an diesem Knaben wird das Zeichen sein, daß es

---

*) Genauer: "Dafür gibt es eine Geschichte" (saga er til
thess = oben S. 68, Z. 16, wo dieselbe Wendung etwas
anders wiedergegeben ist).

**) Der Text bietet frá thví, "seitdem", was doch schwerlich
richtig sein kann, da es sich hier ja gerade darum
handelt, wie sie zu dem Alten gekommen.

***) Spöttisch, wenn obige Auffassung richtig ist (oder: "von
Aslaug"?).

1) Vgl. Ragn. t. 90 f. und DGF (Nr. 22 A, Str. 12 f. u. s. w.).

scheinen wird, als wenn eine Schlange (ein Wurm) ihm ums Auge läge. Und wenn dies in Er= füllung geht, so erbitte ich mir, daß du nicht nach Schweden fahrest, um König Eystein's Tochter zu nehmen; wenn es jedoch nicht eintrifft, so verfahr' darin, wie du willst. Ich will aber, daß der Knabe nach meinem Vater *) heiße, wenn in seinem Auge dieses Ruhmesmal erscheint, wie ich glaube, daß geschehen wird."

Die Stunde ihrer Niederkunft **) kam; sie ward entbunden, und gebar ||258) einen Knaben. Da nahmen die Dienstfrauen den Knaben und zeigten ihn ihr; sie gebot, daß sie ihn zu Ragnar tragen und ihm zeigen sollten. So geschah es: das junge Männlein ward in die Halle getragen und auf Ragnar's Mantelschooß gelegt. Als er aber den Knaben anblickte, fragte man ihn, wie er heißen sollte. ***) Er sprach die Strophe:

---

*) Der durch Besiegung des Wurms Fafni seinen be= rühmten Beinamen erhielt. (Vgl. über Sigurd's „Schlangenauge" die abweichende Darstellung bei Saxo, 446,3—21.)

**) er hon kennir sér sóttar.

***) Ueber diese Vorgänge vgl. Weinhold, Altn. Leb. S. 260. 262.

Sigurd heiße der Knabe,
Er wird Schlachten schlagen,
Wird, wie seiner Mutter,
Auch dem Vater gleichen. *)
Er wird Odin's Stammes **)
Stolz ***) geheißen werden.
Wurm im Auge trägt nur
Andern Wurmes (?) Tödter.

Da zog er einen Goldring von seiner Hand, und gab ihn dem Knaben als Namens-Festigung. †) Und als er die Hand mit dem Ringe ausstreckte, [wandte sich der Knabe, und so] berührte sie ihm den Rücken; das deutete Ragnar, als wenn er das Gold gering achten ††) würde; da sprach er die Strophe:

„Brynhild's Flammen-Blicke   9.
Und ihr felsenfestes
Herz scheint ihrer Tochter

---

*) Wörtlich: „Gar gleich wird er der Mutter, und (doch) des Vaters Sohn genannt werden".

**) Aus welchem Sigurd entsprossen war. Vgl. oben S. 3.

***) Genauer: „vornehmster, vortrefflichster".

†) Vgl. oben S. 40***.

††) Genauer: „hassen"; d. h. als freigiebiger Fürst unter seine Mannen vertheilen.

Hehrer Sohn zu haben. *)
Dieser Ringverächter,
Frühreif wird er ragen ‖ 259)
Als ein Held ob allen,
Budle's Sproß, an Stärke."

Und weiter sprach er:

„Also keine Schlange **)   10.
Sah ***) bei andern Knaben
Als allein bei Sigurd
Ich im Auge †) liegen.
Diesem Schwerteschwinger ††)
Eigen ist die Schlange
Unter Augenliedern;
Leicht ist er dran kenntlich."

---

*) So übersetzte v. d. Hagen mit Rafn. Richtiger ist
vielleicht folgende Uebersetzung: „Brynhild's Tochter=
sprößling Hat, so scheint's den Helden, Flammenaugen
und ein Treufest Herz, der edle." So auch Rafn's spätere
Uebersetzung.

**) Wörtlich: „Kranichhalses Beute", d. h. eine (vom
Kranich gefressene) Schlange.

***) sá ek ... lagdha, so Bugge Z. Zschr. 7,403. Vielleicht
ist aber sjá er („ist zu sehen" statt sá ek „sah ich")
beizubehalten.

†) Eigentlich: „in den Brauensteinen".

††) D. h. „zukünftigen Helden". Ich folge hier der Er=
klärung Egilsson's, obwohl ich dieselbe nicht in allen
Stücken für richtig halte; denn eine bessere Erklärung
der schwierigen Stelle weiß ich nicht.

Darauf gebot er den Knaben wieder hinaus in das Frauengemach zu tragen. Da war es denn vorbei mit seiner Absicht nach Schweden zu fahren. Und ward nun Aslaug's Abkunft offenkundig, so daß jedermann wußte, daß sie die Tochter Sigurd's des Fafnistödters war und Brynhild's, der Tochter Budle's.

Neuntes Kapitel.

Als nun die Frist, so für Ragnar's festlichen Besuch in Uppsala verabredet war, verstrichen, und er nicht kam, schien es dem Könige Eystein eine Beschimpfung für ihn und für seine Tochter, und damit war die Freundschaft der beiden Könige zu Ende.

Da Eirek und Agnar, Ragnar's Söhne, dies vernahmen, verabredeten sie unter sich, sie wollten sich so viel Mannschaft verschaffen, wie sie irgend vermöchten, und damit eine Heerfahrt nach Schweden thun. Sie brachten auch ein großes Heer zusammen, und rüsteten ihre Schiffe aus. Man hielt es aber [allgemein] für sehr bedeutungsvoll, daß es glücklich von statten ginge, wenn die Schiffe ins Meer geschoben werden sollten. Da geschah es, daß ‖260).

als Agnar's Schiff von den Rollen*) [ins Meer] schoß, ein Mann darunter gerieth und den Tod fand; und das nannte man Rollenröthung. Das däuchte ihnen kein guter Anfang, doch wollten sie darum ihre Fahrt nicht aufgeben. **)

Als nun ihr Heer bereit war, fuhren sie damit nach Schweden. Und sobald sie in König Eystein's Reich kamen, zogen sie mit dem Heerschilde ***) darüber hin.

Die Bewohner des Landes aber nahmen das wahr; sie zogen gen Uppsala und sagten dem König Eystein, daß ein Heer ins Land eingefallen wäre. Der König ließ alsbald mit dem Heerpfeil †) ein Aufgebot ††) durch sein Reich ergehn †††), |und zog

---

*) Auf welchen die Schiffe vom Lande ins Meer gerollt wurden.

**) Eigentlich: „ließen sie das nicht ihrer Fahrt im Wege stehn".

***) D. h. „feindlich" (= S. 290*. 296**). Der als Kriegzeichen erhobene Schild (auch zu Schiffe am Mastbaum) war roth, vgl. oben S. 45² und dazu H. H. I, Str. 34.

†) Wodurch die streitbaren Männer zum Kriegsdienst aufgeboten wurden (vgl. Grimm, Rechtsalt. S. 162).

††) Eigentlich: „ein Pfeilaufgebot".

†††) Vom Absatz ab bis hierher = S. 290**. 291*. 308**. 321¹. u. s. w.

ein so großes Heer zusammen, daß es erstaunlich
war. ¹ Dies Heer führte er in einen Wald und
schlug dort sein Lager auf. Er hatte da auch die Kuh
Sibilja bei sich, und viel Opfer waren ihr gebracht
worden, ehe sie mitziehn wollte. *) Als sie nun
im Walde waren, sprach König Eystein also: „Ich
habe vernommen (sagte er), daß Ragnar's Söhne auf
dem Felde vor dem Walde sind; aber es ist mir
für wahr gesagt worden, daß sie im Vergleich mit
uns nicht ein Drittel Heeres haben. Nun wollen
wir unsere Schaaren zur Schlacht aufstellen, und
ein Drittel unseres Heeres soll ihnen entgegen ziehn.
Jene sind so streitbar, daß sie wähnen werden, die
Gewalt über uns in Händen zu haben: aber alsbald
wollen wir mit der ganzen Macht über sie her-
fallen, und soll die Kuh dem Heere voranlaufen,
und vor ihrem Gebrülle, meine ich, werden sie nicht
Stand halten." Und also geschah es.

Sobald die Brüder König Eystein's Heer sahen,
wähnten sie, es mit keiner Uebermacht zu thun zu
haben, und dachten nicht, ||261) daß das Heer noch
größer wäre. Aber gleich darauf kam das ganze
Heer aus dem Walde hervor, und die Kuh war

---

*) Vgl. oben S. 263***.

1) Vgl. Rsth. 348,1.

losgelaſſen und ſprang vor dem Heere daher und brüllte fürchterlich. Da überkam ſolche Aufregung *) die Heermannen, ſo es hörten, daß ſie auf einander los= ſchlugen **), nur die beiden Brüder blieben ſtand= haft. Sie aber, das arge Ungethüm, tödtete den Tag mit ihren Hörnern manchen Mann; und obſchon die Söhne Ragnar's gewaltige Männer waren, ſo | ver= mochten ſie doch nicht zugleich der Uebermacht der Menge [1] und der Zauberkraft ***) zu widerſtehn. Sie leiſteten aber tapfern Widerſtand und wehrten ſich kühnlich und mannhaft und gar rühmlich. Eirek und Agnar waren den Tag vorn in der Schlachtreihe, und oft drangen ſie durch die Reihen König Ey= ſtein's. | Da fiel Agnar. Eirek ſah es und focht nun aufs allertapferſte, und kümmerte ſich nicht darum, ob er von dannen käme oder nicht. Da ward er von der Uebermacht bewältigt und gefangen genommen. †) [2]

---

*) ? gnýr.

) Vgl. oben S. 264, unten S. 292***.

***) Eigentlich dem Opferdienſt, d. h. der durch Opfer be= wirkten Zauberkraft.

†) Z. 10 ff.: Dieſe Schilderung erinnert in ihren ein= zelnen Wendungen ſtark an ähnliche der Volſungaſaga, z. B. S. 21 [3—6], 194 f., 219 [4] u. ſ. w.

1) Vgl. Rsth. 348,4. — 2) Ganz kurz in Rsth. 348,6.

Da gebot König Eystein dem Kampfe Einhalt
zu thun, und | bot Eirek Schonung: „und überdies
(sagte er) will ich dir meine Tochter geben."*)[1] Eirek
antwortete, und sprach die Strophe:

> Will nichts von Bruderbuße,   11.
> Die du bietest, hören,
> Noch von Brautkauf**): Eystein
> Nennt man Agnar's Mörder.
> Nicht weint um mich die Mutter.***)
> Zu oberst †) auf dem Schlachtfeld
> Sterben will ich: laßt denn
> Geere mich durchbohren.[2] || 262)

Dann sagte er, er wünschte, daß die Männer,
die ihm gefolgt wären, Sicherheit erhielten und
führen, wohin sie wollten. | Ich aber will, daß man
möglichst viele Spieße nehme und in die Erde stoße.
Da hinauf will ich mich heben lassen und da das Leben

---

*) „um die er früher gebeten hatte", fügt der Rsth.
hinzu.

**) Wörtlich: „Noch eine Maid um Ringe kaufen". Der
Brautschatz (s. oben S. 63**) ist gemeint.

***) Thora, seine Mutter, war schon todt; s. oben S. 243[1].

†) Nämlich auf den Speerspitzen.

1) Ausführlicher in Rsth. 348,6—10 (vgl. Saxo 456,14—17, wo dasselbe von Witserk berichtet wird, der sich ebenfalls seine Todesart
selbst wählt: 456,20 ff.). — 2) = Ebd. 348,18—26. Der bessere
Text der Strophe dort ist hier zu Grunde gelegt.

laſſen." Da ſprach König Eyſtein, es ſollte geſchehen, wie er bäte[1], obſchon er das erwählte, was für ſie beide das ſchlimmere wäre.

Da wurden die Spieße nieder (in die Erde) geſtoßen, Eirek aber ſprach die Strophe:

> „Nie wird, möcht' ich glauben *), 12.
> Eines Königs Erbe
> Auf ruhmvollerm Lager
> Sterben, ein Mahl dem Raben.
> Bald wird auch ob meinem
> Blut der Schlachtenvogel
> [Laut], der ſchwarze, krächzen,
> Lohnt er mir gleich übel." **)

Hierauf ging er dahin, wo die Spieße aufgerichtet ſtanden ***), zog einen Ring von ſeiner Hand, warf ihn denen zu, die ihm gefolgt waren und nun Frieden erhalten hatten, und ſandte ſie an Aslaug, indem | er die Strophe ſprach:

> „Meldet auf ſchnellſtem †) Wege 13.
> Aslaug — meine Mannen

) Eigentlich: „ſoweit ich Beiſpiele (ähnliche Fälle) dafür weiß", vgl. oben S. 124. 204*; unten Kapitel 20, Abſ. 1.

**) Vgl. unten Str. 14,7 f.

***) Eigentlich: „nieder (in die Erde) geſtoßen waren".

†) Genauer: „höchſtem", nämlich auf dem kürzeren Wege durchs Hochland ſtatt des längeren am Strande entlang.

1) Vgl. Rath. 348,14—17.

Fielen *) — die Schlanke solle
Meine Ringe haben.
Traurig wird dann, wenn sie
Meinen Tod erfahren, ‖ 263)
Meine Stiefmutter ihren
Söhnen zumeist zureden. **) ¹

| Nunmehr ward er auf die Spieße gehoben. ²
Da sah er einen Raben fliegen und sprach ferner:

"Hier krächzt schon der Rabe   14.
Hoch ob meinem Haupte;
Meine Augensterne
Heischt der Wundengeier: ***)
Hackt der Rabe mir die
Augen aus dem Kopfe,
Lohnt der Wundenvogel
Schlecht manch' reiche Spende. †)

| So ließ er sein Leben mit großer Stand-
haftigkeit. ††) ³

------

*) Rsth. liest vielleicht richtiger: „vorbei ist's mit den Ost=
fahrten".

**) Die Uebersetzung ist unsicher. Die Stelle scheint ver=
derbt überliefert. Gemeint ist wohl die folgende Auf=
reizung zur Rache.

***) Wundengeier = Rabe.

†) Vgl. Str. 12,8.

††) = oben S. 200 ⁴; unten S. 313*.

1) Die Strophe = Rsth. 348,28—349,6. — 2) = Rsth. 349,7 f. —
3) vgl. Rsth. 349,8 f.

Seine Boten aber zogen heim und hielten nicht eher an, als bis sie dorthin kamen*), wo Ragnar seinen Sitz hatte. Er war aber damals zu einer Königsversammlung gefahren. Auch waren Ragnar's Söhne von der Heerfahrt**) noch nicht heimgekommen.

Die Boten blieben dort drei Nächte, bevor sie vor Aslaug gingen. Als sie nun vor Aslaug's Hochsitz kamen, grüßten sie sie ehrerbietig, und sie nahm ihren Gruß entgegen. Ein linnenes Tuch hatte sie über den Schooß gedeckt: sie war im Begriffe sich zu kämmen und hatte ihr Haar aufgelöst. Da fragte sie, wer sie wären; denn sie hatte sie zuvor nie gesehen. Der unter ihnen das Wort führte, sagte, sie wären Eirek's und Agnar's, der Söhne Ragnar's, Heermannen gewesen. Da sprach sie die Strophe: ‖264)

„Was sagt ihr — ist euer   15.
Heer im Schwedenlande (?)***)

---

*) Eine in Thidr. s. (aber auch sonst) häufige Wendung (s. Germ. 25, 152).

**) Von der das siebente Kapitel handelt, auf welcher Rognvald fiel, s. S. 281.

***) Die Stelle ist gewiß schlecht überliefert. Ich vermuthe (an Stelle einer bessern Erklärung):... er ydharr ‖ herr í Svía landi.

Oder sonstwo draußen? —
(Für) neue Königskunde? *)
Nordwärts fuhren, hört' ich,
Die Dänenhelden, es färbte
Blut der Schiffe Rollen **),
Fürder hört' ich nichts mehr."

Jener entgegnete die Strophe:

„Schmerzlich ist's: wir künden   16.
Deiner Söhne Tod dir. ***)
Alter hat das Schicksal
Versagt den Söhnen Thora's. †)
Andere schlimme Kunde
Weiß ich nicht, die neuer.
Vollführt hab' ich die Botschaft:
Der Aar flog ob der Leiche." ††)

Sie fragte nun, wie das ergangen wäre; und
da sprach (wiederholte) der Bote die Strophe, welche
Eirek gesprochen hatte, als er ihr den Ring sandte.
Da sahen sie, daß sie Thränen vergoß; die aber

---

*) D. h. „Was für neue Kunde von den Königen (meinen
Söhnen) bringt ihr mir?" S. d. Nachtr.
**) Wörtlich: „sie hatten Rollenröthung"; s. oben S. 273*.
***) Ich lese: that er naudh, sona daudha.
†) Die Uebersetzung von Vers 3 und 4 ist unsicher: die
Ueberlieferung scheint verderbt; s. d. Nachtr.
††) Eirek's nämlich, vgl. Str. 14, zum letzten Verse vgl.
Str. 29,8 (S. 315). — Vers 7: fögrum] l. sögnum.

waren wie Blut anzusehen und hart wie Hagel=
körner; niemand hatte sie weinen gesehen, zuvor nicht
noch auch hernach. Dann sagte sie, sie könnte nicht
eher die Rache unternehmen, als bis entweder Ragnar
oder seine Söhne heim kämen. „Ihr sollt aber so
lange hier bleiben; und ich will nicht unterlassen,
zur Rache aufzufordern, gleich als wenn jene meine
[leiblichen] Söhne [gewesen] wären."

So blieben sie dort; es fügte sich aber, daß
Ivar mit seinen Brüdern ‖ 265) früher heim kam
als Ragnar. Und kaum waren sie angelangt, so *)
begab sich Aslaug zu ihren Söhnen ¹; Sigurd
aber war damals drei (?!) Winter alt; er ging
mit seiner Mutter.

Als sie nun in die Halle trat, die den Brüdern
gehörte, ward sie wohl empfangen. Sie befragten
einander, was sich ereignet habe, und jene er=
zählten ihr zuerst den Fall Rognvald's, ihres
Sohnes, und was sich dabei zugetragen hatte. Aber
das machte auf sie keinen großen Eindruck. Sie
sprach:

---

*) Wörtlich: „Nicht lange waren sie daheim, bevor . . ."
Vgl. oben S. 266**, wo dieselbe Wendung etwas anders
wiedergegeben ist.

1) = Rath. 349,10.

"Lange ließen meine   17.
Söhne aufs Meer *) mich starren **):
Wenig häuslich ***) weilt ihr
Draußen [allzu lange †)].
Rognvald hat geröthet
Den Schild im Männerblute,
Kam streitkühn zu Odin ††)
Als meiner Söhne jüngster."

Ich sehe nicht (fügte sie hinzu), daß er zu größerem Ruhm hätte leben können." †††)

Hierauf fragten jene, | was sie Neues zu erzählen hätte. Sie antwortete *†): "Den Fall Eirek's und Agnar's¹, eurer Brüder und meiner Stiefsöhne, der Männer, welche meines Erachtens die

---

*) Eigentlich: „Mövenfeld".

**) Sehnsüchtig der Söhne wartend.

***) ? húsgafls (?) medhalfœrir.

†) Etwas derartiges ist statt des entstellten heim af zu erwarten.

††) S. oben S. 10 **.

†††) D. h. „daß, wenn er am Leben geblieben wäre, er größeren Ruhm hätte erlangen können".

*†) Die ganze Art, wie Aslaug ihre Söhne, die zuerst sich weigern, zur Rache ihrer Stiefbrüder aufreizt, erinnert sehr an Gudrun's Aufreizung ihrer Söhne, Svanhild, deren Stiefschwester, zu rächen (oben S. 213 f.).

1) Vgl. Rsth. 349,11.

tapfersten Helden gewesen sind. | Und es ist selbst=
verständlich, daß ihr solches nicht duldet sondern es
furchtbar rächt. Und das erbitte ich von euch, und
biete euch alle meine Hülfe dazu *), daß dies
[eher] zu sehr als zu wenig gerochen werde."[1] Da
sagte Ivar: „Fürwahr, ich ziehe nimmer nach
Schweden ‖ 266), um gegen König Eystein und den
Opferzauber dort zu kämpfen." Sie drang heftig
in sie; Ivar aber führte das Wort für sie und
versagte beharrlich die Fahrt. Da sprach sie die
Strophe:

> „Ihr, ihr wäret nimmer   18.
>
>   Lange ungerochen,
>
> Ein Halbjahr [nur], wäret
>
>   Ihr zuvor gefallen —
>
> Unverhohlen sag' ich's —
>
>   Wenn am Leben wären
>
> Eirek so wie Agnar,
>
>   Die nicht ich geboren."[2]

Ivar erwiderte: „Ich zweifle, daß **) es etwas
hilft, wenn du auch eine Strophe nach der andern

---

*) Wörtlich: „ich will in aller Hülfe mit euch sein".

**) Eigentlich: „Es ist ungewiß, ob ...“

1) Vgl. die ähnliche Scene bei Saxo 457,10—20: Aslogha bestimmt
Regner, Witserk's Tod zu rächen. — 2) Die Strophe = Rsth.
349,13—21.

sprichst. Weißt du denn recht, was für ein starkes Hemmniß *) dort im Wege ist? „Ich weiß es nicht gewiß (antwortete sie); „kannst du denn sagen, welche Schwierigkeiten es dort giebt?" Jvar sagte [darauf], dort sei ein so gewaltiger Opferdienst, daß man nirgend von seinesgleichen vernommen habe **); „und der König ist ebenso mächtig wie boshaft." „Was ist es, worauf er bei seinem Opferdienst am meisten vertraut?" Er antwortete: „Das ist eine große Kuh, die Sibilja genannt wird; die ist [durch Zauberei] so stark gemacht, daß, sobald man ihr Gebrüll hört, keiner von seinen Feinden hat Stand halten können ***); und es ist kaum, als wenn man allein mit Männern zu kämpfen hätte; vielmehr muß man glauben, daß man eher dem Zauber zu begegnen habe als dem König, und dem will ich weder mich aussetzen ‖267) noch mein Heer." [Sie erwiderte:] „Du magst bedenken, daß du nicht zugleich der gewaltigste Mann heißen kannst und doch nichts dazu thun." †)

Da sie aber glaubte, daß ihr Bemühen vergeblich

---

*) fastgardhr.

**) Vgl. oben S. 263 **.

***) Vgl. oben S. 263 †.

†) D. h. daß du den Namen des gewaltigsten Mannes durch Heldenthaten verdienen mußt.

wäre, wollte sie wieder hinweggehn, [weil] jene auf
ihre Worte nicht sonderlich zu achten schienen. Da
sprach Sigurd Schlangenauge *): „Mutter, ich will
dir sagen (sprach er), was ich im Sinne habe, doch
nichts vermag ich über die Antworten jener." **)
„Laß es mich hören," sagte sie. Da sprach er die
Strophe:

> „In drei Nächten soll die   19.
> Flotte fertig liegen
> — Lange Fahrt wir haben —
> Hast du Kummer, Mutter:
> Nicht soll König Eystein,
> Helfen uns die Disen***),
> Mag viel Gut er bieten,
> Zu Uppsala herrschen."¹

Und als er die Strophe gesprochen hatte, da
änderten die Brüder etwas ihren Sinn. Aslaug
aber sprach: „Du giebst mir wohl zu erkennen,
mein Sohn, daß du meinen Willen thun willst:
jedoch kann ich nicht absehen, daß wir dies zu Wege

---

*) ormr í augu, d. h. eigentlich „Schlange im Auge", s.
oben S. 269*.

**) D. h. „ich kann nicht auf den Entschluß meiner Brüder
einwirken" (über sie verfügen).

***) S. oben S. 56**. 186*.

1) Die Strophe = Rath. 349,22—350,2.

zu bringen vermöchten, wenn wir nicht den Bei=
stand deiner Brüder haben. Der aber könnte so
ausfallen, daß ich aufs beste damit zufrieden sein
könnte. Wohl gefällt mir dein Benehmen, mein
Sohn."

| Da sprach Bjorn die Strophe:

„Herz und Muth dem Manne   20.
Werden sich bewähren
In adlerkühner Brust, spricht
Er gleich davon wenig. || 268)
Uns [zwar] steht die Schlange
Glänzend *) nicht im Auge;
[Doch] erfreuten mich die Brüder:
Deiner Stiefsöhne gedenk' ich." **)[1]

Und nun | sprach Hvitserk diese Strophe:

„Sinnen wir, eh' wir geloben,   21.
Daß die Rache ausführbar werde. ***)
Laßt uns manches Unheil

---

  *) Eigentlich: „ein Wurm noch glänzende Schlangen".

 **) D. h. „[Doch] meine [gefallenen Stief=] Brüder waren
freundlich gegen mich: ich gedenke ihrer".

***) So nach dem bessern Text in Rsth. Gemeint ist wohl:
„wir wollen zunächst darauf denken, daß wir unsere
Schiffe loseisen und so den Rachezug überhaupt erst
möglich machen".

1) Die Strophe = Rsth. 350,3—11.

Agnar's Mörder anthun.
Schiebt ins Meer die Schiffe,
Haut das Eis vorm Schnabel;
Schaun wir, wie die Schiffe
Wir am schnellsten rüsten." [1]

Hvitserk sagte aber deshalb, daß man das Eis aufhauen sollte, weil starker Frost war und ihre Schiffe eingefroren waren.

Hierauf nahm Jvar das Wort und sagte, es wäre nun dahin gekommen, daß er auch Theil daran zu nehmen gedächte, | und sprach dann die Strophe:

    "Hohen Muth und Kühnheit   22.
    Laßt uns jetzo haben;
    Dazu wird uns große
    Standhaftigkeit *) nöthig.
    Mich beinlosen **) sollt ihr
    Tragen vor den Männern:
    [Eine] Hand zur Rache hab ich ***),
    Brauch ich [sonst] auch keine." [2] ||269)

"Und so steht die Sache nun (sagte Jvar), daß wir allen möglichen Fleiß anzuwenden haben, unsere Schiffe auszurüsten und Mannschaft zusammenzubrin=

---

  *) thrá (Rsth., statt thar unseres Textes).
  **) D. h. „knochenlosen", s. oben S. 257.
***) So nach Rsth.

1) = Rsth. 350,12—20. — 2) = Ebd. 350,21—29.

gen; denn wir werden es nöthig haben, nichts zu sparen, wenn der Sieg unser sein soll." -

Hierauf ging Aslaug hinweg.

Zehntes Kapitel. [1]

Sigurd hatte einen Pflegevater gehabt *), der übernahm es für ihn, sowohl Schiffe auszurüsten als auch Mannschaft dazu zu werben, so daß sie alle bemannt wären. Und es ging so schleunig damit, daß die Flotte, welche Sigurd auszurüsten hatte, nach Verlauf von drei Nächten fertig war; er hatte fünf Schiffe, und alle wohlgerüstet. Und nach Verlauf von fünf Nächten hatten Hvitserk und Björn vierzehn Schiffe gerüstet, Ivar aber zehn Schiffe (und Aslaug weitere zehn **) nach Verlauf von

---

*) Königsöhne wurden oft außerhalb des Hofes von angesehenen Dienstmannen des Vaters aufgezogen (Weinhold, Altn. Leb. S. 285 f.).

**) Ist wohl ein Zusatz, da gleich nachher die Söhne sie nicht auf ihrer Flotte mitfahren lassen wollen, worauf sie mit einem Landheer auszuziehn beschließt. Das hätte keinen Sinn, wenn ihr selbst zehn Schiffe zur Verfügung standen.

1) Der Inhalt dieses Kapitels ist ganz kurz wiedergegeben in Rath. 351,1—8.

sieben Nächten seit der Zeit, daß sie miteinander geredet und die Heerfahrt gelobt hatten.

Jetzo kamen sie alle zusammen, und sagte einer dem andern, eine wie große Flotte er aufgebracht hätte. Hierauf sagte Ivar, daß er eine Ritterschaar auf dem Landwege entsandt habe. Da sprach As=laug: „Wenn ich gewußt hätte, daß ein Heer, welches zu Lande zöge, in Gang gebracht werden *) könnte, hätte ich [auch] ein großes Heer senden kön=nen.“ „Wir dürfen uns nun nicht [mehr] damit auf=halten (sagte Ivar): mit dem Heere, welches wir zusammengebracht haben, müssen wir nun die Fahrt unternehmen.“ Da sagte Aslaug, sie wollte mit ihnen fahren: „so weiß ich dann am besten, wie viel Fleiß darauf verwendet wird, die Brüder zu rächen.“ „Gewiß ist,“ sagte Ivar, „daß du nicht auf unsere Schiffe kömmst: [aber] das soll geschehen, wenn du es willst, daß du das Heer anführest, welches den Landweg zieht.“ Sie willigte ein. Da nahm sie einen andern Namen an ‖270) und ward nun Randalin **) genannt.

---

*) **til gangs komast.** Vielleicht ist aber **gagns** zu lesen („zu Nutze kommen könnte“). Der Sinn ist jedenfalls: „daß es möglich wäre, mit einem Heer auf dem Land=wege (mit einem Landheer) zum Ziel zu gelangen“.

**) Dieser Name, zusammengesetzt mit rönd = Schild, soll

Beide Heere machten sich nun auf den Weg, und hatte Jvar bestimmt, wo sie sich treffen sollten. Ihre Fahrt ging beiderseits glücklich von statten, und sie trafen sich an dem verabredeten Orte. Sobald sie nach Schweden ins Reich König Eystein's kamen, zogen sie mit dem Heerschilde darüber hin*), so daß sie alles verbrannten, was ihnen vorkam, und kein Menschenkind am Leben ließen; ja sie trieben es so weit, daß sie alles tödteten, was lebendig war.

Elftes Kapitel.

Da geschah es einmal, daß Leute zu König Eystein entkamen und ihm sagten, wie ein großes Heer in sein Reich eingefallen wäre**) und so übel darin hauste***), daß sie nichts verschonten †) und auf ihrem Wege alles verwüstet hätten, so daß kein Haus mehr stände.

| Als König Eystein diese Kunde hörte, vermuthete er wohl, wer diese Vikinge wären: er ließ alsbald

---

sie, die wie eine Walkyrje (s. oben S. 46***) in den Kampf zieht, als Schildmaid, Walkyrje bezeichnen.

*) Wie oben S. 273***.

**) Wie oben S. 273, Z. 12.

***) ok svá íllr vidhskiptis.

†)? létu eigi (ecki?) ógert.

mit dem Heerpfeil ein Aufgebot durch sein ganzes
Reich ergehn *) und berief alle seine Mannen,
welche ihm Beistand leisten wollten, und die [nur
irgend] einen Schild tragen könnten. **) ¹ „Wir wollen
[sprach er] die Kuh Sibilja, unsere Gottheit, mit
uns nehmen, und sie dem Heere voranspringen lassen;
so meine ich, wird es wieder ergehn wie zuvor,
daß jene vor ihrem Gebrülle nicht Stand halten.
Ich will alle meine Leute dazu ermahnen, daß sie
sich aufs beste bewähren, und [so] wollen wir dies
große und verderbliche Heer von uns vertreiben."

So geschah es: Sibilja wurde losgelassen. Ivar
sah sie laufen und hörte das grimmige Gebrüll, das
sie ‖271) ausstieß; er rief, daß das ganze Heer
lauten Lärm mit Waffen und Kriegsgeschrei erheben
sollte, damit sie so wenig als möglich ihr, des auf
sie losstürzenden Unthiers, Gebrüll hörten. [Zu=
gleich] sagte Ivar zu seinen Trägern, daß sie ihn
[der Kuh] entgegen tragen sollten, so weit sie ver=
möchten: „und wenn die Kuh zu uns herankommt,
so werft mich auf sie; so wird eins von beiden ge=

---

*) Wie oben S. 273 †††, unten S. 308 **.

) Vgl. S. 308 *. Aehnliche Wendungen finden sich häufig
in Thidr. s., vgl. Germ. 25, 153.

1) Vgl. Rsth. 351,8—10.

schehn: entweder ich verliere das Leben, oder sie muß sterben. Ihr sollt nun einen starken Baum nehmen und zu einem Bogen zurechtschneiden und zugleich zu Geschossen." Und es ward ihm der starke Bogen und die mächtigen Geschosse gebracht *), die er hatte machen lassen, und die keinem andern als Waffe handrecht schienen. **) Hierauf ermunterte Ivar männiglich sich aufs beste zu bewähren.

Nun zog ihr Heer mit großer Kampfwuth und Lärm [vorwärts], Ivar aber ward ihren Schaaren vorangetragen. Als [aber] Sibilja anhub zu brüllen, ward ein so großes Getöse, daß sie es eben so laut hörten, als wenn sie [selber] geschwiegen oder still-gestanden hätten. Und das hatte eine solche Wirkung auf sie, daß das ganze Heer sich unter einander schlagen wollte, ausgenommen die Brüder. ***) Als dies Unerhörte geschah, sahen diejenigen, die Ivar trugen, daß er seinen Bogen so leicht spannte, als wenn es ein geschmeidiger Ulmenzweig †) wäre, und so schien es ihnen, als zöge er seine Pfeile über

---

*) Vgl. oben S. 261**.

) Vgl. oben S. 239*.

***) Vgl. oben S. 264**. 275**.

†) Woraus die Bogen gemacht zu werden pflegten; daher almr = „Ulme" und = „Bogen".

die Spitze hinaus *) [zurück]: dann hörten sie die
Sehne so laut erklingen, wie sie nimmer zuvor
gehört hatten, und sahen nun seine Pfeile so schnell
dahin fliegen, als wenn er mit der stärksten Arm=
brust geschossen hätte; und die Pfeile trafen so
gut **), daß jeder der Kuh Sibilja in ein Auge
fuhr. Da kam sie zu Fall ‖272). Darnach aber
stürzte sie mit vorübergebeugtem Kopfe einher ***),
und brüllte nun noch viel fürchterlicher als zuvor.
Und als sie zu ihnen herankam, gebot Ivar ihn auf
sie zu werfen. Da ward er ihnen so leicht, als ob
sie ein kleines Kind würfen. (Sie waren nämlich der
Kuh nicht ganz nahe, als sie ihn warfen.) Er fiel
der Kuh auf den Rücken, und ward da so schwer,
als ob ein Berg auf sie niederfiele: ihr brachen alle
Knochen, und hatte sie den Tod davon. Nun gebot
er den Leuten, ihn schleunigst wieder aufzuheben; er
ward aufgehoben, und erscholl nun seine Stimme so
durchdringend, daß es allen Heermannen war, da er
sprach, als wäre er ihnen ganz nahe, wenn sie auch

---

*) D. h. so weit zurück, daß selbst die Pfeilspitze hinter
dem Bogen (d. h. innerhalb desselben) sich befand.

**) ok svá gegnt.

***) ferr hun höfudhsteypu kann hier schwerlich anders ver=
standen werden, da die Kuh nachher wirklich auf Ivar
zuläuft, also wieder aufgestanden sein muß.

weit entfernt waren, und alle schwiegen sogleich auf
seinen Ruf *), und so endete er seine Rede **),
daß die ganze Feindseligkeit ***) von ihnen ge=
nommen ward, welche über sie gekommen war,
und sie keinen Schaden nahmen, denn ihr Heer
hatte sich [erst] kurze Zeit geschlagen. Nun ermahnte
sie Ivar, daß sie jenen (den Feinden) so übel wie
möglich mitspielen sollten: „und scheint mir nun der
wüthendste [Gegner] aus dem Wege geräumt, indem
die Kuh getödtet ist.“

Auf beiden Seiten hatte man nun die Heere
geschaart, | und mit ihrem Zusammenstoß begann die
Schlacht †); und war der Kampf so hart ¹, daß die
Schweden alle gestanden, sie wären nimmer in so
hartem Kampfe gewesen. Die Brüder Hvitserk und
Björn drangen so gewaltig vor, daß keine Schaar
vor ihnen Stand halten konnte. Es fielen so viele
von König Eystein's Heere, daß nur der kleinere
Theil noch aufrecht stand; einige aber wandten sich

---

*) Wörtlich: „das beste Stillschweigen ward seinem An=
liegen gewährt“.

**) D. h. und das war der Erfolg seiner Rede.

***) Daß sie nämlich in Folge des Gebrülles der Kuh die
Waffen gegeneinander gekehrt hatten.

†) sigr saman orrostan.

1) = Rsth. 351,10 f.

zur Flucht. Die Schlacht endete damit, daß | König Eystein fiel, die Brüder aber den Sieg gewannen [1]; und sie gewährten denen, die übrig geblieben waren, Schonung. ‖273)

Da sagte Ivar, er wollte nicht fürder in diesem Lande Krieg führen, weil dasselbe jetzt ohne Oberhaupt sei: „ich will lieber, daß wir dorthin ziehen, wo mehr Uebermacht uns entgegensteht." Randalin aber zog mit einem Theile des Heeres heim.

Zwölftes Kapitel.

Nun beredeten sie unter einander, eine Heerfahrt ins Südreich *) zu thun; Sigurd Schlange-im-Auge war aber fortan mit seinen Brüdern auf jeglicher Heerfahrt. Auf diesem Zuge zogen sie vor eine jede Veste, die groß (bedeutend) war, und eroberten sie, so daß nichts widerstand.

Da vernahmen sie von einer großen, volkreichen und festen Stadt, und Ivar erklärte, dorthin wolle er ziehen. Auch ward gesagt, wie diese Veste hieß, und wer darin herrschte: dieser Häuptling hieß Vifil,

---

*) Das deutsch-römische Reich ist gemeint.

1) = Rath. 351,11 f.

und nach seinem Namen war die Burg Bisilsburg *) benannt. Sie zogen nun so mit dem Heerschilde über [das Land] **), daß sie alle Burgen auf ihrem Wege zerstörten, bis sie nach Bisilsburg kamen. Der Häuptling war gerade nicht daheim in seiner Burg und großes Gefolge mit ihm. ***)

Sie schlugen ihre Zelte auf dem Gefilde nahe der Veste auf, verhielten sich jedoch an dem Tage ihrer Ankunft vor der Burg ruhig und begannen Unterhandlungen mit den Burgmännern. Sie boten ihnen die Wahl, ob sie die Veste übergeben wollten: dann sollte allen Männern Friede gewährt werden; oder ob sie ihre Uebermacht und Tapferkeit versuchen wollten: dann aber würde niemandem Pardon gegeben werden.

Jene erklärten kurz und bündig, daß sie diese Veste niemals ‖ 274) so gewinnen könnten, daß sie (die Burgmannen) sie übergäben: „Und werdet ihr

---

*) „Wiflisburg (Avenches) liegt wenig östlich vom Neufchateller See, nicht weit von Murten“, s. G. Storm, Ragnar Lodbrok u. s. w. S. 110 [„Mitth. der Antiq. Gesellschaft zu Zürich, S. 1—24“]. Vgl. Nth. Kap. 8, vorletzter Absatz.

) Vgl. oben S. 273*. 290*.

***) D. h. war mit ihm ausgezogen.

euch zuvor versuchen müssen und uns eure Kühnheit
und Kampfmuth sehen lassen."

Nun verging die Nacht, und am folgenden Tage
versuchten sie die Veste zu erobern, richteten aber
nichts aus. Sie belagerten nun einen halben Monat
diese Veste, und versuchten jeden Tag und mit man=
cherlei Listen sie einzunehmen: aber es glückte um so
weniger, je länger sie es versuchten; und sie gedachten
nun abzuziehen. Als aber die Burgleute dies merkten,
da kamen sie heraus auf die Burgmauern und be=
hängten rings umher die Mauern mit kostbarem Zeuge
und all den schönsten Gewanden, so in der Stadt
waren, und legten ihnen Gold zur Schau und die
kostbarsten Kleinodien, so in der Stadt sich fanden.

Darauf hub einer aus ihrer Schaar zu reden
an und sprach: „Wir dachten, daß diese Männer,
Ragnar's Söhne, und ihr Volk tapfer wären: aber
wir können [wohl] sagen, daß sie nicht mehr aus=
gerichtet haben als andere Männer." Sodann er=
hoben sie ein Kriegsgeschrei gegen sie, schlugen auf
die Schilde und forderten sie heraus, so viel sie
nur konnten.

Als Jvar dieses hörte, erboste es ihn sehr, und
er ward so sehr krank davon, daß er kein Glied *)

---

*) Wörtlich: „[sich] nirgends".

rühren konnte; und sie mußten abwarten, bis es
entweder mit ihm besser würde, oder er stürbe. Er
lag den ganzen Tag bis zum Abend ohne ein Wort
zu sprechen. Dann befahl er den Leuten, die um
ihn waren, seinen Brüdern Bjorn, Hvitserk und
Sigurd zu sagen, er wünschte ‖275), daß sie sammt
allen den weisesten Männern zu ihm kämen.

Als nun alle die vornehmsten Häuptlinge, so
im Heere waren, versammelt waren, befragte sie Ivar,
ob sie irgend welchen Rath gefunden hätten, der mit
größerer Wahrscheinlichkeit zum Siege führen würde,
als die früheren [Versuche]. Die aber antworteten alle, sie vermöchten keine solche List zu er-
sinnen *), die zum Siege führte: „es ist jetzt so
wie oft, daß uns dein Rath wird zu Hülfe kommen
müssen."

Da erwiderte Ivar: „Mir ist ein Mittel in den
Sinn gekommen, welches wir bisher noch nicht versucht haben; unweit von hier steht ein großer Wald,
und jetzt, da es Nacht wird, wollen wir heimlich
aus unserm Lager nach dem Walde ziehen, unsere
Zelte aber sollen stehn bleiben; und wenn wir in
den Wald kommen, soll jeder Mann sich ein Holz-

---

*) Genauer: „sie hätten nicht [ausreichenden] Verstand dazu,
... zu sehen (finden)".

bündel machen. Wenn dies geschehen ist, wollen wir von allen Seiten an die Veste heranziehen und das Holz anzünden: das wird ein gewaltiger Brand werden, und der Mörtel ihrer Burgmauern wird von diesem Feuer sich lösen *): alsdann wollen wir die Wurfmaschinen heranbringen und versuchen, wie fest sie (die Burg) noch ist."

Dies ward ausgeführt. Sie zogen nach dem Walde und blieben da, so lange es Ivar für gut fand. Dann gingen sie nach seiner Anweisung zu der Veste, und als sie das mächtig aufgehäufte Holz **) anzündeten, entstand ein so gewaltiger Brand, daß die Mauern ihn nicht aushalten konnten, und ihr Mörtel sich löste. Nun brachten die Belagerer die Wurfmaschinen an die Burg und legten mehrere Breschen hinein, und begann dann das Handgemenge. Und weil nun der Kampf gleich war, so ***) fiel die Schaar der Burgmannen, einige aber entflohen. Der Streit endigte damit, daß sie (die Sieger) jedes ‖276) Menschenkind erschlugen, so in der Stadt war, alles Gut [daraus] wegnahmen

---

*) Eigentlich: „ihre Burgmauern werden ihren Mörtel verlieren".

**) vidhinn inn mikla.

***) Wörtlich: „Und sobald sie gleich im Kampfe standen, da . . ."

und die Veste niederbrannten,. bevor sie hinweg=
zogen. *)

Dreizehntes Kapitel.

Sie zogen von dannen fort, bis sie zu der Veste
kamen, die Luna **) hieß; sie hatten da fast im
ganzen Südreiche alle Vesten und Schlösser zerstört,
und waren nun in der ganzen Welt so berühmt, daß
auch das kleinste Kind ***) ihren Namen wußte. Da
gedachten sie nicht eher abzulassen, als bis sie Rom
erreicht hätten, weil ihnen so viel von der Größe
und Volksmenge, der Pracht und dem Reichthum dieser
Stadt gesagt war. Doch wußten sie nicht genau, wie
weit der Weg dahin wäre; sie hatten aber ein so
großes Heer bei sich, daß es ihnen an Lebensmitteln
mangelte. So weilten sie in der Stadt Luna und
beriethen sich über ihre Fahrt.

Da kam ein alter, freundlicher †) Mann dorthin;

---

*) Vgl. oben S. 262***.

**) In Toskana (nahe der Küste), eine im Alterthum be=
kannte Stadt, vom isländischen Abt Nikolaus in seiner
Reisebeschreibung erwähnt als „eine Tagereise vor
Lucca“.

***) Wörtlich: „daß es kein so kleines Kind gab, das nicht...“

†) Eigentlich: „angenehm, einnehmend“: gedhsligr wie oben
S. 230, Z. 5 (Fas. 233,27); hier richtig?

[den] fragten sie, wer er wäre. Er aber sagte, er wäre ein Bettelmann und sei sein Leben lang durchs Land gewandert. „So wirst du uns mancherlei Kunde davon geben können, was wir wissen wollen?" Der Alte antwortete: „Ich wüßte nicht recht, nach welchem Lande ihr mich solltet fragen wollen, von welchem ich euch nicht Bescheid zu geben wüßte." *) „Wir verlangen von dir zu erfahren, wie lang der Weg von hier nach Rom ist." Er antwortete: „Ich kann euch etwas zum Merkmal [dafür] angeben: ihr könnt hier diese Eisenschuhe sehen, welche ich an meinen Füßen habe: sie sind abgelaufen **); ferner die andern, die ich hier auf dem Rücken trage: sie sind nun auch verschlissen; als ich aber von dort weg= ging, band ich diese verschlissenen, die ich auf dem Rücken trage, an meine Füße, ‖277) und waren da beide neu; und seitdem bin ich stets auf dem Wege von dorther gewesen."

Als der alte Mann so geredet, sahen die Brü= der ein, daß sie ihr Vorhaben, nach Rom zu ziehen, nicht ausführen könnten. Sie zogen also mit ihrem

---

*) Dieser alte, weitgewanderte und vielerfahrene Pilger er= innert sehr an den Pilger (Warmund, Tragemund u. s. w.) der etwa gleichzeitigen deutschen Spielmannsdichtung, dem „zweiundsiebzig Lande kund" sind.

**) Eigentlich: „alt".

Heere von dannen, und eroberten viele Burgen, welche nie zuvor waren eingenommen worden; und davon sieht man heute noch die Wahrzeichen.

Vierzehntes Kapitel.

Mittlerweile *) saß | Ragnar daheim in seinem Reiche [1], und wußte nicht, wo seine Söhne waren, noch auch Aslaug, seine Gattin. Er hörte aber alle seine Mannen sagen, daß niemand sich mit seinen Söhnen messen könnte, und er erkannte, ihr Ruhm hätte nicht seinesgleichen. | Da überlegte er bei sich, was er [selber] für einen Ruhm suchen könnte, der nicht minder dauernd wäre. [2] Nachdem er seinen Entschluß gefaßt hatte, ließ er Bauleute kommen und starke Bäume zu zwei großen Schiffen fällen. Und das sah man, daß es zwei | Transportschiffe **) [3] waren,

---

*) Wörtlich: „Nun ist da wieder die Erzählung aufzunehmen, wo (daß) R . . .“

**) knarrar, spec. von Handelsschiffen gebraucht im Gegensatz zu den Kriegsschiffen (Langschiffen), waren ihrer Form wegen besonders zum Transport (von Waaren oder Kriegern) geeignet. Vgl. übrigens Weinhold, Altn. Leben 140.

1) Vgl. Rath. 351,16 f. — 2) vgl. ebb. 351,17—19. — 3) vgl. Rath. 351,21 f.

so groß, wie noch keine in den Nordlanden gebaut
worden. Zugleich ließ er in seinem ganzen Reiche
viele Waffen bereiten. *) An diesen Anstalten sah
man, daß er eine Heerfahrt aus dem Lande vorhätte.
Das Gerücht hiervon erscholl weit und breit in den
Nachbarländern, und die Leute und alle Könige dieser
Länder fürchteten, daß sie nicht in ihren Landen und
Reichen würden bleiben können; und ein jeder von
ihnen ließ also an seinen Grenzen Wache halten, ob
‖278) er etwa landen würde. **)

Einmal fragte Randalin (Aslaug) Ragnar, was
für eine Heerfahrt er vorhätte. | Er sagte ihr, er
wollte nach England, und zwar mit nicht mehr
als zwei (Transport=)Schiffen ¹ und der Mannschaft,
welche sie fassen könnten. ***) | Da erwiderte Randalin:
„Diese Fahrt, die du im Sinne hast, scheint mir
unvorsichtig ²: mich dünkt, es wäre dir rathsamer,
mehr und kleinere Schiffe zu haben." „Das ist
nichts Außerordentliches (versetzte er), mit vielen
Schiffen ein Land zu erobern: davon aber giebt es
noch kein Beispiel, daß mit zwei Schiffen ein solches

---

*) Wörtlich: „große Waffenbereitung halten".

**) Vgl. unten S. 308*.

***) Wörtlich: „die auf ihnen fahren könnten".

1) = Rath. 351,17. 21 f. — 2) vgl. Rath. 351,27 f.

Land wie England erobert worden wäre: und wenn ich etwa besiegt werde, [so ist es] um so besser, je weniger Schiffe ich mitgebracht habe." | Da erwiderte Randalin: „Die Ausrüstungskosten dieser beiden Schiffe scheinen mir nicht geringer *), als wenn du viele Langschiffe zu dieser Fahrt verwendetest. Du weißt aber, daß es schwierig ist, in England zu landen ¹; und wenn es geschehen sollte, daß deine Schiffe untergingen, die Mannschaft aber ans Land käme, dann wäret ihr sofort verloren, falls ein Landheer heranzöge. Leichter aber ist es mit Langschiffen, als mit Transportschiffen Häfen anzulaufen." Hierauf sprach Ragnar die Strophe:

> „Des Rheines Raub **) nicht spare   23.
> Der Held, wirbt er Heermannen,
> Mehr ziemen klugem Fürsten
> Viel Helden als viel Ringe.
> Weh der Burg, wo Ringe
> Mehr als Kämpfer gelten. ***) ‖279)

---

*) Wörtlich: „Mir scheinen die Kosten nicht geringer, bevor (bis daß) diese Schiffe gerüstet sind . . ."

**) D. h. Gold, weil der Nibelungenhort in den Rhein versenkt ward, s. oben S. 199². (Ueber rauf = „Raub" s. Bugge, Röksten., S. 21 f.)

***) Genauer: „Schlimm ist es, daß (wenn) in einer Burg Gold (bauga lidh) [mehr] gilt, als das [im Kampf] ge-

1) = Rsth. 351,24—26.

Manchen König, weiß ich,
Ueberlebte sein Reichthum." *)

Er ließ nun seine Schiffe rüsten und sammelte
sich Mannschaft, so daß die Schiffe stark besetzt
waren. Es ward nun viel über sein Vorhaben ge=
redet; da sprach er wieder eine Strophe:

    „Was ist das? Ich höre   24.
Sturm (?) von . . . rauschen

. . . .

. . . . **)

Festentschlossen dennoch
Will ich, wenn's die Götter

_____

röthete Schwert" (brand raudhum; oder „als Schwert=
röther", d. h. Kämpfer: brandrödhum?). Ist fyr zu
ergänzen: [fyr] brand raudhum? oder steht lidh fälsch=
lich für ein Komparativadv. im Sinne von meirr?

*) Nach Gislason (Njála II. 1, S. 18) wäre der Sinn:
sein Reichthum erhielt sich länger als sein Nachruhm.

**) Die Halbstrophe ist namentlich in ihren letzten Versen
so entstellt überliefert, daß man nicht einmal den Sinn
erkennen kann. Nach der vorhergehnden Prosa sollte
man eine Beziehung auf die (doch wohl mißbilligenden)
Aeußerungen über seinen Plan vermuthen, etwa: „Was
höre ich für ein Gemurmel (wie einen Sturm) durch
die Menge brausen, daß meine Fahrtgenossen vor den
Gefahren meines Planes zurückbeben"?? Vgl. d. Nachtr.

Wollen, diesen Pfeilsturm *)
Unverzagt erwarten."

Als die Schiffe und die Mannschaft, welche ihn begleiten sollte, fertig waren und solch Wetter ward, welches ihm günstig schien, sagte Ragnar, daß er zu Schiffe gehn wollte. Und als er gerüstet war, begleitete sie (Aslaug) ihn zu den Schiffen, und bevor sie sich trennten, sagte sie, sie wollte ihm das Kleid vergelten, welches er ihr vormals gegeben hätte. **)

Er fragte, welche Bewandtniß es damit hätte; und sie sprach die Strophe:

„Nimm ***) dies lange Hemde,   25.
Nirgend ist's genähet,
Liebevoll gewoben
Aus Haarfadengarne. ||280) †)
Wunden dir nicht bluten,
Schwerter dich nicht schneiden

---

*) D. h. „Kampf". Eigentlich „Sturm des Armfeuers Egils" (des Schützen).

**) S. oben S. 252 f. Sie hatte es also doch genommen.

***) Wörtlich: „Dir gönn' ich".

†) D. h. aus Garn, dessen Fäden aus Haaren gesponnen sind.

In dem heiligen Kleide *):
Solchen **) Göttern weiht' ich's.

Er sagte, auf diesen Vorschlag ***) wolle er eingehn. Aber bei ihrem Scheiden sah man wohl, daß ihr die Trennung sehr zu Herzen ging.

Fünfzehntes Kapitel.

| Ragnar steuerte nun mit seinen Schiffen nach England, wie er sich vorgesetzt hatte; er hatte heftigen Wind, so daß ihm seine beiden Schiffe an der englischen Küste scheiterten. Doch kam sein ganzes Heer ans Land [1] mit allen Kleidern und Waffen; und | alle Dörfer und Städte und Schlösser, die er auf seinem Zuge antraf, nahm er ein. [2]

Der König, der damals über England herrschte, hieß Ella. [3] Er hatte [schon] Ragnar's Abfahrt aus

---

*) Ebenso erhält Wolfdietrich bei seinem Auszuge von seiner Mutter (in B, 349 von Sigminne) ein geweihtes Seidenhemde, welches ihn vor jeder Art Waffen, Wasser und Feuer schützt (Wolfd. A, 28—30. 430—35). Vgl. auch die Legende vom „ungenähten Rock" Christi.

**) theim godhum „solchen Gottheiten", die vor Verwun= dung schützen können (?).

***) Nämlich, daß er das Hemd im Kampfe anlegen solle.

1) = Rsth. 351,29—352,3. — 2) vgl. ebb. 351,3 f. — 3) = Ebb. 352,5 f.

seinem Lande vernommen, und hatte Männer auf=
gestellt, um es sofort zu erfahren, wenn das Heer
landete. *) Diese | Männer kamen nun zu König
Ella und brachten ihm die Kriegsbotschaft. ¹ Da
ließ er ein Aufgebot durch sein ganzes Reich er=
gehn **), und ließ jeden Mann aufbieten, der einen
Schild führen und ein Roß reiten könnte und
Muth hätte zu streiten. ***) | Und brachte er ein so
großes Heer zusammen, daß es erstaunlich war. Da
rüsteten sie sich zur Schlacht, Ragnar und König
Ella. ² König Ella sprach sein Heer also an: „Wenn
wir in dieser Schlacht siegen und ihr Ragnar's ge=
wahr werdet †), so sollt ihr nicht die Waffen gegen
ihn kehren, denn er hat solche Söhne daheim ††),
daß sie nimmer von uns ablassen werden, wenn er
fällt."

---

*) Vgl. oben S. 303 **.

**) Wie oben S. 273 †††. 291 *: fast wörtliche Ueberein=
stimmung.

***) Vgl. oben S. 291 **. 320 ** und ähnliche Wendungen
in der Thidr. s. (f. Germ. 25, 153), z. B. I, 174; II,
221 f. 238. 243.

†) Eigentlich: „dessen gewahr werdet, daß Ragnar ge=
kommen ist".

††) Eigentlich „nach", d. h. „ihn würden solche Söhne über=
leben".

1) Vgl. Rath. 352,6 f. — 2) Vgl. ebb. 352,7 f.

Ragnar rüstete sich nun [auch] zur Schlacht; und ‖281) trug er das Hemde, welches Randalin ihm beim Scheiden gegeben hatte, anstatt des Panzers [1], und hielt den Spieß in der Hand *), mit dem er den Wurm, der um Thora's Saal lag, besiegt hatte, was kein anderer gewagt hatte. Er trug keine anderen Schutzwaffen als den Helm.

Sobald sie [beide Heere] an einander kamen, begann die Schlacht. **) [2] Ragnar hatte ein viel kleineres Heer. Die Schlacht hatte noch nicht lange gedauert, als schon ein großer Theil von Ragnar's Heer gefallen war. [3] Wohin er aber selbst kam, da war kein Widerstand: er drang den [ganzen] Tag durch die Schaaren hin und zurück [4], und wo er gegen Schilde, Harnische oder Helme hieb oder stieß, da waren seine Hiebe so gewaltig, daß nichts wider=stehn konnte. ***) So viel aber auf ihn gehauen oder geschossen ward, so konnte doch keine †) Waffe

---

*) Vgl. oben S. 236, Z. 9 f. die ähnliche Schilderung.

**) Wie oben S. 294†.

) Vgl. zu dieser Schilderung ähnliche Wendungen oben S. 21[3]. 49[3]. 56, Z. 11 ff. 80 und †. 275, Z. 10—13.

†) Wörtlich: „aber niemals ward so auf ihn gehauen . . ., daß eine . . .“

1) = Rsth. 352,9—11. — 2) vgl. ebd. 352,9. — 3) = Ebd. 352, 11—13. — 4) = Ebd. 352,18 f.

ihm Schaden zufügen, und er empfing keine Wunde. [1]
Er erschlug eine große Menge von König Ella's
Leuten: doch aber endete die Schlacht *) damit, daß
Ragnar's Mannen alle fielen, er selber aber mit
Schilden überdrängt **) | und so gefangen ward. [2]

Nun fragte man ihn, wer er wäre; er aber
schwieg darauf und antwortete nichts. Da sprach
König Ella: „Diesem Manne muß noch härter zu-
gesetzt werden, wenn er uns nicht sagen will, wer
er ist ***); | er soll in eine Schlangengrube†) geworfen
werden und recht lange darin verbleiben. Wenn er
aber irgend etwas derartiges sagt, daß wir daraus

---

*) Eigentlich: „ihr [Ragnar's und Ella's] Kampf".

**) D. h. von allen Seiten durch vorgehaltene Schilde ein-
geschlossen.

***) „Wer unter dem Anscheine feindlicher Gesinnung nach
Namen und Geschlecht gefragt wurde, dem gebot ritter-
liche Sitte, Antwort zu weigern, damit es nicht aussehe,
als wünsche er den Kampf zu vermeiden" (Grimm,
HS 363). Mit dieser Sitte, für welche die Thidr. s.
viele Beispiele bietet, scheint auch Ragnar's Weigerung,
sich zu nennen, zusammenzuhängen, insofern er durch
die Nennung sich von Tod und Qualen befreit hätte.

†) Eigentlich: „Schlangenhof". Die Situation Ragnar's
ist offenbar der Gunnar's (oben S. 199 f.) nachgebildet
(vgl. G. Storm, Ragn. Lodb., S. 78).

1) Rsth. 352,15. — 2) = Ebb. 352,15 f.

verstehn können, daß er Ragnar ist, so soll er als=
bald wieder herausgezogen werden."

Nun brachte man ihn dorthin, und er saß
sehr lange dort, ohne daß die Schlangen sich irgend=
wo an ihn gehängt hätten. ¹ Da sagten die Leute:
„Das ist ein gewaltiger Mann: keine Waffen ver=
sehrten ihn heute, und jetzo thun ‖282) ihm auch die
Schlangen keinen Schaden." Da befahl König Ella,
ihm das Gewand abzuziehn, welches er zu oberst trug.
Das geschah, und [alsbald] hingen die Schlangen von
allen Seiten an ihm. ² Da sprach Ragnar: „Die
Frischlinge *) würden grunzen, wenn sie wüßten, was
der Alte leidet." **) ³ Und obschon er also sprach,
wußten sie nichtsdestoweniger noch nicht, daß es
Ragnar wäre und nicht ein andrer König. Da
sprach er die Strophe:

> „Ein und funfzig Schlachten   26.
> Kämpfte ich, die ruhmvoll
> Schienen: vielen Männern
> Ward mein Schwert zum Schaden. ***)

---

*) D. h. die jungen Schweine (Eber).
**) Diese Worte kehren in Str. 27,1 f. wieder; vgl. daselbst.
***) Wörtlich: „fügte ich Schaden zu".

1) Vgl. Rsth. 352,16 f. — 2) = Ebd. 352,17—22 (meist wörtlich über=
einstimmend). — 3) Ragnar's ganzen Feldzug und seinen Tod durch
die Schlangen faßt Saxo 460,17—26 kurz zusammen; s. zu Str. 27,1 f.

Wähnte nicht, daß Schlangen
Mich ertödten würden.
Manchen trifft, was er am
Wenigsten erwartet." [1]

Und weiter sprach er die Strophe:

„Grunzen würden die Jungen,   27.
Wüßten des alten Ebers *)
Noth sie: Schlangen mich stechen,
Graben ein die Mäuler,
Zischen laut und haben
Mein Blut ausgesogen.
Bald bin ich des Todes,
Sterb ich unter Nattern." **) [2] ‖ 283)

---

*) D. h. die jungen Helden (meine Söhne) würden Rache
schnauben, wenn sie ihres Vaters (meine) Noth wüßten.
Auch sonst wird der Held mit einem Eber verglichen;
so z. B. oben S. 159 [4]; Thidr. s. II, 314. — Zu den
beiden Versen vgl. auch oben S. 311 **.

**) Wörtlich: „Thieren nahe". Aber Schlangen heißen sonst
wohl nirgends dýr. Vielleicht dýrum von dýrr [näml.
manni oder daudha, hætti]: „wie ein Held" oder
„ruhmvollen Todes" ? Vgl. Rafn, Kämpehistorier
(Ragn. s.), S. 225.

1) Zu der Strophe vgl. Krákumál Str. 28. — 2) Theilweise wörtlich
übersetzt bei Saxo 460,25 f.: Si suculæ verris supplicium
scirent, haud dubio, irruptis haris afflictum absolvere prope-
rarent. Dem Sinne nach entspricht Krákm. Str. 26; vgl. Rafn,
Krakas Maal, S. 72—74.

So ließ er sein Leben *) ¹ und [seine Leiche] ward nun von dort fortgeholt. König Ella aber war überzeugt, daß [es] Ragnar [gewesen, der] sein Leben gelassen habe. ²

Er überlegte nun bei sich, wie er das aus= findig machen und wie er es anstellen sollte, daß er sein Reich behaupten könnte, und wie er er= fahren sollte, welchen Eindruck die Nachricht auf Ragnar's Söhne machte. Er faßte den Plan, ein Schiff ausrüsten zu lassen und den Befehl desselben einem ebenso klugen als tapfern Manne zu übergeben. Er gab soviel Mannschaft dazu, daß es wohl be= mannt war, und sagte, er wollte sie zu Ivar und seinen Brüdern senden und ihnen den Tod ihres Vaters kund thun lassen. Diese Fahrt aber schien den Meisten gefährlich, so daß wenige fahren wollten. Da sagte der König: „Ihr sollt genau darauf Acht geben, welchen Eindruck diese Nachricht auf einen jeden der Brüder macht. Fahrt dann eures Weges, wenn ihr günstigen Wind bekommt." Er ließ ihre Fahrt so zurüsten, daß es ihnen an nichts man=

---

*) „mit großem Heldenmuth" fügt Rsth. hinzu, wie es wörtlich auch S. 200** von Gunnar's Tode heißt (vgl. auch oben S. 278††).

1) = Rsth. 352,22 f. — 2) vgl. Saxo 461,1—4.

gelte *); so fuhren sie ab, und ihre Reise ging
glücklich von statten.

Sechszehntes Kapitel.

Ragnar's Söhne kehrten, nachdem sie im Süd=
reich **) geheert hatten, wieder nach den Nordlanden,
und wollten heim in ihr Reich, über welches Ragnar
herrschte. Sie wußten aber nichts von seiner Heer=
fahrt, wie es mit derselben geworden, und waren
doch sehr begierig zu erfahren, wie es ergangen wäre.
Sie zogen nun von Süden her durchs Land: aber
überall, wo man den Anzug der Brüder vernahm, ver=
wüsteten die Einwohner selber ihre Städte, schafften
ihre Habe fort und flohen von hinnen, so daß jene
kaum Unterhalt für ihre Leute aufbringen konnten.
Da geschah es eines Morgens, daß Bjorn Eisenseite ***)
beim Erwachen †) folgende Strophe sprach ‖284):

Hier fliegt jeden Morgen 28.
Ueber diesen Burgen

---

*) D. h. er gab ihnen alles Nöthige zur Fahrt, so daß
sie nichts weiter brauchten.

**) S. oben S. 295*.

***) Jarnsidha. „Biörnus vero ... tanquam a ferrei
lateris firmitate sempiternum usurpavit agnomen"
Saxo 450,12 ff.

†) Eigentlich: „erwachte und ..."

Der Aar *) und klagt, er müſſe
Heil **) hier Hungers ſterben.
Er flieg' ans Südgeſtade,
Wo wir mit ſcharfen Hieben
Blut vergoſſen. Dort kann
Todtenblut er finden.“

Und weiter ſprach er:

„Zuerſt war's, da wir fuhren —   29.
Frey's Spiel ***) da begann ich —
Mit nur wenig Mannen (?) †)
In dem römiſchen Reiche ††):
Da ſchwang ich mein Schlachtſchwert
Durch ergrauter Helden
Bart (?) zum Männermorde:
Der Aar ſchrie über Leichen. †††)

Nun traf es ſich, daß ſie früher ins Dänenreich
kamen als die Abgeſandten König Ella's, und ſaßen

---

*) Eigentlich der „Habicht des Leichenfeldes“: hræss- (Egils=
ſon) heidhar-valr.

**) D. h. bei geſundem Leibe.

***) „Frey's Spiel“ wird hier = „Kampf“ gedeutet, was
doch ſchwerlich richtig iſt (ſ. auch H. Peterſen, Nord-
boernes gudedyrkelse etc., S. 89¹). Vgl. d. Nachtr.

†) Genauer: „als wir keine Schaar von 80 Mann (öld)
hatten“?

††) Daſſelbe hieß oben S. 295*, 314** „Südreich“.

†††) Vgl. Str. 16,8 (S. 280).

nun ruhig daheim mit ihrem Heer. Die Sendboten kamen nun mit ihrem Gefolge zu der Burg, wo Ragnar's Söhne gerade Hof hielten *), und traten in die Halle, wo sie tranken, und vor den Hochsitz, auf welchem Jvar lag. Sigurd Schlangenauge und Hvitserk der Tapfere saßen beim Brettspiel, und Bjorn Eisenseite schnitzte auf dem Estrich der Halle einen Speerschaft. Und ‖ 285) als die Gesandten König Ella's vor Jvar traten, begrüßten sie ihn ehrerbietig. Er nahm ihre Begrüßung entgegen und fragte sie, woher sie wären **) und was sie Neues brächten. Ihr Anführer antwortete, sie wären englische Männer, und König Ella habe sie mit der Nachricht hergesandt, daß sie den Fall Ragnar's, ihres Vaters, verkünden sollten. Sigurd und Hvitserk hörten sogleich mit dem Brettspiel auf und gaben gespannt Acht auf diesen Bericht. Bjorn hatte sich vom Estrich der Halle aufgerichtet ***), und stützte

---

*) Eigentlich: „Bewirthung empfingen". Die Könige hielten, wenn sie durchs Land zogen, bald hier, bald dort in den Besitzungen ihrer Unterthanen Hof und mußten nebst ihrem Gefolge von denselben bewirthet werden. Vgl. Weinhold, Altn. Leben 457 f.

**) Vgl. oben S. 279, Z. 8 ff.

***) Eigentlich: „er stand [aufrecht] auf dem Estrich".

sich auf seinen Speerschaft. Ivar aber fragte sie genau, unter welchen Umständen sein Tod sich zugetragen habe. Jene erzählten alles, wie es sich begeben hatte, von seiner Ankunft in England bis zu seinem Tode; und als sie in ihrer Erzählung dahin kamen *), daß er gesagt hatte, „Grunzen werden die Frischlinge,“ da faßte Bjorn den Speerschaft anders an **), und so fest hatte er [denselben] gehalten, daß die Handstelle ***) daran zu sehen blieb. Und als die Abgesandten ihre Erzählung beschlossen, schüttelte er den Speer [dermaßen, daß er] entzwei [ging] und in zwei Stücke zersprang. Hvitserk aber hielt einen Brettstein, den er geschlagen hatte, [in der Hand] und preßte den so fest [in der Faust], daß ihm das Blut aus allen Nägeln spritzte. †) [1] Sigurd Schlangenauge hatte ein Messer in der Hand gehalten, als dieser Bericht erstattet ward, und so sorgfältig gab er Acht auf die Nachrichten, daß er es ††) nicht eher

---

*) Eigentlich: „als ihre Erzählung dahin kam“.

**) Wörtlich: „er rückte die Hände am Speerschafte“.

***) D. h. die Stelle, wo er den Speer angefaßt hatte.

†) Dieselbe Wendung wörtlich zweimal in Thidr. s. I, 43. 263 (s. Germ. 25,56**).

††) Genauer müßte es heißen: „daß er [sich in den Finger schnitt und] es …“

1) = Saxo 462,8 ff., der dasselbe von Bjorn erzählt.

inne ward, als bis das Messer ihm bis auf den Knochen gedrungen war, und achtete des [doch] nicht. *) [1] Ivar aber forschte nach allem aufs genaueste, und seine Farbe war bald roth, bald blau, bald aber ‖286) bleich **), und er war so aufgeschwollen, daß seine Haut ganz wie aufgeblasen war, von dem Ingrimm in seiner Brust. [2]

Nunmehr nahm Hvitserk das Wort und sagte, „sie könnten damit die Rache am schleunigsten beginnen, daß sie König Ella's Abgesandte erschlügen." Ivar [aber] sprach: „Das soll nicht geschehen: sie sollen in Frieden fahren, wohin sie wollen; und wenn es ihnen an irgend etwas gebricht, so sollen sie es mir ansagen, und ich will es ihnen geben."

Als jene nun ihren Auftrag ausgerichtet hatten, gingen sie zur Halle hinaus und nach ihrem Schiffe. Und sobald ihnen der Wind günstig war, stachen sie in See, und ihre Reise ging glücklich von statten, bis

---

*) Obwohl er nicht nur den Nagel, sondern auch das Fleisch bis auf den Knochen abgeschabt hatte — weil er es erst merkte, als er auf den Knochen kam — verzog er doch keine Miene dabei.

**) Dieselbe Wendung Thidr. s. II, 469 u. s. w.

1) Vgl. Saxo 462,2 ff., der ungefähr dasselbe ebenfalls von Sigurd (Sivardus) berichtet. — 2) vgl. die abweichende, aber ähnliche Fassung bei Saxo 461,13 ff.

sie heim zu König Ella kamen und ihm berichteten, wie jeder der Brüder sich bei dieser Botschaft geberdet hätte. | Als König Ella dies vernahm, sprach er: · „Es steht zu erwarten, daß wir Jvar oder sonst keinen zu fürchten haben werden, nach dem, was ihr mir von ihm sagt.¹ [Auch] jenen würde es [zwar] nicht an Muth fehlen *), doch (?) möchten wir vor ihnen wohl unser Reich behalten." Er ließ nun an allen Grenzen seines Reiches **) Wache halten, so daß kein feindliches Heer ihn unversehends überfallen konnte. ***)

Siebzehntes Kapitel.

Sobald aber die Abgesandten König Ella's weggefahren waren, gingen die Brüder zu Rathe, wie sie die Rache ihres Vaters Ragnar anstellen sollten. Da sprach Jvar: „Ich werde keinen Theil daran nehmen, und keine Mannschaft dazu hergeben; denn es erging Ragnar, wie ich voraussah. Er hat seine Sache übel angefangen, denn er hatte keine Ursache

---

*) Eigentlich: „es würde jenen gut [sein] zwischen den Rippen", d. h. in der Brust. Vgl. oben Str. 20,4.

**) Eigentlich: „um sein ganzes Reich".

***) Wie oben S. 308*.

1) Vgl. Saxo 462,12—15.

zum Streit mit König Ella, und es ist oft geschehen, wenn einer übermüthig zu handeln gedenkt mit Unbill, daß es mit ihm ‖287) ein um so schmählicheres Ende nimmt. Und will ich Geldbuße von König Ella annehmen, wenn er sich mir gegenüber dazu verstehn will." Als aber seine Brüder dies hörten, wurden sie sehr zornig und sagten, sie würden sich nimmer solcher Schmach aussetzen, wenn er es auch wollte: „mancher wird von uns sagen, daß wir schmählich die Hände in den Schoß legen, wenn wir unsern Vater nicht rächen wollen, und sind doch so weit durch die Welt mit dem Heerschilde gefahren *) und haben manchen Mann schuldlos erschlagen. Das soll nicht geschehen! Vielmehr wollen wir alle Schiffe rüsten, die seetüchtig sind im Dänenreiche, und so vollzählig die Mannschaft zusammenberufen, daß jeder Mann, der einen Schild gegen König Ella tragen kann **), mitziehen soll." Ivar aber sagte, er würde alle die Schiffe zurückbleiben lassen ***),

---

*) Vgl. oben S. 273***. 290*. 296**.

) Vgl. oben S. 291. 308***.

***) In der Hdschr. steht at hann mundi eptir sitja ok thau skip etc. „er würde zurückbleiben nebst den Schiffen ..." Dies kann nicht richtig sein, da Ivar ja nachher mit auf der Fahrt ist und sein eigenes Schiff mitfahren soll (s. S. 321*). Man erwartet: at hann

über die er zu verfügen habe, „außer dem Einen,
welches ich selbst habe." *) Als man nun vernahm,
daß Jvar sich die Sache nicht angelegen sein ließ,
brachten jene (seine Brüder) ein viel kleineres Heer
zusammen, | unternahmen jedoch nichtsdestoweniger
die Fahrt.

Sobald sie gen England kamen [1], erfuhr es König
Ella und ließ sogleich sein Heerhorn erschallen und
bot alle seine Mannen auf, die ihm folgen wollten.
| Da bekam er ein so großes Heer, daß Niemand es
zählen konnte**), und zog den Brüdern entgegen. Als
sie nun zusammentrafen, da nahm Jvar am Kampfe
nicht Theil, und endete die Schlacht damit, daß
Ragnar's Söhne in die Flucht geschlagen wurden [2];
König Ella aber gewann den Sieg. Und als er nun
dabei war, die Flüchtigen zu verfolgen, | sagte Jvar,
er wolle nicht zu seinen Leuten zurückkehren: „und
will ich versuchen, ob König Ella mir einige Ehre
erweisen will oder nicht. Und scheint es mir
besser ***), von ihm eine Buße anzunehmen, als noch

---

mundi eptir sitja(?) [láta] öll (statt ok) thau
skip . . .)

*) D. h. auf dem ich selbst fahre: er ek [fer] á?
**) Vgl. oben S. 56, Z. 18. 81*.
***) Wie oben S. 261* und 265** ist kostr zu ergänzen.
1) Vgl. Rsth. 352,24 f. — 2) vgl. Rsth. 352,25—28.

mehr solcher Unglücksfahrten zu unternehmen ‖ 288),
wie wir jetzt unternahmen." Hvitserk sagte, er könnte
hierin keinen Theil mit ihm haben; er (Ivar) aber
müsse in seiner Sache nach seinem Gutdünken han=
deln: „wir jedoch [setzte er hinzu] werden nimmer
Geldbuße für unsern Vater nehmen." Ivar sagte,
so müßte er sich von ihnen trennen, und empfahl
ihnen die Verwaltung des Reiches, welches ihnen
allen gemeinsam gehörte: „Ihr sollt mir aber [so viel]
fahrende Habe senden, wie ich verlange." Nachdem
Ivar [dieses] gesprochen hatte, ǀ wünschte er ihnen
glückliche Reise, er selber aber kehrte um zu König
Ella. [1]

Und als er vor den König kam, begrüßte er
ihn ehrerbietig, und hub also seine Rede an:
„Ich bin zu euch gekommen, und will zur Sühne
mit dir reden, und um solche Ehre zu er=
langen, wie du mir gewährt haben willst. Und sehe
ich nun, daß ich hülflos gegen dich bin; und ·es
scheint mir besser, von euch solche Ehre anzunehmen,
wie du mir erweisen willst [2], als das Leben noch
mehrerer meiner Mannen oder mein eigenes gegen euch
zu verlieren." Da antwortete König Ella: „Manche

---

1) Vgl. Rsth. 352, 28—30. — 2) vgl. die kürzere Fassung Rsth.
352,30—353,1.

Leute sagen, es sei nicht räthlich, dir zu trauen, und du sprechest oft schöne Worte, während du auf Böses sinnest*); und es wird schwer für uns sein, uns vor dir oder deinen Brüdern zu hüten." [Ivar erwiderte:] „Ich werde wenig von dir beanspruchen; und wenn du das zugestehst, so werde ich dir dagegen schwören, daß ich nimmermehr dir feindlich gegenüberstehn werde." Da fragte Ella, was er als Buße forderte. | „Ich verlange," antwortete Ivar, „daß du mir so viel von deinem Lande gebest, so weit eine Ochsenhaut reicht**) [1]; außen umher aber soll Untergrund [für eine Mauer] abgesteckt ***) werden. Und werde ich nicht mehr von dir fordern. Willst du aber dies nicht, so sehe ich, daß du mir gar keine Ehre gönnen willst." | „Ich sehe nicht ein (sagte der König), daß uns hieraus ‖289) ein Schade erwachsen könnte, wenn du auch so viel von meinem Lande besitzest: gewiß will ich dir dies geben, wenn du mir schwören willst, nicht gegen mich zu kämpfen; und

---

*) Vgl. Háv. 45,4 f.

**) Dieser bekannte Zug der Dido-Sage ist in unserer Saga aus Gottfried von Monmouth entlehnt; s. Storm, Ragnar Lodbrok, S. 78 f.

***) Eigentlich „hergestellt"; s. S. 325 [1].

1) = Rsth. 353, 4—7.

nicht fürchte ich deine Brüder, wenn du mir getreu bist." [1]

So wurden sie mit einander dahin einig, daß Ivar einen Eid schwur, nimmer gegen ihn zu fechten noch ihm zum Schaden zu rathen, und sollte er [dafür] so viel von England zu eigen haben, so weit eine Ochsenhaut, so groß er sie sich dazu verschaffen könnte, reiche. [2]

Achtzehntes Kapitel.

| Ivar verschaffte sich nun eine Haut von einem ausgewachsenen Ochsen, die ließ er einweichen und dreimal ausrecken; dann ließ er sie ganz in möglichst feine Riemen schneiden *), und diese wieder in die Haarseite und Fleischseite zerspalten **). [3] Als dies alles geschehen, war es ein so langer Riemen, daß es zu verwundern war; und Niemandem war in den Sinn gekommen, daß so etwas möglich wäre. | Diesen ließ er nun auf einem Felde ausspannen, [4] und umfaßte derselbe so viel Land ***), daß da Raum für eine

---

*) Eigentlich: „möglichst schmal zerschneiden".
**) lætr hann renna sér hvárt hárram edha holdrosu.
***) Eigentlich: „und es war das so ausgedehntes Land".

1) Vgl. Rath. 353,1—4. 8 f. — 2) vgl. Rath. 353,9 f. (kurz angedeutet). — 3) = Rath. 353,10—13. — 4) = Rath. 353,13 f.

große Burg war. | Außen umher ließ er Untergrund wie zu einer großen Burgmauer *) abstecken. ¹ Darauf verschaffte er sich eine Menge Zimmerleute, ließ auf dieser Fläche viele Häuser bauen | und dort eine starke Burg aufführen, die wird Lunduna=Borg (London) **) geheißen ²; sie ist aller Burgen (Städte) größte und berühmteste in allen Nordlanden.

Als er nun diese Burg hatte bauen lassen, hatte er sein Geld ausgegeben; er war aber (nämlich) so freigebig, daß er mit beiden Händen austheilte. Auch stand seine Weisheit in solchem Ansehen, daß Alle ihn in ihren Angelegenheiten und Verlegenheiten hinzuzogen. Und erledigte er alle Sachen so, wie es Jedem am erwünschtesten war; | und ‖ 290) ward beliebt, so daß er jedermann zum Freunde hatte. ³ Auch hatte König Ella große Hülfe an ihm hinsichtlich der Landesregierung, so daß der König ihn manche Sachen und Angelegenheiten besorgen ließ, ohne daß er sich selber damit zu befassen brauchte.

----

*) D. h. den Untergrund zu einer (und zwar einer großen) Burgmauer.

**) Dagegen Rsth. nach Sighvat's Knútsdrápa richtiger Jórvík (York; s. Storm, Ragnar Lodbrok, S. 79).

1) = Rsth. 353,14 f. — 2) vgl. ebd. 353,15 f. (Jórvik). — 3) vgl. ebd. 353,17 f.

Als Ivar es nun dahin gebracht hatte, daß ihn bedünkte, er habe sich dort keiner Feindseligkeiten [mehr] zu versehen *), da sandte er Boten zu seinen Brüdern mit dem Auftrage, sie sollten ihm so viel Gold und Silber senden, wie er verlangte. Als aber diese Männer zu den Brüdern kamen, sagten sie, was ihnen aufgetragen, und auch, wie seine Lage sich gestaltet habe. Denn man war sich nicht klar darüber, über welchen Anschlägen er brütete, und so urtheilten die Brüder, daß er nicht mehr dieselbe Sinnesart hätte, wie er früher pflegte. Sie sandten ihm [indessen] so viel des Gutes, als er verlangte.

Als nun die [Boten] zu Ivar kamen, verschenkte er all dieses Gut an die mächtigsten Männer im Lande, | und entzog dadurch dem König Ella Gefolgsleute; und alle verhießen ihm, unthätig zu bleiben, wenn er auch gegen denselben **) eine Heerfahrt unternähme. [1]

Nachdem Ivar sich so Heerfolge verschafft hatte, sandte er [abermals] Leute zu seinen Brüdern [2], ihnen

---

*) Wörtlich: „daß er sich dort vollständigen Friedens zu versehen habe“.
**) Eigentlich: „dorthin“.
1) Vgl. Rath. 353,17—19. — 2) vgl. ebd. 353,19 f.

zu sagen, er wollte, daß sie in allen Landen, über
die ihre Gewalt sich erstreckte, ein Aufgebot zu einem
Seezuge ergehn ließen und alle Männer aufböten,
die sie erlangen könnten. Als diese Botschaft zu den
Brüdern kam, verstanden sie sie sogleich und merkten,
| daß er nun stark darauf vertraue, daß sie den Sieg
davontragen würden.¹   Sie sammelten also Mann=
schaft² in ganz Dänemark und Gautland *) und in
allen den Ländern, über welche ihre Gewalt sich er=
streckte, und brachten ein unwiderstehliches Heer zu=
sammen, ‖ 291) so stark sie es nur aufbieten konnten **).
| Da steuerten sie mit ihren Schiffen nach England³,
unausgesetzt Nacht und Tag, um aller Kunde von
ihrer Fahrt zuvor zu kommen. ***)

Nun ward die Kriegsbotschaft dem König Ella
gebracht; da sammelte er sich ein Heer †), | brachte
aber [nur] ein kleines zusammen⁴, weil | Jvar ihm
viele Gefolgsleute entzogen hatte.⁵   Da zog Jvar
dem König Ella entgegen und sagte⁶, er wollte

---

*) S. oben S. 13†.

**) Wörtlich: „und hatten das volle Aufgebot draußen".

***) Wörtlich: „und wollten nun möglichst wenig Kunde vor
sich her fahren lassen".

†) Vgl. oben S. 273†††. 290**. 308** u. s. w.

1) Vgl. Rath. 353,20—22. — 2) = Ebb. 353,22 f. — 3) = Ebb. 353,23.
— [4) vgl. ebb. 354,9.] — [5) vgl. ebb. 354,7 f.] — 6) vgl. ebb.
353,24 f. —

alles erfüllen, was er geschworen hätte: „doch vermag ich nicht das Vorhaben meiner Brüder zu beeinflussen*) [1]; das aber steht in meiner Macht, sie aufzusuchen und mich zu erkundigen, ob sie [nicht] ihrem Heere Halt gebieten wollen, und nicht mehr Schaden anrichten, als sie schon gethan haben. [2]

Ivar begab sich nun zu seinen Brüdern; er redete ihnen aber sehr zu, aufs tapferste vorzurücken[3] und es aufs schleunigste zur Schlacht kommen zu lassen: „denn der König hat ein viel kleineres Heer." Sie aber antworteten, er brauchte sie nicht erst dazu zu ermuntern: sie wären noch ebenso gesonnen wie vormals.

Dann begab Ivar sich [wieder] zu König Ella und sagte ihm, seine Brüder wären viel zu hitzig und ergrimmt[4], als daß sie auf seine Worte hören wollten: „und als ich Frieden zwischen euch stiften wollte, schrieen sie dagegen. [5] Jetzt will ich meinen Eid erfüllen, und nicht gegen dich kämpfen, sondern mit meinen Leuten ruhig zusehen**), die Schlacht aber verlaufe zwischen euch, wie sie kann und mag.

---

*) Vgl. oben S. 285**.

**) Eigentlich: „nahe sein".

1) Vgl. Rath. 353,26 f.(?) — 2) vgl. ebd. 353,27—29. — 3) vgl. ebd. 353,29—354,1. — 4) = Ebb. 354,1—3. — 5) vgl. ebd. 354,3 f.

Nunmehr ersah König Ella mit den Seinen das Heer der Brüder; und es fuhr so ungestüm daher, daß es erstaunlich war. Da sprach Jvar: „König Ella, es ist jetzt an der Zeit, dein Heer zu schaaren; ich wähne aber, du wirst eine Zeit lang einen harten Angriff von ihnen zu bestehn haben.“

| Sobald ihre Heere zusammentrafen [1], erhub sich eine große Schlacht *); Ragnar's Söhne aber drangen gewaltig durch | 292) die Schaaren König Ella's **), und waren so ergrimmt, daß sie nur darauf bedacht waren, so viel Heldenthaten wie möglich zu verrichten. ***) Diese Schlacht war heftig und lang und endigte damit, daß | König Ella mit seinem Heer sich zur Flucht wandte, er [selber] aber ward gefangen. [2] Da war Jvar in der Nähe und sagte, man sollte

---

*) Vgl. oben S. 294†. 309**.

**) Vgl. oben S. 192* u. s. w. 275, Z. 13 f.

***) ? Die Lesart at gera at verkum sem mest wird durch die neu entdeckte Handschrift bestätigt.

1) = Rsth. 354,6. — 2) vgl. ebd. 354,9 f. — Zu 1) bis 2) vgl. die abweichende Fassung der neugefundenen Handschrift, welche nach dem von Herrn Prof. Bugge mir gütigst mitgetheilten Texte in deutscher Uebersetzung so lautet: „[Ella] zog ihnen (den Brüdern) nun entgegen. Auf beiden Seiten ordnete man das Heer sorgfältig zur Schlacht und entfaltete die Banner. Da begann eine heftige Schlacht. Als aber der Kampf kurze Zeit gewährt hatte, kam Jvar mit großem Heere dazu, seinen Brüdern entgegen. Da änderte sich die Lage und fielen nunmehr viele im [sneri ná mannfallinu i] Heere König Ella's. Ragnar's Söhne drangen nun tapfer vorwärts und so ergrimmt waren sie, daß sie an nichts Anderes dachten, als so viel

ihm in folgender Weise den Tod bereiten: | „Nun ist
es rathsam (sagte er), daran zu gedenken, welche
Todesart er unserm Vater erkor. So soll denn ein besonders schnitzkundiger *) Mann ihm den Aar **)
möglichst tief in den Rücken schneiden und denselben
mit seinem Blute röthen." Der Mann aber, der zu
dieser Arbeit berufen ward, that wie Ivar ihm gebot. ¹ König Ella war schwer verwundet, bevor diese
Arbeit vollendet war ***); so ließ er sein Leben. Die
Brüder aber meinten nun den Tod ihres Vaters

---

*) Wörtlich: „ein mit der Spitze [des Schwertes] besonders
geschickter".

**) D. h. den „Blutaar" (s. unten Anmkg. ¹). Ebenso rächt
Sigurd den Tod seines Vaters an Lynge (Regm. 26;
Nth. unten S. 371). Vgl. Storm, Ragn. Lodbr., S. 66 f.

***) ádhr thessi sýslu lýkr. Wohl ein Mißverständniß;
nach dem unten mitgetheilten Text war König Ella
schon vor dem Schneiden des Blutaars schwer
verwundet. Vgl. auch den Text unten 1). [Nachtr.]

Heldenthaten wie möglich zu verrichten. Diese Schlacht war hart
und währte lange. Weil aber die Uebermacht gar groß war und
Ivar dem König Ella so recht in die offenen Schilde (d. h. in den
Rücken) kam, so endete es damit, daß die Landesbewohner flohen
und eine große Niederlage erlitten. König Ella aber ward vor
Ragnar's Söhne geführt. Er war schwer verwundet."

1) Vgl. Rath. 354,12—14 („... sie ließen Ella einen Aar auf den
Rücken ritzen und nachher mit dem Schwerte alle Rippen vom Rückgrat loßschneiden, so daß da die Lunge herausgezogen wurde"). — In
der neuentdeckten Handschrift heißt es: „Ivar befahl, nicht vorschnell über seinen Tod zu entscheiden: „und es geziemt sich nun,

gerochen zu haben. Ivar sagte [hierauf], er wolle ihnen das allen gemeinsam gehörige Reich überlassen, er selber aber wolle über England herrschen.

Neunzehntes Kapitel.

Hierauf fuhren Hvitserk und Björn heim nach ihrem Reiche, desgleichen Sigurd; | Ivar aber blieb zurück und herrschte über England. [1] Seitdem hielten sie weniger zusammen mit ihrem Heere, und | heerten bald in diesem, bald in jenem Lande. [2] Randalin aber, ihre Mutter, ward eine alte Frau. Einmal hatte ihr Sohn | Hvitserk eine Heerfahrt gen Osten unternommen; da kam ihm eine so große Uebermacht entgegen, daß er nicht Widerstand leisten *) konnte, und ward er gefangen. Da erwählte er sich die Todesart, daß ein Scheiterhaufe von Menschen=

---

*) Eigentlich: „den Schild dagegen erheben".

daran zu gedenken, welche Todesart er unserm Vater erkor. Nun soll ein geschickter Mann ihm einen Aar auf den Rücken zeichnen und mit seinem Blute röthen." Der Mann, welcher zu dieser Arbeit berufen ward, ritzte ihm den Aar auf den Rücken, schnitt die Rippen vom Rückgrat und zog ihm die Lunge heraus. Und bevor diese Arbeit vollendet war, ließ König Ella sein Leben." (Hierauf folgt die auch im Rath. 354,14—20 erhaltene Strophe Sighvat's. Das Folgende stimmt, theilweise wörtlich, zu Rath. 354,20—22. 23—27.) — 1) Vgl. Rath. 354,20—22. — 2) = Ebd. 354,26 ff.

293) köpfen gemacht und er darauf verbrannt würde; und so starb er.*)[1] Als Randalin dies vernahm, sprach sie folgende Strophe:

> „Einer meiner Söhne   30.
> Fand den Tod im Osten **),
> Hvitserk war sein Name,
> Nimmer wollt' er fliehen;
> Verbrannt ward er auf Häuptern
> Im Kampf erschlagner Helden:
> Diesen Tod erkor sich,
> Eh' er fiel, der Kühne ***).“

Und weiter sprach sie:

> „Zahllos ließ der Fürst sich   31.
> Häupter unterlegen,
> Auf dem Scheiterhaufen
> Hoch die Flamme lodern (?) †):
> Wie möcht' ein Kämpe bess'res
> Bett sich unterbreiten,

---

*) Saxo 456,14 ff berichtet ausführlicher dasselbe vom Tode des Withserkus. Derselbe Zug fand sich schon oben S. 276[1] in etwas veränderter Fassung auf Eirek's Tod übertragen.

**) Rußland ist gemeint, vgl. Saxo a. a. O.

***) Genauer: „der thatkühne Held“.

†) Den offenbar verderbten Text dieses Verspaares sicher zu deuten, ist mir ebenso wenig wie meinen Vorgängern gelungen.

1) Vgl. Saxo 456,14 ff.

Als der Held? Der Fürst stirbt
Hochberühmt bei allen(?)." *)

Aber von Sigurd Schlangenauge ist ein großer
Stammbaum entsprossen. | Seine Tochter hieß Ragn=
hild, die Mutter **) Harald Schönhaar's, welcher
zuerst Alleinherrscher von ganz Norwegen war. [1]
Ivar aber herrschte über England ‖ 294) bis
an seinen Tod, und starb durch Siechthum. ***) Als
er auf dem Todbette †) lag, gebot er ihn dort zu
bestatten, wo das Land feindlichen Einfällen aus=
gesetzt wäre; so, sagte er, würden, wie er wähne,
die dort Landenden nicht den Sieg davon tragen.
Als er gestorben war, geschah, was er befohlen, und
ward er dort in einem Grabhügel bestattet. Und

---

*) Statt illa lese ich allra oder allā, d. i. allau; s. übrigens
d. Nachtr.

**) Die jungen Papier = Abschriften bieten hier eine ab=
weichende, auch im Rsth. 358—60 und andern Quellen
sich findende Genealogie: „Seine Tochter hieß [Aslaug
und war die Mutter Sigurd Hjort's. Sigurd Hjort
war] Ragnhild['s Vater, der] Mutter . . ." Vgl. Storm,
Ragnar Lodbrok, S. 102 f.

***) D. h. nicht durch Waffen, vgl. oben S. 105*.

†) Eigentlich: „in tödtlicher Krankheit".

1) Vgl. den ausführlichen Bericht im Rsth. 358—360.

viele Männer sagen, daß König Harald, Sigurd's Sohn, als er nach England kam, dort landete, wo Jvar [begraben] lag; und auf diesem Zuge fiel er.*) Und als Wilhelm der Bastard **) ins Land kam, zog er hin und erbrach Jvar's Grabhügel, und sah Jvar noch unverweßt: da ließ er einen großen Scheiterhaufen errichten und Jvar darauf ver= brennen. Darnach ging er ans Land und gewann den Sieg.

Bjorn Eisenseite hatte auch eine zahlreiche Nach= kommenschaft; von ihm stammt ein mächtiges Ge= schlecht: das des Thord, der zu Hofde am Hofdastrand wohnte, ein mächtiger Häuptling. ***)

Als nun Ragnar's Söhne alle gestorben waren, zerstreute sich die Mannschaft, die ihnen gefolgt war, nach verschiedenen Seiten; und Alle, die bei Rag= nar's Söhnen gewesen waren, achteten die andern Häuptlinge gering. Es waren [darunter] zwei Männer, die weit durch die Lande zogen, zu suchen,

---

*) In der Schlacht bei Standford=Bridge, im J. 1066. Harald ist der unter dem Beinamen **hardhrádhi** be= kannte norwegische König.

**) Gemeinlich der Eroberer genannt, weil er in demselben Jahre England eroberte, durch die Schlacht bei Hastings.

***) In Nord=Island. Vgl. Storm, Ragn. Lodbr., S. 103 f.

ob sie einen Häuptling fänden, dem zu dienen sie nicht für Unehre hielten; doch zogen sie nicht beide zusammen.

Zwanzigstes Kapitel.

Es trug sich im Auslande zu, daß ein König, der zwei Söhne hatte, krank ward und starb; seine Söhne aber wollten ihm die Todtenfeier halten. *) Sie ladeten in der Weise zu dieser Gasterei ein, daß alle Männer, die während der ‖ 295) nächsten drei Winter davon erführen, dazu kommen sollten. Die Kunde verbreitete sich weit durch die Lande, und in diesen drei Wintern rüsteten sie die Gasterei zu. Als nun der Sommer, in welchem die Todtenfeier gehalten werden sollte, und die bestimmte Zeit kam, fand sich eine so große Menge [von Gästen] ein, daß niemand ihresgleichen gesehen hatte **); und wurden viele große Hallen mit ihnen besetzt und noch viele Zelte draußen. Da kam gegen Ende des ersten Abends ein Mann zu dieser Halle, der war so groß, daß dort keiner gleich groß war; und das sah man

---

) Eigentlich: „das Erbgelage trinken"; vgl. oben S. 51.
**) Wörtlich: „Beispiele (ähnliche Fälle) dazu wußte, wie groß", vgl. oben S. 277* u. s. w.

an seiner Ausstattung, daß er bei vornehmen Männern gewesen war. Als er in die Halle kam, trat er hin vor die Brüder, begrüßte sie und fragte, wo sie ihm seinen Sitz anwiesen. Er gefiel ihnen wohl, und hießen sie ihn sich auf die vornehmere Bank setzen. Er brauchte zweier Männer Raum. Sobald er sich niedergesetzt hatte, wurde ihm zu trinken gebracht wie den andern Männern: aber da war kein Trinkhorn so groß, daß er es nicht auf einen Zug austrank. Auch sahen Alle wohl, daß er Andere gering achtete.

Da geschah es, daß noch ein anderer Mann zu dem Feste kam, der war noch größer als der erste. (Diese Männer trugen tiefherabreichende*) Hüte.) Als nun dieser Mann vor den Hochsitz der jungen Könige trat, begrüßte er sie höflich und bat sie, ihm einen Sitz anzuweisen. Sie sagten, er sollte mehr nach oben**) zu auf der vornehmeren Bank sitzen. Da ging er zu seinem Sitze, und beide zusammen nahmen da einen so großen (296) Raum ein***).

---

*) Darum erkennen sie sich nicht. Vgl. S. 230***.

**) Eigentlich: „mehr nach innen zu", wo die höheren (d. h. ehrenvolleren) Plätze waren; vgl. 351††.

***) Wörtlich: „sie waren beide zusammen so groß auf dem Sitze".

daß fünf Männer vor ihnen aufgestanden waren. *)
Der zuerst Gekommene leistete [dem Zweiten gegen=
über] doch weniger im Trinken; der später Gekommene
aber trank so schnell, daß er fast alle Trinkhörner
[mit Einem Zuge] leerte, und doch bemerkte man
nicht, daß er trunken würde; vielmehr bezeigte er sich
unverträglich gegen seine Sitznachbarn und drehte
ihnen den Rücken zu. Der zuerst Gekommene forderte
ihn zu einem Wettgespräche auf **): „und zwar will ich
anheben." Damit streckte er die Hand gegen ihn aus
und sprach diese Strophe:

> „Sag' von deinen tapfern   32.
>
> Thaten — dich nun frag' ich —:
>
> Wo sahst blutgesättigt
>
> Im Gezweig du Raben schaukeln?
>
> Oefter ließest auf fremder
>
> Bank du dich bewirthen,
>
> Als du blutige Leichen
>
> Der Walstatt Vögeln vorwarfst." ***)?

Der höher Sitzende fühlte sich durch diese An=
sprache herausgefordert und erwiderte folgende Strophe:

---

*) D. h. daß 5 Männer ihnen hatten Platz machen müssen.

**) badh at their skyldi eiga gaman saman. Worin hier
   das **gaman** bestehn soll, zeigt das Folgende. [Nachtr.]

***)? Ist drœgír í dal richtig? — Der Vorwurf kehrt oft
   wieder. Vgl. namentlich **Fas.** 2,271, Z. 25 f.

„Schweig, du Stubenhocker, 33.
Was ist dir Elendem?
Hast niemals geleistet,
Was nicht ich auch könnte.
Hast fraßgierige Wölfe
Nicht im Kampf (?) gemästet *),
Ließt nicht Blut das Seeroß **)
Trinken: was denn thatst du? ***) ‖ 297)

Da erwiderte der zuerst Gekommene:

Wir ließen der Seerosse starken 34.
Bug durch Brandung laufen,
Dieweil an den Seiten blanke
Brünnen Blut bespritzte.

. . . .
. . . .
. . . .
. . . . †)

Hierauf sprach der später Gekommene:

Keinen von euch sah ich, 35.
Als wir offen fanden

---

*) Die Uebersetzung dieses Verspaares ist unsicher.

**) D. h. Schiff.

***) Eigentlich: „was (Thaten welcher Art) liegt dir am Herzen?" d. h. worin bestehn deine Thaten, wenn du weder zu Lande noch zur See Kämpfe bestanden hast.

†) Eine genügende Erklärung dieser Halbstrophe weiß ich nicht zu geben. S. übrigens d. Nachtr.

Heite's Au *) dem weißen

Roß des Mövenweges **),

Und mit Heerhorns Klange ***)

Wir am Land entfaltet

Die prächtige Rabenwolke †)

Der Halle am rothen Steven."

Wiederum sprach der zuerst Gekommene:

„Nicht ziemt uns beim Gelage   36.

Auf der Bank zu streiten,

Welcher von uns tapfrer

Als der andre kämpfte:

Du standst, wo die Woge ‖ 298)

Zur See den Stevenhirsch ††) trug;

---

*) Ich lese mit Bugge (Röksten., S. 53 f.) Heita vang. Heite war ein Seekönig, „Heite's Au" ist also das Meer.

**) = Meer, wie oben S. 282*. Meer=Roß = Schiff, wie oben.

***) láti (statt lási)?

†) molla scheint eine leichte, weiße Wolke zu bedeuten (vgl. auch C.-V. 434ᵇ). Die „Rabenwolke der Halle" oder „Hallenwolke des Raben" scheint die berühmte Raben=fahne Ragnar's zu meinen, von der Rafn, Kämpehist. (Ragnarsf. S. 240) mehr berichtet. „Der Halle", weil in der Halle aufbewahrt oder verfertigt(?). — Offenbar merkt der Andere grade an dieser Anspielung auf Rag=nar's Fahne, die nach diesem Bjorn geführt zu haben scheint (vgl. unten S. 390**), daß er es mit einem alten Kampfgenossen zu thun hat.

††) Eigentlich: „Den Hirsch der Steven=Stange", d. h. Schiff.

Ich saß, wo die Rahe
Den rothen Steven ins Meer *) trieb **)."

Darauf antwortete der zuletzt Gekommene:

"Beide folgten Bjørn wir   37.
In jedem Schwertgetöse,
Waren erprobte Recken,
Eine Zeit doch Ragnar. ***)
Ich war beim Männerkampfe
Im Bulgarenlande.
Dort ward mir wund die Seite:
Sitz du über mir, Nachbar!"

Da erkannten sie sich endlich wieder und blieben da ferner beim Gastmahle.

Einundzwanzigstes Kapitel.

Ogmund hieß ein Mann, der Ogmund der Däne genannt ward. Der war einmal mit fünf Schiffen auf der Fahrt und lag bei Samsey †) im

---

*) Oder „zum Hafen"? til hafnar.

**) D. h. wir waren an verschiedenen Stellen auf demselben Schiff, wir waren Fahrtgenossen.

***) D. h. „Vor Bjørn folgten wir eine Zeit lang noch Ragnar selbst".

†) Jetzt Samsö.

Munarvag *). Nun wird erzählt, daß die Küchen=
knechte ans Land gingen, Speise zu bereiten **); die
andern Männer aber gingen in den Wald sich zu
vergnügen. Dort fanden sie einen alten Holzmann,
der war vierzig [Ellen?] hoch ***) und mit Moos
bewachsen. Doch erkannten sie alle seine Züge †), und
redeten unter einander, wer wohl diesem großen
Götzen geopfert haben möchte. Da sprach der Holz=
mann ††):

[„Vorlängst war es,   38.
Daß zur Heerfahrt
Hekling's Söhne †††) ‖ 299)
Mit Rudern(?) fuhren,
Weit auf salzigem
Weg der Weißlinge *†):
Da ward ich dieses
Hügels Herr. ¹]

---

  *) Vag (vág-r) ist eine geschützte Meeresbucht. [Nachtr.]

  **) Wie oben S. 244, Z. 6 f.

  ***) Wörtlich: „ein Vierziger an Höhe". Vgl. S. 82, Z. 9.

  †) Eigentlich: „Kennzeichen".

  ††) Von diesen drei in anderm Versmaße verfaßten Strophen
findet sich die erste auch in der Halfssaga.

  †††) Hekling, ein Wiking, hatte nach der Halfssaga, Kap. 2,
den König Ogvald gefällt. Aus dem Hügel des letzteren
ward nach der Halfssaga die folgende Strophe vernommen.

  *†) Weißfische; also: auf dem Meere.

1) Fast wörtlich dieselbe Strophe Halfss. 4,23 ff. (Bugge).

Und dazu *) setzten [mich]   39.
Im Süden an den Strand
Die schwertschwingenden
Söhne Lodbrok's:
Da ward mir geopfert
Männern zum Tode**)
Auf Samsey's
Südküste.

Hießen hier stehn   40.
So lange der Strand trägt,
Den Mann ***) im Gedörn
Und moosbewachsen:
Nun triefen auf mich
Der Wolken Thränen,
Nirgend schützt mich
Fleisch noch Kleider."

Dies kam den Männern wunderbar vor; und
sie erzählten nachmals anderen Männern davon.

---

*) Ok thví, zum Zwecke der Vers 5—8 erwähnten Opfer.
Ursprünglich mik statt ok? Die vorhergehende Strophe
ist wohl irrthümlich mit Str. 39—40 in Verbindung
gesetzt; s. S. 341†††.

**) Siegopfer sind gemeint. Dabei konnten auch Menschen=
opfer fallen, was jedoch hier wohl nicht gemeint ist.

***) D. h. mich.

Die Geschichte

von

Norna = Gest.

Norna-Gests-Saga.*)

Erstes Kapitel.**)

Es geschah einmal Nachts, daß König Olaf Tryggvason ***) beim Gebete in seinem Bette wachte [1], alle andern Leute in dem Schlafhause†) aber schliefen. Da schien es dem Könige, als käme ein Alf oder Geist hinein ins Haus, obwohl die Thüren geschlossen waren. Der trat vor das Bette eines jeden Mannes, welcher dort schlief, und zuletzt trat er zu einem

---

*) Eigentlich tháttr (Episode, Abschnitt), weil als Episode der Saga von König Olaf Tryggvason überliefert.

**) Hér hefr tháttr af Nornagesti F, fehlt S.

***) Der als König von Norwegen (995—1000) sich beson=ders die Ausbreitung des Christenthums angelegen sein ließ.

†) herbergi, s. unten S. 351*.

1) Statt dessen heißt es in der andern Handschrift (F): „Einmal, so wird erzählt, als König Olaf in Thrandheim (Drontheim) saß, ge=schah es, daß ein Mann gegen Ende des Tages zu ihm kam und ihn ehrerbietig begrüßte. Der König nahm ihn gütig auf und fragte ihn, wer er wäre. Er erklärte, daß er Gest heiße. Der König er=widerte: „Gast [s. S. 346*)] wirst du hier sein, wie du auch heißest.“

Manne, der nach dem Ausgange zu lag. Da blieb
er stehn und sprach: ‖48) „Ein gar starkes Schloß
ist hier vor leerem Hause, und ist der König nicht
so weise, wie andre Leute sagen, daß er der
allerklügste sei, da er nun schläft." Darauf ver=
schwand er bei geschlossenen Thüren. Des nächsten
Morgens frühe aber sandte der König seinen
Leibknappen, zu erforschen | was gekommen wäre.
Der Knappe kam [zurück] und berichtete, es sei ein
großer, unbekannter Mann angekommen. Der König
sprach: „Geh nochmals und ruf ihn zu mir." So
geschah es. Jener Mann kam vor den König und be=
grüßte ihn artig.[1] Der König fragte ihn, wer er
wäre. Er erklärte, er heiße Gest. *) [Darauf] sprach
der König: „Wes Sohn bist du?" Er antwortete:
„Thord hieß mein Vater und ward Thinghúsbítr ge=

---

*) Gest (gest-r) bedeutet Gast. Daher das Wortspiel in
dem unten mitgetheilten Texte.

Gest antwortete: „Ich nenne dir meinen wahren Namen, Herr.
Gerne aber möchte ich von euch gastliche Aufnahme gewährt erhalten,
wenn es möglich wäre." Der König erklärte, daß ihm das gewährt
werden sollte. Weil aber der Tag sich zu Ende neigte, wollte der
König sich nicht in ein Gespräch mit dem Gaste einlassen, denn er
ging darnach gleich zum Abendgesang, darauf zu Tische und dann zu
Schlaf und Ruhe. Und in eben dieser Nacht wachte König Olaf
Tryggvason in seinem Bette und las seine Gebete."

1) Dafür heißt es in *F*: „zu erforschen, wer die Nacht in jenem Bette
geschlafen hätte. So stellte es sich heraus, daß dort der Gast ge=
legen hatte. Der König ließ ihn vor sich entbieten und . . ."

nannt; von Geburt war er ein Däne und bewohnte in Dänemark ein Gehöft Namens Gröning." „Wie ein tüchtiger Mann siehst du aus," sprach der König. Dieser Gast war dreist mit Worten, und war er höher von Wuchs als die meisten andern Männer, kräftig, doch ziemlich alt. Er bat den König [um die Erlaubniß], eine Weile dort zu bleiben. Da sprach der König: „bist du ein Christ?" Gest antwortete, eingesegnet *) wäre er wohl, aber noch nicht getauft. Der König sagte darauf, es sei ihm verstattet, bei dem Hofgesinde zu bleiben: „doch nicht lange wirst du ungetauft hier bleiben." — Aber deshalb hatte der Alf **) so von dem Schlosse gesprochen, weil Gest sich am Abend [mit dem Kreuze] gesegnet hatte wie die andern Männer, und war doch in Wahrheit ein Heide.

Der König fragte Gest: „Kannst du irgend eine Kunstfertigkeit?" | 49) Der antwortete, er könne die Harfe spielen und Sagas erzählen, so daß man seine Freude daran hätte.

---

*) primsigndr, mit dem Kreuze bezeichnet. Viele ließen sich so vorläufig „einsegnen" ohne wirklich (durch die Taufe) Christen zu werden. Auf diese Weise genossen sie den Vortheil, mit Christen und Heiden verkehren zu können (s. Maurer, Bekehr. 2, S. 333 f.).

**) Vgl. oben S. 87†.

Darauf sagte der König: „Uebel thut König Svein *) daran, daß er ungetaufte Leute aus seinem Reiche von Land zu Lande ziehen läßt." Gest sprach: „Nicht ist solches dem Dänen=Könige anzurechnen, denn ich zog aus Dänemark, lange bevor Kaiser Otto das Danevirke **) zerstören ***) ließ, und den König Harald, Gorm's Sohn, sammt Hakon dem Opfer= jarl †) das Christenthum anzunehmen zwang.

Der König fragte Gest [noch] allerlei, und dieser gab auf alles ††) verständig Bescheid. Das sagt man, daß dieser Gest zu König Olaf im dritten Jahre seiner Herrschaft †††) gekommen sei. In dem= selben Jahre, heißt es auch, kamen zu ihm die Männer, welche [die] Grime *†) hießen und vom

---

*) Svein, des weiterhin genannten christlichen Harald Nachfolger, begünstigte das Heidenthum.

**) Die bekannte Vertheidigungslinie zwischen Eider und Schlei (Fms. 11,28; Flat. 1,108. 110).

***) Eigentlich: „verbrennen" (s. Flat. 1,112). Otto II. ist gemeint, vgl. Fms. 11, S. 35. 179 f.; Flat. 1,107—114.

†) Hakon Jarl (von Norwegen, † 995), Opferjarl benannt von seinem Eifer für den heidnischen Opferdienst.

††) Eigentlich: „das meiste".

†††) Das wäre 997/98.

*†) D. h. mehrere (doch wohl zwei) Männer, welche (beide) Grim hießen.

König Gudmund von Glasisvoll gesandt waren. Sie brachten dem König Olaf zwei [Trink=]Hörner, die Gudmund dem Könige schenkte; die nannten sie auch Grime. Diese [Männer] hatten noch mehr Aufträge an König Olaf, wie nachher gesagt werden wird. *) — Jetzt ist von Gest zu erzählen, daß er bei dem Könige blieb. Es ward ihm die letzte Stelle auf der Gästebank **) angewiesen. Er war ein wohl=gesitteter ***) Mann.

Zweites Kapitel. †)

Kurz vor dem Julfeste ††) kam Ulf der Rothe mit seinen Gefährten heim. Er war den Sommer über in Diensten des Königs [entfernt] gewesen, war

---

) Nämlich in einer Episode der großen Saga von Olaf Tryggvason, in welche auch unsere Saga als Episode eingeschoben ist; vgl. S. 345.

**) Eigentlich: „mehr nach außen zu von den Gästen aus."

***) D. h. ein Mann von höfischen Sitten.

†) Ueberschrift: „Hier wird von dem Ringe Hnitud er=zählt" S; „Gest's Wette mit den Hofmannen" F.

††) Das Fest der Wintersonnenwende, etwas später gefeiert als unser Weihnachtsfest, mit dem es später verschmolzen ward. Der Name ist in „Julklapp" erhalten.

jedoch im Herbst zum Landesschutz in Wik*) gegen
die Einfälle der Dänen bestellt worden. Im Hoch=
winter aber pflegte er stets bei ‖ 50) König Olaf zu
sein. Ulf hatte dem Könige viele kostbare Kleinode
zu bringen, welche er im Sommer erworben hatte,
darunter einen Goldring, der Hnitud hieß, weil er aus
sieben Stücken zusammen genietet**) war, und hatte
jedes Stück seine besondere Farbe. Von viel besserem
Gold war er als andere Ringe. Diesen Ring hatte
dem Ulf ein Bonde Namens Lodmund gegeben; zu=
vor aber hatte denselben König Half, nach welchen
die Halfs=Recken benannt sind, besessen, als dieselben
dem König Halfdan, dem Ylfing***), Geld ab=
gezwungen hatten. †) Lodmund aber hatte dafür sich
von Ulf erbeten, daß er mit König Olaf's Hülfe ihm
sein Gehöft beschützen möchte. Das hatte ihm Ulf
zugesagt.

Der König feierte sein Julfest mit Pracht und

---

*) Die Landschaft um den Christiania=Fjord führte früher
diesen Namen.

**) Das nordische Wort hnita, wonach der Ring Hnitud
benannt ist, entspricht etymologisch nicht unserm „nieten".

***) Die Ylfinge sind ein Heldengeschlecht der nordischen
Sage (s. Beitr. 4,176 ff.; H. Zschr. 23,170).

†) Die von Half und seinen Recken handelnde Halfssaga
erwähnt dieses Zuges nicht. Vgl. übrigens **Fas.** 1,388.

saß zu Thrandheim. Am achten Tage des Festes
überreichte Ulf der Rothe dem Könige Olaf jenen
Ring. Der König dankte ihm für dies Geschenk so
wie für alle die treuen Dienste, welche er ihm stets
geleistet hätte. Der Ring ward in der Herberge *),
wo man trank, überall umhergereicht **); denn da=
mals waren in Norwegen [noch] keine [besonderen
Trink=]Hallen gebaut. Ein jeder zeigte ihn dem an=
dern, und glaubten die Männer niemals gleichgutes
Gold gesehen zu haben, wie in dem Ringe sich fand.
Zuletzt kam der Ring zu der Bank der Gäste und
so zu dem unbekannten Gast. Dieser sah ihn an
und reichte ihn zurück auf der Fläche der Hand ***),
mit der er vorher das Trinkgefäß angefaßt hatte. †)
Er achtete desselben wenig und sagte nichts über dies
Kleinod, sondern setzte die lustige Unterhaltung mit
seinen ‖ 51) Genossen fort. Ein Aufwärter, der
unten ††) an der Bank der Gäste einschenkte, fragte:

---

  *) Ein Gebäude, worin man sowohl schlief als den Tag
    über sich aufhielt; vgl. oben S. 345†.

  **) Eigentlich: „er ging (fuhr) weit herum".

  ***) Wörtlich: „quer über die Hand".

  †) Und die er also zu reinigen nicht für nöthig erachtete,
    ehe er den kostbaren Ring darauf legte.

  ††) Eigentlich: „nach außen zu, mehr nach der Thür zu",
    im Gegensatz zu den Ehrenplätzen, die sich mehr nach
    innen zu befanden; vgl. oben S. 336**. 349**.

„Gefällt euch der Ring?" „Gar sehr," antworteten sie, „nur nicht dem [neu] angekommenen Gast, der findet nichts daran, und wir glauben, daß er darüber kein Urtheil hat*), da er solcher Dinge nicht achtet." Der Schenke ging hinein **) zu dem Könige und hinterbrachte ihm eben diese Worte der Gäste, und wie der [neu] angekommene Gast wenig dazu gesagt hätte, als ihm des Königs Kleinod gezeigt wurde. Da sagte der König: „Der unbekannte Gast weiß vielleicht mehr, als ihr denkt: er soll morgen zu mir kommen, und mir eine Saga erzählen; denn das meint er zu verstehn. ***)

Inzwischen sprachen die Gäste unten auf der Bank mit dem [neu] angekommenen Gast; sie fragten ihn, wo er [denn] einen so guten oder besseren Ring gesehen hätte. Er antwortete: „Weil es euch wunderlich vorkömmt, daß ich wenig hierüber rede, so [wisset:] ich habe fürwahr solches Gold gesehen, das in keiner Weise schlechter ist, vielmehr besser scheint." Da lachten die Königsmannen laut, und sprachen also: „Hier giebt es einen großen Spaß. Du wirst mit uns wetten wollen, daß du [schon] ebenso gutes

---

*) Vgl. S. 247, Z. 10 und d. Nachtr.

**) D. h. nach der Innenseite der Halle zu; vgl. S. 351††.

***) Wie er oben S. 347 erklärt hatte.

Gold gesehen haft, wie dieses hier, so ‖ 52) daß du es
erweisen kannst. Wir wollen sieben Mark gangbaren
Silbers einsetzen, so daß sie dir zufallen, du aber dein
Messer und deinen Gürtel; der König soll entscheiden,
wer von uns Recht hat." Da sprach Gest: „Das sei
ferne, daß ich euch zum Gespötte diene und doch nicht
auf die Verabredungen eingehe, welche ihr wünscht:
allerdings wollen wir hierum wetten und so viel
einsetzen, wie ihr gesagt habt; der König aber soll
entscheiden, wer von uns Recht hat." Damit brachen
sie das Gespräch ab.

Spät am Abend nahm Gest seine Harfe und
schlug sie trefflich und lange, so daß es allen eine Lust
schien zuzuhören. Am besten aber spielte er „Gunnar's
Harfenschlag" *); und zuletzt trug er das alte Lied von
Gudrun's Listen **) vor; das hatten die Leute zuvor

---

*) Wohl ein Lied, das Gunnar in der Schlangengrube
gespielt und gesungen haben sollte (wie Ragnar Lodbrok);
vgl. oben S. 199 f. — Dies Lied ist verloren. Daß
mit diesem Gunnars-slagr lediglich eine Melodie, ein
Lied ohne Worte, gemeint sei, glaube ich schwerlich.

**) Schwerlich eines der erhaltenen Gudrunlieder, sondern
ein Lied, welches Gudrun's Rache für den Tod ihrer
Brüder zum Gegenstand hatte. Eigentlich steht im
Text: die alten „Gudruns = Listen".

nimmer gehört. Darauf schlief man die Nacht über; da herrschte hinfort Ruhe unter den Bankgenossen.*)

Der König stand am Morgen früh auf, und hörte die Frühmesse, und andere Männer mit ihm; und als sie zu Ende war, ging er mit seinem Hofe zu Tische. Als er sich nun auf seinen Hochsitz gesetzt hatte, ging die Schaar der Gäste hinein**) vor den König und auch der [neu] angekommene Gast mit ihnen; sie trugen ihm ihre Wette vor ‖ 53) und alle Verabredungen, die sie vorher getroffen hatten. Der König sagte: „Wenig gefällt mir eure Wette, wobei ihr euer Geld auf's Spiel setzt; ich glaube, der Trank war euch zu Kopfe gestiegen; und scheint es mir räthlich, daß ihr [eure Wette] als ungeschehen betrachtet, zumal wenn Gest es so lieber will." Gest sprach: „Ich will, daß es bei allen unsern Verabredungen bleibe." Da sprach der König, es solle also geschehen: „aber einen solchen Eindruck machst du mir, Gest, als ob meine Leute in dieser Sache sich mehr festgeredet***) haben denn du. Das mag sich nun alsbald ausweisen."

---

*) D. h. zwischen Gest und den andern Gästen.

) Siehe S. 352.

***) D. h. durch vorschnelle Worte sich in Verlegenheit gebracht haben.

Hierauf gingen sie allesammt nach den unteren
Plätzen und tranken, so lange es ihnen gefiel. Dar=
nach wurden die Tische aufgehoben. Da ließ der
König Gest rufen. Dieser trat vor den König:
„Jetzo bist du schuldig, irgend ein Gold vorzuzeigen,
wenn du dergleichen hast (sprach der König), daß ich
zwischen euch die Wette entscheiden könne." „Nichts
leichter als das!" sagte Gest, und griff in seinen
Säckel, welchen er bei sich trug, zog daraus ein zu=
sammengeknotetes Stück Zeug hervor, knüpfte es auf
und gab es (d. h. den Inhalt) dem Könige in die
Hand. Der sah, daß es ein Bruchstück von einer
Sattelspange war, und erkannte, daß es vortreffliches
Gold wäre. Er ließ nun den Ring ‖ 54) Hnitud
bringen, um festzustellen, ob der von besserem Golde
sei*) als das Spangenstück. Dies geschah. Der
König hielt Gold gegen Gold und sprach also: „In
der That scheint mir dieses Gold, das Gest hier
vorzeigt, besser; und so wird es noch Mehreren
scheinen, wenn sie es auch prüfen**). Das bestätigten
auch Andere von des Königs Begleitung. Darauf
erkannte König Olaf das Wettgeld Gest zu. Die an=
deren Gäste sahen [nun] ein, wie unklug sie in dieser

---

*) Wörtlich: „und feststellen, ob das bessres Gold sei".
**) Vgl. oben S. 352* nebst Nachtr.

23*

Sache gehandelt hätten. Da sprach Gest: „Behaltet*)
euer Geld, denn ich bedarf desselben nicht: aber
wettet nicht öfter mit unbekannten Leuten, denn ihr
wißt nicht, ob ihr nicht an einen solchen kommt, der**)
viel gesehen und gehört hat; und danke ich dem
Könige für das Urtheil, welches er in unserer Sache
abgab.“ Der König sprach hierauf: „Ich wünsche nun,
Gest, daß du sagest, woher du dieses Gold bekamst,
das du bei dir trägst.“ Gest antwortete: „Ungern
thue ich es, weil die Meisten unglaublich dünken
wird, was ich in Bezug darauf sage.“ „Dennoch
sollst du es sagen (sprach der König), und es trifft
sich damit gut, insofern du mir eine Erzählung von
dir***) versprochen hast.“ Gest sprach: „Wenn ich
euch erzähle, welche Bewandtniß es mit dem Golde
hat, so, meine ich, werdet ihr zugleich noch weitere

-----

*) Eigentlich: „nehmt euer [eingesetztes] Geld selbst [zurück]."

**) Wörtlich: „Welchen ihr als einen solchen trefft, daß
    er . . ."

***) sögu thinni „deine Erzählung, eine Erzählung von
     dir“ versprachst; kann wohl nur heißen: „du versprachst,
     daß du mir eine Geschichte (nicht: daß du deine Ge-
     schichte) erzählen wolltest", denn nur das hatte Gest
     oben S. 347 in Aussicht gestellt. Vgl. gleich unten
     adhra sögu „daß ich mehr erzählen soll, weitere Er-
     zählung".

Erzählung zu hören wünschen." „Das kann sein,"
sagte der König. ‖ 55)

Drittes Kapitel.*)

„So will ich davon sagen, wie ich südwärts nach
Frankenland zog und wollte aus eigener Anschauung
Königssitten kennen lernen**) und den großen Ruhm,
der von Sigurd, Sigmund's Sohne, ausging hinsicht=
lich seiner Schönheit und Stärke. Es geschah da
nichts Bemerkenswerthes, bevor ich südwärts ins
Frankenland kam. Da begab ich mich zu König
Hjalprek. Dieser hatte einen großen Hofstaat um
sich. Da war auch ‖ Sigurd, der Sohn Sigmund's,
des Volsungssohnes, und der Hjordis, der Tochter
Eylime's.[1] Sigmund fiel in der Schlacht gegen
Hunding's Söhne, Hjordis aber vermählte sich als=
bald mit Alf, König Hjalprek's Sohne. Dort wuchs
Sigurd auf in seiner Kindheit.[2] Alle Söhne König

---

*) Ueberschrift: „Hier erzählt Nornagest von Sigurd dem
Fafn[istödter]" *S*; „Gest's Erzählung" *F*.

**) „Aus eigener Anschauung kennen lernen": forvitnast um.
Königssitten, d. h. „Sitten und Brauch an Königshöfen"
(Winkel=Horn).

1) Wörtlich = Sn. E. 117,1 f.; Sinfj. Z. 26 f. — 2) Wörtlich = Sinfj.
Z. 27—30 (vgl. Vols. S. 64². ³).

Sigmund's überragten alle andern Männer an Stärke und Wuchs [1]: Sinfjotle und als zweiter Helge, der den König Hunding erschlug, und ward er daher Hundingstödter benannt; der dritte hieß Hamund. Sigurd jedoch war unter all' den Brüdern der vorzüglichste; auch ist den Leuten nicht unbekannt, daß er der vornehmste aller Heerkönige gewesen ist [2] und der trefflichste in der Heidenzeit.

| Da war zu König Hjalprek auch Regin, Hreidmar's Sohn, gekommen, der war kunstfertiger als irgend ein Mann, von Wuchs ein Zwerg, klug, zornmuthig und zauberkundig. [3] Regin lehrte Sigurd mancherlei und liebte ihn sehr. Er erzählte ihm von seinen Vorfahren und von wundersamen Begebenheiten. *) [4] || 56)

Nachdem ich dort kurze Zeit gewesen war, ward ich Sigurd's Dienstmann; es dienten ihm auch viele andere Männer. Alle liebten ihn sehr, weil er freundlich und leutselig und mit Geld freigiebig gegen uns war.

---

*) Die hier übergangene „Vorgeschichte des Hortes" (Vols. Kap. 14) ist gemeint.

1) Sinfj. Z. 30 f. (vgl. Vols. S. 64 [1]; Sn. E. 117,3). — 2) Vgl. ebd. Z. 31—33 und Vols. 64 [3]. — 3) Wörtlich = Regm. Anfangsprosa Z. 2—4: vgl. Vols. S. 65 [1]. — 4) Regm. ebd. Z. 5 f.; Vols 65 [1].

Viertes Kapitel.*)

| Da geschah es eines Tages, daß wir mit Si-
gurd zu Regin's Hause kamen**); Sigurd ward da
freundlich aufgenommen. Da sprach Regin diese
Strophe ***) [1]:

> „Her gekommen
> Ist Sigmund's Sproß,
> Der thatkühne †) Held,
> Zu unsern Sälen.
> Kraft hat er mehr
> Als ein alter Mann ††),
> Kampfes bin ich gewärtig
> Vom gierigen Wolf." †††) [2]

---

*) Ueberschr.: „Hier wird erzählt vom Schwerte Gram, welches
Regin verfertigte" *S*; „Gespräch des Königs mit Gest" *F*.

**) Nach einer ältern Fassung der Sage, die hier zu Grunde
liegt, wächst Sigurd bei Regin im Walde auf, ohne
seine Eltern zu kennen; s. oben S. 65*. 84 ***.

***) Die folgenden 14 Strophen gehören den eigentlichen
Regm. an, die hier vollständig erhalten sind.

†) Eigentlich: „der schnell entschlossene".

††) Nämlich: „wie ich". Regin will Sigurd anstatt seiner
zum Kampfe mit Fafni veranlassen.

†††) „Wolf" bezeichnet häufig einen gefährlichen, streitgierigen
Menschen (= Feind); vgl. oben S. 153 ***. Hier ist
Sigurd gemeint, mit dem Kampfe aber der Angriff auf

1) = Regm. Prosa nach Str. 12, Z. 3—5. — 2) Regm. Str. 13.

„Aufziehen will ich
Den kampfkühnen Fürsten:
Nun ist Yngve's *) Sproß
Zu mir gekommen. | 57)
Der mächtigste Fürst wird er
Unter der Sonne:
Sein Lob wird durch alle
Lande erschallen." [1]

Sigurd blieb nun beständig bei Regin [2], und dieser erzählte ihm viel von Fafni, daß er in Wurmes Gestalt auf der Gnitahaide**) läge [3]), und wie ungeheuer groß derselbe wäre. | Regin schmiedete für Sigurd das Schwert, welches Gram hieß [4]: dies war so scharfschneidig, daß, als er es in den Rhein-Strom***) hielt und einen Flock Wolle vom Strome

---

Fafni. Die ganze Wendung scheint sprichwörtlich gebraucht worden zu sein, vgl. Flat. 2,132⁶.

*) Yngve (= Frey) ist der Stammvater der Ynglinge. Auf ihn führten die norwegischen Könige ihren Stammbaum zurück. Daß Sigurd hier „Yngve's Sproß" heißt, ist auffallend.

) Vgl. oben S. 67 **. 179*.

***) Die aus Deutschland eingewanderte Sage hat in der Lokalisirung (Frankenland, Rhein u. s. w.) noch eine Erinnerung an ihre ursprüngliche Heimath bewahrt.

1) Regm. Str. 14 (doch Vers 7 f. abweichend). — 2) = Ebd. Prosa nach Str. 14, Z. 1 f. — 3) = Ebd. Z. 2—4; vgl. Sn. E. 117,4. — 4) Wörtlich = Regm. Prosa nach Str. 14, Z. 6 f.; vgl. Sn. E. 117,5 f. (Vols. S. 75 1 ff. ausführlicher erzählt).

dagegen treiben ließ, es den Flock so wie das Waſſer durchſchnitt. [1] Dann zerklöbte Sigurd mit dem Schwerte Regin's Ambos. [2] Hierauf redete Regin Sigurd zu, seinen Bruder Fafni zu erschlagen. [3] Da sprach Sigurd die Strophe:

„Laut werden Hunding's
Söhne lachen,
Sie, die Eylime's
Tage verkürzten,
Wenn es mich stärker
Gelüstet, zu suchen
Rothe Ringe
Als Vaterrache." [4]

Hierauf rüstete sich Sigurd zur Heerfahrt, und gedachte gegen Hunding's Söhne zu ziehen [5]; König Hjalprek gab ihm viel Mannschaft und etliche Kriegsschiffe. [6] Auf dieser Fahrt begleiteten Sigurd Hamund, ‖ 58) sein Bruder, und Regin, der Zwerg; ich war auch dabei, und man nannte mich da Norna-Gest. König Hjalprek hatte mich kennen gelernt, als er bei Sigmund, Volsung's Sohne, in Dänemark gewesen war.

---

1) Wörtlich = Regm. ebd. Z. 7—11; Sn. E. 117,6—8; Vols. S. 75 3. — 2) = Regm. ebd. Z. 11—13; Sn. E. 117,8 f.; Vols. S. 75 2. — 3) = Regm. ebd. Z. 13 f., vgl. Sn. E. 117,5; Vols. S. 75 4. 76 2. — 4) Regm. Str. 15 (vgl. Vols. S. 76 1 und 3). — 5) Vgl. Vols. S. 77, Z. 4 f. — 6) = Regm. Prosa nach Str. 15, Z. 1 f (vgl. Vols. S. 77 1).

| Dort war Sigmund mit Borghild vermählt in Bralund; damit aber endete ihre Ehe, daß Borghild Sinfjotle, Sigmund's Sohn, mit Gift tödtete.*) [1] Darnach vermählte sich Sigmund südlich im Frankenlande mit Hjordis, der Tochter Eylime's [2], welchen Hunding's Söhne erschlugen [3]; Sigurd hatte also sowohl seinen Vater als auch seinen Muttervater zu rächen. [4] Helge, der Hundingstödter benannt ward, war Sigmund's Sohn und ein Bruder**) Sigurd's, der nachmals Fafnistödter benannt ward. | Helge, Sigurd's Bruder, hatte den König Hunding und drei seiner Söhne, Eyjulf, Hjorvard und Herrud***), erschlagen†) [5]; aber andere drei Brüder, Lyngve, Alf und Heming, waren entronnen: diese waren gar berühmte Helden, was jegliche Tüchtigkeit betrifft; Lyngve aber stand an der Spitze der Brüder. Gar zauberkundig waren sie: sie hatten viele Kleinkönige bezwungen, manchen Kämpen erschlagen und manche

---

*) Wie oben S. 50 ff. erzählt ist.

**) Genauer sein Stiefbruder.

***) Herrudh wird aus Heru^{r}dh (= Hervardh) entstellt sein. Ueber die Namen s. Beitr. 3,218.

†) Vgl. oben S. 81[1].

1) Vgl. Sinfj. Z. 24 f.; (Vols. S. 50 f.) 53[2]. — 2) Vgl. Sinfj. Z. 25—27 (Vols. S. 53 ff.) — 3) Vgl. Regm. 15,2—4 (Vols. 57). — 4) Vgl. Grip. 9,1—4. — 5) Vgl. Helg. Hund. I, 10. 14; Helg. H. II, Prosa vor Str. 13, Z. 10—14; Vols. S. 41[2]. 42[1].

Burg verbrannt, und stifteten arge Verheerung in
Spanien und Frankenland. Es war aber damals
das Kaiserthum noch nicht über die Alpen hierher
nordwärts gekommen.*) | Hunding's Söhne hatten
sich das Reich unterworfen, welches Sigurd in
Frankenland zu Eigen hatte ¹, und hatten sie ein
zahlreiches Heer.

Fünftes Kapitel.**)

Nun ist davon zu berichten, wie Sigurd sich
zur ‖ 59) Schlacht gegen Hunding's Söhne rüstete.
| Er hatte ein starkes und wohlbewaffnetes Heer.²
Regin hatte besonders für die Ausrüstung des Heeres
zu sorgen.***) Er führte ein Schwert Namens

---

*) D. h. es gab noch keine römischen Kaiser deutscher
Nation, kein Kaiserthum in Deutschland (Landn. S. 24;
vgl. C.-V. 156ª). Diese Bemerkung soll erklären, wie
die Hundingssöhne damals so in Frankenland hausen
konnten. — „Hierher nordwärts" heißt: „nördlich in
der Richtung auf uns zu" (nicht: bis zu uns).

**) Ueberschrift: „Hier spricht Odin zahlreiche Strophen" *S*;
„Gest's Erzählung" *F*.

***) Wörtlich: „hatte besonders (mjök) die Sorge für das
Heer (Besorgung des Heeres)".

1) Bgl. Vols. S. 58, 3. 6 f. — 2) Bgl. Vols. S. 77, 3. 9 f.

Ridil*), welches er [selbst] geschmiedet hatte. Sigurd bat Regin mir dies Schwert zu leihen. Das
that Regin; und so trug ich dieses Schwert. | Regin
bat Sigurd, er möge Fafni tödten, wann er von
dieser Heerfahrt zurückkäme; [und] Sigurd verhieß
es ihm. [1]

| Hierauf segelten wir südwärts am Lande hin;
da überfiel uns ein ungeheurer, durch Zauberei er-
regter**) Sturm [2], welchen man Hunding's Söhnen
zuschrieb. | Nunmehr segelten wir etwas näher am Lande
hin: da sahen wir einen Mann auf einem Felsvor-
sprunge [3], und schritt von den Klippen heran: er trug
einen grünen Kappenmantel und blaue Hosen, hoch-
hinaufreichende und an den Schenkeln zusammenge-
knüpfte Schuhe und hielt einen belaubten Zweig in
der Hand.***) Dieser Mann redete uns mit einer
Strophe an | und sprach:

---

*) Vgl. oben S. 91⁴ (Nachtr.) = Fafn.

**) Die Saga's wissen verschiedentlich von solchem durch
Feinde erregten Unwetter („Zauberwetter") zu berichten.

***) Es ist Odin, dessen Aussehen oben S. 15*. 57* u. s. w.
in ähnlicher Weise geschildert ward [s. übrigens das
Personenregister].

1) Vgl. Regm. Prosa nach Str. 14, Z. 13 f.; Vols. 76³. — 2) Vgl. Vols.
S. 77²; Regm. Prosa nach Str. 15, Z. 3. — 3) Vgl. Regm.
ebd. Z. 3—5; Vols. S. 78¹.

„Wer reitet hier
Auf Rävil's Rossen*)
Durch hohe Wogen,
Durch's brausende Meer?
Die Segel sind euch
Schaumbespritzt:
Die Seerosse**) werden
Den Sturm nicht besteh'n."[1] || 60

Regin antwortete darauf:

„Hier sind wir mit Sigurd
Auf Meereswogen***):
Wind ward uns gegeben
In den Tod zu fahren †);
Jäh stürzt sich die Flut
Auf den Steven ††) nieder;
Es rasen die Schiffe.[2] —
Wer ist's, der so fragt?"[3]

---

*) Rävil war ein Seekönig, daher Rävil's Rosse = Schiffe.

**) So der Text der Lieder=Edda, unser Text bietet weniger gut „die Bewaffneten".

***) Wörtlich: „Zur See gegangen"; nach der Lieder=Edda: „auf Seebalken (Schiffen)".

†) Genauer: „Der uns dem Tode nahe bringt, beinahe den Tod bringt". Zu vidh bana sjalfan vgl. var vidh sjalft, at = es war nahe daran, daß . . .

††) Eigentlich ist die Stange am Steven (Bugspriet) gemeint.

1) Regm. Str. 16 (vgl. Vols. S. 78[2]). — 2) Regm. 17,1—7 (vgl. Vols. S. 78[3]). — 3) Regm. 17,8 (vgl. Vols. S. 78[4]).

Der Mann im Mantel sprach*):

| „Hnikar hieß man mich,
Da ich Hugin erfreute,
Junger Volsung!
Und gekämpft hatte.
Nun magst du mich nennen
Den Alten vom Berge,
Feng oder Fiolni:
Mit will ich fahren." [1]

Da lenkten wir an's Land, und alsbald legte sich das Unwetter. Sigurd bat den Alten, in's Schiff zu steigen. Das that dieser: da ward der günstigste Fahrwind.**) [2] Der Alte setzte sich Sigurd zu Füßen nieder, und war sehr ‖ 61) freimüthig in seiner Rede. Er fragte, ob Sigurd etwa Rath von ihm annehmen wollte. Sigurd erklärte sich bereit und sagte, er vermuthe, daß er (der Alte) rathtüchtig sein werde, wenn er Nutzen stiften wolle. | Sigurd sprach [nun] zu dem Manne im Mantel:

„Sag' du mir das, Hnikar,
Da du die Vorzeichen kennst
Für Götter sowohl wie für Menschen:

---

*) Diese Strophe ist schon S. 78 f. übersetzt; vgl. das.

**) Hier zeigt sich Odin als Sturmgott.

1) Regm. 18 (= Vols. S. 78 f.). — 2) Etwas erweitert gegenüber Regm. Prosa nach Str. 18, Z. 1 f. = Vols. S. 79 [2].

Welche Vorzeichen sind,
Wenn es zum Streite geht,
Am besten beim Schwertschwingen." [1]

Hnikar antwortete:

Viele Vorzeichen sind,
Wenn die Menschen sie wissen,
Günstig beim Schwertschwingen.
Für günstig eracht' ich's,
Wenn der schwarze
Rabe dem Helden*) folgt." [2]

Das ist das zweite:
Wenn Du hinaus gekommen
Und zur Fahrt bereit bist, | 62)
Siehst du da
Am Wege stehn
Zwei ruhmbegierige Männer. [3]

Das ist das dritte:
Wenn du heulen hörst
Den Wolf unter Eschenzweigen,
Heil ist dir
An**) Helden beschieden,
Siehst du sie***) vor dir laufen. [4]

*) Eigentlich: „Schwertbaum" = Held, vgl. oben S. 103**.

**) Wörtlich: „von"; d. h. Heil (Sieg) ist dir von Kriegern
aus (an Kriegern, im Kampfe) beschieden.

***) Nämlich die Wölfe.

1) Regm. 19. — 2) Regm. 20. — 3) Regm. 21. — 4) Regm. 22.

Keiner der Männer
Soll entgegen kämpfen
Der spät scheinenden
Schwester des Mondes *):
Die haben Sieg,
Die sehen können,
Kühn im Kampf,
Und den Schlachtkeil schaaren. **) [1]

Große Gefahr bedeutet's,
Wenn den Fuß du dir stößest,
So zum Kampfe du schreitest:
Trug = Disen ***) stehn dir
Zu beiden Seiten
Und wollen verwundet dich sehen. [2] ‖ 63)

Gekämmt und gewaschen
Soll jeder Kluge sein,
Und [früh schon] am Morgen gespeist;

---

*) D. h. mit dem Gesichte der sinkenden Sonne zugekehrt kämpfen — weil er sonst geblendet wird und nicht sehen kann, wie Vers 5 f. zeigen.

**) Die keilförmige Schlachtordnung aufstellen. — Der Sinn der Halbstrophe ist: „den Kampfeskühnen, welche sehen können und . . . schaaren, gehört der Sieg".

) Ins Verderben führende Schicksals=Göttinnen (vgl. oben S. 186* u. s. w. 285.

1) Regm. 23. — 2) Regm. 24.

Dieweil ungewiß ist,
Wohin Abends man kömmt:
Unheil bedeutet's, zu stürzen."*) ¹

Hierauf segelten wir südlich an Holsetaland**)
hin und östlich***) von Frisland, und landeten dort².

Hunding's Söhne vernahmen sogleich von un=
serem Zuge: sie sammelten ein Heer und hatten bald
zahlreiches Volk um sich. Als wir zusammenstießen,
erhob sich ein harter Kampf*) ³; Lyngve war der

---

*) Ich behalte im Wesentlichen v. d. Hagen's Ueber=
setzung dieses Verses bei, obwohl derselbe so in den Zu=
sammenhang der Strophe wenig hineinpaßt; denn von
den zahlreichen andern Uebersetzungen (bezw. Besserungs=
vorschlägen) scheint mir gleichfalls keiner dem Wort=
laute wie dem Zusammenhange gleichmäßig zu genügen.
„Stürzen" kann hier sowohl „hinfallen" wie „eilen"
(= oben S. 365: „rasen") bedeuten.

**) Holstein.

***) Es ist nicht recht ersichtlich, wie der Verfasser, dem doch
Hjalprek's Reich in Frankenland (Frakkland, s. H.
Zschr. 23,163 ff.) lag, sich die Richtung der Fahrt dachte.
Dachte er hier Hjalprek's Reich in Dänemark? Vgl.
oben S. 60, Z. 9; 168***. 387††.

†) In der folgenden Schlachtschilderung sind viele Wen=
dungen formelhaft und finden sich auch wiederholt in

1) Regm. 25. — 2) Vgl. Vols. S. 79, Z. 8—10 (wo aber die specielleren
Angaben unseres Textes fehlen). — 3) Vgl. Regm. Prosa nach
Str. 25, Z. 1—3. Die allgemeineren Uebereinstimmungen in der

24

tapferste der Gebrüder, doch drangen sie alle tapfer
vor. Sigurd aber drang von der andern Seite so
gewaltig vor, daß alles vor ihm wich; denn von
dem Schwerte Gram drohten ihnen Wunden, und
Sigurd fehlte es keineswegs an Muth.*) Als nun
er und Lyngve auf einander trafen, wechselten sie
manchen Hieb und fochten auf's allerkühnste. Da
trat ein Stillstand in der Schlacht ein, weil man
ihrem Zweikampfe zuschaute. Es verging lange Zeit,
ohne daß einer den andern mit einem Hiebe traf:
so kampfgeübt waren sie.

Darnach drangen Lyngve's Brüder tapfer vor
und erschlugen manchen Mann, etliche aber flohen.**)
Da wandte sich Hamund, Sigurd's Bruder, gegen
sie, und ich mit ihm; es gab da ‖ 64) noch beträcht-
lichen Widerstand. Sigurd's Kampf mit Lyngve
endigte aber damit, daß Sigurd ihn zum Gefangenen
machte, und ward er in Eisen gelegt. ***) Als nun
Sigurd zu uns (d. h. uns zu Hülfe) kam, war [der

<hr>

der Vols.= und Ragn.=Saga; vgl. namentlich S. 294,
  Z. 12 ff. 329*.
 *) Eigentlich: „Sigurd darf man nicht Muth absprechen".
**) Vgl. oben S. 294, Z. 15 — 295, Z. 1.
***) S. oben S. 310². 21⁷. 195².

formelhaften Schilderung mit Vols. S. 80² beruhen wohl auf Zufall. — In folgender Schlachtschilderung hat unser Verfasser den
Kampf anders ausgemalt als Vols.

Kampf] bald entschieden: Hunding's Söhne fielen da mit ihrem ganzen Heere; indeß begann es da [schon] nächtlich zu dunkeln.

Als aber der Morgen anbrach, | war Hnikar verschwunden [1], und ward nicht wieder gesehen; sie glaubten, es wäre Odin gewesen.*) Es ward nun besprochen, welches Todes Lyngve sterben sollte. Regin gab den Rath, daß man ihm den Blutaar auf den Rücken ritzen **) sollte. Da nahm Regin sein Schwert von mir ***) und ritzte damit Lyngve's Rücken, indem er ihm die Rippen von dem Rückgrat abschnitt und die Lunge da herauszog. †) So starb Lyngve mit großem Heldenmuthe. ††) | Regin sprach da:

> „Nun ist der Blutaar
> Mit scharfem Schwerte
> Auf den Rücken dem Tödter
> Sigmund's geritzt:

) Der auch sonst in gleicher Weise verschwindet, s. oben S. 15⁴. 53.

**) Vgl. oben S. 330¹, wo dieser Akt auch in ganz ähnlicher Weise eingeleitet wird.

***) Das Schwert Ridil, welches er Gest geliehen hatte; s. oben S. 364*.

†) Vgl. oben S. 330 den Text in der Anm. ¹.

††) Ebenso heißt es auch von Ragnar S. 313* und Gunnar S. 278††.

1) Vgl. Vols. S. 79, Z. 10 (schon vor dem Kampfe).

Keinen kühneren
Königssohn giebt es,
Der das Schlachtfeld röthet,
Und den Raben*) erfreut' er." **) [1]

Da ward große Beute gemacht und erhielten Sigurd's Gefolgsleute das alles, denn er [selber] wollte nichts davon haben. Da war ein großer Schatz an Kleidern ‖ 65) und Waffen.

| Darnach erschlug Sigurd Fasni und ebenso Regin, weil dieser ihm nach dem Leben trachtete. Da nahm Sigurd das Gold Fasni's und ritt damit hinweg [2]; seitdem wurde er Fasnistödter benannt. | Hierauf ritt er hinauf zum Hindarsjall, und dort fand er Brynhild ***) [3] | und erging es zwischen beiden so, wie in der Saga von Sigurd †) erzählt wird.

---

*) Eigentlich „Hugin", s. oben S. 78***.

**) Zu der Uebersetzung dieser Halbstrophe vgl. d. Nachtr.

***) Richtiger Sigrdrifa, die die Volsungasaga mit Brynhild zusammenwirft. (Ist hier die Vermengung durch die knappe Form der Inhaltsangabe veranlaßt?)

†) Damit ist nicht, wie vielfach angenommen wird, die Volsungasaga gemeint, sondern der betreffende Abschnitt der Lieder-Edda (von Sinfj. bis Brynh. helr.), der dem Haupttheile unseres Nornagest's-thatt als (theilweise wörtlich benutzte) Quelle diente. Vgl. meine Ausführungen Germ. 24,361 ff.

1) Regm. 26. — 2) Kurze Inhaltsangabe der Fafn. — 3) Kurze Inhaltsangabe des Anfangs der Sigdr.

Sechstes Kapitel.*)

| Darnach vermählte Sigurd sich mit Gudrun, Gjuke's Tochter, und blieb eine Zeit lang dort bei seinen Schwägern.¹) Ich war abwechselnd bald bei Sigurd, bald in Dänemark; ich war auch damals bei Sigurd, als König Sigurd Hring**) die ihm verschwägerten***) Gandalfssöhne zu den Gjukungen, Gunnar und Hogne, sandte und forderte, daß sie ihm Tribut zahlen sollten, oder das Kriegsglück versuchen.†) Sie aber wollten ihr Land wehren.††) Da begrenzten die Gandalfssöhne den Gjukungen

---

*) Ueberschrift: „Hier kämpft Sigurd mit den Gandalfs=söhnen" *S*; „Gest erzählt von Starkad" *F*.

**) Vgl. oben S. 235*.

***) *mága.* Vgl. Fas. 1,380. 388: Gandalfs synir mágar hans (Sigurd Hring's). Näheres über dies Verwandt=schaftsverhältniß wissen wir nicht.

†) Wörtlich: „einen Heerzug erdulden".

††) Die hier zu Grunde liegende Sage findet sich wieder in der Episode des Sachsen= und Dänenkrieges im Nib.=Liede. Auch dort sagen der Dänen= und Sachsenkönig den Gjukungen Fehde an, und Sigfrid kämpft auf der Seite seiner Schwäger gegen jene. Auch Vols. (S. 127¹. 148***. 206,6—10 = Atlam. 95 f.) weiß von Kriegs=zügen, die Sigurd nach seiner Vermählung mit Gudrun in Begleitung seiner Schwäger unternahm, und nennt

¹) Vgl. Vols. S. 126⁴. 125.

einen Kampfplatz*) an der Landesmark und fuhren dann wieder zurück. Die Gjukunge aber baten Sigurd den Fafnistödter mit ihnen in die Schlacht zu ziehen; und das that er. Ich war damals wieder bei Sigurd. Wir segelten da nordwärts nach Holsetaland**) und landeten bei einem Orte Namens Jarnamoda. Unweit des Hafens aber waren die Haselruthen*) aufgesteckt, wo der Kampf stattfinden sollte. Da sahen wir viele Schiffe von Norden her segeln; diese befehligten die Gandalfssöhne. Beide Heere gingen nun an's Land.

Sigurd Hring war nicht dabei, denn er mußte sein Land ‖ 66) Schweden***) vertheidigen, weil die Kuren.†) und Kvänen ††) dort eingefallen waren. Sigurd war damals schon hochbejahrt.

---

als die besiegten Feinde einen Dänen= und Hunen= (d. h. Sachsen=) König (S. 148). Vgl. Müllenhof, Nordalb. Stud. 1,191 ff.; Gesch. d. N. N. S. 32 f. HS. 183 f. 256. Raßmann, Heldens. 1,184 f.

*) Eigentlich: „sie steckten ihn mit Haselruthen (wie das üblich war) ab".

**) Vgl. oben S. 369*.

***) Sigurd Hring herrschte nämlich nach der Bravallaschlacht über Dänemark und Schweden zugleich.

†) Bewohner von Kurland.

††) Ein finnischer Stamm, der zu beiden Seiten des bottnischen Meerbusens wohnte.

Nun stießen die beiden Heere aufeinander; da begann eine heftige und blutige Schlacht. Gandalf's Söhne drangen tapfer vorwärts *), dieweil sie größer und stärker als andere Männer waren.

In ihrem Heere sah man einen gewaltigen und starken Mann, der schlug alles nieder, Mann und Roß, so daß nichts gegen ihn Stand hielt; denn er glich mehr einem Riesen als einem Menschen. König Gunnar bat Sigurd, diesem Teufel in Menschen-gestalt entgegen zu treten, weil, wie er sagte, es sonst nicht gut abgehen würde. Sigurd machte sich nun gegen den großen Mann auf, und einige Männer mit ihm; die meisten jedoch hatten nicht Luft dazu. Wir erreichten bald den ungeheuern Mann (sprach Gest), und fragte Sigurd ihn nach seinem Namen, und wo er her wäre. Er antwortete, er hieße Star-kad, Storverk's Sohn **), [und stamme] vom Norden, von Norwegen her, aus Fenhring. ***) Sigurd sagte, er habe seiner erwähnen hören, zumeist aber im Schlimmen: „solche Männer soll man nicht mit Leid verschonen." Starkad sprach: „Wer ist dieser Mann,

---

*) Vgl. oben S. 369†.

**) Ein berühmter nordischer Sagenheld.

***) Eine Insel an der norwegischen Küste, nicht weit von Bergen.

der mich so sehr mit Worten schmäht?" Sigurd
nannte seinen Namen. Starkad fuhr fort: „Bist du
Fafnistödter benannt?" „So ist's," antwortete
Sigurd. Da wollte Starkad sich davon machen.
Sigurd aber setzte ihm nach, zückte das Schwert
Gram und zerschlug ihm mit dem Gefäß die Kinn-
lade, so daß ihm zwei Backzähne heraussprangen,
und verstümmelte ihn so mit dem Hiebe.*) Dann
hieß Sigurd den Hund**) sich hinweg heben. Da
entwich Starkad. Ich aber nahm den einen Backzahn
auf und trug ihn ‖ 67) bei mir; er hängt nunmehr
zu Lund in Dänemark***) an einem Glockenstrange
und wiegt sechs Öre†), und es scheint den Leuten
eine Sehenswürdigkeit, ihn dort zu betrachten. Nach
Starkad's Flucht aber flohen Gandalf's Söhne.
Wir machten da große Beute. Darnach zogen die
Könige heim in ihr Reich, und saßen nun in Ruhe.

---

*) Eigentlich: „und war das ein Verstümmelungshieb".
Eine Verstümmelung sollte er nämlich nach Thor's Bestimmung (Fas. 3,33) in jedem Kampfe erhalten.

**) Eigentlich: „Hund in Menschengestalt".

***) Schonen gehörte früher zu Dänemark.

†) Öre (Unze) ist der 16. Theil des Pfundes.

Siebentes Kapitel.*)

Kurz darauf hörten wir von der Unthat Star=
kad's erzählen, daß er den König Armod im Bade
ermordete. **)

Eines Tages geschah es, daß | Sigurd zu einer
Versammlung ritt, da gerieth er in einen Sumpf, und
sein Roß Grane sprang sehr schnell und mit solcher
Gewalt heraus, daß der Brustgurt zersprang und die
Spange nieder fiel. Als ich sie nun im Lehm blinken
sah, hob ich sie auf und brachte sie Sigurd; er aber
schenkte sie mir: eben dies Gold habt ihr vor kurzem
gesehen. Sigurd stieg dann ab, und ich striegelte sein
Roß und wusch ihm den Lehm ab. [Dabei] zog ich
ihm einen Haarbüschel aus dem Schweife, zum Zeichen
der Größe des Rosses." Damit zeigte Gest den Haar=
büschel, und war derselbe sieben Ellen lang.***) [1]

König Olaf sprach: „Ich finde großes Ver=

---

*) Ueberschrift: „Hier zeigt (?) der Gest die Sattelspange"
   S; „Gest erzählt von Sigurd" F.

**) Nach andern Quellen hieß der König Ale. Dem Star=
   kad war von Thor beschieden, daß er drei Frevelthaten
   begehn sollte (Fas. 2,32).

***) Eigentlich: „hoch".

1) Vgl. Gestsr. Str. 20—28.

gnügen an deinen Erzählungen." Alle lobten hierauf
seine Geschichten sowohl wie seine Unerschrockenheit.
Der König wollte, daß ‖ 68) er noch viel mehr von
den Begebenheiten erzählen sollte, die sich auf seinen
Fahrten zugetragen. Gest erzählte ihnen [nun noch]
viele interessante Dinge bis zum späten Abend. Darnach ging man zu Bette.

Aber am Morgen darauf ließ der König Gest
[wieder] rufen und wollte sich noch weiter mit ihm
unterhalten. Er sprach: „Nicht kann ich ganz über
dein Alter mit mir einig werden, wie es glaub-
haft werden könnte*), daß du ein so alter Mann
seist, daß du bei diesen Begebenheiten zugegen gewesen. Du wirst noch anderes erzählen müssen,
so daß wir über solche Begebenheiten besser unterrichtet werden." Gest antwortete: „Ich war im
Voraus überzeugt davon, daß ihr noch andere Dinge
würdet von mir hören wollen, wenn ich euch in
Betreff des Goldes sagte, wie es [damit] zugegangen
wäre." **) Der König sprach: „Allerdings sollst du
erzählen."

---

*) Wörtlich: „welche Wahrscheinlichkeitsgründe es sein
können".

**) Vgl. oben S. 356 f.

Achtes Kapitel. *)

„So ist denn noch zu berichten (sprach Gest),
daß ich nordwärts nach Dänemark zog und mich dort
auf meinem Vatererbe niederließ, denn er (mein
Vater) starb bald. **) Kurz darauf vernahm ich
den Tod König Sigurd's sowie der Gjukunge, und
war mir das eine schwere Kunde." Der König
fragte: „Wie kam Sigurd zu Tode?" Gest ant-
wortete: | „So erzählen die meisten Leute, daß Gut-
thorm, Gjuke's Sohn, ihn im Schlafe neben Gudrun
mit dem Schwerte durchbohrte. Deutsche Männer***)
dagegen erzählen, Sigurd sei ‖ 69) draußen im Walde
erschlagen worden. In Gudrun's Klageliede†) aber
heißt es, daß Sigurd mit Gjuke's Söhnen zu einem

---

*) Ueberschrift: „Brynhild spricht im Tode Strophen" (frei
  übersetzt) *S*; „Gest erzählt von Brynhild und der
  Riesin" *F*.

**) skjótt, = früh?

***) Diese speciell=deutsche Sagengestalt kam später nach dem
  Norden als die ältere, im Allgemeinen den Eddaliedern
  zu Grunde liegende. Doch findet sich diese jüngere
  (deutsche) Sagenfassung schon in einzelnen der Eddalieder (Germ. 23,86 f. 335**).

†) Eigentlich „Gudrun's Gespräch (rœdha)", an der entsprechenden Stelle der Liedersammlung „das alte Gudrunlied" genannt. Gudr. II ist gemeint.

Thing (Versammlung) geritten wäre und sie ihn da erschlagen hätten. Darin aber stimmen Alle überein *), daß sie ihn liegend und nichts ahnend erschlugen und ihn in seinem Vertrauen verriethen. [1]

Da fragte einer der Hofleute: „Wie benahm sich Brynhild da?" Gest sprach: | „Brynhild erschlug da sieben ihrer Knechte und fünf Mägde, durchbohrte sich selber mit dem Schwerte [2] und gebot sie mit jenen Leuten zum Scheiterhaufen zu fahren und ihre Leiche zu verbrennen. [3] So geschah es, daß ein Scheiterhaufe für sie, ein anderer für Sigurd errichtet ward, und verbrannte man ihn zuerst. Brynhild aber ward auf einem Wagen gefahren, und war darüber ein Zelt von kostbarem Gewebe und Purpur errichtet, und funkelte Alles wie Gold, und so ward sie verbrannt." [4]

Da fragten sie Gest: „Ist das etwa wahr, daß Brynhild als Todte [noch] Strophen gesprochen, als sie zum Scheiterhaufen gefahren ward. Gest erklärte, daß dies wahr sei. Sie baten ihn, dieselben zu wiederholen **), wenn er sie wüßte. Da sprach Gest:

---

*) Wörtlich: „das wird allgemein gesagt".

**) Eigentlich: „zu sprechen, vorzutragen", vgl. oben S. 280, Z. 17.

1) Meist wörtlich = Brot, Schlußprosa, Z. 2—14. — 2) Meist wörtlich = Gudr. I, Schlußprosa, Z. 6—9. — 3) Vgl. Sig. sk. 65—70. 4) = Prosa vor Brynh. helr., Z. 1—6.

„Als ┊ Brynhild auf dem Todtenwege*) zur Verbren=
nung gefahren ward, kam man mit ihr in die Nähe
einiger Felsklippen. Dort wohnte eine Riesin.[1]
Diese stand draußen vor dem Eingang zur Höhle
und hatte einen Fellrock an; sie war schwarz ‖ 70)
von Antlitz.**) In der Hand hielt sie einen bren=
nenden Baumast, und sprach also: „Hiermit will ich
zu deiner Verbrennung beitragen, Brynhild! Und
besser wärest du lebendig verbrannt für deine Un=
thaten, daß du Sigurd den Fafnistödter, einen so
vortrefflichen Mann, ermorden ließest. Oft habe ich

---

*) Genauer der „Hel=weg", der Weg der in's Todtenreich
der Hel (s. oben S. 71*) führt. Das Gespräch ward
ursprünglich (so auch in der Lieder=Edda) auf dem
unterirdischen Todtenwege nach der Verbrennung
gedacht; unser Verfasser verlegt es irrthümlich auf die
Fahrt zum Scheiterhaufen.

**) Vgl. Fas. 2,127: „Eine Unholdin im Fellrock ... und
schwarz wie Pech". Schwarz wurden auch die Dunkel=
Elfen (unterirdische Seelen) gedacht, und Hel war als
Todesgöttin schwarz; nach der älteren Auffassung als
Lebens= und Todesgöttin (Hel = Holda = Freyja,
s. oben S. 186*) ist sie halb schwarz, halb weiß. Viel=
leicht meinte der Dichter des folgenden Liedes Hel selbst
mit der redenden Riesin. (Gewöhnlich faßt man dieselbe
als Brynhild's personificirtes Gewissen auf.)

[1] Vgl. die Prosa vor Brynh. helr., Z. 6—9.

ihn unterstützt *), und deshalb will ich dich in Strophen ansprechen mit solchen Zornworten, daß du allen noch verhaßter werdest, die solches von dir sagen hören." **)

Hierauf sprachen sie einander beide in Strophen an, Brynhild und die Riesin. ***) | Die Riesin sprach:

„Nicht ist dir beschieden
Zu durchschreiten
Die steingestützten
Höfe mein.
Es ziemte dir besser
Am Webstuhl zu sitzen †),
Als unsere Häuser
Heimzusuchen. ††) ¹

---

*) Vgl. Fas. 3,474 f.

**) Alle diese spezielleren Ausführungen scheinen lediglich Ausschmückungen unseres Verfassers zu sein.

***) Hier ist das Lied „Brynhildar helreidh" vollständig eingeschoben.

†) Teppiche zum (Wirken oder Sticken) ausbreiten. Vgl. oben S. 111***. 144***. 168†.

††) Die Riesin, in der wir vielleicht Hel zu suchen haben (f. oben S. 381**), meint, es wäre weiblicher gewesen nach Sigurd's Tode seine Thaten auf Teppichen darzustellen (vgl. S. 111; wie ähnlich Gudrun that, f. oben S. 168 f.) als sich mit ihm zu tödten und so in Hel's

1) Helr. Str. 1.

Wie darfst du
Vom Schlachtenlande*),
Wankelmüthig Weib,
Mein Haus besuchen?
Du hast den Wölfen,
Willst du's wissen, ‖ 71)
Schändlich vergossenes (?) **)
Männerblut gegeben."[1]

Da sprach Brynhild:

„Nicht table mich drum,
Weib aus der Höhle,
Nahm ich auch früher
Am Kampfe Theil:
Von uns beiden***) werde ich
Als besser gelten,
Wo man die Art
Von uns beiden kennt.[2]

Todtenreich zu kommen, wo sie ohnehin als Odin's Wal=
kyrje nichts zu suchen habe (s. d. folgende Strophe).

*) af Val-landi „von der Wahlstatt", die Odin, dem
Herrn Wal=hall's gehört (s. Germ. 23,417). Unser
Text liest übrigens vá alandi „Weh=Erzeugerin".

**) meini ·blandat. Der Text der Lieder=Edda lautet:
„Du hast, freigiebige Fürstin, Willst du es wissen, Von
den Händen dir Männerblut gewaschen".

***) D. h. von dir und mir; oder vielleicht richtiger: von
Gudrun und mir (Holtzmann); s. auch oben S. 382††.

1) Helr. 2. — 2) Helr. 3.

Die Riesin sprach:

„Du bist, Brynhild,
Budle's Tochter,
Gar unheilvoll *)
Zur Welt gekommen.
Du hast Gjuke's
Kinder vernichtet
Und ihren glücklichen
Hofhalt zerstört. ¹

Brynhild sprach:

„Sagen will ich dir
Wahre Rede, ‖ 72)
Arglistig Weib **),
Willst du es wissen,
Wie mich machten
Gjuke's Söhne
Der Liebe verlustig ***)
Und eidbrüchig. †) ²

---

*) Wörtlich: „unter sehr schlimmen (unheilvollen) Vor=
zeichen".

**) Der Text in der Lieder=Edda weicht hier etwas ab.

***) Das von ihr ersehnte und ihr eigentlich beschiedene Ver=
hältniß gegenseitiger Liebe zwischen ihr und Sigurd.

†) Vgl. oben S. 143***. 151³.

1) Helr. 4. — 2) Helr. 5.

Es ließ (bei Heimi?)
Der muthvolle König *)
Mich, Atle's Schwester,
Unter der Eiche **) wohnen.
Zwölf Winter war ich,
Willst Du es wissen,
Als dem jungen Fürsten ***)
Ich Eide schwor. †)[1]

[Im Gothenvolke (?)
Ließ den alten
Hjalmgunnar ich
Zu Hel ††) wandern;

---

*) Budle (?). — „Bei Heimi", wie S. 387, Z. 3—7 zeigt.

**) Soll vielleicht heißen: „im Walde", draußen in dem im Walde gelegenen Gehöfte Heime's, im Gegensatz zu der Königsburg Budle's (?). Ueber die Auffassung dieser Halbstrophe s. d. Nachtr.

***) Sigurd (nicht Agnar, wie gewöhnlich erklärt wird) ist gemeint (s. Germ. 23,414 f.); vgl. oben S. 116[1].

†) In der Lieder=Edda folgt hier die Halbstrophe: „Mich hießen Alle In Hlymdal Hild unterm Helme, Wer mich kannte." In Hlymdal wohnte Heimi, der Schwager Brynhild's, bei dem sie sich aufhielt, vgl. oben S. 109 bis 111; unten S. 387 †. — Die folgenden drei Strophen unterbrechen den Zusammenhang, s. unten S. 387 **.

††) S. oben S. 71*.

1) Helr. 7.

Sieg gab ich dem jungen
Bruder Auda's;
Drob ward mir Odin
Heftig erzürnt. *) [1]

Er umschloß mich mit Schilden
In Skatalund ‖ 73),
Mit rothen und weißen,
Schild stieß an Schild. **)
D e r sollte, gebot er,
Vom Schlaf mich erwecken,
Der nie und nirgend
Furcht gekannt. [2]

Um meines Saales
Südliche Seite
Ließ hoch er flammen
Des Holzes Vertilger. ***)
Dem Einen †) erlaubt' er
Hinüber zu sprengen,

---

*) Denn Odin hatte ihm den Sieg verheißen, s. Sigdr.
  Prosa nach Str. 2, Z. 7 f. Oben S. 96.

**) So nach dem besseren Text der Lieder=Edda. Nth.
  reyndar svæfdha.

***) Das Feuer (der Waberlohe).

†) Wörtlich: „Dem Helden allein“.

1) Helr. 8. — 2) Helr. 9; Vols. 95*. 96⁶. — Zu 1) und 2) vgl. Sigdr.
  Prosa nach Str. 2, Z. 13—21. Fafn. 42,5—8 (und dazu Germ.
  23,165); 43,5—44,1.

Der das Gold mir brächte,
Drauf Fafni lag. *) ¹] **)

Es ritt der edle
Goldspender ***) auf Grane
Dahin, wo hauste
Mein Pflegevater †).
Er allein erschien dort,
Der Dänenkämpe ††),
Werther als alle
In der Mannenschaar. ²

---

*) Der also Fafni vorher erschlagen und sich dadurch als gänzlich furchtlos erwiesen hätte.

**) Die 3 eingeklammerten Strophen unterbrechen den Zusammenhang: sie sind fälschlich hierher gerathen, aus einem Liede, dessen Prosa=Auflösung (in etwas abweichender Gestalt) in Sigdr. Prosa nach Str. 2, Z. 3—21 vorliegt. Dort entspricht Z. 3—12 einer, unsern dreien vorhergehnden Strophe.

***) D. h. Fürst: Sigurd.

†) Heimi in Hlymdal, s. oben 385†.

††) víkingr Dana. Selbst wenn Danir hier in dem weitern Sinne = Nordleute („der nordische Held?") gefaßt wird, bleibt diese Bezeichnung Sigurd's doch auffallend, da Sigurd auch in der nordischen Sage noch als fränkischer Held erscheint. Darf man an Sigmund's Aufenthalt in Dänemark (s. oben S. 361 f.) denken, oder daran,

1) Helr. 10. Vgl. Fafn. 42,1—4; 43,1—4; 44,5—8; Vols. S. 142**. — 2) Helr. 11.

Wir schliefen zufrieden
Auf einem Lager,
Als ob von Geburt ‖ 74)
Er mein Bruder wäre:
Keines von beiden
Durft' um das andre
In acht Nächten
Den Arm schlingen. [1]

Das warf Gudrun mir vor,
Gjufe's Tochter,
Daß ich in Sigurd's
Armen geschlafen:
Da ward ich des inne,
Was ich nicht wollte *),
Daß sie mich täuschten
Bei der Vermählung. [2]

Es werden mit Sorgen (Hader?)
Allzu lange
Männer und Frauen
Das Leben verbringen **):

daß eine Fassung der Sage Hjalprek's Reich in Dänemark gedacht zu haben scheint (s. oben S. 60. Z. 9. 168.
369***)? Oder ist Danir ganz allgemein = „Helden“,
„Krieger“ gebraucht, wie z. B. Herv. s, S. 255, Bugge
(s. d. Anm. S. 358)?

 *) D. h. was ich lieber nicht gewußt hätte.
**) Wie auch wir bisher. Ueber die Auffassung dieser
   Halbstrophe s. Germ. 23,416.

1) Helr. 12. — 2) Helr. 13.

Uns ward beschieden
Gemeinsamer Tod,
Sigurd und mir *):
Versink nun, feige Riesin!" ¹

Da stieß das Riesenweib ein fürchterliches Geschrei aus, und stürzte hinein in den Berg."

Hierauf sagten die Hofleute des Königs: „Das
ergötzt uns, erzähle noch mehr." Der König [aber]
sprach: „Es ist nicht nöthig, noch mehr von solchen
Dingen zu erzählen." ‖ 75)

Der König fragte [darauf]: „Warst du etwa
[auch] bei den Lodbrokssöhnen**)?" Gest antwortete:
„Nur kurze Zeit war ich bei ihnen, und zwar kam
ich zu ihnen, als sie im Süden bei den Alpen heer-
fahrteten und Vifilsburg brachen. ***) Da war alles in
Schrecken vor ihnen, weil sie überall sieghaft waren,
wohin sie nur kamen; | und sie gedachten damals gen

---

*) Damit kommt Brynhild auf den Vorwurf der Riesin
  zurück, daß es ihr nicht geziemte, Sigurd in den Tod
  zu folgen; s. oben S. 382††.
**) Dies ist die gewöhnliche Bezeichnung der Söhne Ragnar
  Lodbrok's, s. darüber Storm, Ragn. Lodb. S. 57—63.
***) Wie oben 299 f. erzählt ist.
1) Helr. 14.

Rom zu ziehen. *) ¹ Eines Tages geschah es, daß ein Mann vor König Bjorn Eisenseite **) trat und ihn begrüßte. Dieser nahm ihn freundlich auf und fragte ihn, von wannen er käme und wie er hieße.² Jener sagte, er heiße Sones ***) und komme von Süden her aus Rom. ³ Der König fragte: „Wie weit ist es bis dahin?" Sones antwortete: „Hier kannst du, König, die Schuhe sehen, die ich an den Füßen trage." ⁴ Damit zog er Eisenschuhe von seinen Füßen, die waren oben sehr dick, aber unten ganz abgelaufen: „So weit ist der Weg von hier bis

---

*) Vgl. Ragnarssaga, Kap. 13. Die folgende Episode giebt in knapperer und wie es scheint ursprünglicherer Form (f. z. B. die folgenden Anmerkungen) den Inhalt dieses Kapitels wieder. Trotz mancher wörtlicher Berührungen kann unsere Darstellung sehr wohl auf mündlicher Tradition beruhen. Sollte indessen die Ragnarssaga die Quelle gewesen sein, so müßte eine ältere, kürzere Gestalt derselben vorgelegen haben; f. d. Einl. (Vgl. auch Storm, Ragn. Lodb. S. 112.)

) Daß Bjorn hier als Leiter des Zuges erscheint, ist ursprünglicher, f. Storm ebd. Vgl. oben 339†. 340*.

***) Auch die Erhaltung des Namens beruht auf ursprünglicherer Ueberlieferung, f. Storm ebd.; Bugge, S. 80.

1) Vgl. Ragn. s. S. 300, Z. 7—9. — 2) vgl. ebd. S. 300, Z. 16 bis 301, Z. 1. — 3) vgl. ebd. S. 301, Z. 1—9 (viel ausführlicher, doch ohne den Namen). — 4) = Ebd. Z. 8—12.

nach Rom, wie ihr hier an meinen Schuhen sehen könnt, wie arg sie mitgenommen sind." [1] [Da] sprach der König: „Das ist ein gar sehr weiter Weg (ihn zu ziehen), und so wollen wir umkehren und nicht in das Römerreich heerfahrten." Das thaten die Brüder auch, und zogen nicht weiter. [2] Das Heer aber fand es verwunderlich, auf Eines Mannes Wort hin umzukehren. | Damit zogen die Lodbroks= söhne heim [3] und heerten nicht fürder im Süden."

König Olaf sprach: „Es ist augenscheinlich, daß die heiligen Männer in Rom ihren Uebergang*) dahin nicht wünschten, und es wird ‖ 76) jener Geist von Gottes Macht gesandt worden sein, da so ihr Vorhaben aufgegeben ward, und sie keine Gewalt= thaten in der heiligsten Stadt begingen."

Neuntes Kapitel. **)

Weiter befragte der König Gest: „Bei welchem Könige, zu dem du gekommen, hat es dir am besten

---

*) Ueber die Alpen? Nach Ragnarss. waren sie freilich schon in Luna. Ist also zu übersetzen: „ihren Ueber= muth [sich] nicht dorthin [wenden lassen] wollten?"

**) Ueberschrift: „Erzählungen Nornagest's" S; „Von des Königs Fragen an Gest" F.

1) Vgl. Ragn. s. S. 301, Z. 12—18 (obiger Text kürzer und anscheinend ursprünglicher). — 2) vgl. ebd. Z. 19—21. — 3) vgl. ebd. S. 301, Z. 21 bis 302, Z. 1.

gefallen?" *) Gest antwortete: „Am meisten Freude
fand ich bei Sigurd und bei den Gjukungen, bei den
Brüdern aber, den Lodbrokssöhnen, konnte Jedermann
am freisten nach seinem Gefallen leben. Aber bei
König Eirek in Upsala **) war das größte Wohlleben;
König Harald Schönhaar ***) aber hielt am strengsten
unter allen Königen auf (höfisches) Benehmen und
Hofsitte. Ich war auch bei König Hlodve †) in
Sachsenland ††), und dort ward ich [mit dem Kreuze]
eingesegnet, denn ich durfte sonst nicht da bleiben,
weil dort das Christenthum hoch gehalten ward; und
da gefiel es mir in jeder Beziehung am besten."

Der König sprach: „Mancherlei Kunde wirst
du berichten können, wenn wir fragen wollen." Er
fragte darauf nach vielem, [und] Gest gab ihm über

---

*) Wörtlich: „Wo bist du in der Weise zu Königen ge=
kommen, daß es dir am besten gefallen hat?"

**) Erich, der Upsala=König († 885), der Sage nach Bjorn
Eisenseite's Urenkel, scheint gemeint zu sein.

***) Der bekannte Einkönig von Norwegen, s. oben S. 333¹.

†) D. h. Hlodowech (Chlodwig = Ludwig), s. H. Zschr. 23,
167. Einer der Karolingischen Ludwige (der Fromme
oder der Deutsche?) scheint gemeint? Vgl. übrigens
die folgende Anmerkung.

††) Saxland bezeichnet in nordischen Quellen zunächst Sachsen,
wird aber nicht selten ungenau auf ganz Deutschland
übertragen.

das alles genau Bescheid, und zuletzt sprach er also:
„Jetzt kann ich euch erzählen, warum ich Norna-Gest
benannt bin." Der König sagte, er wollte es [gerne]
hören.

Zehntes Kapitel. *)

„Das geschah damals, als ich bei meinem Vater
aufwuchs, in dem Orte, der Gröning **) heißt. Mein
Vater war reich an Geld und Gut und führte einen
großartigen Haushalt. Es zogen ‖ 77) damals dort
Volven ***) durchs Land, welche Wahrsagerinnen genannt wurden, und weissagten den Leuten ihr Schicksal. Deshalb ladeten viele Männer sie zu sich ins
Haus, bewirtheten sie und gaben ihnen beim Abschied
werthvolle Kleinodien. Mein Vater machte es auch
so, und kamen sie mit großem Gefolge †) zu ihm

---

*) Ueberschrift: „Hier wird davon berichtet, was die Nornen
über Lebenszeit und Lebensgeschick [Gest's] im Voraus
bestimmten" S; „Norna-Gest wird auf des Königs Ver-
anlassung getauft" F.

**) S. oben S. 347, Z. 2.

***) S. oben S. 46**. 263**. Hier zu herumziehenden
Wahrsagerinnen herabgesunken (wie z. B. auch in der
Saga von Eirek dem Rothen).

†) Eigentlich: „mit einer Schaar von Männern (Leuten)".

und sollten mein Schicksal weissagen. *) Ich lag da=
mals in der Wiege **), und als sie über meine Sache
(Schicksal) ihren Spruch abgeben sollten, brannten
über mir zwei Wachskerzen. Sie sprachen Günstiges
über mich und sagten, ich würde ein gar glücklicher
Mensch werden, und so sollte es mir in allen Dingen
ergehn. Die jüngste Norn ***) fühlte sich von jenen
beiden zurückgesetzt, weil sie sie nicht befragt hatten. †)
Auch war da viel rohes Gesindel, welches sie von
ihrem Sitze stieß und zu Boden warf. Hierüber
ward sie entrüstet, rief laut und zornig [drein] und
hieß jene mit so günstigen Verheißungen inne halten:
„denn ich bescheide ihm, daß er nicht länger leben

---

*) Das ist jüngere Auffassung. Eigentlich bestimmten
sie das Schicksal. Denn es sind die Nornen, die hier
fälschlich Volven genannt werden. Diese bestimmen auch
sonst das Schicksal des Kindes, s. oben S. 40*. 64*.
87**.

**) Vgl.: „Das ward mir nicht an der Wiege gesungen".

***) S. oben Anmerkung.*) Es steht übrigens hin yngsta
nornin (= „die jüngste, die Norn?). Sollen nur die
beiden ältern als Volven bezeichnet werden? Vgl. unten
S. 395** „die ältere Volva".

†) Ebenso spricht über Dornröschen die dreizehnte „weise
Frau" den Fluch, weil sie nicht geladet ist. Diese weisen
Frauen, welche dem Kinde ihre Wundergaben verleihen,
entsprechen natürlich den Nornen.

soll, als die Kerze brennt, die hier bei dem Knaben angezündet ist." *)

Hierauf ergriff die älteste **) Volva die Kerze, löschte sie aus, und hieß meine Mutter dieselbe aufbewahren und nicht eher anzünden, als in meinen letzten Lebenstagen. Dann gingen die Wahrsagerinnen fort, und banden die junge Norn ***) und führten sie so hinweg, mein Vater aber gab ihnen reiche ‖ 78) Geschenke beim Abschiede. Als ich nun völlig erwachsen war, übergab meine Mutter mir diese Kerze zur Verwahrung; ich habe sie nun hier bei mir."

Der König sprach: „Was führte dich nun zu uns her?" Gest antwortete: „Es kam mir so in den Sinn: ich gedachte, daß mir von euch irgend ein Glück zu Theil werden würde, dieweil ihr von vornehmen und weisen Männern hoch gepriesen werdet."

---

*) Dies „Lebenslicht" ist Symbol des Lebens, wie das noch heute in mancherlei Gebräuchen zu Tage tritt. (Rochholz, Glaube und Brauch 1,165 ff.) Das Märchen vom „Gevatter Tod" (Grimm, Nr. 44) zeigt uns eine große Höhle, in welcher viele, viele Lichter brennen; jedes ist das Lebenslicht eines Menschen; manche sind eben erst angezündet, manche dem Verlöschen nahe. — Die Verwandtschaft mit der griechischen Sage von Meleager ist unverkennbar.

) Eigentlich steht: „die ältere"; vgl. oben S. 394*.

***) Hier steht norn, nicht nornin.

Der König fragte: „Willst du jetzt hier die Taufe annehmen?" Gest antwortete: „Das will ich nun nach euerm Rathe thun." So geschah es denn; der König gewann ihn lieb und machte ihn zu einem seiner Hofleute. Gest ward ein gläubiger Mann *) und beobachtete fleißig die vom Könige eingeführten Sitten. **) Er war auch beliebt bei den Leuten.

Elftes Kapitel. ***)

Eines Tages geschah es, daß der König Gest befragte: „Wie lange möchtest du noch leben, wenn es in deiner Macht stände?" Gest antwortete: „Nur noch kurze Zeit, wenn es Gott wollte." Der König sprach: „Wie lange würde es währen, wenn du deine Kerze nähmest, von der du erzählt hast?" Da nahm Gest seine Kerze aus seinem Harfenkasten. †) Der König hieß sie anzünden; das geschah, und als die Kerze angezündet war, brannte sie schnell nieder. Da fragte der König Gest: „Wie alt bist du?"

---

*) D. h. guter Christ.

**) konungs sidhum; oder ist allgemein „Hofsitte" gemeint?

***) Ueberschrift: „Nornagest stirbt" S; „Nornagest's Tod" F.

†) Das hölzerne Gestell der Harfe scheint gemeint zu sein, worin ja auch Heimi die kleine Aslaug verbarg, s. oben S. 222 ff.

Gest antwortete: „Ich bin nunmehr dreihundert
Winter alt." „Gar sehr alt bist du," sagte der König.
Gest legte sich da nieder und bat, ihm die letzte
Oelung zu geben. Das ließ der König sogleich thun;
und als es geschehen, war nur noch ein wenig von
der Kerze unverbrannt. Da erkannte man, daß ‖ 79)
es mit Gest zu Ende ging; und sobald als die Kerze
verbrannt war, verschied auch Gest *); und schien Allen
sein Tod merkwürdig; der König legte auch seinen
Erzählungen große Bedeutung bei, und schien es sich
hinsichtlich seines Lebens zu bestätigen **), wie (was)
er erzählt hatte.

---

*) Wörtlich: „Das war auch gleich schnell, daß die Kerze
verbrannt war und Gest verschied".

**) Weil sich die Geschichte von dem Lebenslichte ja bestätigte.

Nachträge

nebst einigen Berichtigungen.

S. 13**: bran(d)stokkr ist vielleicht die richtige Lesung, von brandr (Schwert), = „Schwertbaum", so daß der Baum den Namen erst davon erhalten hätte, daß Odin sein Schwert in denselben hinein stieß.

S. 17, Z. 13: „die unserm Geschlechte angeerbt ist," ist freie Uebersetzung von ok kynfylgju várri.

S. 19, Z. 9: „(ihr und) König Siggeir's Vornehmen". Die beiden ersten Worte stehn besser in Klammern. Sie entsprechen allerdings dem Originaltext und lassen sich allenfalls dadurch erklären, daß Signy in den Plan ihres Gemahls eingeweiht war; doch fehlen sie besser.

S. 21, Z. 3 f.: Vgl. unten S. 194³.

S. 24, Z. 13: Am Ende des Absatzes ist hinzuzufügen: „Da gingen sie heim und sagten Signy, wie es stände".

S. 29, Z. 18: „Sigmund schien [Sinfjotle]", besser: „Er (Sinfjotle) schien Sigmund . . ."

S. 39, Z. 13: „freudig", besser „willig".

S. 40, Z. 1: lies „der sich nach König Volsung darein . . ."

S. 41, Z. 6: lies „über das Heervolk".

S. 42, Z. 3: lies „bis zu den Bannern der Söhne König Hunding's".

S. 42*: Vgl. S. 229††. 253†.

S. 45, Z. 11 f.: Vgl. Fas. 2,273 f.

S. 46**: Neuerdings ist das Wort von Bang und Bugge (Bang, **Völuspaa og de Sibyllinske Orakler**, Christiania 1879) für ungermanisch und für eine Entstellung aus [Si-]**Bylla**, Sibylle erklärt — eine Erklärung, gegen welche doch manche Bedenken bleiben.

S. 51, Z. 12: „Kost und Wirthschaft"], föngum, sonst über=setzt: „nach besten Kräften" oder „auf's Köstlichste".

S. 55, Z. 6: „übertraf da ein Tag immer noch den andern in der Bewirthung"], wörtlich: „ward da an einem Tage immer noch besser bewirthet als am andern und mit größerem Eifer".

S. 55, Z. 10: Nach „ihm" ist hinzuzufügen: „und bewachte nun sein Reich".

S. 55, Z. 13: Die Uebersetzung ist S. 212** berichtigt.

S. 56, Z. 11 ff.: Zu der Schlachtschilderung vgl. S. 80* u. s. w., sowie ähnliche Schilderungen in der Ragnarssaga.

S. 58, Z. 6 f.: Vgl. Nth. S. 363.

S. 58, Z. 11—S. 59, Z. 15: Vgl. das färöische Lied Regin smidhur, Str. 9—18. 21. 24.

S. 59, Z. 13 f.: Die Worte **ek mun nú vitja frænda várra frammgenginna** beruhen gewiß auf einem Liede, wie überhaupt das ganze vorhergehende Gespräch, was schon Müllenhof (H. Zschr. 23,137) mit Recht betonte. Vgl. Herv. s. (Bugge) S. 312: **Nu fysir mik, | fostri, at vitja | framgenginna | frenda minna.**

S. 60, Z. 9: „Von Dänemark", vgl. S. 369***. 387††.

S. 62, Z. 18: Lies: „lange genug".

S. 67[1]: Vgl. das färöische Lied Regin smidhur, Str. 53—55.

S. 67, Z. 15 ff.: Vgl. Thidr. s. 2,455. 457 f.

S. 69, Z. 9: „Stromfalle"] lies „Strome".

S. 74: Zu Kap. 15, Absatz 1—3 vgl. das färöische Lied
Regin smidhur, Str. 49—50. 62—85.

S. 75, Z. 16: „und es"] lies „und er", nämlich der Floß.

S. 76, Z. 14: Lies „Regin. | Da".

S. 78, Z. 6: Lies „Da Führer wäre".

S. 81, Z. 4: Genauer wäre folgende Uebersetzung: „···
mag, wo das Heer des Landes [stets] zuströmt, daß es
doch ..."

S. 81*: Lies S. 56, Z. 18. 321**.

S. 82, Z. 8: Nach „pflegte" ist hinzuzufügen: „wenn er
sich zum Wasser begab".

S. 91, Z. 11: „Sigurd"] so die Hdschr. wohl irrthümlich
statt „Regin" (= Fafn.), wie schon Bugge vermuthete.
Ridil ist Regin's Schwert, vgl. S. 364*. 371***.

S. 93, Z. 4: „siebente"] lies „sechste".

S. 94, Z. 15: Lies „er vor sich ein großes".

S. 97, Z. 1: „wenn es euer Wille ist, und" ist zu streichen.

S. 107, Z. 10 ff.: Vgl. oben S. 64, Z. 7 ff.

S. 108††: Vgl. Rigsth. 35 und unten S. 111*.

S. 116, Z. 8: „Aeußerung"] besser „Erklärung".

S. 116¹: Ergänze Helr. 7,7 f.

S. 119, Z. 19: Lies „[Hamund's]". Der Name des Vaters
fehlt in der Hdschr.

S. 122*: Vgl. unten S. 232***. (167³. 208⁴).

S. 124, Z. 24: „sollt ihr Eide leisten"] nämlich einander.

S. 177, Z. 16: Die Notenziffer ⁴ ist in ⁵ zu ändern.

S. 181*: Vgl. noch S. 125, Z. 15; S. 265*.

S. 199²: Vgl. S. 304**.

S. 200: Statt ** lies ***, statt *** lies **.

S. 232¹: Vgl. noch Herr. s. S. 233, Z. 10—12.

S. 232†††: Saxo S. 335: Huic (Alvildæ, d. i. Alf-Hildæ) pater in arctam admodum custodiam relegatæ viperam angvemque educandos commisit, pudicitiam ejus adultorum tandem reptilium custodia vallaturus ... Statuit etiam, ut, si quis ejus aditum frustra tentasset, protinus **amputandum caput paloque refigendum** præberet. Letzterer Zug findet sich bekanntlich in verschiedenen Gestaltungen der deutschen Hildensage wieder, aber so gewandt, daß alle um die Königstochter werbenden Boten das Haupt verlieren, s. Gudrun (ed. Martin), Str. 202. 228; Ortnit. Str. 19 (sô sich die zinnen an. zwei und sibenzic houbet hât er gestecket dran, die er durch der frouwen willen hât boten abe geslagen); Oswald (ed. Ettmüller) 307—12; Rother (ed. Rückert) 82 f. Vgl. auch Nib.=Lied (ed. Bartsch), Str. 327. 425.

S. 233***: Vgl. Liebrecht, Germ. 5,49 f. und „Orient und Occident" 1,566; Mannhardt, Germ. Myth. 149 ff.; Schwartz, Ursprung der Mythologie, S. 63 (über das Wachsen des Goldes); Maurer, Isländische Volkssagen, S. 174 f.

S. 233[1]: Vgl. Herr. s. S. 233, Z. 14—17; auch hier: „sie ließ Gold unter ihn legen".

S. 233[2]: Vgl. Herr. s. 233, 17 f.

S. 234[1]: = Herr. s. 233, 18—21, fast wörtlich übereinstimmend.

S. 234[2]: Vgl. Herr. s. 233, 22.

S. 234[3]: Vgl. Herr. s. 233, 22—26.

S. 234, Z. 10 f. (Ziffernote 234[4]): = Herr. s. 233, 26.

S. 236*: Vgl. Krákm. Str. 1. Herr. s. S. 233, Z. 27 ff.

S. 236†: Die Speernägel] vielmehr „den Speernagel", denn es ist nur einer.

S. 238**: Nach Herrn Professor Bugge's Mittheilung liest die von ihm theilweise entzifferte Handschrift brádhrádhin[n] mi' (d. i. mér) daudi. Also ist vielleicht zu construiren: ek skal hafa böl, nema daudhi, brádhrádhinn mér, bíti til hjarta heidharlax hringlegginn (vgl. Háv. 85,4) vell-smjúgi (?). Man vermißt eine Anspielung auf den Hort, auf dem der Drache liegt: sollte also vel statt vell stehn und in smjúgi [ein Kasus einer sonst nicht belegten substantivischen Bildung zu smjúga (?) oder] eine entstellte Form vorliegen?

S. 247, Z. 10: Vgl. S. 352* und dazu d. Nachtr.

S. 256†: Vielleicht ist zu lesen: thrjár (d. i. thríar) skulum threyja ok thó saman byggja hýjar-nætr í höllu.

S. 269, Z. 4 (= 283, Z. 7): „um"] theirrar tídhar, at „in der Absicht (dem Bestreben), zu ... vgl. tídhr bei C.-V. 633ᵇ unter II, 2.

S. 276¹: Vgl. unten S. 332*.

S. 280*: hvat segi thér allný[tt] konungsspjalli: „was sagt ihr als neueste Kunde von den Königen?" Die Anrede thér „ihr" kann im Munde der Königin den Mannen gegenüber nur mehrere meinen; sollte also konungsspjalli = „Königsgenoß" sein, so müßte der Plural stehn. Ich halte spjalli für einen (instrumentalen) Dativ von spjall „Kunde, Bericht" [oder ist spjalla (Gen. Plur.) zu lesen?]; dann muß nýtt statt ný gelesen werden. spjalli als Neutrum Plur. zu fassen ist wegen der Brechung ja nicht wohl möglich.

S. 280†: Dem Text liegt folgende Construktion zu Grunde: thér segju vér thínna sona [statt kona; oder thína sonu?]

daudha, that's naudh: örlög einka-t (d. i. einka „ge=
währt", 3. Plur. und die Negation at) manni „sonum
Thóru, elli. Da man aber sonum Thóru kaum als Appo=
sition zu manni fassen kann, wird in manni ein Fehler
stecken, aber welcher?

S. 282*: Vgl. S. 389**.

S. 295 (Ziffernote 295²): Zu Kap. 12, Anfang, vgl. Rsth.
354, 25 ff.; Nth. S. 359.

S. 295*: Vgl. S. 314**. 315††.

S. 298, Z. 17 ff.: Diese Kriegslist ward im Jahre 1154/5
von Kreuzfahrern angewandt, s. Storm, Ragn. Lodbr. S. 112.

S. 300 (Ziffernote 300¹): Zu Kap. 13, Anfang, vgl. Rsth.
354, 28 f.

S. 300, Z. 7 (Ziffernote 300²): Vgl. Rsth. 355, 1 f.;
Nth. S. 390¹.

S. 300, Z. 16—301, Z. 9 (Ziffernote 301¹): Vgl. Nth.
S. 390². ³.

S. 301, Z. 9—18 (Ziffernote 301²): Vgl. Nth S. 390⁴.
391¹ (z.-Th. wörtliche Uebereinstimmung).

S. 301, Z. 19—302, Z. 1 (Ziffernote 302¹): Vgl. Nth.
S. 391². ³.

S. 305**: Zu construiren scheint: Hvat er that? heyri ek nú
[baugs(?)brjót thjóta ór baugum (?) oder brjót (?) thjóta
ór baugs-baugum (?). In baugs (baux Hdschr., bör die Ab=
schrr.) brjót kann eine entstellte Wind=kenning (Umschreibung)
stecken, baugum (d. i. bögum wäre dann in brögnum zu
bessern: „Wind aus den Männern" = „Hauch, Laut (des
Unwillens), den die Männer ausstoßen"? Oder ist in
baugs baugum (statt bödhmum oder dgl.? oder bágum,
vgl. menstrídhir) eine Mann=kenning versteckt? Dann
müßte brjót etwa aus einem Worte für „Gemurmel" ent=

26*

stellt sein. Es folgt nun der Inhalt des Gemurmels: at menn Mundils **mara** (oder **marar**, statt **mars**: Mundils **marr** = Schiff), d. h. „daß die Seehelden" | svá **mærdhrofnir** hafna? „so ruhmvergessen (ruhmlos) ent= rathen (nämlich **mærdh** „des Ruhmes"). Oder ist **baugs brjót** (als Dativ) hierherzuziehen: hafna baugs brjót „den Fürsten" (mich) verlassen (vgl. Kormakssaga S. 50, Z. 12)? Oder endlich ist **hafna** absolut zu fassen = „navem in portum appellere"? Die Hdschr. liest **svamdr⌐ ofnir**. Da die übergeschriebene Abkürzung ⌐ = er (ir) leicht zu weit nach hinten gerathen sein kann, kann ur= sprünglich gestanden haben svam⌐drofnir = sva merd- rofnir (mit dem Stabreim auf m). Grade die Ver= schiebung des Abkürzungszeichens kann die Veranlassung zu der falschen Worttrennung geworden sein. Vielleicht ist also zu construiren: heyri ek thjóta ór *brögnum, **at menn Mundils marar svá *mærdhrofnir hafna baugs brjót.**

S. 315***: Freys **leikr (leikar)** wird das Julfest meinen, wie deutlich in den Haraldsmál 6,4 (Möbius, Edda, S. 228): Es soll als besonderes Zeichen unermüdlichen Thatendranges gelten, daß Bjorn das Julfest nicht in gemächlicher Ruhe zu Hause verlebt, sondern in fremdem Lande mit kleiner Schaar unter beständigen Kämpfen. Ich construire jetzt: **that var fyrst er fórum: ek tók heyja Freys leika í Rómaveldi, thar er áttum einiga öld** (öld = Schaar von 80 Mann? oder steckt darin ein Fehler?). Demgemäß übersetze ich nun: „Zuerst auf unsrer Fahrt war's: Freys Spiel that ich feiern, Wo wir wenig Mannen hatten, im Römerreiche."

S. 316, Z. 7 f.: Vgl. oben S. 111*. 114, Z. 3.

S. 316, Z. 8—11: Vgl. oben S. 279, Z. 8—10. 12 f.

S. 330***: Obiges ist die wörtliche Uebersetzung des Textes der Hdschr. Nach dem in der Anm. Gesagten wird aber richtiger zu lesen sein: . . . særr; [ok] ádhr . . . lýkr, lætr hann líf sitt, und demgemäß zu übersetzen: „und bevor diese Arbeit vollendet war, ließ er sein Leben".

S. 333*: Die einzige allenfalls mögliche Erklärung von illa = „kaum, schwerlich", ist hier deshalb nicht anwendbar, weil vidh ordhstír nicht wohl „in Bezug auf Ruhm" übersetzt werden kann, zumal die formelhafte Wendung deyja vidh ordhstír („mit Ruhm sterben") auch hier jedenfalls zusammengefaßt werden muß. Ich verbinde jöfurs falli („im Vergleich mit der Art, die der Fürst [Hvit=serk] fiel") mit hvat — bedh enn betra — und sik leggja. alvaldr (Hvitserk) deyr vidh ordhstír allan (oder allra) fasse ich als parenthetischen Satz.

S. 337**: Solche Wettgespräche (kappmæli), Mannver=gleichungen in Verbindung mit Wetttrinken (Weinhold, Altn. Leb. 464), waren eine beliebte Lustbarkeit; vgl. z. B. Halfs s. S. 26 ff. und Fas. 2,271 ff.

S. 338†: Zu construiren scheint ylgr gein mönnum of svíra blódhi rodhna. aldri kann nicht richtig sein: ver=muthlich öldri „beim Gelage"; vgl. vitnis öldr, Gera öldr. Sollte gein öldri verbunden werden können, obgleich gína sonst wohl niemals mit Dativ, sondern nur mit Prä=positionen verbunden wird? Aber eyra grát? Ist es eyra grátt? oder eyrar grát „Strand=Thränen" = Blut, und etwa eyrar grát[s] zu öldri? hardhm. bis hvedhnu ist wohl parenthetischer Satz, s. übrigens Egilsson S. 301ᵇ.

S. 341*: Der Munarvag wird sonst noch mehrfach in Ver=bindung mit Samsey genannt, z. B. Herv. s. S. 302,8 f. 314,5—11.

S. 342, Str. 39,7 f.: = Herv. s. (Bugge) S. 312, Z. 13 f.

S. 348, Z. 5—8: Die Ereignisse, auf welche hier angespielt wird, sind ausführlich dargestellt Flat. 1,110—113.

S. 352*: kunna at sjá (til „in Bezug darauf") heißt gerade wie S. 247,10 (Fas. 1,245, Z. 10): „zu prüfen, zu ur= theilen verstehn". Vgl. auch 355**.

S. 364, Z. 14 f.: Ueber solche Schuhe vgl. Weinhold, Altn. Leb. 164 f., wo auch über die S. 14, Z. 20 f. erwähnten Hosen gehandelt ist.

S. 368**: Vor der Bravallaschlacht (f. S. 235**) lehrt eben= falls Odin Sigurd Hring diese Schlachtordnung, wodurch derselbe Harald besiegt (Fas. 1,380).

S. 372, Z. 1—4: Es ist wohl Sigurd, nicht Lyngve, gemeint; vgl. Z. f. d. Phil. 4,446. Daher habe ich mich bei der Uebersetzung an den Text der Lieder=Edda gehalten, statt rydhi (was nur conjunctiv perfecti sein könnte) aber rýdhr gelesen: „Kein Königssohn, der streitbar ist (sá er fold rýdhr), ist (war, Nth.) tapferer, und er (Sigurd) er= freute den Raben." Eine Construction nach dem Sinne; denn der Sinn der ersten drei Zeilen ist: „Sigurd ist (war) tapferer als alle andern streitbaren Königssöhne und . . ."

S. 385, Z. 1—4: Diese Halbstrophe, in der Lieder=Edda und im Nth. sehr abweichend überliefert, bietet für die Erklärung bedeutende Schwierigkeiten. Ich habe Germ. 23,413 ff. darüber gehandelt. Ich halte die Lesung im Nth. im Ganzen für die bessere und lese: Lét [mik at Heimis (? mik af harmi Nth., hami vára L.=E.) hugfullr konungr [Atla (oder Atli?) systur (so Nth.; átta systra L.=E.) undir eik búa (so Nth.; borit L.=E.). — Zu Vers 5 ff. vgl. Sig. sk. 34,5 f.

Erklärung

der in den Anmerkungen gebrauchten Abkürzungen.

~~~~~~

Akv. = Atlakvidha, wie alle Eddalieder citirt nach der Ausgabe
von Hildebrand.

Atlam. (Am.) = Atlamál.

Beitr. = Beiträge zur Geschichte der
deutschen Sprache und Literatur,
hergg. von Paul und Braune.

Brot = Brot (Bruchstück) af Sigur-
dharkvidhu [inni löngu].

Bugge S. = Bugge, Norrœne
skrifter etc., S.

Bugge, Röksten. = Bugge, Tolk-
ning af runeindskrifter på
Rök-stenen i Östergötland,
Stockh. 1878.

Kassel (lies vielmehr Cassel), der
Schwan = Paulus Cassel, der
Schwan in Sage und Leben.

cod. reg. = codex regius.

C.-V. = Cleasby-Vigfússon, Ice-
landic-English dictionary.

Dänische Volkslieder werden citirt
nach

DGF. = Danmarks gamle folke-
viser, hergg. v. Sv. Grundtvig.

Dr. Nifl. = Dráp Niflunga.

Egilsson = Sveinbjörn Egilsson,
Lexicon poeticum antiquæ lin-
guæ septentrionalis.

Einl. = Einleitung.

F eine Hdschr., s. d. Einl.

Fafn. = Fáfnismál.

Färöische Volkslieder sind citirt nach
der Ausgabe von Hammershaimb.

Fas. = Fornaldarsögur, ed. Rafn.

Flat. = Flateyjarbók.

Fms. = Fornmannasögur.

Fritzner = Fritzner, Ordbok over
det gamle norske sprog (1867).

Gen. = Genitiv.

Germ. = Germania, hergg. von
Pfeiffer (Bartsch).

Gestsr. = färöische Gestsrima.

Ghv. = Gudhrúnarhvöt.

Grág. = Grágás.

Grettis s. = Grettis saga.

(J.) Grimm, kl. Schr. = kleinere
Schriften.

(J.) Grimm, Myth.³ = Deutsche
Mythologie, 4. Aufl., besorgt
von E. H. Meyer, citirt nach
den Seitenzahlen der 3. Auflage.

Grimm, HS s. HS.

Grimn. = Grímnismal.

Grip. = Grípisspá.

Gudr. = Gudhrúnarkvidha.

Hárb. = Hárbardhsljódh.

Háv. = Hávamál.

Hdl. = Hyndluljódh.

Hdschr. = Handschrift.

H(elg). Hund. (H. H.) = Helgakvidha Hundingsbana.

Helg. Hj(orv). = Helgakvidha
Hjörvardhssonar.

Helr. = Helreidh Brynhildar.

Herr. s. = Herraudhs saga ok Bósa (Fas. III.)

Herv. s. = Hervarar saga (Bugge).

Hmd. = Hamdhismál.

Holtzmann = Die ältere Edda, übersetzt ꝛc. ꝛc. von Holtzmann und Holder.

(Grimm,) HS. = W. Grimm, Deutsche Heldensage (nach den Seitenzahlen der ersten Auflage citirt).

H. Zschr. = Zeitschrift für deutsches Alterthum, hergg. v. Haupt (Steinmeyer).

Kassel s. Cassel.

Krákm. = Krákumál.

Landn. = Landnámabók, in Islendinga sögur (1843), Bd. 1.

L.-E. = Lieder-Edda.

Lokas. = Lokasenna.

Mannhardt, Germ. Myth. = Germanische Mythen.

Maurer, Bekehr(ung) = K. Maurer, Die Bekehrung des norwegischen Stammes zum Christenthume.

Nib.-L(ied), Nib(el). = Nibelungenlied, ed. Bartsch (1870).

Nth. = Nornageststháttr, in den Anmerkungen nach Bugge's Texte citirt; in den Nachträgen und Registern nach obiger Uebersetzung.

Oddr. = Oddrúnar grátr.

Paul. Diak. = Paulus Diakonus, übers. v. Abel.

Plur. = Plural.

Ragn. s. oder Ragnarss. = Ragnarssaga.

Ragn. t. = färöischer Ragnars táttur.

(J. Grimm,) Rechtsalt(erthümer)[2].

Regm. = Reginsmál.

Rigsth. = Rigsthula (Rigsmál).

Rsth. = Ragnars sona tháttr (Fas. I).

S, eine Hdschr., s. d. Einl.

Saxo (Gr.), S. = Saxo Grammaticus, ed. Müller-Velschow, S.

Sigdr. = Sigrdrifumál.

Sig. sk. = Sigurdharkvidha (3.) in skamma.

Simrock, Myth.[4] = Handbuch der deutschen Mythologie, 4. Aufl.

Sing. = Singular.

Skm. oder Skirn. = Skírnismál.

Sn. E. = Snorra Edda, citirt nach Wilken, die prosaische Edda im Auszuge.

(G.) Storm, Ragn. Lodb. = Ragnar Lodbrok og Lodbrokssönnerne (Kristiania 1877).

Tac. Germ. = Tacitus' Germania.

Thidr. s. = Thidreks saga (saga Thidreks konungs af Bern), citirt nach v. d. Hagen's Uebersetzung im 1. und 2. Bande dieser „Heldensagen".

Vafthr. = Vafthrúdhnismál.

Vols. = Volsunga saga, citirt nach obiger Uebersetzung.

Vols. rim. (rim.) = Volsungs rimur (ed. Möbius, Edda.)

Vsp. = Völuspá.

Weinh(old), Altn. L(eb). = Altnordisches Leben (Berlin 1856).

Wolfd. = Wolfdietrich, ed. Amelung und Jänicke (Deutsches Heldenbuch, Bd. 3).

Yngl. s. = Ynglingasaga.

Z. f. d. Phil. = Zeitschrift für deutsche Philologie.

Sachregister

zu den Sternnoten.*)

---

*) Nur die sachlichen Erläuterungen sind berücksichtigt, dagegen alle zur Erklärung und Begründung der Uebersetzung dienenden, sowie die textkritischen Anmerkungen ausgeschlossen. Die sagengeschichtlichen Bemerkungen sind unten besonders zusammengestellt.

Anhang:
Zusammenstellung der sagengeschichtlichen Bemerkungen in den Sternnoten.

Nibelungensage: Heimath der Sage 360***. Aeltere und jüngere (später aus Deutschland eingewanderte) Sagenschicht 379***. Spuren der ältesten Fassung der Sigfrids= sage (Sigfrid = Sigurd wächst im Walde auf ohne seine Eltern zu kennen 65*. 84***. 359**. — Alf = Half? 168***; Hjalprek's Reich 168***. 369***. (387††). — Sigr= drifa und Brynhild zu unterscheiden 92**. 112*. 114†. 118**. 128**. 372***; Sigurd's Verhältniß zu Sigrdrifa 106*. 134**. (268, Z. 6 ff.). Bedingungen für Brynhild's Er= lösung 142**. 147†. Brynhild's Verhältniß zu Sigurd: Grundge= danke der nordischen Sage 143***. 153**. — Grimhild deutet Gudrun's Traum (?) 118*. — Sigurd begleitet seine Schwäger auf Heerfahrten (Dänen= [und Sachsen=] Krieg) 373††. — Jüngere Sagenfassung, die eine gewaltsame Werbung um Bryn= hild voraussetzt 141***. — Verschie= dene Sagenfassungen über Sigurd's Tod 379***. Hogne=Hagen und Gut= thorm 155*. — Atle erzwingt die Verlobung mit Gudrun 169***. 193***. — Bruderkrieg zwischen Budle's Söhnen 206*. — Verhältniß des zweiten Theils der Nibelungen= sage zur Volsungensage (im engern Sinne) 13***. 34*. 35*. 203*. — Gunnar verlangt Hogne's Herz als Zeichen seines Todes (Verhält= niß zum Nibelungenliede) 196*. 197***. — Aldrian's Erzeugung 204***.

Ragnarssage: Beziehungen zu verwandten Sagenkreisen 232†††. 234*. 234**. 242*. 307*; Nach= ahmungen der Nibelungensage 200***. 310†. 313*. 353*. Ent= sprechungen in der persischen Sage 242*. — Bjorn ursprünglich An=

führer unter den Brüdern 339†. 340***. 390**. — Aeltere Züge der Sage im Ragn. t. 239**. 240**. (250*); in der Gestr. 256***; im Nth. 390*. 390**. 390***. — Züge von Hvitserk's Tode auf Eirek's Tod übertragen (276[1]). 332*.

Aslaugsage: 221***. (223*). 243*. 248**.

Ermanrichs (=Jormunrek's=) **Sage:** Erp 217†. Sorle und Hambi urspünglich Gudrun's Stiefsöhne? 217†. — Odin (oder Jormunrek?) giebt den Rath, die Brüder mit Steinen zu tödten 219**. — Nach-ahmung in der Ragnarssage (?) 282**†.

Hug=Dietrichssage: 119*. 232†††.

Hildensage: Bedeutung des stets erneuten Kampfes 46††. — Ge-fährliche Werbung: Nachtr. zu 232†††. Eingeschlossene Königstochter 232†††.

Hartungensage: Verwandt-schaft mit der Ragnarssage 234*. 234**.

Wolf=Dietrichssage: Verhält-niß zu Ragnar's Drachenkampf 239** 242*. — Das schützende Hemde 307*.

Rabenschlachtsage: 262*.

Sage von Hagbard und Signy: 119*.

Sage von Alf und Alfhilda: ihr Verhältniß zur Ragnarssage 232†††. 234**. 236**; zur Hilden-sage: Nachtr. zu 232†††.

Sage von Hading: 6*. 242*.

Didosage: 323**.

Perſonen-Regiſter

für

die Volſungaſaga*) und Theile**) der Nornageſtsſaga.

A.

Agnar (Agnarr), Aude's (oder der Auda? 96*) Bruder 96, kämpft gegen Hjalmgunnar 96. Brynhild [=Sigrdrifa] giebt ihm den Sieg 96.386.

Ake (Aki), wohnt zu Spangareid 223, Mann der Grima 223; von dieſer zum Morde Heimi's angeſtiftet 225 ff. weigert ſich zuerſt 226, thut es dann doch 227 [R 254]; von Kraka verflucht R 255. Leiht Kraka ſein Netz R 249.

Alf (Alfr) I, der Alte, von den Granmarsſöhnen zu Hülfe gerufen 49.

Alf (Alfr) II, König Hjalprek's (ſ. daſ.) Sohn 60, landet bei dem Schlachtfelde, wo Sigmund gefallen 60; findet dort Hjordis mit ihrer Magd 60 und führt beide heim 61; erkennt Hjordis an ihrer Antwort als Königin 61 f., verlobt 63. 64 und vermählt ſich mit ihr nach Sigurd's Geburt (63.) 64. = Half? ſ. Half I.

Alf (Alfr) III, Sohn Hunding's, ſ. daſ.

Alsvinn (Alsvidhr, Gen. Alsvinn-s) I, Sohn Heimi's und der Beckhild 110, ladet Sigurd zu ſich ein 110, wird ſein Freund 111, giebt ihm Auskunft über Brynhild und will ihm ſeine Liebe ausreden 112 f.; ſteht vor der Thür, während Sigurd Brynhild beſucht 114.

Alsvinn (Alsvidhr) II, Roß des Sonnenwagens 101.

Andvare (Andvari), ein Zwerg 70, weilt in Hechtsgeſtalt im Andvarafors 70; dort von Loke gefangen 70 f. muß ihm ſeinen Hort nebſt dem Ringe Andvaranaut ausliefern 71 f., legt einen Fluch darauf 72.

Arvakr (Árvakr), Roß des Sonnenwagens 100.

Aslaug (Áslaug), Tochter Sigurd's mit Brynhild [= Sigrdrifa] 134 (ſ. 134**). R 268; erzeugt, als beide ſich auf dem Berge trafen R 268. Von Brynhild Heimi über-geben 134. 222; iſt drei Winter alt, als Brynhild ſtirbt 222; von Heimi

---

*) Einſchließlich des „Uebergangskapitels".

**) Nur die Erzählungen Nornageſt's ſind berückſichtigt, und auch dieſe nur, ſoweit ſie die Volſungen-Nibelungenſage betreffen. Dieſe ſind mit N, die wenigen einſchlägigen Stellen aus Ragn. s. mit R bezeichnet.

in einer Harfe verborgen 222 und durch die Lande getragen 222 f. Von Grima in der Harfe gefunden 228 f., ist schweigsam 229, wird Kraka genannt 229 f., kahlgeschoren und häßlich gekleidet 230, muß die niedrigste Arbeit verrichten 231. R 245, Ziegen hüten R 253; darf sich nicht waschen R 245. Findet Ragnar's Diener daheim R 245, von ihnen bewundert R 245 f. R 247, hilft ihnen beim Backen R 246. Von Ragnar zu ihm entboten R 247 f., löst sie dessen Aufgabe und kommt in der verlangten Weise R 248 ff., läßt sich von Ragnar Geleite zusichern R 251, will nicht bei ihm auf dem Schiffe bleiben R 252, nimmt Thora's Hemd nicht an R 253; wieder zu Ragnar entboten R 254, scheidet mit einem Fluch von Ake und Grima R 255; kommt auf Ragnar's Schiff R 255, will erst nach förmlicher Vermählung Ragnar das Beilager gewähren R 255; hält mit ihm Hochzeit R 256. — (Ihr weiteres Schicksal gehört ausschließlich der Ragnarssaga an). — Ihrem Sohne Sigurd liegt scheinbar eine Schlange ums Auge R 269. R 270 f., was sie als Sigurd's Tochter kennzeichnet R 269. R 270 f. R 272. Versteht angeblich die Stimme der Vögel R 267***. — Ihr Haar glänzt wie Gold R 250, ist sehr lang und sieht aus wie Seide R 245.

Atle (Atli), Sohn Budle's (134). 206 und Bruder Brynhild's 117. 193. 385, ist grimm, groß und schwarz, aber stattlich und streitbar 117; von Gudrun der Feigheit geziehen 207; Langbart genannt (?) 170†. Seine Larve erscheint im Traum als Adler 184. Fürchtet sich nicht vor Gunnar's Drohungen 160, wird ihn überleben und stets ihm überlegen sein 160; dünkt sich trefflicher als alle 176. Sucht Brynhild zur Vermählung mit dem „Reiter Grane's" zu bestimmen 162 (vgl. Budle). Klagt die Gjukunge an, Brynhild's Tod verschuldet zu haben 193, soll aber selbst eine Verwandte Hogne's aus Habsucht ermordet haben 193***. 194*. [Verlangt Gudrun als Buße für Brynhild's Tod 193**]. Vermählt sich mit Gudrun (f. das.), hat Söhne mit ihr (f. unten „Atle's Söhne"). Hat drei Brüder, die er überlebt 192 f.; oft bestand Streit zwischen ihnen 206. Er mißt die Schuld Gudrun bei 200. Hat böse Träume, die Gudrun ihm deuten muß 176 f. Trägt Verlangen nach Sigurd's Horte 177 f. 190. 193; verlangt denselben von den Gjukungen [als Gudrun's Erbe] 190. 197; will Sigurd rächen 190. Plant Verrath gegen die Gjukunge 178, hat ihnen lange schon ans Leben wollen 190; läßt Gunnar und Hogne (durch Vinge, f. das.) zu sich laden 179, bietet ihnen große Ehren 178. 179, Waffen und Lohn 179 und Nachfolge in seinem Reiche 179. 181. Angeblich ist er schon alt und schwerfällig 181. Ordnet sein Heer zur Schlacht 189 f.; von den Gjukungen in die Halle gedrängt 194⁴; beklagt den Verlust seines stattlichen Heeres 192 und von neunzehn seiner dreißig Helden 192. Klagt, daß die Trefflichkeit seiner Schwäger und Frau ihm nicht zu Gute gekommen 193. Läßt Hogne, der ihm so Viele erschlagen, daß

Herz ausschneiden 195. (197 f.). Verlangt, daß Gunnar mit dem Horte sein Leben erkaufe 197, läßt ihn abführen [und in einen Schlangenhof setzen] 199. Soll ebenso sterben wie die Gjukunge 198. Meldet Gudrun prahlend den Tod der Brüder und mißt ihr selbst die Schuld bei 200; will sich dann mit ihr versöhnen 201, traut Gudrun, da sie sich freundlich stellt 202. Hält die Todtenfeier für die Seinen 202. Trinkt seiner Söhne Blut und ißt ihre Herzen 203, erfährt es 203 und bedroht Gudrun mit dem Tode 204. Im Schlaf von Gudrun und Niflung ermordet 205, erkennt die Wunde als tödtlich 205, wirft Gudrun ihre Herrschsucht vor 205 f. Auf seinen Wunsch von Gudrun ehrenvoll bestattet 207.

Atle's Söhne [Erp und Eitil nach Akv.], noch zu jung zum regieren 181, spielen auf der Diele 202; von Gudrun getödtet 203, obwohl sie sagen, daß ihr das eine Schmach sein werde 203 (s. Gudrun).

Auda oder **Aude** s. Agnar.

B.

Bechild (Bekkhildr), Brynhild's Schwester und Heimi's Gattin 109, ist häuslichen Sinnes und versteht sich auf weibliche Fertigkeiten 109 f.

[Beite,] Rathgeber Atle's (in Vols. ungenannt, Name nach Atlam.), räth Hjalle das Herz auszuschneiden 196.

Bera (Bera) = Kostbera 187. 188.

Bicke (Bikki), Rathgeber Jormunrek's 209, hat ihm viele arge

Rathschläge gegeben 211 f. Begleitet Randve bei der Werbung um Svanhild 209; sagt, Randve passe besser für Svanhild als der alte König 211, beschuldigt Randve der Buhlschaft mit ihr 211. Hat es so eingerichtet, daß Randve todt ist, als er begnadigt werden soll 212. Räth Svanhild schmählich zu tödten 165. 213; läßt ihr einen Sack über den Kopf ziehen 213.

Borghild (Borghildr), [erste] Gattin Sigmund's 40. 50. N 362, lebt in Bralund N 362 in Dänemark N 361, ist die Mutter Helge's und Hamund's 40. Ihr Bruder von Sinfjotle erschlagen 50. Sie verlangt dessen Verbannung von Sigmund 50 f., muß aber Buße von Sigmund annehmen 51. Reicht Sinfjotle den Giftbecher N 362, dreimal, das dritte Mal mit Erfolg 51 f. Von Sigmund verstoßen 53. N 362 stirbt sie bald darauf 53.

Brede (Bredhi), geschickter Knecht Skade's 3 f., jagt besser als Sige 4, deshalb von ihm erschlagen 4. Seine Leiche in einer Schneewehe begraben 4 und darin gefunden 5.

Brynhild (Brynhildr.) I, Budle's Tochter 112. 134. R 268. N 384 ꝛc., Atle's Schwester 117. 193. N 385, Bechild's Schwester 109, Heimi's Pflegetochter 111 [von Buble zu Heime gesandt (?) N 385]; hatte bei ihrem Vater alles, was sie wollte 162. Wollte sich keinem Manne vermählen 162, läßt keinen Mann neben sich sitzen und schenkt keinem den Trunk (außer Sigurd) 113. 114**; trägt Helm und Brünne und nimmt an Kämpfen Theil 110. 113. 132. N 383;

war im Kampf mit dem Garda-
König 132 und hat Heldenthaten
vollbracht 132. Ist aller Frauen
trefflichste 154, schönste und weiseste
103. R 267; hat Flammenblicke und
ein felsenfestes Herz R 270. Ist sehr
geschickt im Sticken und stickt Sigurd's
Thaten 111. 112, dabei von Sigurd
erblickt 111 f.; will nicht mehr sticken
144 und zerreißt ihr Gewebe 144.
Ihre Halle ist goldgeschmückt und
steht auf einem Berge [vgl. II =
Sigrdrifa] 118, mit Bildern geschmückt
und mit Teppichen belegt 119 (vgl.
114); von Flammen umlodert 128.
N 386; liegt nahe bei Hlymdal 128.
— Hat Sigurd sich zum Manne erkoren
122; nimmt nur den Mann, den sie
will 128, hat darin freie Wahl 128;
hat gelobt nur den Vortrefflichsten zu
nehmen 132. 143. (150*), nur den, der
die Lohe durchreite 128. 132. 142 und
auf Grane mit Fafni's Horte komme
142. N 386 f. und die Männer er-
schlage, die sie bestimme 132. 142.
Wird von Sigurd erblickt 111 f. und
besucht 114, empfängt und bewirthet
ihn 114 f. Erklärt, nicht ihr, sondern
Gudrun sei die Vermählung mit
Sigurd bestimmt 115, verlobt sich
doch [„aufs Neue" 116*] mit ihm
116; liebt ihn vor jedem Mann
138; hat sich Sigurd verlobt und
keinem andern 138. 162; damals erst
zwölf Jahre alt 385; diese Verlobung
bei Heimi gedacht 116. 385 (?), dagegen bei Budle 142. 162. — Empfängt [= Sigrdrifa? 118**] Gudrun 119, nennt ihr berühmte Helden
119 f., berichtet kurz Sigurd's Schicksal 120 f., deutet Gudrun's Traum
122 166 — Erbietet sich Budle's Land
gegen die Gjukunge zu vertheidigen
142; von Budle (bezw. Atle) unter
Androhung der Enterbung 142 zur
Vermählung bestimmt 162. 142, ent-
schließt sich den „Reiter Grane's"
zu nehmen 142. 162; glaubt Sigurd's
Augen zu erkennen 147 f. (vgl. 162).
Erhält von Sigurd einen Ring 116
und dafür von Sigurd = Gunnar
beim Ringwechsel einen andern 133.
136. (vgl. 138**); erkennt den Ring
an Gudrun's Hand 136. Empfängt
Sigurd=Gunnar erst unwillig 131 f.,
dann freundlich 132, schläft bei ihm
wie bei einem Bruder N 388 mit
zwischengelegtem Schwerte 132; fragt
Sigurd nach dem Grunde 132. Sagt
nachher Heimi von der Werbung 133,
dem sie Aslaug übergiebt; nennt
Sigurd ihren ersten Gatten 134
(vgl. 136). Geht zu Budle und
kommt mit ihm zur Hochzeit 134,
hält fröhlich Hochzeit mit Gunnar
134. Hat beim Abschiede Dienerschaft 166 und einen Ring von ihrem
Vater erhalten 141, fragt Gunnar
nach letzterem 141. — Badet mit
Gudrun 135, watet weiter hinaus
135; rühmt Gunnar auf Sigurd's
Kosten 135, erfährt von Gudrun den
Betrug 136. N 388, erbleicht und
geht schweigend heim 136; nennt sich
eidbrüchig 149; sagt, daß die Gjukunge sie eidbrüchig gemacht und um
ihre Liebe gebracht haben N 384,
will sich rächen 138; mißgönnt Gudrun Sigurd und sein Gold 137 f.
144; geht zornig zu Bett 141, will
Gunnar nicht antworten 141. 145, hat
ihm verboten ihr oder ihrem Gatte zu
nahen 145 (vgl. 155), ist ihm gram,
obwohl sie es verhehlt 148 f., will

ihn tödten 144; wird von Hogne ge=
feffelt, 144, auf Gunnar's Wunsch
wieder befreit 144; sagt, daß Gunnar
sie nimmer fröhlich sehen werde 144;
läßt die Thüren bei ihrer Wehklage
öffnen 144, trinkt tagelang nicht
Meth noch Wein 145, schläft sieben
dœgr 146. Sagt, daß Sigurd ihr
zu spät seine Liebe erkläre 150; will
ihn nicht, aber auch keinen andern
151; will nicht zwei Männer in einer
Halle haben 151. 152. — Wünscht
Sigurd's Tod 149; sagt [fälschlich],
Sigurd habe Gunnar die Treue ge=
brochen 152, verlangt deshalb (und
weil er alles Gudrun gesagt habe
152 f.) von Gunnar seinen (und
seines Sohnes 153) Tod 152 f. 153;
droht, daß er sonst Reich und Leben
verlieren solle und sie ihn verlassen
wolle 158; verbietet ihm vorher ihr
Bett 155. Als Anstifterin von Hogne
155 und von Sigurd 159 erkannt,
Unheilstifterin von Gunnar genannt
160, die verdiene Atle getödtet zu
sehen 160; hat den Untergang der
Gjukunge veranlaßt N 384; ward
ihnen nimmer zum Heil, noch sonst
jemand 163; ist zum Unheil ge=
boren N 384. Lacht über Gudrun's
Schmerzensschrei 159. — Sagt Gun=
nar ihren Unglückstraum 161 und
verkündet den Gjukungen Untergang
161; nennt sie eidbrüchig 161; sagt,
daß Sigurd sie nicht berührt habe
162; wirft Gunnar vor, daß er seinen
Blutsbruder treulos getödtet 161 f.,
und daß er die Vermählung mit ihr
erzwungen 162 (vgl. 141 f.) und sie
eidbrüchig gemacht habe 143. (N 384).
— Sie soll Sigurd nicht überleben
149; ihr ist bestimmt, ihm in den

Tod zu folgen N 389; läßt sich von
ihrem Entschluß, ihm in den Tod
zu folgen, nicht abbringen 163. Ver=
theilt Gold an ihre Mägde 163. 167;
durchbohrt sich mit dem Schwerte 164.
N 380. Prophezeit sterbend Gunnar
sein, Hogne's, Gudrun's und Svan=
hild's Geschick 164 f. Bestimmt ihre
Bestattung 165 f. N 380; läßt Diener
und Thiere tödten N 380 und mit sich
verbrennen 165 f. N 380; will, daß
Hel's Gitterthor Sigurd nicht auf
die Fersen falle 166. Besteigt Sigurd's
flammenden Scheiterhaufen 166 f. und
verbrennt mit ihm 167; verbrennt
auf einem besondern Scheiterhaufen
und später N 380. Als Leiche auf
prächtigem Wagen dahin gefahren
N 380, hat dabei ein Gespräch mit einer
Riesin, die vor ihrer Höhle sie aufhält
N 381 ff.; vertheidigt sich gegen deren
Vorwürfe N 383. 384 ff. Ihr Ruhm
wird dauern R 267.

Brynhild (Brynhildr) II =
Sigrdrifa (ursprünglich von Bryn=
hild verschieden, in Vols. [und Nth. ?
f. 372***] zusammengeworfen), [Wal=
kyrje], hat Hjalmgunnar gegen Odin's
Willen gefällt 96. N 385 und dem
Bruder der Auda Sieg verliehen
96. N 386, dafür von Odin mit dem
Schlafdorn gestochen 96, in einer
Schildburg eingeschlossen 94 f. N 386,
um welche eine Flamme lodert 94.
N 386, und zur Ehe bestimmt 96,
aber nur der Furchtloseste soll sie
erwecken N 386, der ihr Fafni's Gold
bringe N 387; hat erklärt, nur dem
Furchtlosesten angehören zu wollen
96. Schläft auf Hindarfjall 92. 94 f.
(N 372) in Helm und Brünne 95.
Von Sigurd erweckt 95, erzählt ihm

ihr Schicksal 96, bietet ihm Trank 97, lehrt ihn Runenweisheit 97—103 und giebt ihm Lehren 103—106. Verlobt sich mit ihm 106* (vgl. 116*) 151; empfängt von Sigurd Aslaug R 268. — [Vgl. auch mehrfach Brynhild I, wie überhaupt in unserer Saga beide Personen nicht mehr überall scharf zu trennen sind.]

Budle (Budhli), ein mächtigerer König als Gjuke 117. 135, Vater des Atle 117. 206 und der Brynhild 112. 134. R 268; [hat diese zu Heimi gesandt (?) N 385]. Nimmt Gunnar's Werbung wohl auf 127 f., macht die Antwort von ihrer Entscheidung 128 (vom Durchreiten der Waberlohe 131) abhängig. Giebt ihr beim Abschiede einen Ring 141 und Dienerschaft 166 mit. Von den Gjukungen mit Krieg bedroht 141, läßt Brynhild die Wahl zwischen Vermählung oder Enterbung 142 (vgl. Atle). Nach seinem Tode Erbstreit um seine Lande 205 f.

Budle's Bruder s. Gjukunge.

E.

Erp (Erpr) I, Sohn Jonakr's mit Gudrun 209 [vgl. aber 217†], von seinen Brüdern unterwegs getroffen und gefragt, was er ihnen helfen werde 217 f., von ihnen im Unmuth erschlagen 218. Hätte Jormunrek's Haupt abgeschlagen, wenn er gelebt hätte 219.

Erp (Erpr) II, s. „Atle's Söhne".

Eyjolf (Eyjolfr), Sohn Hunding's, s. das.

Eylime (Eylimi), ein mächtiger König 53, Vater der Hjordis 53. N 357. Empfängt Sigmund festlich 54; läßt Hjordis zwischen Sigmund

und Lyngve wählen 54 f. Zieht mit Sigmund nach Hunenland 55; kämpft mit ihm gegen Hunding's Söhne 56 und fällt 57, von Hunding's Söhnen erschlagen N 361. N 362; von Sigurd gerächt 120. (N 362).

Eymod (Eymódhr) begleitet die Gjukunge auf ihrer Fahrt zu Gudrun 170.

F.

Fafni (Fáfnir), Sohn Hreidmar's 69, ist sehr groß und grimmig 69, will alles sich aneignen 69. Erschlägt seinen Vater 73, versagt Regin sein Erbtheil 73. 88. Trägt den Schreckenshelm 88; liegt auf der Gnitahaide 67. (179). N 360 als Schlange auf dem Golde 73. 88; sein Wuchs beschrieben 67 f. (N 360); seine Behausung und sein Hort beschrieben 93 f. Pflegt zum Wasser zu kriechen 82, kriecht über Sigurd's Grube 83; wird von ihm durchbohrt 83 f., getödtet 142. N 372. Fragt Sigurd nach dem Namen 84, wirft ihm Unfreiheit vor, und daß er fern von den Seinen aufgewachsen sei 86, warnt ihn umsonst vor dem Golde 86. 89 und vor seiner Rache 88 f., ertheilt ihm mythologische Belehrung 87 f. (s. 87*); stirbt 89.

Feng (Fengr) ⎫ Namen Odin's
Fjolni (Fjölnir) ⎭ 79. N 366.

Fjorni (Fjörnir) soll den Gjukungen Wein reichen 186.

Freke (Freki), einer der Wölfe Odin's (49).

G.

Gandalf's Söhne, mit Sigurd Hring verschwägert N 373, fordern in deſſen Auftrage Tribut von den Gjukungen N 373, begrenzen ihnen einen Kampfplatz bei Jarnamoda N 374. Segeln von Norden her N 374; kämpfen tapfer N 375; haben Starkad in ihrem Heere N 375, fliehen nach deſſen Flucht N 376.

Gere (Geri), einer der Wölfe Odin's (338† Nachtr).

Geſt (Gestr)*), trägt „Gunnar's Harfenſchlag" und „Gudrun's Liſten" vor N 353. Kommt um Sigurd's willen nach Frankenland zu Hjalprek N 357; Hjalprek hat ihn in Dänemark kennen gelernt N 361. Er wird Sigurd's Dienſtmann N 358, hält ſich bald bei Sigurd, bald in Dänemark auf N 373. Begleitet Sigurd zu Regin N 359 und gegen Hunding's Söhne N 361; erhält von Regin das Schwert Ridil N 364 und giebt es dieſem zurück N 371; kämpft damit gegen Lyngve's Brüder N 370. Er iſt bei Sigurd, als die Gandalfs= ſöhne Fehde anſagen und zieht mit ihm gegen ſie N 373 f. Hebt Star= kad's Backzahn auf N 376. Findet Sigurd's Sattelſpange und erhält ſie geſchenkt N 377, ſtriegelt Grane und zieht dabei ein Haar aus dem Schweif N 377. Fand bei Sigurd und den Gjukungen die meiſte Freude N 392, betrauert ihren Tod N 379.

Gjuke (Gjúki), herrſcht ſüdlich des Rheins 116, ſeine Gattin Grim= hild 117, ſeine Söhne, die Gju= kunge (ſ. daſ.): Gunnar, Hogne und Gutthorm (ſ. daſ.) 116, immer auf Heerfahrten 116 f.; ſeine Tochter Gudrun 116. N 373. Heißt Sigurd

willkommen 123, behandelt ihn wie ſeinen Sohn 124, läßt ihm auf Grimhild's Rath Gudrun anbieten 125 f., iſt todt 173.

Gjukunge (Gjuke's Söhne, ſ. Gunnar und Hogne) ſind hoch= berühmt 120, ſtützen die Macht ihres Vaters 117, immer auf Heerfahrten 116 f., an denen Sigurd theilnimmt 127. 206, erſchlagen den Dänenkönig und den Bruder Budle's 148; ſind ſelbſt gewaltig, aber von Si= gurd übertroffen 124, ehren dieſen höher als ſich ſelbſt 124. Von den Gandalfsſöhnen wird ihnen Tribut abgefordert N 373; ſie ziehen Krieg vor N 373, bitten Sigurd mitzuziehen N 374; ſiegreich ſitzen ſie ruhig in ihrem Reiche N 376. Bedrohen Budle mit Krieg und verlangen Bryn= hild 141; haben Brynhild um ihre Liebe gebracht und eid= brüchig gemacht N 384. Miß= gönnen der Schweſter den beſſern Mann 167, erſchlagen ihn N 379 f. Begeben ſich zu Gudrun 170, bieten Geſchenke und reden zur Verſöhnung 171. Rudern heftig 188, befeſtigen ihr Schiff nicht 188; reiten durch dunkeln Wald 188 zu Atle's Burg 188 f., finden ſie zur Vertheidigung gerüſtet 188 f., erſchlagen Hjalle 189, drängen Atle in die Halle 194. — Brynhild hat ſie vernichtet und ihren glücklichen Hofhalt zerſtört N 384.

---

*) Nur was die von ihm erzählten Sagen betrifft, iſt berückſichtigt.

Glaumvar (Glaumvör), Gunnar's (zweite) Gemahlin 180. 185, eine tüchtige Frau 180 f., schenkt in Gunnar's Halle 181. Sagt Gunnar ihre bösen Träume 185 f., äußert Verdacht gegen Vinge 187.

Gote (Goti), Gunnar's Roß 128, will nicht durch die Waberlohe springen 129.

Granmar (Granmarr), Hodbrodd's Vater 42. Führt ein Scheltgespräch mit Sinfjotle 45 ff. und meldet Helge's Ankunft an Hodbrodd 48. [In beiden Fällen steht Granmar fälschlich statt Gudmund (Gudhmundr), Granmar's Sohn, f. 45**].

Grane (Gráni), von Sleipni erzeugt 66 f., ist von grauer Farbe 66; schwimmt allein nicht ans Land 66, deshalb von Sigurd auf Odin's Rath erwählt 66. Mit Fafni's Horte beladen 94. Geht nur vorwärts unter Sigurd 94, nicht unter Gunnar 128. 139; springt durch die Waberlohe 129. Schnaubt laut bei Sigurd's Tode und läßt den Kopf hängen 168, weiß, daß Sigurd gefallen 168. — Springt mit Gewalt aus dem Sumpfe N 377, wird von Gest gewaschen und gestriegelt N 377. Sein Schweifhaar ist sieben Ellen lang N 377.

Grima (Grima), Gattin Ake's 223, nimmt Heimi auf 223, bemerkt köstliche Kleider in der Harfe und einen Goldring an Heimi 224, weist ihm in der Scheune eine Schlafstelle an 225. Hat ihre Obliegenheiten verabsäumt 225. Sucht Ake zum Morde Heimi's zu bestimmen 225 f., erreicht dies 227. Oeffnet die Harfe 228 f.; nennt Aslaug Kraka 229, giebt sie für ihre Tochter aus 230 f. R 245, schiert sie kahl und kleidet sie schlecht 230, läßt sie die niedrigste Arbeit verrichten 231, verbietet ihr sich zu waschen R 245. Von Ragnar's Leuten gefunden R 244, sagt, daß ihre Hände steif seien R 244 f., vertröstet jene auf Kraka's Hülfe R 245. Von Kraka verflucht R 255.

Grimhild (Grimhildr), Gjuke's Gattin 117, lebt mit Lob 144; von Gunnar Brynhild gegenüber gerühmt 143, ist zauberkundig 117. 164, grimmsinnig 117, herzlos und bös 143, an allem Unheil Schuld [129]. 139. [= der Frau, die Gudrun's Traum deutet und mit ihr zu Brynhild fährt? 118*]. Bemerkt Sigurd's Liebe zu Brynhild 124, reicht ihm einen Vergessenheitstrank 122. 124 f. 139, sucht ihn an Gjuke's Hof zu fesseln 124 und räth diesem Gudrun mit Sigurd zu vermählen 125. Räth Gunnar zur Werbung um Brynhild 127; lehrt Gunnar und Sigurd den Gestaltentausch 129; dankt Sigurd für seine Hülfe 134. Soll gegen Brynhild wie gegen eine Tochter gewesen sein 139. Verstärkt durch ihr Zureden die Wirkung der aufreizenden Nahrung (Zaubermittel), die Gutthorm erhält (?) 157*. Erfährt Gudrun's Aufenthalt 169; fordert ihre Söhne auf, Gudrun ihren Mann und Sohn zu büßen 169, macht sich selbst mit auf die Fahrt 170; reicht Gudrun einen Vergessenheitstrank 171 f.; sucht sie zu bestimmen, daß sie Atle nehme, und bietet ihr Gold und Herrschaft 173 f., bestimmt sie endlich (halb mit Zwang, d. h. Zauber?) dazu 174 f.

Gripi (Gripir), Sigurd's

sendet diesen warnende Runen und Wolfshaar 178. Erfährt, daß ihre Brüder mit Atle im Kampfe sind 191, geräth außer sich darüber 191; begrüßt ihre Brüder liebevoll und versucht vergeblich Versöhnung 191, waffnet sich und kämpft für ihre Brüder 191 f. — Droht Atle mit Rache 200 f., weist die angebotene Versöhnung zurück 201; erklärt schließlich sich zu fügen 201 und stellt sich ruhig 202. Bereitet ihren Brü=dern die Todtenfeier 202; sinnt dabei auf Rache 202. 204; tödtet ihre und Atle's Söhne 165. (177). 202 f. 214. 215, giebt Atle aus seiner Söhne Schädeln ihr Blut zu trinken und ihre gebratenen Herzen zu essen 203 und verkündet es ihm dann 203. Atle's Drohung mit dem Tode weist sie zurück 204. Bekräftigt Niflung's Rachegedanken 205 und erschlägt mit diesem Atle (165). 205. Wirft Atle Feigheit vor 207; bestattet ihn aber ehrenvoll 207 f.; zündet seinen Saal an 207. — Will sich selbst ertränken, wird aber von den Wellen zu Jonakr getragen 165. 209. 215, ver=mählt sich ihm und gebiert ihm treff=liche Söhne 165: Hambi, Sorle und Erp 209. Warnt vor Svanhild's Vermählung mit Jormunrek 210, giebt sie aber doch zu 211. 215; er=fährt Svanhild's Tod und spornt Hambi und Sorle zur Rache an 213 f., giebt ihnen Panzer 214, die gegen Waffen gefeit sind 217; warnt sie, den Steinen Schaden zu thun 217. Klagt ihr Schicksal 215 f.; fühlt sich ganz verlassen (kinderlos) 216; wünscht, daß Sigurd sie zu sich hole 216.

Gudmund (Gudhmundr), s. Granmar.

Gunnar (Gunnarr), Sohn Gjuke's und Grimhild's 116. 127. 169, von Sigurd in allem übertroffen, obwohl selbst gewaltig 116. 124; reitet den Gote 128. Bietet Sigurd Herrschaft und Gudrun an 126, schließt Blutsbrüderschaft mit ihm 126. Von Grimhild aufgefordert, um Brynhild zu werben 127, geht darauf ein 127, von allen darin be=stärkt (auch von Sigurd) 127; reitet auf die Werbung zu Budle 127 f. und Heimi 128, zu Brynhild's Saal 128, will die Lohe durchreiten 128 f. 139, leiht sich Grane 129, kann den=selben nicht vorwärts bringen 129. 139, durchreitet die Lohe nicht 129. 142. 147; soll dabei bleich geworden sein 143; vertauscht mit Sigurd die Gestalt 129. 133 (s. Sigurd). Hält Hochzeit mit Brynhild 134; von Brynhild auf Sigurd's Kosten ge=rühmt 135. — Bittet Sigurd Starkad entgegenzutreten N 375. — Fragt Brynhild nach ihrem Kummer 141; wird von ihr nach dem Ringe ge=fragt 141 und mit Vorwürfen über=häuft 142 f. und abgewiesen 145; geht nochmals erfolglos zu ihr 145; schickt Hogne zu ihr 145 f.; geht wieder zu Brynhild 152, wird von ihr aufgefordert, Sigurd zu tödten 152 f.; ist rathlos 154: will Brynhild nicht missen 154; zieht Hogne zu Rath 154. 163. 179 und sagt ihm, daß er Si=gurd tödten wolle 154, giebt dessen Treubruch als Grund an 154, erhofft davon Macht und Sigurd's Gold 154; schlägt Gutthorm als Werkzeug vor 155 und bietet diesem (mit Hogne?) reichen

Lohn und Ehre dafür 156. 157. Nennt Brynhild eine Unheilstifterin 160; droht ihr Atle zu tödten 160. Hat mit Hogne Sigurd erschlagen 214, wird von Brynhild eid= und treubrüchig genannt 161 f. Heißt Brynhild fröhlich sein 155; bittet sie zu leben und bietet ihr Buße 163, bittet Hogne dazu zu helfen 163. Ihm wird von Brynhild Unheil verkündet 161, sein Schicksal geweissagt 164 f. Beschenkt mit Hogne Sigurd's Hort 177. 179. 190. 197. 198 f., Schatzkammern voll Gold und Waffen 179 f. Erklärt sich bereit Gudrun Mann und Sohn zu büßen 169 (s. Gjukunge). — Bei Etzel's Einladung unentschlossen 179, bei Vinge's Botschaft trunken 181; ihn lockt die Aussicht auf Etzel's Reich 179. 181, er sagt zu 181. Mit Glaumvar vermählt 180 f., deutet deren Träume zum Guten 185 ff.; ahnt baldigen Tod 186 f., will sich in sein Schicksal fügen 186; rüstet sich zur Reise 186, läßt vorher reichlich Wein schenken 186. Verweigert Atle den Hort 190. 199, der dem Rheine verbleiben solle 199, will Hogne's Herz vorher sehen 197, erkennt Hogne's (und Hjalle's) Herz 198. Durchbricht Atle's Schaaren 192, verliert all sein Heer 194, bleibt nebst Hogne allein übrig 194, wird gefangen und gefesselt 195; droht Atle mit gleichem Tode 198. In einen Schlangenhof geworfen 165. 199. 215 schlägt er mit den Zehen die Harfe und schläfert die Schlangen ein 199 f., doch eine Natter [Atle's Mutter 200*] sticht ihn zu Tode 200; er stirbt mit Heldenmuth 200. (s. noch Gjukunge).

Gutthorm (Gutthormr), Sohn [richtiger Stiefsohn 116². 155*] Gjuke's 116. N 379; von Gunnar als Werkzeug des Mordes vorgeschlagen 165, Lohn ihm dafür versprochen 156. 157; künstlich wild gemacht 156 f. erklärt er sich bereit 157, wagt zweimal vor Sigurd's Blick nicht ihn anzufallen 157, durchbohrt ihn im Schlafe 157. N 379; enteilend wird er von Sigurd's nachgeworfenem Schwerte durchschnitten 158. Seine Leiche mit der Sigurd's verbrannt 166.

H.

Hagbard (Hagbardhr) I, Sohn Hunding's (s. das.).

Hagbard (Hagbardhr) II und **Hake** (Haki), [Hamund's Söhne], vollbrachten manche Heldenthat 119 f., ließen aber Sigar ihre Schwester entführen und etliche [ihrer Mannen?] verbrennen, und waren säumig in der Rache 120.

Hakon (Hákon), Vater Thora's in Dänemark 168.

Half (Halfr), [= Alf? 168***], König in Dänemark 168; in seiner Halle wird Gudrun aufgesucht 170.

Hamdi (Hamdhir), Sohn Jonakr's mit Gudrun 209, weist Gudrun's Vorwürfe zurück 214, tadelt, daß sie Atle's Söhne getödtet habe 214; erklärt, daß sie auf Nimmerwiedersehen scheiden 215. Strauchelt unterwegs 218, schlägt Jormunrek das Haupt ab 219.

Mit Sorle zusammen: sie wollen Gudrun's Schmähungen nicht ertragen 214; werden von Gudrun mit gefeiten

Panzern ausgerüstet 214. 217, gewarnt, die Steine zu schädigen 217; treffen unterwegs Erp und fragen ihn, was er ihnen helfen werde 217 f., mißmuthig über seine Antwort erschlagen sie ihn 218; erfahren später, daß er Recht hatte und bedauern den Mord 218. 219. Ueberfallen Jormunrek 218 f., wehren sich tapfer 219, werden von keinem Eisen verletzt 219, zuletzt gesteinigt 220.

Hamund (Hámundr) I, Sohn Sigmund's mit Borghild 40. N 358, Helge's Bruder 40, Sigurd's Bruder N 370; kämpft gegen Lyngve's Brüder N 370.

Hamund (Hámundr) II: Vater Hake's und Hagbard's [119].

Heimi (Heimir), ein mächtiger Häuptling 109, wohnt in Hlymdal 128. 221, hat mit seiner Frau Beckhild einen Sohn Alsvinn 110, ist Brynhild's Schwager 109 und Pflegevater 111. (N 385?). N 387. Begrüßt Gunnar (auf dessen Werbefahrt) freundlich 128; sagt, Brynhild habe ihren Gatten selber zu wählen 128; räth Brynhild, sich zu fügen 134; soll ihr Aslaug (s. das.) aufziehen 134. 222. Betrauert Brynhild 222. Verbirgt Aslaug in einer künstlichen Harfe 222 und trägt sie darin durch die Lande 222 f. Kommt nach Spangareid 223; giebt sich für einen Bettler aus, trägt aber einen Goldring unter seinen Lumpen 224; bittet Grima um Aufnahme 223, trocknet sich und geht zur Ruhe 224 f. Von Ake erschlagen 227; sein Todeskampf 228.

Helge (Helgi), Sohn Sig=

mund's mit Borghild 40. N 358. N 362, Bruder Sigurd's N 362. Nornen bestimmen sein Schicksal 40, Sigmund nennt ihn Helge 40. Er macht früh Heerfahrten 41, erschlägt König Hunding 41. N 358. N 362 und dessen Söhne Alf, Eyjolf, Hervard, Hagbard 42 (Eyjolf, Hjorvard und Herrud [= Hervard] N 362). Findet Sigrun 42 und verheißt ihr Hülfe gegen Hodbrodd 43; sammelt ein Heer nach Raudabjarg 43 und mustert dasselbe 43 f., fährt damit nach dem Barinsfjord 44; zieht im Sturm die Segel nicht ein 44, wird von Sigrun zum Hafen geleitet 44. Beendigt das Scheltgespräch Sinfjotle's mit Granmar [= Gudmund] 47 f.; kämpft bei Frekastein gegen die Granmars= söhne und erschlägt Hodbrodd 49; deswegen von Sigrun beglückwünscht 49 f., vermählt sich mit Sigrun 50.

Hel (Hel), s. d. Sachregister.

Heming (Hemingr), Sohn Hunding's. s. das.

Herrud (Herrudhr) = Hervard N 362***.

Hervard (Hervardhr), Sohn Hunding's, s. das.

Hialle (Hjalli), feiger Sklav 196, Atle's Schweinehirt 196; soll sich statt Hogne's das Herz ausschneiden lassen 196. 197 f., will nicht sterben 196, wehklagt, eh' er das Messer fühlt 196; erhält auf Hogne's Bitte das Leben geschenkt 197; schließlich wird doch sein Herz ausgeschnitten und vor Gunnar gebracht 198, es bebt und wird daran erkannt 198.

Hialprek (Hjalprekr), König in Frankenland N 357, in Dänemark 60. (168), hat großen Hofstaat um sich

N 357; Vater Alf's 60. N 357, ver=
lobt diesen mit Hjordis 64. Freut
sich über Sigurd's Augen 63 f.,
zieht ihn bei sich auf 64. N 357.;
schenkt ihm ein Roß 66, giebt ihm
Schiffe zur Vaterrache 77. N 361.
Wird von Gest aufgesucht N 357,
den er bei Sigmund in Dänemark
kennen gelernt hat N 361.

Hjalmgunnar (Hjalmgunn-
arr), ein alter König 96. N 385 im
Gothenvolke N 385; tüchtiger Krieger
96, dem Odin Sieg verliehen hat
96; von Sigrdrifa gefällt 96. N 385.

Hjordis (Hjördis), Tochter
Eylime's 53. N 357. Zugleich von
Sigmund und Lynge umworben 54
wählt sie Sigmund und vermählt
sich mit ihm 55. Wird während der
Schlacht mit einer Dienstmagd im
Walde versteckt 55 f., von Lynge
nicht gefunden 58; sucht Sigmund
auf und will ihn heilen 58. 120,
von ihm auf Sigurd vertröstet 59.
121, soll diesem die Schwertstücke
aufbewahren 59 (übergiebt ihm die
Schwertstücke 74 f.). Sitzt über dem
Sterbenden 59. Vertauscht mit der
Magd die Kleider 60; wird von Alf
(s. das.) gefunden und heimgeführt
61. 121, als Königin erkannt 62 f.
und hochgeehrt 63; verlobt sich mit
Alf 63. 64 und vermählt sich ihm
N 357, nachdem Sigurd geboren 63.

Hjorvard (Hjörvardhr), Lyn=
ge's Bruder, Hunding's Sohn, s.
Hunding.

Hljod (Hljódh), Hrimni's
Tochter 8. 11, bringt in Krähen=
gestalt auf Odin's Geheiß den Apfel
an Reri 8 f. Von Hrimni Volsung
als Frau zugesandt 11 f., vermählt

sich ihm und lebt mit ihm in guter
Eintracht 12.

Hnikung, s. Niflung.

Hnikar (Hnikarr), Beiname
Odin's 78. N 366.

Hodbrodd (Hödhbroddr),
Granmar's Sohn 42; ihm ist Sigrun
verheißen 42, aber er wird von ihr
verachtet 42. Erhält durch Granmar
[=Gudmund] die Kriegsmeldung und
sammelt ein Heer 48, wird von Hogne
bei Frekastein erschlagen 49.

Hodbrodd's Bruder [Gud=
mund, richtiger als Granmar,
s. das.] sieht Helge's Flotte
kommen 44 und führt ein
Scheltgespräch mit Sinfiotle
45 ff.: dabei Anspielungen
auf seine Vergangenheit.

Hogne (Högni) I, ein König,
hat seine Tochter Sigrun an Hod=
brodd verheißen 42; wird von Hod=
brodd zu Hülfe gerufen 49.

Hogne (Högni) II, Sohn Gjuke's
116 mit Grimhild 169; vermählt mit
Kostbera 180; reitet Holkvi 128.
Schließt Blutsbrüderschaft mit Sigurd
126. (154). Begleitet Gunnar bei der
Werbung 128. Von Gunnar wieder=
holt um Rath gefragt 154. 163.
179; räth ab von Sigurd's Morde
154, nennt denselben eine unsühn=
bare Uebelthat 160, weist auf die
Treueide und auf Sigurd's Beistand
hin 154, warnt vor den Folgen 155;
erkennt Brynhild als Anstifterin 155.
Sucht Brynhild vergebens zum Reden
zu bewegen 146; will sie nicht vom
Tode zurückhalten 163, weil sie allen
zum Unheil geboren sei 163. — Ahnt
Verrath bei Atle's Einladung 180,
glaubt nicht an Atle's Verrath 183,

185; von Koſtbera gewarnt 182 f. deutet er ihre Träume beruhigend 183 ff. Hat keine Luſt zur Fahrt, fügt ſich aber in Gunnar's Willen 181. Bricht Atle's Burgthor auf 189; erwidert dem Binge unerſchrocken 189. Bricht durch Atle's Reihen 192; bleibt nächſt Gunnar allein übrig 194, kämpft dann allein aufs Tapferſte 195, fällt zwanzig Helden und ſtößt manche ins Feuer 195; ſchwerverwundet 195 wird er gefangen und gebunden 195; will Atle's Willen über ſich ergehn laſſen 195 f. Freut ſich über Atle's Harm 194. Kann Hjalle's Jammern nicht ertragen 196 f., bittet für deſſen Leben und läßt ſich ſelbſt das Herz ausſchneiden 197. 198. 215, lacht dabei 198; ſein Herz bebt nicht 198 und wird von Gunnar erkannt 198. — Hat oft Proben der Standhaftigkeit abgelegt 195; flieht niemals 189; will keinem Manne mit Arg begegnen 183. — Hat mit Gunnar Sigurd erſchlagen 214. Hat einen Sohn Niflung hinterlaſſen 204. Iſt Gudrun's Troſt geweſen 201, von ihr als Muſter aufgeſtellt 214. (ſ. noch Gjukunge.)

Holkvi (Hölkvir), Hogne's Roß 128 [lies dort Holkvi].

Hœni (Hœnir) iſt unter den drei wandernden Göttern 70.

Hreidmar (Hreidhmarr), ein mächtiger und reicher Mann 68 f., Vater Fafni's, Otr's und Regin's 69. N 358; verlangt Buße für Otr 70, erhält mit der Buße Andvaranaut 72; wird von Loke auf den Fluch hingewieſen 72, von Fafni erſchlagen 73.

Hrimni (Hrimnir), ein Rieſe 8

(ſ. 8***), ſendet ſeine Tochter Hljod (ſ. daſ.) Volſung zur Gemahlin 11 f.

Hring (Hringr) I, ſeine Söhne erwähnt 49.

Hring (Hringr) II, ſ. Sigurd Hring.

Hunding (Hundingr), ein König, von Helge erſchlagen 41. N 358. N 362; ſeine Söhne Eyjolf, Hervard (Herrud N 362***) von Helge beſiegt und erſchlagen 41 f. N 362, desgleichen Alf und Hagbard 42 f. und Hjorvard N 362; Alf, Heming und Lyngve (ſ. daſ.) entrinnen. Dieſe entronnenen Hundingsſöhne (Lyngve und Hjorvard genannt 79—81) von Sigurd angegriffen 79. N 369, ziehn ihm entgegen 80. N 369; Lyngve, Hjorvard und alle überlebenden Hundingsſöhne von Sigurd erſchlagen (ſ. übrigens Lynge).

J.

Jarisleif (Jarisleifr) begleitet die Gjukunge auf der Fahrt zu Gudrun 170.

Jonakr (Jónakr), ein König, vermählt ſich mit Gudrun und erzeugt mit ihr Hambi, Sorle und Erp (165). 209. 215.

Jormunrek (Jörmunrekr), ein gewaltiger König 209 und berühmt 210; ſchon alt 211. Sendet Randve, ſeinen Sohn 209, und Bicke, ſeinen Rathgeber 209, aus, für ihn um Svanhild zu werben 209 f.; ſie wird ihm gegeben 165. 211. 215. Folgt Bicke's argen Rathſchlägen 212. 213; läßt Randve hängen 212, ſieht den von Randve gerupften Habicht und will ſeinen Sohn begnadigen 212; läßt Svanhild binden und von Rossen zerstampfen 213. 214. 215. Von Hambi und Sorle überfallen 218 f.; ihm Hände und Füße abgehauen 219; erhält von Odin den Rath [oder giebt ihn selbst? 219**], die Brüder steinigen zu lassen 220.

K.

Kostbera (Kostbera), = Bera 187 f., Hogne's Gattin 180, Schwester des Orkning 187; reizend und klug 180; schenkt in der Halle der Gjukunge 181; lieft Gudrun's Runen und erkennt Vinge's Fälschung 182, sagt es Hogne und warnt ihn 182 f., sagt ihm ihre Träume 183 ff.; wünscht glückliche Fahrt 188.

Kraka (Kráka), Name der Aslaug, s. das.

L.

Lynge (Lyngi, im Nth **Lyngve**, Lyngvi), Sohn Hunding's (s. das.) 54. N 362, wirbt mit Sigmund zugleich um Hjordis 54, von ihr verschmäht 55 zieht er mit seinen Brüdern gegen Sigmund 55; will ihn nicht hinterlistig überfallen 55, besiegt Sigmund und Eylime 57; findet Hjordis nicht 58; nimmt Sigmund's Reich in Besitz und vertheilt es unter seine Mannen 58, hat mit seinen Brüdern sich Sigurd's Erbland in Frankenland unterworfen N 363. Im Kampf gegen Helge entkommt er mit seinen Brüdern Alf und Heming N 362, steht an der Spitze dieser Brüder N 362, ist der tapferste unter ihnen N 370, ist sehr kampfgeübt N 370. Besteht mit Sigurd einen anfangs resultatlosen

Zweikampf N 370, wird gefangen und gefesselt N 370, der Blutaar ihm geritzt N 371; stirbt mit Heldenmuth N 371.

Lynge mit seinen Brüdern (s. Hunding's Söhne), berühmte Helden N 362, zauberkundig N 362; haben viele Kleinkönige bezwungen, Kämpen erschlagen und Burgen verbrannt in Spanien und Frankenland N 362 f. und Sigurd's Erbreich in Frankenland in Besitz genommen N 363. Fallen mit ihrem ganzen Heere (81). 371.

Loke (Loki) ist unter den drei wandernden Göttern 70, wirft Otr zu Tode 70, soll das Bußgeld schaffen 70 f.; fängt Andvare 70 f. und nimmt ihm seinen Hort 71 nebst dem Ringe 71 f.; verkündet Hreidmar, daß Unheil an dem Horte hafte 72.

N.

Niflung (Niflungr), Sohn Hogne's 204, haßt und erschlägt Atle 205.

O.

Oddrun (Oddrún), Gunnar's Geliebte, von Atle ihm versagt 164, kommt heimlich mit ihm zusammen 165. [Brynhild's Schwester].

Odin (Odhinn), [höchster Gott] kommt mit Höni und Loke zum Andvarafors 70; giebt Andvaranaut zur Buße an Hreidmar 72. Führt Sige, seinen Sohn, weit fort 5 f. und giebt ihm Schiffe 6. Sendet Reri auf dessen Bitte einen Fruchtbarkeitsapfel 8 f. Von Reri heimgesucht 10. Erscheint als alter, einäugiger Mann bei Signy's Hochzeit und stößt ein Schwert [Gram] in den „Kinderstamm" 14 f. Sein

Aussehen geschildert 14 f. 57. 83.
N 364. Sendet durch seinen Raben
Sigmund das heilende Blatt 33**.
Nimmt als Fährmann Sinfjotle's
Leiche zu sich und verschwindet mit
ihr 52 f. Läßt Sigmund's Schwert
an seinem Speer zerspringen 57.
Beräth Sigurd bei der Roßwahl 66 f.
und beim Graben der Gruben 83;
läßt sich als Hnikar auf Sigurd's
Schiff aufnehmen 78 f. N 366 und
beschwichtigt den Sturm 79. N 366,
giebt günstigen Fahrwind N 366;
lehrt Sigurd günstige Kampf=Vor=
zeichen N 367 ff.; verschwindet plötz=
lich N 371. Hat Hjalmgunnar Sieg
bestimmt 96; zürnt Brynhild [=Sig=
drifa] wegen ihres Ungehorsams
N 386, sticht sie mit dem Schlafdorn
96 und bestimmt, daß sie sich ver=
mählen solle 96, schließt sie in eine
von Flammen umloderte N 386
Schildburg ein N 386; bestimmt,
daß nur der Furchtloseste (96).
N 386, der mit Fafni's Golde zu
ihr komme N 386 f., sie erwecken
solle (vgl. Brynhild, namentlich
96. 142. 147†). Räth Hamdi und
Sorle zu steinigen 219 f.

Orkning (Orkningr), Bruder
Kostbera's, ein starker Held, zieht
mit zu Atle 187.

Otr (Otr), Hreidmar's Sohn
69, hält sich als Otter im Strom=
falle auf und fängt Fische 69 f., von
Loke todt geworfen 70, wird ge=
büßt 72.

R.

Ran (Rán) leiht Loke ihr
Netz 70.

Randve (Randvér), Jormun=
rek's Sohn 209, mit Bicke entsandt,
um Svanhild zu werben 209 f.,
kommt zu Jonakr und findet Svan=
hild schön 210, wirbt für Jormunrek
um sie 210 f. und fährt mit Svan=
hild heim 211; ist auf Bicke's Rath
freundlich mit ihr 211, von Bicke
der Buhlschaft mit ihr verdächtigt
211, auf Jormunrek's Befehl ge=
hängt 212, sendet diesem seinen ge=
rupften Habicht 212; ist durch Bicke's
Arglist schon todt, als Jormunrek
ihm das Leben schenken will 212.

Regin (Reginn), Hreidmar's
Sohn 65. 69. N 358, kann Eisen,
Silber und Gold bearbeiten 69.
(N 358). Von Fafni um das Vater=
erbe gebracht 73 kommt er zu König
Hjalprek 73. N 358 und wird dessen
Schmied 73 und Sigurd's Erzieher
(Pflegevater) 65 (vgl. N 359 f.),
lehrt ihn mancherlei Kunstfertigkeiten
65. N 358; empfängt ihn freundlich
N 359; erzählt ihm die „Vorge=
schichte des Hortes" 68 ff. (N 358);
erzählt ihm von Fafni 67. N 360,
hetzt ihn auf Fafni 67. 75. 76. 81.
N 361. Schmiedet ihm (nach zwei
mißlungenen Versuchen 74) das
Schwert Gram 75. 360 aus den Stücken
von Sigmund's Schwerte 74 f.
Sucht Sigurd gegen Hjalprek und
Alf mißtrauisch zu machen 65 f., heißt
ihn sich ein Roß erbitten 66. Hat
Sigurd's Reitzeug früher besessen
130. Zieht mit Sigurd gegen die
Hundingssöhne N 361. 364 f.; hat
für die Ausrüstung der Flotte zu
sorgen N 363; führt das Schwert
Ridil (91, Z. 11, Nachtr.). N 363 f.
(371***); antwortet Hnikar N 365;
giebt den Rath, Lyngve den Blut=

aar zu ritzen N 371; rühmt Sigurd's Tapferkeit (?) 372 (vgl. Nachtr. zu 372**). Reitet mit Sigurd auf die Gnitahaide 82, wirft ihm Feigheit vor 68. 83; entfernt sich während des Kampfes 83. 90 und verbirgt sich 90. Beglückwünscht Sigurd 90, er= klärt ihm, daß er seinen Bruder getödtet 90. 91; verlangt Fafni's Herz 91, trinkt Fafni's Blut 91; sinnt auf Trug gegen Sigurd 92. N 362; von Sigurd erschlagen 93. N 372.

Reri (Rerir), Sige's Sohn 6, wächst bei diesem auf 6, ist bei dem Ueberfalle, bei dem derselbe fällt, nicht zugegen 7 und wird sein Nach= folger 7, rächt seinen Vater an den Mutterbrüdern 7 f. und eignet sich deren Land an 8. Vermählt sich 8, bleibt aber kinderlos 8; fleht zu Odin um Kindersegen 8 und erhält von ihm für seine Frau einen befruchtenden Apfel 8 f. Stirbt auf einer Heerfahrt und sucht Odin heim 10.

S.

Sigar (Sigarr) I entführt die Schwester Hake's und Hagbard's 120. [= Sigar II?].

Sigar (Sigarr) II [derselbe?] kämpft mit Siggeir auf Fion 169*.

Sige (Sigi), Odin's Sohn 3, mächtiger und vornehmer als Skade 3. Erschlägt Brede (f. baf.) 4; wird deshalb vargr i véum genannt 5; von Odin weit fort geführt 5 f. erhält er von ihm Heerschiffe 6; ist siegreich 6, erobert sich Lande und Reich 6. Vermählt sich 6 und ist König in Hunenland 6. Fällt durch Verrath seiner Schwäger 6 f. Sein Sohn ist Reri 6.

Siggeir (Siggeirr) I, König in Gautland 13; wirbt um Signy 13, hält Hochzeit mit ihr 14 f. 17. Bittet vergebens um Sigmund's Schwert 16; sinnt auf Rache 16. Fährt nach vollzogenem Beilager mit Signy früh von der Hochzeit heim 17. 18. Ladet Volsung und seine Söhne heim= tückisch 16 zu sich 18 und überfällt sie 21. Setzt Sigmund und seine Brüder auf Signy's Wunsch in den Stock 22; glaubt, daß die Volsunge alle todt seien 25. Hat zwei Söhne mit Signy 25. Entdeckt Sigmund und Sinfjotle in seiner Halle 35, läßt sie ergreifen und in einem Hügel lebendig begraben 36. Wird von Sigmund und Sinfjotle mit seinem ganzen Hofe verbrannt 38. 39.

Siggeir's Mutter tödtet als Wölfin die Brüder Sig= mund's 22 f., wird von Sig= mund getödtet 24.

Siggeir (Siggeirr) II [derselbe? 169*] kämpft mit Sigar südlich auf Fion 169.

Sigmund (Sigmundr) I, Vol= sungs ältester und trefflichster Sohn 12 und Zwillingsbruder Signy's 12; verträgt Gift von außen und innen 29. Zieht Odin's Schwert aus dem „Kinderstamm" 16, verweigert es Siggeir 16. Mit seinen Brüdern von Siggeir gefangen und gefesselt 21 und in den Stock gesetzt 22; beißt die Wölfin zu Tode und kommt so los 23 f. Baut sich eine Erdhütte im Walde 24; stellt dort Siggeir's Söhne auf die Probe 25 f., ebenso Sinfjotle 28 f. Erschlägt Signy's und Siggeir's Söhne auf Signy's Ge= heiß 26; will dies nicht thun 85.

Nimmt Signy bei sich auf ohne sie zu kennen 27 und erzeugt mit ihr Sinfjotle 27 f.; nimmt Sinfjotle zu sich 28, hält ihn für Siggeir's Sohn 29 f., will ihn erproben 29 und zieht mit ihm auf Raub aus 29. Findet mit ihm Wolfsbälge 30 und wird mit ihm Werwolf 31; warnt Sinfjotle vor Tollkühnheit 31, ruft ihn zu Hülfe 31; findet ihn schlafend 32, von ihm geschmäht 32 beißt er ihn in die Gurgel 32 und trägt ihn heim 32. Sieht ein Wiesel das andere heilen 32 f., erhält durch einen Raben ein Blatt und heilt Sinfjotle ebenso damit 33. Verbrennt mit Sinfjotle die Wolfsbälge 33. Verbirgt sich mit ihm in Siggeir's Halle 34, durch Siggeir's Söhne dort entdeckt 35 werden sie überwältigt 35 und auf Siggeir's Geheiß lebendig begraben 36. Durchsägt nebst Sinfjotle den Fels mit seinem Schwerte und entkommt aus dem Hügel 37 f. Zündet mit Sinfjotle Siggeir's Halle an 38, ruft Signy heraus und verspricht ihr hohe Ehren 38. Verschafft sich mit Sinfjotle Heerschiffe 39 (seine Schiffe stoßen vom Lande 169), erobert sein Erbland 40. Nimmt Borghild (zu Bralund in Dänemark N 361 f.) zur Frau und erzeugt mit ihr Helge und Hamund 40; verweigert ihr Sinfjotle's Verbannung und bietet ihr Buße für ihren Bruder 51. Trinkt zweimal für Sinfjotle den Gifttrank 51 f., räth ihm durch den Bart zu trinken 52. Härmt sich um Sinfjotle's Tod 52, trägt seine Leiche zu einem Schiffe 52 f.; verstößt Borghild 53 (vgl. N 362) und beherrscht fürder (in Dänemark, dort

von Hjalprek besucht N 361) sein Reich 53. Sein Ruhm 53. — Wirbt um Hjordis 53 f., führt sie als Gattin heim 55. (N 357), hat mit ihr den Sohn Sigurd 59. 121 f. 78. 85 x. N 357. Kämpft gegen Hunding's Söhne 56 f.; sein Schwert zerspringt an Odin's Speer 57, er wird besiegt und fällt 57; will sich nicht heilen lassen 58. 120, prophezeit, daß in Sigurd ihm ein Rächer erstehn werde 59. 121 und vermacht ihm die Stücke seines Schwertes 59. 74. Stirbt 59. Sein Hort von Hjalprek und Alf für Sigurd verwahrt 65.

Sigmund (Sigmundr) II, Sohn Sigurd's mit Gudrun 127. 174*, drei Winter alt 166 auf Brynhild's Betrieb erschlagen 153. 166; zu jung, als daß er sich vor seinen Feinden wehren könnte 158; seine Leiche mit Sigurd's verbrannt 166.

Signy (Signý), Volsung's Tochter 12 und Zwillingsschwester Sigmund's 12, wird gegen ihre Neigung mit Siggeir verlobt 14 und vermählt 17, ahnt Unheil davon 17, fährt mit Siggeir nach Gautland 18. Warnt Vater und Brüder vor Siggeir's Verrath 19; will bei ihnen bleiben, muß aber auf Sigmund's Geheiß zu Siggeir zurückkehren 20. Bittet Siggeir ihre Brüder in den Stock zu setzen 21 f.; sendet einen Vertrauten zu ihnen 22 f. 24, erfährt den Tod eines von ihnen 23; läßt Sigmund mit Honig bestreichen 23. Erfährt Sigmund's Befreiung 24 (Nachtr.) und hält mit ihm Rath 24. 34; sendet ihm ihre Söhne 25 f., denen sie vorher zur Muthprobe den Aermel an's Fleisch genäht 28 (auch bei Sinfjotle 28), heißt ihn fie als zu feige tödten 26. 39 (vgl. 35*). Bertaufcht mit einer Zauberin die Geftalt 26 f. 27, fucht fo Sigmund auf 27. 39 und bleibt drei Nächte bei ihm 27, empfängt fo von ihm Sinfjotle 27 f. Sendet Sinfjotle zu Sigmund 28. Räth zur Baterrache 34. (39). Wirft Sinfjotle Sigmund's Schwert in den Hügel 36 f. Bon Sigmund aus der brennenden Halle gerufen 38 erklärt fie Sinfjotle's Herkunft, und wie fie fortwährend die Baterrache betrieben habe 39; will darnach nicht weiter leben und fucht freiwillig den Tod mit Siggeir und verbrennt mit ihm 39.

Sigrun (Sigrún), Hogne's Tochter 42; von diefem wider Willen an Hobbrobb verheißen 42, bittet Helge um Beiftand 42 f., birgt Helge's Flotte 44, beglückwünfcht Helge nach dem Siege 49 und vermählt fich mit ihm 50.

Sigurd (Sigurdhr = Sigverd, Sigfrid) I, Sohn Sigmund's mit Hjordis 59. 121 f. (63 f.). 78. 85. 95 ꝛc. N 357. Bom fterbenden Sigmund als Rächer vorhergefagt 59. Nach Sigmund's Tode bei Hjalpref geboren 59. 63. 120 und dort aufgezogen 64. 121. N 357; mit Waffer begoffen und benannt 64. (121). Yngve's Sproß genannt N 360. Sein Wuchs und Ausfehen (Haar und Bart, Nafe, Augen, Gefiht, Schultern) befchrieben 107 ff.: feine Waffen find goldverziert 106 f. 123, fein Schildzeichen ein Drache 107; fein Schwert Gram (fieben Spannen lang) ftößt unten an ein vollwachfenes Aehrenfeld, wenn er geht 108. Er felbft 124 und fein Roß (vgl. N 377)

ift größer und ftattlicher, feine Rüftung prächtiger als andere 123. Seine Augen find leuchtend und fo fcharf, daß niemand hineinfehen fann 108. 157. 63 f. 85 (vgl. 147 f.). [Dies hat fich auf feine Kinder 218* und Enkel R 268—72 vererbt.] Er ift vorausfichtig 108 f., redegewandt 109 und auf das Wohl feiner Freunde bedacht 109; hat niemals Furcht gekannt 109 [vgl. 386, Z. 9 ff. und dazu 95, Z. 12—16], ift ohne Feigheit geboren 103. (N 370), will den Tod nicht fliehen 103. Seine Bortrefflichfeit 59. 64. 167. N 357. N 358. N 381: er überragt alle Andern N 387, auch feine Brüder N 358. Bei allen beliebt 76. N 358; fein Ruhm wird ewig dauern 107. 138 f. 167. — Bei Hjalpref hat er viele Dienftmannen, darunter auch Geft N 358. Kommt zu Regin, der ihn freundlich aufnimmt N 359; von Regin (bei Hjalpref 65*) erzogen (unterrichtet) 65. Giebt fich für elternlos aus 84 (f. d. Anm.); foll fern von den Seinen aufgewachfen fein 86; friegsgefangen genannt 86; Knechtfchaft ihm vorgeworfen 86. 135. Erbittet auf Regin's Aufforderung von König Hjalpref ein Roß 65 f., von Odin bei der Roßwahl unterftützt 66 f. wählt er Grane 66. Zerbricht zwei von Regin gefchmiedete Schwerter 74, läßt fich von feiner Mutter Sigmund's Schwertftücke geben 74 f. und von Regin daraus das Schwert Gram fchmieden 75. (N 360), mit dem er den Ambos durchhaut und einen im Rhein treibenden Wollflock durchfchneidet 75. N 360 f. Läßt fich von Gripi feine

Zukunft prophezeien 76. Noch im
Kindesalter 120 (vgl. 68) erbittet
und erhält er von Hjalprek (und Alf)
eine stattliche Flotte zur Vaterrache
77. N 361. (N 363); hat Sturm zu
bestehn 77. N 364, läßt aber die
Segel nicht einziehen 77 f. Nimmt
Hnikar (Odin) auf sein Schiff 79.
N 366 und läßt sich von ihm belehren
N 366 ff. Nimmt nach lange unent=
schiedenem Zweikampf Lyngve ge=
fangen N 370; besiegt die Hundings=
söhne und erschlägt Lynge, Hjorvard
und alle überlebenden Hundingssöhne
81. 120. (N 371); will nichts von
der Beute für sich haben N 372. —
Hört von Regin die „Vorgeschichte
des Hortes" 68 ff. und wird von
ihm auf Fafni gehetzt 67. 74. 75.
76. 81 f. N 361. N 364, hegt dagegen
Bedenken 68. 82 f., will erst Vater=
rache nehmen 75 f. 76. N 361.
Reitet mit Regin auf die Gnita=
haide 82, gräbt nach Odin's Rathe
mehrere Gruben auf Fafni's Wege
83, setzt sich in eine und durchbohrt
Fafni von unten 83 f. (107. 111. 138 f.
142. N 372). Giebt sich für elternlos
aus 84, nennt sich dann 85; von
Fafni vergebens vor dem Horte ge=
warnt 85. 87, erklärt er denselben
sich aneignen zu wollen 89; läßt sich
von Fafni mythologische Belehrung
ertheilen 87*. Schneidet Fafni das
Herz aus [hier richtiger Regin statt
Sigurd, s. d. Nachtr.] 91 und brät
es 91, kostet das Blut und versteht
die Sprache der Vögel 92. 109, die
ihn vor Regin warnen 92 f. und
auf den Hort 92 f. sowie auf Bryn=
hild = Sigrdrifa hinweisen 92. Ißt
einen Theil des Herzens, einen an=

dern hebt er auf 93, wovon er später
Gudrun giebt 127. Erschlägt Regin
93. 142. N 372; reitet zu Fafni's
Behausung 93, findet dort den Hort
und ladet ihn auf Grane's Rücken
93 f. N 372. Schlägt den Weg nach
Frankenland ein 94 und findet unter=
wegs auf Hindarfiall Brynhild
[=Sigrdrifa] schlafend 94 f. N 372,
zerschneidet ihren Panzer und erweckt
sie 95, läßt sich ihr Schicksal erzählen
96 und sich über Runenweisheit be=
lehren 97—103 und andere Belehrung
ertheilen 103—105; von ihr gewarnt
vor Frauentrug 104 f., vor Feind=
schaft mit Verwandten und Schwägern
104. 106. Verlobt sich mit Brynhild
[=Sigrdrifa] 106. (116*). 134. 151.
R 268; damals ward Aslaug erzeugt
134. R 268. — Reitet zu Heimi 109.
N 387, wird dort von Alsvinn em=
pfangen 110, schließt Freundschaft mit
ihm 111, bleibt lange dort 110. Er=
blickt von einem Thurme aus Bryn=
hild beim Sticken 111 f. und wird
von Liebesweh ergriffen 112. Von
Alsvinn nach dem Grunde gefragt
112, sagt er es ihm 112 und erfährt,
daß er Brynhild gesehen habe 112;
will sie besuchen und ihre Liebe er=
werben 113; besucht sie 114, wird
von ihr empfangen und bewirthet
114, wünscht sie zu besitzen 115, ver=
lobt sich [„aufs Neue" 116*] mit ihr
116. [N 385****] und giebt ihr einen
Goldring [Andvaranaut? vgl. 133**]
116. Liebt Brynhild sehr 124. 150
und erwähnt ihrer oft 124. Der
[Falke 117 f. und] Hirsch in Gudrun's
Traum auf ihn gedeutet 122. Wird
von Brynhild [=Sigrdrifa?] als
vortrefflichster Held bezeichnet 120 f.

— Reitet zu Gjuke's Halle 123, für einen Gott gehalten 123; reitet ohne Erlaubniß der Gjukunge in die Burg 123, von Gjuke empfangen 123, übertrifft in Allem Gunnar und Hogne 121. 124, läßt aber Gunnar den Vorrang 162, wird von Gjuke und seinen Söhnen hoch geehrt 124. Erhält von Grimhild einen Zaubertrank, nach dem er Brynhild vergißt 122. 124 f. 139; erst, als Brynhild vermählt ist, kommt er wieder zur Besinnung und erkennt sie 150. 151; da härmt es ihn, daß sie nicht seine Gattin ist 150, doch fügt er sich in das Unvermeidliche und freut sich des Beisammenseins 150. Als Gudrun ihm schenkt, findet er Wohlgefallen an ihr 125, weilt fünf Halbjahre (lange N 373) dort 125, da wird ihm Gudrun und Herrschaft dazu angeboten 126; er vermählt sich mit ihr 126. N 373, hat ihr dabei versprochen, sie von Hel aus zu sich zu holen 216, schließt Blutsbrüderschaft mit Gunnar (und Hogne) 126 (vgl. 124). 154. 161, zieht mit ihnen auf Heerfahrten 127. 206; ist ihre Stärke 161; von ihnen gegen die Gandalfs=söhne um Beistand gebeten, zieht er mit N 374, sucht auf Gunnar's Wunsch Starkad im Kampfe auf N 375, schmäht ihn N 375 f., schlägt ihm zwei Backzähne aus N 376 und heißt ihn sich hinwegheben N 376. Er=schlägt fünf Könige 142. Geräth mit Grane in einen Sumpf und verliert dabei eine Sattelspange, die er Gest schenkt N 377. — Begleitet Gunnar bei der Werbung 127 f., leiht ihm Grane 129, tauscht mit ihm die Gestalt 129. 133, sprengt in Gunnar's Gestalt durch die Waberlohe 129. 136. 147. 148 (ebenso zurück 133) und nennt sich Gunnar 131; hält als solcher um Brynhild an 131 und bietet ihr Brautschatz 131, mahnt sie an ihr Gelübde 132 und hält Beilager mit ihr 132 ohne sie zu berühren (162). N 388, wobei er sein Schwert zwischen sich und sie legt 132. 162. 166; giebt dafür einen Scheingrund an 132 f.; hat Gunnar die Treueide gehalten 159. 162 und mit Brynhild keine unerlaubte Vertraulichkeit gehabt 159. Wird Brynhild's erster Gatte genannt 134. 136. Nimmt von Brynhild den Ring Andvaranaut (s. 133**) und giebt ihr einen an=dern Ring 133. Hat Alles an Gud=run gesagt 152 f. Ahnt seinen baldigen Tod 149. 150, der ihm prophezeit ist 89. (106). (122). 150. 159, woran er früher nicht glauben wollte 159; sagt, daß Brynhild ihn nicht überleben werde 149. Will alles Gut hingeben, damit Brynhild lebe 150; wünscht, daß sie seine Gattin wäre 150 f.; will Gudrun um Brynhild's willen verlassen 151. Kommt von der Jagd 146. Räth Gudrun davon ab, Brynhild nach ihrem Zorne zu fragen 136. Ge=beten zu Brynhild zu gehen, zeigt er wenig Lust dazu 146. Erklärt schlimme Folgen von Brynhild's Zorn geahnt zu haben: ihren Tod 146 und Rachepläne 146. Auf Gud=run's Bitte geht er zu Brynhild und fordert sie auf, fröhlich zu sein 146 f., erhält Antwort von ihr 147 ff. Sucht sie mit Gjuke auszusöhnen 148 ff. Erklärt ihr seine Liebe 150 und betheuert seine Unschuld, indem er dem Truge unterlegen 150 f. Geht traurig fort 151 f. und sagt Gjuke, daß sie wieder rede 152; sein Panzer springt ihm vor Harm 152. — Ahnungslos glaubt er keinen Verrath verdient zu haben 157; wäre schwer zu tödten gewesen, wenn er Verrath geahnt hätte 159; kann dem Geschick nicht entgehn 157. 159. Im Bette (neben Gudrun 158. N 379) schlafend von Gutthorm durchbohrt 157. N 379, wirft seinem Mörder sein Schwert nach, welches jenen durchschneidet 157 f. (Nach deutscher Sage draußen im Walde erschlagen N 379, von Gunnar und Hogne 214, von Gudrun's Blutsfreunden 160; auf dem Ritte zu einem Thing von Gjuke's Söhnen erschlagen N 379 f.). Richtet sich bei Gudrun's Wehklagen auf und tröstet sie mit den Brüdern 158; beklagt, daß sein Sohn zu jung sei, um den Feinden zu entgehn 158; erkennt Brynhild als Anstifterin 159; stirbt 159. Sein Sohn (und Andere?) mit ihm erschlagen 166. Seine Leiche auf einem Scheiterhaufen verbrannt 166. N 380.

Sigurd (Sigurdhr) II, Sigurd Hring (Hringr), läßt durch die ihm verschwägerten Gandalfssöhne Tribut von den Gjukungen fordern N 373; ist nicht selbst auf deren Heerfahrt, weil er sein Land Schweden zu vertheidigen hat N 374; damals schon hochbejahrt N 374.

Sinfjotle (Sinfjötli), Sohn Sigmund's mit seiner Schwester Signy 27 f.; seine Herkunft aufgeklärt 39. Kann Gift nur von außen vertragen 29. Besteht die Muthprobe bei Signy 28 und bei Sigmund (knetet eine Schlange in den Teig) 29. Kommt noch nicht völlig zehn Winter alt zu Sigmund 28 und bleibt bei ihm 29 f. Soll noch mehr erprobt werden 29; für Siggeir's Sohn gehalten 29 f. Nimmt an Sigmund's Raubzügen Theil 29 und wird mit ihm Werwolf 31. 45 f., steht als solcher Sigmund bei 31; nimmt es allein mit elf Mann auf 32, prahlt gegen Sigmund 32; von ihm in die Gurgel gebissen 32, nach Hause getragen und geheilt 33. Spornt Sigmund zur Vaterrache an 30. Mit Sigmund in Siggeir's Halle entdeckt 53 f., 47 x., s. Sigmund. Erschlägt Signy's und Siggeir's Kinder (seine Halbbrüder) 35. 46. 47. Erhält im Hügel durch Signy Sigmund's Schwert 36 f.; durchsägt so mit Sigmund den Fels und entkommt aus dem Hügel 37 f. Zündet mit Sigmund Siggeir's Halle an 38. — Fährt mit Helge gegen die Granmarssöhne 41; weiß wohl Rede zu stehn 45, führt ein Scheltgespräch mit Hodbrodd's Bruder [Gudmund] 45 ff., darin Anspielungen auf seine früheren Thaten. Wirbt mit Borghild's Bruder um dieselbe Frau und erschlägt jenen 50; soll darum Borghild aus den Augen gehn 50 f.; von Borghild vergiftet 52. N 362; lehnt vorher zweimal den Giftbecher ab 51 f. Seine Leiche von Sigmund zum Strande getragen 52, von einem alten Fährmann (Odin) aufgenommen 53.

Skade (Skadhi), mächtig und vornehm, doch weniger als Sige 3. Herr des Brede 3; hegt Argwohn gegen Sige 5, läßt Brede suchen 5.

Nachträgliche Berichtigungen.

S. 48[3] am Ende ließ: 49, 7—10. — Zu S. 322—24, 327 und 330—31 wäre der Vollständigkeit halber Saxo S. 462 f. zu vergleichen gewesen, nämlich zu 322[2]: Saxo 462, 15—18; zu 323[1]: 462, 18 f.; zu 324[1]: vgl. 462, 20—22; zu 324[3]—[4]: 462, 22—24; zu 327[2]—[3]: 463, 5—7; zu 330[1]: 463, 7—9; zu 331[1]: 463, 10 f. — S. 369, 9 ließ: †)[3]. — S. 377[1] ließ: Nornagestsrima. — S. 408 ergänze: Sinfj. = Sinfjötlalok.

Druck von A. Th. Engelhardt in Leipzig.

Lightning Source UK Ltd.
Milton Keynes UK
UKOW07f1900150517
301269UK00010B/565/P